엑스포지멘터리

예레미야 I

Jeremiah

엑스포지멘터리 예레미야 I

초판 1쇄 발행 2016년 4월 25일
2쇄 발행 2020년 9월 10일

지은이 송병현

펴낸곳 도서출판 이엠
등록번호 제25100-2015-000063
주소 서울시 구로구 공원로 3번지
전화 070-8832-4671
E-mail empublisher@gmail.com

내용 및 세미나 문의 스타선교회: 02-520-0877 / EMail: starofkorea@gmail.com / www.star123.kr

ISBN 979-11-86880-35-7 93230

※ 가격은 표지 뒷면에 있습니다.

「이 도서의 국립중앙도서관 출판시 도서목록(CIP)은 서지정보유통지원시스템 홈페이지(http://seoji.nl.go.kr)와 국가자료공동목록시스템(http://www.nl.go.kr/kolisnet)에서 이용하실 수 있습니다. (CIP제어번호:CIP2015000753)」

엑스포지멘터리

예레미야 I

Jeremiah

| 송병현 지음 |

EXPOSItory comMENTARY

EM Exposi Mentary

한국 교회를 위한 하나의 희망

저의 서재에는 성경 본문 연구에 관한 많은 책이 있습니다. 그중에는 주석서들도 있고 강해서들도 있습니다. 그러나 그중에 송병현 교수가 시도한 이런 책은 없습니다. 엑스포지멘터리, 듣기만 해도 가슴이 뛰는 책입니다. 설교자와 진지한 성경학도 모두에게 꿈의 책이 아닐 수 없습니다. 이런 책이 좀더 일찍 나왔다면 한국 교회가 어떠했을까 생각해 봅니다. 저는 이 책을 꼼꼼히 읽으면서 가슴 깊은 곳에서 큰 자긍심을 느꼈습니다.

이 책은 지금까지 복음주의 교회가 쌓아 온 모든 학문적 업적을 망라하고 있을 뿐만 아니라 한국 교회 강단이 목말라하는 모든 실용적 갈망에 해답을 던져 줍니다. 이 책에서는 실제로 활용할 수 있는 충실한 신학적 정보가 일목요연하게 제시됩니다. 그러면서도 또한 위트와 감탄을 자아내는 감동적인 적용들도 제공됩니다. 얼마나 큰 축복이며 얼마나 신나는 일이며 얼마나 큰 은총인지요. 저의 사역에 좀더 일찍 이런 학문적 효과를 활용하지 못한 것이 아쉽기만 합니다. 진실로 한국 교회의 내일을 위해 너무나 소중한 기여라고 생각합니다.

일찍이 한국 교회 1세대를 위해 박윤선 목사님과 이상근 목사님의 기여가 컸습니다. 그러나 이제 한국 교회는 새 시대의 리더십을 열어야 하는 교차로에 서 있습니다. 저는 송병현 교수가 이런 시점을 위해 준비된 선물이라고 생각합니다. 진지한 강해 설교를 시도하려는 모든 이와 진지한 성경 강의를 준비하고자 하는 모든 성경공부 지도자에게 어떤 대가를 지불하고서라도 이 책을 소장하고 성경을 연구하는 책상 가까운 곳에 두라고 권면하고 싶습니다. 앞으로 계속 출판될 책들이 참으로 기다려집니다.

한국 교회는 다행스럽게 말씀과 더불어 그 기초를 놓을 수 있었습니다. 이제는 그 말씀으로 어떻게 미래의 집을 지을지 고민하고 있습니다. 이 "엑스포지멘터리 시리즈"는 분명한 하나의 해답, 하나의 희망입니다. 이 책과 함께 성숙의 길을 걸어갈 한국 교회의 미래가 벌써 성급하게 기다려집니다. 더 나아가 한국 교회 역사의 성과물 중 하나인 이 책이 다른 열방에도 나누어졌으면 합니다. 이제 우리는 복음에 빚진 자로서 열방을 학문적으로도 섬겨야 하기 때문입니다. 이 책을 한국 교회에 허락하신 주님께 감사와 찬양을 드립니다.

이동원 | 지구촌교회 원로목사

총체적 변화를 가져다줄 영적 선물

교회사를 돌이켜볼 때, 교회가 위기에 처해 있었다면 결국 강단에서 하나님의 말씀이 제대로 선포되지 못한 데서 그 근본 원인을 찾을 수 있습니다. 영적 분별력이 있는 사람이라면 모두 이에 대해 동의할 것입니다. 사회가 아무리 암울할지라도 강단에서 선포되는 말씀이 살아 있는 한, 교회는 교회로서의 기능이 약화되지 않고 오히려 사회를 선도하고 국민들의 가슴에 희망을 안겨 주었습니다. 100년 전 영적 부흥이 일어났던 한국의 초대교회가 그 좋은 예입니다. 이러한 영적 부흥은 살아 계신 하나님의 말씀이 강단에서 영적 권위를 가지고 "하나님께서 이렇게 말씀하셨다"라고 선포되었을 때 나타났던 현상입니다.

오늘날에는 날이 갈수록 강단에서 선포되는 말씀이 약화되거나 축소되고 있습니다. 이런 상황 속에서 출간되는 송병현 교수의 "엑스포지멘터리 시리즈"는 한국 교회와 전 세계에 흩어진 700만 한인 디아스포라에게 주는 커다란 영적 선물이 아닐 수 없습니다. 이 시리즈는 하나님의 말씀을 쉽게 이해할 수 있도록 풀이한 것으로, 목회자와 선교사는 물론이고 평신도들의 경건생활과 사역에도 큰 도움이 될 것입니다. 무엇보다도 저는 이 시리즈가 강단에서 원 저자이신 성령님의 의도대로 하나님 나라 복음이 선포되게 하여 믿는 이들에게 총체적 변화(total transformation)를 다시 경험할 수 있는 계기를 마련해 주리라 확신합니다.

송병현 교수는 지금까지 구약학계에서 토의된 학설 중 본문을 석의하는 데 불필요한 내용들은 걸러내는 한편, 철저하게 원 저자의 메시지를 현대인들이 가장 잘 이해할 수 있도록 전하기 위해 부단히 애를 썼습니다. 이 시리즈를 이용하는 모든 이에게 저자의 이런 수고와 노력에 걸맞은 하나님의 축복과 기쁨과 능력이 함께하실 것을 기대하면서 이 시리즈를 적극 추천합니다.

이태웅 | GMTC 초대 원장, 글로벌리더십포커스 원장

주석과 강해의 적절한 조화를 이뤄낸 시리즈

한국 교회는 성경 전체를 속독하는 '성경통독' 운동과 매일 짧은 본문을 읽는 '말씀 묵상'(Q.T.) 운동이 세계 어느 나라 교회보다 활성화되어 있습니다. 얼마나 감사한 일인지 모릅니다. 그러나 상대적으로 책별 성경 연구는 심각하게 결핍되어 있는 것이 사실입니다. 때때로 교회 지도자들 중에도 성경해석의 기본이 제대로 갖춰져 있지 않아 성경 저자가 말하려는 의도와 상관없이 본문을 인용해서 자신이 하고 싶은 말을 하는 분들이 적지 않음을 보고 충격을 받은 일도 있습니다. 앞으로 한국 교회가 풀어야 할 과제가 '진정한 말씀의 회복'이라면 이를 위해 가장 중요한 것은 바른 말씀의 세계로 인도해 줄 좋은 주석서와 강해서를 만나는 일일 것입니다.

좋은 주석서는 지금까지 축적된 다른 성경학자들의 연구 결과가 잘 정돈되어 있을 뿐 아니라 저자의 새로운 영적 · 신학적 통찰이 번뜩이는 책이어야 합니다. 또한 좋은 강해서는 자신의 견해를 독자들에게 강요하는(impose) 책이 아니라, 철저한 본문 석의 과정을 거친 후에 추출되는 신학적 · 사회과학적 연구가 배어 있는 책이어야 할 것이며, 글의 표현이 현학적이지 않은, 독자들에게 친절한 저술이어야 할 것입니다.

그러나 솔직히 말씀드리면, 저는 서점에서 한국인 저자의 주석서나 강해서를 만나면 한참을 망설이다가 내려놓게 됩니다. 또 주석서를 시리즈로 사는 것은 어리석은 행동이라는 말을 신학교 교수들에게 들은 뒤로 여간해서 시리즈로 책을 사지 않습니다. 이는 아마도 풍성한 말씀의 보고(寶庫) 가운데로 이끌어 주는 만족스러운 주석서를 아직까지 발견하지 못했기 때문일 것입니다. 그러나 제가 처음으로 시리즈로 산 한국인 저자의 책이 있는데, 바로 송병현 교수의 "엑스포지멘터리 시리즈" 입니다.

송병현 교수의 "엑스포지멘터리 시리즈"야말로 제가 가졌던 좋은 주석서와 강해서에 대한 모든 염원을 실현해 내고 있습니다. 이 주석서는 분명 한국 교회 목회자들과 평신도 성경 교사들의 고민을 해결해 줄 하나님의 값진 선물입니다. 지금까지 없었던, 주석서와 강해서의 적절한 조화를 이뤄낸 신개념 해설 주석이라는 점도 매우 신선하게 다가옵니다. 또한 쉽고 친절한 글이면서도 깊은 우물에서 퍼 올린 생수와 같은 깊이가 느껴집니다. 이 같은 주석 시리즈가 한국에서 나왔다는 사실에 저는 감격하지 않을 수 없습니다. 이 땅에서 말씀으로 세상에 도전하고자 하는 모든 목회자와 평신도에게 이 주석 시리즈를 적극 추천합니다.

이승장 | 예수마을교회 목사, 성서한국 공동대표

시리즈 서문

"50세까지는 좋은 선생이 되려고 노력하고, 그 이후에는 좋은 저자가 되려고 노력해라." 내가 시카고 근교에 위치한 트리니티 복음주의 신학교(Trinity Evangelical Divinity School) 박사과정을 시작할 쯤에 지금은 고인이 되신 스승 맥코미스키(Thomas E. McComiskey)와 아처(Gleason L. Archer) 두 교수님이 주신 조언이었다. 너무 일찍 책을 쓰면 훗날 아쉬움이 많이 남는다며 하신 말씀이었다. 박사학위를 마치고 1997년에 한국에 들어와 신대원에서 가르치기 시작하면서 나는 이 조언을 마음에 새겼다. 사실 이 조언과 상관없이 내가 당시에 당장 책을 출판한다는 일은 불가능한 일이었다. 중학교를 다니던 70년대 중반에 캐나다로 이민을 갔다가 20여 년 만에 귀국하여 우리말로 강의하는 일 자체가 당시 나에게는 매우 큰 도전이었으며, 책을 출판하는 일은 사치로 느껴졌기 때문이다.

세월이 지나 어느덧 선생님들이 말씀하신 50을 눈앞에 두었다. 1997년에 귀국한 후 지난 10여 년 동안 나는 구약 전체에 대한 강의안을 만드는 일을 목표로 삼았다. 내 자신에게 동기를 부여하기 위해 내가 몸담고 있는 신대원 학생들에게 매 학기 새로운 구약 강해과목을 개설해 주었다. 감사한 것은 지혜문헌을 제외한 구약성경 모든 책의 본문 관찰을 중심으로 한 강의안을 13년 만에 완성할 수 있었다는 점이다. 앞으로 수년에 거쳐 이 강의안들을 대폭 수정하여 해마다 두세 권씩 책으로 출판하려 한다. 지혜문헌은 잠시 미루어두었다. 시편 1권(1-41편)에 대한 강의안을 만든 적이 있었는데, 본문 관찰과 주해는 얼마든지 할 수 있었지만 뭔가 아쉬움이 남았다. 삶의 연륜이 가미되지 않은 데서 비롯된 부족함이었다. 그래서 나는 지혜문헌에 대한 주석은 60을 바라볼 때쯤 집필하기로 작정했다. 삶을 조금 더 경험한 후로 미룬 것이다. 아마도 이 시리즈가 완성될 때쯤이면, 자연스럽게 지혜문헌에 대한 책들을 출판하게 되지 않을까 싶다.

이 시리즈는 설교를 하고 성경공부를 인도해야 하는 중견 목회사들과 평신도 지도자들을 마음에 두고 집필한 책들이다. 나는 이 시리즈의 성향을 Exposimentary("해설주석")라고 부르고 싶다. Exposimentary라는 단어는 내가 만들어 낸 용어다. 해설/설명을 뜻하는 expository라는 단어와 주석을 뜻하는 commentary를 합성한 것이다. 대체적으로 expository는 본문과 별 연관성이 없는 주제와 묵상으로 치우치기 쉽고, commentary는 필요 이상으로 논쟁적이고 기술적일 수 있다는 한계를 의식해서 이러한 상황을 의도적으로 피하고 가르치는 사역에 조금이나마 실용적이고 도움이 되는 교재를 만들기 위해 만들어 낸 개념이다. 나는 본문의 다양한 요소와 이슈들에 대해 정확하게 석의하면서도 전후 문맥과 책 전체의 문형(文形; literary shape)을 최대한 고려하여 텍스트의 의미를 설명하고 우리의 삶과 연결하려고 노력했다. 또한 히브리어 사용은 최소화했다.

이 시리즈를 내놓으면서 감사할 사람이 참 많다. 먼저, 지난 25년 동안 인생의 동반자가 되어 아낌없는 후원과 격려를 해주었던 아내 임우민에게 감사한다. 아내를 생각할 때마다 참으로 현숙한 여인을(cf. 잠 31:10-31) 배필로 주신 하나님께 감사할 뿐이다. 아빠의 사역을 기도와 격려로 도와준 지혜, 은혜, 한빛에게도 고마운 마음을 표한다. 평생 기도와 후원을 아끼지 않은 친가와 처가 친척들에게도 감사하다는 말을 전하고 싶다. 항상 옆에서 돕고 격려해 준 평생친구 장병환 · 윤인옥, 박선철 · 송주연 부부들에게도 고마움을 표하는 바이며, 시카고 유학 시절 큰 힘이 되어 주셨던 이선구 장로 · 최화자 권사님 부부에게도 이 자리를 빌려 평생 빚진 마음을 표하고 싶다. 우리 가족이 20여 년 만에 귀국하여 정착할 수 있도록 배려를 아끼지 않으신 백석학원 설립자 장종현 목사님에게도 감사하는 바다. 우리 부부의 영원한 담임목자이신 이동원 목사님께도 고마움을 표하고 싶다.

2009년 겨울 방배동에서

감사의 글

엑스포지멘터리 예레미야-1을 허락해 주신 하나님께 감사드립니다. 스타선교회의 사역에 물심양면으로 헌신하여 오늘도 하나님의 말씀이 온 세상에 선포되는 일에 기쁜 마음으로 동참하시는 김형국, 백영걸, 정진성, 장병환, 임우민, 정채훈, 송은혜, 강숙희 이사님들께 감사의 마음을 전하고 싶습니다. 이사님들의 헌신이 있기에 세상은 조금 더 살맛나는 곳이 되고 있습니다.

2015년 붉게 물들어 가는 우면산이 보이는 방배동에서

일러두기

엑스포지멘터리(exposimentary)는 "해설/설명"을 뜻하는 엑스포지토리(expository)라는 단어와 "주석"을 뜻하는 코멘터리(commentary)를 합성한 단어이다. 본문의 뜻과 저자의 의도와는 별 연관성이 없는 주제와 묵상으로 치우치기 쉬운 엑스포지토리(expository)의 한계와 필요이상으로 논쟁적이고 기술적일 수 있는 코멘터리(commentary)의 한계를 극복하여 목회현장에서 가르치고 선포하는 사역에 실질적으로 도움이 되도록 하는 새로운 장르이다. 본문의 다양한 요소와 이슈들에 대하여 정확하게 석의하면서도 전후 문맥과 책 전체의 문형(文形; literary shape)을 최대한 고려하여 텍스트의 의미를 설명하고 성도의 삶과 연결하려고 노력하는 설명서이다. 엑스포지멘터리는 다음과 같은 원칙을 바탕으로 인용한 정보를 표기한다.

1. 참고문헌을 모두 표기하지 않고 선별된 참고문헌으로 대신한다.
2. 출처를 표기할 때 각주(foot note) 처리는 하지 않는다.
3. 출처 표기는 괄호 안에 하되 페이지는 밝히지 않는다.
4. 여러 학자들이 동일하게 해석할 때 모든 학자들을 표기하지 않고

일부만 표기한다.

5. 한 출처를 인용하여 설명할 때, 설명이 길어지더라도 각 문장마다 출처를 표기하지 않는다.

주석은 목적과 주 대상에 따라 인용하는 정보 출처와 참고문헌 표기가 매우 탄력적으로 제시되는 장르이다. 참고문헌이 없이 출판되는 주석들도 있고, 각주가 전혀 없이 출판되는 주석들도 있다. 또한 각주와 참고문헌이 없이 출판되는 주석들도 있다. 엑스포지멘터리 시리즈는 이 같은 장르의 탄력적인 성향을 고려하여 제작된 주석이다.

선별된 약어표

개역	개역한글판
개정	개역개정판
공동	공동번역
새번역	표준새번역 개정판
현대	현대인의 성경
아가페	아가페 쉬운성경
BHK	Biblica Hebraica Kittel
BHS	Biblica Hebraica Stuttgartensia
ESV	English Standard Version
CSB	Nashville: Broadman & Holman, Christian Standard Bible
KJV	King James Version
LXX	LXX(Septuaginta)
MT	마소라 사본
NAB	New American Bible
NAS	New American Standard Bible
NEB	New English Bible

NIV	New International Version
NRS	New Revised Standard Bible
TNK	Jewish Publication Society Tanakh
TNIV	Today's New International Version
AAR	American Academy of Religion
AB	Anchor Bible
ABD	The Anchor Bible Dictionary
ABRL	Anchor Bible Reference Library
ACCS	Ancient Christian Commentary on Scripture
AJSL	American Journal of Semitic Languages and Literature
ANET	J. B. Pritchard, ed., The Ancient Near Eastern Texts Relating to the Old Testament. 3rd ed. Princeton: Princeton University Press, 1969.
ANETS	Ancient Near Eastern Texts and Studies
AOTC	Abingdon Old Testament Commentary
ASORDS	American Schools of Oriental Research Dissertation Series
ASTI	Annual of Swedish Theological Institute
BA	Biblical Archaeologist
BAR	Biblical Archaeology Review
BASOR	Bulletin of the American Schools of Oriental Research
BBR	Bulletin for Biblical Research
BCBC	Believers Church Bible Commentary
BDB	F. Brown, S. R. Driver & C. A. Briggs, A Hebrew and English Lexicon of the Old Testament. Oxford: Clarendon Press, 1907.
BETL	Bibliotheca Ephemeridum Theoloicarum Lovaniensium
BibOr	Biblia et Orientalia

BibSac	Bibliotheca Sacra
BibInt	Biblical Interpretation
BJRL	Bulletin of the John Rylands Library
BJS	Brown Judaic Studies
BLS	Bible and Literature Series
BN	Biblische Notizen
BO	Berit Olam: Studies in Hebrew Narrative & Poetry
BR	Bible Review
BRS	The Biblical Relevancy Series
BSC	Bible Student Commentary
BT	The Bible Today
BV	Biblical Viewpoint
BTCB	Brazos Theological Commentary on the Bible
BZAW	Beihefte zur Zeitschrift für die alttestamentliche
CAD	Chicago Assyrian Dictionary
CBC	Cambridge Bible Commentary
CBSC	Cambridge Bible for Schools and Colleges
CBQ	Catholic Biblical Quarterly
CBQMS	Catholic Biblical Quarterly Monograph Series
CB	Communicator's Bible
CHANE	Culture and History of the Ancient Near East
DSB	Daily Study Bible
EBC	Expositor's Bible Commentary
ECC	Eerdmans Critical Commentary
EncJud	Encyclopedia Judaica
EvJ	Evangelical Journal
EvQ	Evangelical Quarterly

ET	Expository Times
ETL	Ephemerides Theologicae Lovanienses
FOTL	Forms of Old Testament Literature
GCA	Gratz College Annual of Jewish Studies
GKC	E. Kautszch and A. E. Cowley, Gesenius' Hebrew Grammar. Second English edition. Oxford: Clarendon Press, 1910.
GTJ	Grace Theological Journal
HALOT	L. Koehler and W. Baumgartner, The Hebrew and Aramaic Lexicon of the Old Testament. Trans. by M. E. J. Richardson. Leiden: E. J. Brill, 1994-2000.
HBT	Horizon in Biblical Theology
HSM	Harvard Semitic Monographs
HOTC	Holman Old Testament Commentary
HUCA	Hebrew Union College Annual
IB	Interpreter's Bible
ICC	International Critical Commentary
IDB	Interpreter's Dictionary of the Bible
ISBE	G. W. Bromiley (ed.), The International Standard Bible Encyclopedia. 4 vols. Grand Rapids: 1979-88.
ITC	International Theological Commentary
J-M	P. Joüon-T. Muraoka, A Grammar of Biblical Hebrew. Part One: Orthography and Phonetics. Part Two: Morphology. Part Three: Syntax. Subsidia Biblica 14/I-II. Rome: Editrice Pontificio Istituto Biblico, 1991.
JAAR	Journal of the American Academy of Religion
JANES	Journal of Ancient Near Eastern Society
JNES	Journal of Near Eastern Studies

JBL	Journal of Biblical Literature
JBQ	Jewish Bible Quarterly
JJS	Journal of Jewish Studies
JSJ	Journal for the Study of Judaism
JNES	Journal of Near Eastern Studies
JSOT	Journal for the Study of the Old Testament
JSOTSup	Journal for the Study of the Old Testament Supplement Series
JPSTC	JPS Torah Commentary
LCBI	Literary Currents in Biblical Interpretation
MHUC	Monographs of the Hebrew Union College
MJT	Midwestern Journal of Theology
MOT	Mastering the Old Testament
MSG	Mercer Student Guide
NAC	New American Commentary
NCB	New Century Bible Commentary
NCBC	New Collegeville Bible Commentary
NEAEHL	E. Stern (ed.), The New Encyclopedia of Archaeological Excavations in the Holy Land. 4 vols. Jerusalem: Israel Exploration Society & Carta, 1993.
NIB	New Interpreter's Bible
NIBC	New International Biblical Commentary
NICOT	New International Commentary on the Old Testament
NIDOTTE	W. A. Van Gemeren, ed., The New International Dictionary of Old Testament Theology and Exegesis. Grand Rapids: Zondervan, 1996.
NIVAC	New International Version Application Commentary

OBC	Oxford Bible Commentary
Or	Orientalia
OTA	Old Testament Abstracts
OTE	Old Testament Essays
OTG	Old Testament Guides
OTL	Old Testament Library
OTM	Old Testament Message
OTS	Oudtestamentische Studiën
OTWAS	Ou-Testamentiese Werkgemeenskap in Suid-Afrika
PBC	People's Bible Commentary
PEQ	Palestine Exploration Quarterly
PSB	Princeton Seminary Bulletin
RevExp	Review and Expositor
RTR	Reformed Theological Review
SBJT	Southern Baptist Journal of Theology
SBLDS	Society of Biblical Literature Dissertation Series
SBLMS	Society of Biblical Literature Monograph Series
SBLSymS	Society of Biblical Literature Symposium Series
SHBC	Smyth & Helwys Bible Commentary
SJOT	Scandinavian Journal of the Old Testament
SJT	Scottish Journal of Theology
SSN	Studia Semitica Neerlandica
TBC	Torch Bible Commentary
TynBul	Tyndale Bulletin
TD	Theology Digest
TDOT	G. J. Botterweck and H. Ringgren (eds.), Theological Dictionary of the Old Testament. Vol. I-. Grand Rapids:

	Eerdmans, 1974-.
TGUOS	Transactions of the Glasgow University Oriental Society
THAT	Theologisches Handwörterbuch zum Alten Testament. 2 vols. Munich: Chr. Kaiser, 1971-1976.
TJ	Trinity Journal
TOTC	Tyndale Old Testament Commentaries
TS	Theological Studies
TWAT	Theologisches Wörterbuch zum Alten Testament. Stuttgart: W. Kohlhammer, 1970-.
TWBC	The Westminster Bible Companion
TWOT	R. L. Harris, G. L. Archer, Jr., and B. K. Waltke (eds.), Theological Wordbook of the Old Testament, 2 vols. Chicago: Moody, 1980.
TZ	Theologische Zeitschrift
UBT	Understanding Biblical Themes
VT	Vetus Testament
VTSup	Vetus Testament Supplement Series
W-O	B. K. Waltke and M. O'Connor, An Introduction to Biblical Hebrew Syntax. Winona Lake: Eisenbrauns, 1990.
WBC	Word Biblical Commentary
WBCom	Westminster Bible Companion
WCS	Welwyn Commentary Series
WEC	Wycliffe Exegetical Commentary
WTJ	The Westminster Theological Journal
ZAW	Zeitschrift für die alttestamentliche Wissenschaft

선별된 참고문헌

Ackerman, S. *Under Every Green Tree: Popular Religion in Sixth-Century Judah*. Atlanta: Scholars Press, 1992.

_____. "'And the Women Knead Dough': The Worship of the Queen of Heaven in Sixth-Century Judah." Pp. 109-24 in *Gender and Difference in Ancient Israel*. Ed. by P. L. Day. Philadelphia: Fortress, 1989.

Ackroyd, P. *Exile and Restoration. A Study of Hebrew Thought of the Sixth Century B. C.* London: SCM Press, 1968.

Albright, W. F. *Archaeology of Palestine*. Baltimore: Penguin, 1960.

Allen, L. C. *Jeremiah. A Commentary*. OTL. Louisville: John Knox Press, 2008.

Baldwin, J. G. "Semah as a Technical Term in the Prophets." VT 14 (1964): 93-97.

Balentine, S. *Prayer in the Hebrew Bible: The Drama of the Divine-Human Dialogue*. Minneapolis: Fortress, 1993.

Begin, B. Z. "Does Lachish Letter 4 Contradict Jeremiah XXXIV 7?" VT 52

(2002): 166-74.

Bergmann, M. S. *In the Shadow of Moloch: The Sacrifice of Children and Its Impact on Western Religions*. New York: Columbia University Press, 1992.

Berrigan, D. *Jeremiah: The World, the Wound of God*. Minneapolis: Fortress, 1999.

Bewer, J. A. *The Book of Jeremiah*. 2 vols. New York: Harper and Brothers, 1951, 52.

Blank, S. H. *Jeremiah: Man and Prophet*. Cincinnati: Hebrew Union College, 1961.

Boadt, L. *Jeremiah 1-25*. Wilmington, Del.: Michael Glazier, 1982.

_____. *Jeremiah 26-52. Habakkuk, Zephaniah, Nahum*. Wilmington, Del.: Michael Glazier, 1982.

Bozak, B. *Life Anew: A Literary-Theological Study of Jer. 30-31*. AnBib. Rome: Pontifical Biblical Institute, 1991.

Bracke, J. M. *Jeremiah 1-29*. WBCom. Louisville: John Knox Press, 2000.

_____. *Jeremiah 30-52 and Lamentations*. WBCom. Louisville: John Knox Press, 2000.

Bright, J. *Jeremiah*. AB 21. Garden City, NY: Doubleday and Co., 1965.

Brown, M. L. "Jeremiah." Pp. 21-572 in *The Expositor's Bible Commentary Revised Edition*, vol. 7. Ed. by Tremper Longman III & David E. Garland. Grand Rapids: Zondervan, 2010.

Brueggemann, W. *To Pluck and To Tear Down: A Commentary on Jeremiah 1-25*. Grand Rapids: Eerdmans, 1988.

_____. *To Build and To Plant: A Commentary on Jeremiah 26-52*. Grand Rapids: Eerdmans, 1991.

_____. "Jeremiah's Use of Rhetorical Questions." JBL 92 (1973): 358-74.

Calvin, J. *Jeremiah and Lamentations*. 5 vols. Trans. from Latin and edited by John Owen. Repr. Grand Rapids: Eerdmans, 1950.

Carroll, R. *Jeremiah: A Commentary*. OTL. Philadelphia: Westminster, 1986.

_____. *Jeremiah*. OTG. Sheffield: JSOT Press, 1989.

Childs, B. S. *The Book of Exodus. A Critical Theological Commentary*. OTL. Philadelphia: Westminster Press, 1974.

_____. *Introduction to the Old Testament as Scripture*. Philadelphia: Fortress, 1979.

Christensen, D. L. "In Quest of the Autograph of the Book of Jeremiah: A Study of Jeremiah 25 in Relation to Jeremiah 46-51." JETS 33 (1990): 145-53.

Clements, R. *Jeremiah*. Interpretation. Atlanta: John Knox, 1988.

Craigie, P. ; P. Kelley, F. Drinkard. *Jeremiah 1-25*. WBC 26. Dallas: Word Books, 1991.

Crenshaw, J. "A Living Tradition: the Book of Jeremiah in Current Research." Int. 37 (1983): 117-29.

_____. *Prophetic Conflict: Its Effect upon Israelite Religion*. BZAW. Berlin: de Gruyter, 1971.

Cunliffe-Jones, H. *The Book of Jeremiah*. TBC. London: SCM Press, 1960.

Curtis, A. H.; T. Römer. *The Book of Jeremiah and Its Reception*. Leuven: Leuven University Press, 1997.

Davidson, R. *Jeremiah: Volume 1*. DBS. Philadelphia: Westminster, 1983.

_____. *Jeremiah: Volume 2, and Lamentations*. DBS. Philadelphia: Westminster, 1985.

Dearman, A. "My Servants the Scribes: Composition and Context in Jeremiah 36." JBL 109 (1990): 403-21.

_____. *Jeremiah/Lamentations*. NIVAC. Grand Rapids: Zondervan, 2002.
Dearman W. J. *A Handbook on Jeremiah*. Textual Criticism and the Translator 2. Winnona Lake, Ind.: Eisenbrauns, 2003.
DeRoche, M. "Jeremiah 2:2-3 and Israel's Love for God during the Wilderness Wanderings." CBQ 45 (1983): 364-76.
Diamond, A, M. O'Connor, L. Stulman. *Troubling Jeremiah*. Sheffield: Sheffield Academic Press, 1990.
Driver, S. R. *The Book of the Prophet Jeremiah*. London: Hodder and Stoughton, 1906.
Dubbink, J. "Jeremiah: Hero of Faith or Defeatist? Concerning the Place and Function of Jeremiah 20:14-18." JSOT 86 (1999): 67-84.
Duhm, B. *Der Prophet Jeremia*. Kurzgefasstes exegestisches Handbuch zom Alten Testament 11. Leipzig: Weidmannsche Buchhandlung, 1901.
Eissfeldt, O. *The Old Testament: An Introduction*. Trans. by P. R. Ackroyd. New York: Harper & Row, 1965.
Epstein, V. "The Day of Yahweh in Jeremiah 4:23-38." JBL 87 (1968): 93-97.
Even-Shoshan, A. *A New Concordance of the Bible*. Jerusalem: Kiryath Sefer, 1990.
Feinberg, C. L. "Jeremiah." Pp. 357-694 in *The Expositor's Commentary*. Ed. by F. C. Gabelein. Grand Rapids: Zondervan, 1983.
Fishbane, M. "Jeremiah iv 23-26 and Job iii 3-13: A Recovered Use of the Creation Pattern." VT 21 (1971): 151-67.
Freedman, H. *Jeremiah*. Soncino Books of the Bible. London: Soncino, 1949.
Fretheim, T. E. *Jeremiah*. Smyth & Helwys. Macon, Georgia: Smyth &

Helwys Publishing Incorporated, 2002.

Gladson, J. A. "Jeremiah 17:19-27: A Rewriting of the Sinaitic Code?" CBQ 62 (2000): 33-40.

Guest, J. *Jeremiah, Lamentations*. CCom. Waco, Tex.: Word, 1988.

Habel, N. "The Form and Significance of the Call Narratives." ZAW 77 (1965): 297-323.

Harrison, R. K. *Jeremiah and Lamentations*. TOTC. Downers Grove, Ill.: InterVarsity Press, 1973.

_____. *Introduction to the Old Testament*. Grand Rapids: Eerdmans, 1969.

Henderson, J. M. "Who Weeps in Jeremiah viii 23 (ix 1)? Identifying Dramatic Speakers in the Poetry of Jeremiah." VT 52 (2002): 191-206.

Heschel, A. J. *The Prophets*, 2 vols. Repr. Peabody, Mass.: Princc, 1999.

Hicks, R. L. "Delet and megillah: A Fresh Approach to Jer 36." VT 33 (1983): 46-66.

Hill, J. *Friend or Foe? The Figure of Babylon in the Book of Jeremiah MT.* Leiden: Brill, 1999.

Holladay, W. *Jeremiah*. 2 vols. Hermenia. Philadelphia: Fortress, 1986, 89.

Holt, E. K. "Word of Jeremiah—Word of God: Structures of Authority in the Book of Jeremiah." Pp. 172-89 in *Uprooting and Planting: Essays on Jeremiah for Leslie Allen*. Ed. by J. Goldingay. New York: T & T Clark, 2007.

Huey, F. C. *Jeremiah, Lamentations*. NAC. Nashville: Broadman & Holman, 1993.

Hyatt, J. P. "Jeremiah." Pp. 777-1142 in *The Interpreter's Bible*, vol. 5. New York: Abingdon Press, 1956.

Janzen, J. G. *Studies in the Text of Jeremiah*. HSM. Cambridge: Harvard University Press, 1973.

Jones, D. R. *Jeremiah*. NCBC. Grand Rapids: Eerdmans, 1992.

Kaiser, W. *Hard Sayings of the Bible*. Downers Grove, Ill.: InterVarsity Press, 1997.

Keil, C. F. *Jeremiah, Lamentations*. Trans. by David Patrick and James Kennedy. Repr. Grand Rapids: Eerdmans, 1986.

Keown, G.; P. Scalise, T. Smothers. *Jeremiah 26-52*. WBC. Waco, Tex.: Word, 1994.

Kessler, M. "The Formation of Chapters 25 and 50-52 in the Book of Jeremiah." Pp. 64-74 in Troubling Jeremiah. Ed. by P. Diamond et al. Sheffield: Sheffield Academic Press, 1999.

Kessler, M., ed. *Reading the Book of Jeremiah: A Search for Coherence*. Winnona Lake, Ind.: Eisenbrauns, 2004.

Kidner, D. *The Message of Jeremiah: Against Wind and Tide*. Downers Grove, Ill.: InterVarsity, 1987.

King, P. J. *Jeremiah: An Archaeological Companion*. Louisville: Westminster John Knox, 1993.

Kitchen, K. A. *The Third Intermediate Period in Egypt (1100-650 BC)*. Warminster: Aris and Phillips, 1996.

Lemke, W. E. "The Near and Distant God: A Study of Jeremiah 23:23-24 in its Biblical Theological Context." JBL 100 (1981): 541-55.

Long, B. "Reports of Visions Among the Prophets." JBL 94 (1976): 353-65.

_____. "Two Question and Answer Schemata in the Prophets." JBL 90 (1971): 129-39.

_____. "The Stylistic Components of Jeremiah 3:1-5." ZAW 88 (1976): 386-90.

Lundbom, J. R. "Baruch, Seraiah, and Expanded Colophons in the Book of Jeremiah." JSOT 36 (1986): 89-114.

_____. *Jeremiah 1-20.* AB. New York: Doubleday, 1999.

_____. *Jeremiah 21-36.* AB. New York: Doubleday, 2004.

_____. *Jeremiah 37-52.* AB. AB. New York: Doubleday, 2004.

McCarthy, D. J. *Treaty and Covenant.* Rome: Pontifical Biblical Institute, 1963.

Mackay, J. L. *Jeremiah: Volume 2: Chapters 21-52.* Mentor. Scotland: Mentor, 2004.

Martens, E. A. *Jeremiah.* BCBC. Scottdale, Pa.: Herald Press, 1986.

Martini, C. M. *A Prophetic Voice in the City: Mediations on the Prophet Jeremiah.* Collegeville, MN: Liturgical Press, 1997.

McConville, J. G. *Judgment and Promise: An Interpretation of the Book of Jeremiah.* Winnona Lake, Ind.: Eisenbrauns, 1993.

McKane, W. *A Critical and Exegetical Commentary on Jeremiah i-xxv.* Edinburgh: T. & T. Clark, 1986.

_____. *A Critical and Exegetical Commentary on Jeremiah xxvi-lii.* Edinburgh: T. & T. Clark, 1996.

Meek, T. J. "Was Jeremiah a Priest?" The Expositor 25 (1923): 215-222.

Milgrom, J. "Concerning Jeremiah's Repudiation of Sacrifice." ZAW 89 (1977): 273-75.

Miller, P. D. "The Book of Jeremiah: Introduction, Commentary, and Reflections." Pp. 553-926 in *The New Interpreter's Bible,* vol. 6. Ed. by Leander E. Keck. Nashville: Abingdon Press, 2001.

Min, Y. "The Minuses and Pluses of the LXX Translation of Jeremiah as Compared with the Massoretic Text: Their Classification and Possible Origins." PhD dissertation. Jerusalem: Hebrew University.

Mowinckel, S. *The Psalms in Israel's Worship,* 2 vols. Tr. by D. R. Ap-Thomas. Nashville: Abingdon Press, 1963.

Nelson, R. D. *Raising Up a Faithful Priest.* Louisville: Westminster/John Knox, 1993.

Neuwirth, Y. Y. *Sheirath Shabbath: A Guide to the Practical Observance of the Sabbath.* 3 vols. New York: Feldheim, 2000.

Nicholson, E. *Preaching to the Exiles: A Study of the Prose Tradition in the Book of Jeremiah.* Oxford: Basil Blackwell, 1970.

_____. *The Book of the Prophet Jeremiah Chapters 1-25.* CBC. Cambridge: Cambridge University Press, 1973.

_____. *The Book of the Prophet Jeremiah Chapters 26-52.* CBC. Cambridge: Cambridge University Press, 1975.

O'Connor, K. M. "The Tears of God and Divine Character in Jeremiah 2-9." Pp. 387-401 in *Troubling Jeremiah.* Ed. by P. Diamond et al. Sheffield: Sheffield Academic Press, 1999.

_____. *The Confession of Jeremiah: Their Interpretation and Role in Chapters 1-25.* SBLDS. Atlanta: Scholars Press, 1988.

O'Day, G. R. "Jer. 9:22-23 and I Corinthians 1:26-31: A Study in Intertextuality." JBL 109 (1990): 259-67.

Olyan, S. M. *Biblical Mourning: Ritual and Social Dimensions.* Oxford: Oxford University Press, 2004.

Ortlund, R. C. *Whoredom: God's Unfaithful Wife in Biblical Theology.* Grand Rapids: Eerdmans, 1997.

Overholt, T. W. "Some Reflections on the Date of Jeremiah's Call." CBQ 33 (1971): 165-84.

_____. *The Threat of Falsehood of Idolatry: A Study in the Theology of the Book of Jeremiah.* Naperville, Ill.: Allenson, 1970.

Parke-Taylor, G. H. *The Formation of the Book of Jeremiah: Doublets and Recurring Phrases.* Atlanta: Society of Biblical Literature, 2000.

Peake, A. S. *Jeremiah I.* CB. New York: H. Frowde and Edinburgh: T. C. & E. C. Jack, 1910.

_____. *Jeremiah II.* CB. New York: H. Frowde and Edinburgh: T. C. & E. C. Jack, 1911.

Perdue, L. *The Collapse of History: Reconstructing Old Testament Theology.* Minneapolis: Fortress, 1994.

Perdue, L.; B. Kovacs, eds. *A Prophet to the Nations: Essays in Jeremiah Studies*. Winona Lake, Ind.: Eisenbrauns, 1984.

Pixley, Jorge V. *Jeremiah*. Chalice Commentaries for Today. St. Louis: Chalice, 2004.

Polk, T. *The Prophetic Persona: Jeremiah and the Language of the Self.* JSOTSS. Sheffield: Sheffield University Press, 1984.

Porteous, N. W. "The Prophets and the Problem of Continuity." Pp. 11-25 in *Israel's Prophetic Heritage: Essays in Honor of James Muilenburg*. Ed. by B. W. Anderson and W. Harrelson. London: SCM Press, 1962.

Rashi (Rabbi Shlomo Yitzchaki, 1040-1105AD). *Jeremiah I-II.* Trans. by A. J. Rosenberg. New York: Judaica, 1985).

Reventlow, H. G. *Liturgie und prophetische Ich bei Jeremiah.* Gutersloh: Mohn, 1963.

Roberts, J. J. M. "The Motif of the Weeping God in Jeremiah and Its Background in the Lament Tradition of the Ancient Near East." OTE 5 (1992): 361-74.

Rosenberg, A. J. *Jeremiah I-II.* New York: Judaica Press, 1985.

Rowley, H. H. "The Early Prophecies of Jeremiah in Their Setting." BJRL

45 (1962-63): 198-234.

Rudolph, W. *Jeremia.* 3rd ed. Tübingen: Mohr Siebeck, 1968.

Schiffman, L. H. *The Halakhah at Qumran.* Leiden: Leiden: E. J. Brill, 1975.

Seitz, C. "The Prophet Moses and the Canonical Shape of Jeremiah." ZAW 101 (1989): 3-27.

_____. *Theology in Conflict: Reactions to the Exile in the Book of Jeremiah.* BZAW. Berlin: de Gruter, 1989.

Skinner, J. *Prophecy and Religion: Studies in the Life of Jeremiah.* Cambridge: Cambridge University Press, 1922.

Smith, M. S. *The Laments of Jeremiah and Their Contexts: A Literary Redactional Study of Jer 11-20.* Atlanta: Scholars Press, 1990.

Soggin, J. A. *Introduction to the Old Testament.* Trans. by J. Bowden. Philadelphia: Westminster, 1976.

Steiner, R. C. "Incomplete Circumcision in Egypt and Edom: Jeremiah (9:24-25) in the Light of Josephus and Jonckheere." JBL 118 (1999): 497-505.

Streane, A. W. *The Book of the Prophet Jeremiah Together with The Lamentations.* CBSC. Cambridge: Cambridge University Press, 1952.

Stulman, L. *Jeremiah.* AOTC. Nashville: Abingdon Press, 2005.

Thompson, J. A. *The Book of Jeremiah.* NICOT. Grand Rapids: Eerdmans, 1980.

Tov, E. "The Jeremiah Scrolls from Cave 4." RevQ 2 (1989): 189-206.

Tucker, G. W. "Prophetic Superscriptions and the Growth of a Canon." Pp. 56-70 in *Canon and Authority.* Ed. by G. W. Coats and B. O. Long. Philadelphia: Fortress, 1977.

Untermann, J. *From Repentance to Redemption: Jeremiah's Thought in Transition*. JSOTSS. Sheffield: Sheffield Academic Press, 1987.

Valentino, T. R. "Couriered Hope: The Textual Integrity of Jeremiah's Prophetic Letters to the Exiles in Babylon (Jer. 29:1-23)." EvJ 19(2001): 68-73.

Van den Eynde, S. "Taking Broken Cisterns for the Fountain of Living Water: On the Background of the Metaphor of the Whore in Jeremiah." BN 110 (2001): 86-96.

Van Keulen, P. S. F. *Manasseh through the Eyes of the Deuteronomists: The Manasseh Account (2 Kings 21:1-18) and the Final Chapters of D History*. Leiden: Leiden: E. J. Brill,, 1996.

VanGemeren, W. A. *Interpreting the Prophetic Words*. Grand Rapids: Zondervan, 1996.

Viviano, P. A. *Jeremiah/Lamentations*. BO. Collegeville, MN: Liturgical Press, 2004.

Von Rad, G. "The Confession of Jeremiah." Pp. 339-48 in *A Prophet to the Nations: Essays in Jeremiah Studies*. Ed. by L. Purdue and B. W. Kovacs. Winnona Lake, Ind.: Eisenbrauns, 1984.

Waldman, N. M. "Parents Have Eaten Sour Grapes." Dor le Dor 18 (1989): 1-5.

Weinfeld, M. "Jeremiah and the Spiritual Metamorphosis of Israel." ZAW 88 (1976): 17-56.

Wood, P. S. "Jeremiah's Figure of the Almond Rod." JBL 61 (1942): 99-103.

Zimmerli, W. "Visionary Experience in Jeremiah." Pp. 95-118 in *Israel's Prophetic Tradition: Essays in Honour of Peter R. Ackroyd*. Ed. by R. Coggins et al. Cambridge: University Press, 1982.

차례

서론

저는, 웃으며 떠들어대는 사람들과
함께 어울려 즐거워하지도 않습니다.
주님께서 채우신 분노를 가득 안은 채로,
주님의 손에 붙들려 외롭게 앉아 있습니다.
어찌하여 저의 고통은 그치지 않습니까?
어찌하여 저의 상처는 낫지 않습니까?
주님께서는,
흐르다가도 마르고 마르다가도 흐르는
여름철의 시냇물처럼,
도무지 믿을 수 없는 분이 되셨습니다
(15:17–18; 새번역)

31 여호와의 말씀이니라 보라 날이 이르리니 내가 이스라엘 집과 유다 집에 새 언약
을 맺으리라 32 이 언약은 내가 그들의 조상들의 손을 잡고 애굽 땅에서 인도하여
내던 날에 맺은 것과 같지 아니할 것은 내가 그들의 남편이 되었어도 그들이 내 언

약을 깨뜨렸음이라 여호와의 말씀이니라 33 그러나 그 날 후에 내가 이스라엘 집과
맺을 언약은 이러하니 곧 내가 나의 법을 그들의 속에 두며 그들의 마음에 기록하
여 나는 그들의 하나님이 되고 그들은 내 백성이 될 것이라 여호와의 말씀이니라
34 그들이 다시는 각기 이웃과 형제를 가리켜 이르기를 너는 여호와를 알라 하지 아
니하리니 이는 작은 자로부터 큰 자까지 다 나를 알기 때문이라

내가 그들의 악행을 사하고
다시는 그 죄를 기억하지 아니하리라
여호와의 말씀이니라
(31:31-34)

소개

눈물의 선지자라고 알려진 예레미야는 성경적인 민족주의가 어떤 것인가를 삶을 통해서 보여준 사람이었다. 예레미야는 마치 석양처럼 유다가 역사의 지평선으로 사라져가는 것을 끊임없이 흐르는 눈물에 흐려진 시야로 지켜보아야 했다. 그 누구보다도 나라를 사랑한 유다의 한 시민이었기에 그는 유다의 운명을 괴로워했다. 그러면서도 하나님의 따스한 위로와 소망의 메시지를 듣고자 찾아온 백성들을 향해서는 "무모하게 적군과 싸우지 말고 항복하라. 그들의 포로가 되어 바빌론으로 가라"고 냉혹하게 권면했다. 그래서 우리는 예레미야서에서 자기 백성과 나라를 매우 사랑했던 시민 예레미야와 그들에게 냉정하게 심판의 메시지를 선포해야 했던 선지자 예레미야의 끊임없는 갈등을 목격하게 된다. 그의 눈물은 연약함의 증거가 아니라, 백성을 끔찍할 정도로 사랑했던 민족주의자의 증거였다.

분량을 계산해보면 예레미야서는 선지서뿐만 아니라 성경에서 가장 많은 단어들로 구성되어 있는 가장 긴 책이다.[1] 실제로 예레미야서는 소

선지서 12권을 모두 합한 것보다 많다. 또한 예레미야는 자신의 신상 정보와 개인적인 느낌과 감정에 대해 구약의 그 어느 선지자보다도 많은 양의 글을 남겼다. 그는 아프면 아프다고 소리치고, 외로움을 느끼면 그 외로움을 토로하는 그 어느 선지자보다도 '인간적인 사람'이었다(Bright, cf. von Rad, Fretheim).

예레미야서의 매력 중 하나는 선지자가 하나님께 일명 '할 말, 못할 말'을 가리지 않고 솔직하게 자기 마음과 감정을 털어놓는다는 점이다. 그는 20:7에서도 "야훼여, 저는 어수룩하게도 주님의 꾐에 넘어갔습니다. 주님의 억지에 말려들고 말았습니다. 그래서 날마다 웃음거리가 되고 모든 사람에게 놀림감이 되었습니다"(공동)라며 개인적인 슬픔뿐만 아니라 하나님에 대한 원망까지 거리낌 없이 표현한다. 어떤 사람들은 성경에서 이런 말이 나오는 것에 대해 충격을 받을 수도 있겠지만, 예레미야는 상한 마음과 방황하는 감정을 헤아리시는 하나님 앞에서 거룩의 가면을 쓰지 않았다. 그는 솔직한 심정으로 하나님께 나아갔다.

예레미야는 평생 갈등 속에 살았다. 유다의 지도자들과 백성이 그에게 듣고 싶어 한 메시지는 하나님의 구원이 곧 임할 것이라는 축복과 소망의 말씀이었다. 예레미야도 그들이 듣고자 하는 메시지를 선포하고 싶었다. 그러나 그가 백성들에게 들려줄 수 있는 유일한 말씀(viz., 그들이 들어야 하는 메시지)은 유다는 곧 망할 것이고 생존자들은 포로가 되어 바빌론으로 끌려갈 것이라는 심판과 절망의 말씀이었다. 하나님이 예레미야에게 이 메시지밖에 주지 않으셨기 때문이다.

그래서 선지자는 그의 메시지를 받아들이기를 거부하는 청중과 갈등했다. 그의 고향 아나돗 사람들은 아나돗의 명예를 더럽힌다면서 그를 암살하려는 음모를 꾸몄다. 권력자들은 그에게 반역죄를 적용해 감옥에

1 예레미야서는 21,673개의 히브리 단어로 구성되어 있다. 창세기는 20,512 단어, 시편은 19,479 단어, 에스겔서는 19,123 단어, 이사야서는 16,920 단어로 구성되어 있으며, 소선지서 12권은 14,355개의 히브리 단어들로 구성되어 있다(Even-Shoshan, cf. Freedman).

가두기 일쑤였다. 실제로 예레미야는 사역을 시작한 지 얼마 지나지 않아 투옥되어 사역 기간 중 상당한 시간을 감옥에서 보냈다. 당시 정치 무대를 활보하던 [거짓] 선지자들은 예레미야의 선지자 자격을 문제 삼았다. 더 나아가 제사장들은 예루살렘 성전이 망할 것이라고 선언한 예레미야를 잡아 가두고 고문했다. 예레미야는 요즘 말로 '온 세상과 맞장을 떴다가' 비참하게 일방적으로 당하기만 한 것이다.

예레미야는 세상과의 갈등으로 매우 고통스러워 했지만, 하나님과의 끊임없는 갈등이 그의 고통을 가중시켰다. 하나님은 선지자에 대한 마음이 전혀 없던 예레미야에게 강압적으로 소명을 주셨다. 그리고 그와 항상 함께하며 그를 보호하겠다고 약속하셨다. 그러나 하나님의 '보호'는 예레미야가 기대한 것과 많이 달랐다. 그래서 그는 하나님을 믿고 나섰다가 여러 차례 낭패를 보았고 좌절을 경험했다. 선지자는 하나님께 강력하게 항의해보기도 했지만 별 소득이 없었다.

결국 선지자는 항상 슬픔에 젖어 사역을 했고, 눈물로 책을 써 내려갔다. 선지서를 '눈물로 쓴 편지'라고 하는데, 예레미야서는 특히 이러한 관점과 잘 어울린다. 그래서인지 예레미야서는 우리의 마음에 깊고 오랜 여운을 남긴다. 예레미야는 인간의 고뇌와 아픔을 직접 겪은 사람이었다. 그래서 우리는 장엄하고 거룩한 이상을 꿈꾸던 이사야, 철저하게 자신을 절제했던 환상가 에스겔, 불을 토해내던 아모스보다 이 선지자에게 더욱더 정감을 느낀다.

1. 선지자

선지자의 이름 예레미야(יִרְמְיָהוּ)를 문자적으로 풀이하면 '여호와가 자유하게 하신 자', '여호와가 존귀케 하신 자' 혹은 '여호와가 세우신 자'로 풀이된다(cf. Lundbom). 그는 예루살렘에서 북쪽으로 약 5킬로미터 떨어져 있던 아나돗(Anathoth)에서 제사장 힐기야의 아들로 태어났다(1:1; 11:21,

23; 29:27; 32:7-9; cf. ABD). 예레미야의 아버지는 제사장이었지만, 예레미야도 제사장 사역을 했는지는 확실하지 않다. 당시 제사장직은 자손 대대로 이어지는 직업이었다. 그렇다면 예레미야가 제사장 사역을 시작하기 전에 소명을 받았다 할지라도 제사장이 받아야 하는 훈련은 모두 받았을 것이다.

예레미야는 아도니야를 다윗의 후계자로 세우려다 실패해서 솔로몬에게 숙청당한 제사장 아비아달(왕상 2:26)의 후손일 가능성이 매우 높다. 솔로몬이 아비아달을 예레미야의 고향 아나돗으로 추방한 후로 아나돗은 제사장의 마을이 되었기 때문이다. 또한 아비아달이 실로의 제사장 엘리(cf. 삼상 1-4장)의 자손이라면, 예레미야는 엘리의 계보를 통해 아론의 후손이 된다. 예레미야가 실로의 역사에 대해 언급하는 것(2:1-3; 7:12-14; 15:1)도 이러한 연관성에서 비롯되었을 것이다(Clements).

예레미야는 자신에 대해 성경의 그 어느 저자보다도 많은 정보를 남겼다. 그럼에도 불구하고 그의 어린 시절(주전 609년 이전)에 대해서는 별로 알려진 바가 없다. 선지자가 어린 시절에 대해 이렇다 할 정보를 남기지 않았기 때문이다. 다만 예레미야가 제사장 집안에 태어났다는 사실을 근거로, 그는 제사장이 되기 위해 어렸을 때부터 율법 교육을 철저하게 받았을 것으로 추측할 뿐이다.

예레미야는 참으로 아픔을 아는 사람이었다. 그는 파란만장한 유다 역사의 마지막 순간을 지켜보며 오열했던 선지자다. 예레미야는 선민이라는 이유 하나로 여호와께서 반드시 그들을 바빌론 사람들로부터 보호하고 지켜주실 것이기 때문에 유다는 영원할 것이라는 종교적이지만 맹목적인 민족주의(nationalism)의 허상이 백성들을 현혹하는 것을 지켜보았다. 그는 안타까운 마음으로 예루살렘 정계에서 치열한 공방을 펼치는 친바빌론파와 친이집트파의 정치, 외교적 줄다리기에 염증을 느꼈다.

예레미야는 유다의 정치, 종교 지도자들을 신랄하게 비난했다. 그 대가로 선지자는 큰 고통을 당했다. 매를 맞았고(20:2), 재판장에서 반역죄를 뒤집어쓰기도 했다(26장; 37:11-16). 그를 암살하려는 시도가 두 차례나 있었다(18:18; 12:6). 사람들은 그를 빈 물 저장탱크(cistern)에 처넣기도 하고(38:1-13), 감옥에 감금하기도 했다(38:14-28). 예레미야는 그 어느 선지자보다도 혹독한 육체적, 정신적 고통과 수모를 경험했다.

예레미야는 자기 가족과 친척으로부터 따돌림을 받았다(11:21-23; 12:6). 생각해보면 별로 놀랄 일은 아니다. 예수님도 선지자는 고향에서 인정을 받지 못한다는 말씀을 하셨다. 게다가 선지자는 여호와를 섬기지 않고 오히려 우상숭배를 부추기는 제사장들을 신랄하게 비난했다. 그런데 그의 아버지도 제사장이었다! 보통 사람들에게조차 오해 받고 비난 받은 예레미야가 가족들에게 핍박을 받는 것이 어쩌면 당연하지 않겠는가? 게다가 그가 주전 627년에 사역을 시작했다면, 요시야의 개혁에 협조한 것이 화근이 되었을 것이다. 그렇다면 개혁 대상이었던 그의 가족들과 사이가 멀어졌을 수도 있다(LaSor, Hubbard, Bush).

예레미야가 가장 힘들어했던 것 중 하나가 거짓 선지자들의 위선과 조작된 메시지였다. 하나님의 이름을 팔며 자신들이 마치 하나님의 대변인인 것처럼 떠들어 대던 사람들이 한결같이 거짓 평안과 거짓 번영에 대한 메시지를 전한 것이다. 그러나 하나님은 그들을 보내신 적도 없고, 그들에게 말씀을 주신 적도 없었다. 모든 것이 그들의 자작극이었다. 그럼에도 불구하고 들어야 하는 메시지보다는 듣고 싶은 메시지에 열광하는 백성들은 거짓 선지자들이 만들어낸 메시지에 귀를 기울이고, 정작 참 선지자인 예레미야에게는 등을 돌렸다. 예레미야는 백성들이 달갑지 않게 생각했던 암울하고 어두운 미래에 대해 경고했지만, 거짓 선지자들은 '하나님의 축복이 곧 임할 것'이라는 메시지를 선포했기 때문이다. 예레미야와 하나냐의 충돌(28:1-17)은 참 선지자와 거짓 선지자의 갈등을 적나라하게 묘사한다.

이 모든 수난과 고통이 선지자가 하나님께 드리는 기도 속의 반항과 원망의 근거가 되었을 것이다(11:18-12:6; 15:10-21; 17:12-18; 18:18-23;

20:7-18). 예레미야는 때로는 하나님이 그를 버리셨다는 생각에 괴로워했고, 때로는 하나님께 자신의 '원수'에게 보복해 달라고 매달리기도 했다. 그는 끊임없는 고통으로 신음하며 하나님의 선하심과 불변성을 의심하기도 했다. 그러나 그의 갈등은 불신이라기보다는 진솔함에서 비롯된 아픔에 대한 토로였다(15:17-20; 20:7). 그래서 하나님도 그를 책망하기보다는 품어주셨다. 그의 원망은 진심이 아니라 아파서 지르는 비명이라는 것을 잘 아시기 때문이다.

예레미야는 이와 같이 많은 핍박에도 불구하고 자신의 소명과 신념대로 살아간 용기 있는 사람이었다. 그칠 줄 모르는 핍박과 고통 중 그 어느 것도 그가 하나님께 받은 메시지를 전하는 일을 멈추게 하지는 못했다. 선지자는 백성들에게 회개하면 하나님이 용서하실 것이라고 외쳤지만, 사람들은 그의 메시지를 받아들이지 않았다. 선지자는 오히려 백성들의 협박과 공갈에 시달려야 했고 심지어 폭행까지 당했다. 그럼에도 예레미야는 묵묵히 자신의 길을 갔다.

오늘날의 기준으로 예레미야의 사역을 평가한다면, 그는 한없이 실패한 사람이다. 그는 40여 년 동안 하나님의 말씀을 선포했지만, 거의 모든 사람이 그가 하나님의 선지자라는 사실조차 인정하지 않았다. 예레미야는 세상의 기준으로는 철저하게 실패했지만, 하나님의 기준으로는 대단한 성공을 누린 선지자였다. 하나님의 기준은 딱 한 가지, 각자가 받은 소명과 말씀에 얼마나 순종했는가, 이기 때문이다. 때로 반항하기도 했지만, 아무리 어렵고 힘이 들어도, 그는 하나님께 받은 선지자 소명에 신실했고, 하나님의 말씀에 철저하게 순종했다.

2. 역사적 정황

예언서를 이해하려면 선지자가 메시지를 선포했던 시대의 역사적 정황을 고려해야 한다. 예레미야서의 경우 더욱더 그렇다. 책에 기록된 메시지의 상당 부분이 당시 국제 정세와 유다의 국내 정황과 직접적인 연관이 있기 때문이다. 간략하게나마 예레미야가 활동했던 시대의 급변하는 근동 정세, 유다가 처한 절박한 상황, 예레미야와 직접적으로 연관이 있는 유대인 디아스포라 공동체를 순서대로 생각해보자.

(1) 근동 정세

예레미야가 어느 시대에 사역했는가는 매우 쉽게 가늠할 수 있다. 그는 요시야 왕의 통치가 끝나갈 무렵 사역을 시작했으며, 예루살렘이 멸망한 후에도 계속 유다에 거하다가, 주전 581년에 강제로 이집트로 끌려가 그곳에서 일생을 마쳤다. 그러나 예레미야가 정확히 언제 태어났고, 언제부터 사역을 시작했는가는 1:2의 "유다 왕 요시야가 다스린 지 십삼년에 여호와의 말씀이 예레미야에게 임[한 것]"을 어떻게 해석하느냐에 따라 좌우된다(cf. '이슈' 부분). 요시야는 8살 때(주전 640년) 왕위에 올라 31년 유다를 다스리다가 39세가 되던 해에 아시리아 패잔병을 돕겠다며 진군하는 이집트 왕 느고의 길을 막았다가 므깃도에서 사망했다(cf. 왕하 23:29-30). 요시야는 죽을 때까지 평생을 여호와 종교를 개혁하는 일에 바친 믿음의 왕이었다. 일부 학자들은 예레미야 애가를 선지자가 요시야의 죽음을 애도하며 지은 노래라고 주장하지만, 정확하지는 않다. 예레미야서의 내용을 살펴보면 선지자는 요시야가 죽은 후에 본격적으로 사역을 시작한 것이 확실하다. 예레미야가 사역했던 시대를 전후로 한 주전 640-570년경의 근동 상황을 생각해보자.

이 시대의 근동 정세를 한 단어로 표현하면 '급변'이다. 지난 200여 년 동안 군주국으로 근동 지역을 호령해오던 아시리아의 세력이 급격히 약화되면서, 그 자리를 차지하기 위해 바빌론과 이집트가 꿈틀거리기 시작했다. 아시리아 제국의 마지막 대(大)군주 아술바니발(Ashurbanipal)은 주전 627년에 죽었으며, 그의 죽음을 계기로 아시리아의 국제적 위상은 급격하게 쇠퇴하기 시작했다.

아시리아의 종말을 부른 것은 무엇보다도 그들의 지나친 욕심이었다. 바빌론에서부터 이집트에 이르기까지 펼쳐졌던 아시리아 제국은 그들만의 힘으로는 효율적으로 통치하기가 어려웠다. 아시리아의 종속국이 되어 매년 조공을 바치던 이집트의 프사메티쿠스 왕(Psammetichus I, 주전 664-610년)은 주전 655년경에 군주 아시리아에게 독립을 선언했다. 이집트의 독립선언이 있은 지 불과 3년 후인 주전 652년에는 아술바니발의 동생과 바빌론 왕 사마스숨우킨(Shamash-shum-ukin)이 공모해 반역을 일으켰다. 아시리아는 이 반역을 제압했지만, 그 과정에서 군사적, 경제적 손실을 크게 입었으며, 이러한 손실은 결국 제국의 쇠퇴로 이어졌다. 게다가 야만족으로 알려진 스키타이족(Scythians)과 키메리아족(Cimmerians)이 각각 동쪽과 북쪽에서 아시리아 제국에 압력을 가하고 있었다.

이러한 상황에서 느보(Nabopolassar)는 주전 625년에 바빌론에 신바빌론(Neo-Babylon)을 설립했다. 그는 지속적으로 아시리아에 군사적 압력을 가하다가 주전 616년에 쇠퇴해질 대로 쇠퇴해진 아시리아의 옛 수도 앗술(Ashur)을 향해 진군했다. 이번 기회에 아시리아를 완전히 몰아내고 바빌론이 근동의 군주로 자리매김을 하겠다는 야심 찬 행군이었다. 처음에는 양쪽이 어느 정도 팽팽하게 맞서는 것 같았지만, 전세는 메대(Mede)가 바빌론에 합세하면서 판가름 났다. 아시리아의 옛 수도 앗술이 주전 614년에 바빌론—메대 연합군의 손에 함락된 것이다. 이어 아시리아의 새 수도였던 니느웨(Nineveh)가 주전 612년에 연합군에 함락되면서 아시리아 제국은 사실상 막을 내렸다.

남쪽에서는 그동안 아시리아의 힘에 눌려 근동의 정치 무대에서 전혀 실력을 과시하지 못했던 이집트가 아시리아의 패망을 틈타 세력을 키우기 시작했다. 이집트의 프사메티쿠스의 후계자인 느고(Neco)가 아시리아의 패잔병들을 돕는다는 명목으로 주전 609년에 유프라테스 강 기슭의 갈그미스(Carchemish)로 대군을 이끌고 출동했다(cf. 대하 35:20; 왕하 23:29). 느고가 가나안 지방을 지날 무렵 그의 앞 길을 막는 왕이 있었다. 바로 유다 왕 요시야였다(왕하 23:29). 느고는 자신이 여호와의 부름을 받고 출동하는 중이라며 길을 비키기를 요구했다. 요시야는 끝까지 길을 비키지 않다가 결국에는 므깃도에서 느고의 칼에 맞아 죽었다(대하 35:20-22).

요시야는 왜 느고의 길을 막았을까? 무엇보다도 요시야는 아시리아의 근동 지배에 대해 염증을 느낀 것으로 생각된다. 지금까지 밝혀진 바에 의하면 아시리아는 고대 근동에서 가장 잔인한 제국이었다. 200년 동안 지속된 아시리아의 군림은 근동 지역에 많은 고통과 신음을 안겨주었다. 뿐만 아니라 아시리아 군주들은 종속국에게 그들의 종교까지 강요했다(cf. 왕하 16:10-13). 이런 상황에서 요시야는 아시리아의 쇠퇴를 의식하자마자 종교개혁을 단행했다. 그는 아시리아를 이미 기울어질 대로 기운 제국이자 다시는 부활해서는 안 되는 악의 상징으로 판단했다. 이러한 점들을 고려하면, 요시야가 느고의 앞을 가로막은 이유를 충분히 이해할 수 있다. 어떻게 해서든지 아시리아의 재기를 막아야 한다는 생각이 그를 움직였다. 다만 요시야는 이미 여호와께서 바빌론을 사용해 아시리아를 멸하려고 계획하신 것을 알지 못했다. 그래서 결코 이집트의 적수가 되지 못하는 데도 불구하고 무모한 모험을 하다가 죽은 것이다(cf. 사 8-10장; 나훔서).

요시야가 죽자 유다 사람들은 23세인 그의 아들 여호아하스를 왕으로 세웠다(왕하 23:30). 느고는 곧바로 발길을 돌려 예루살렘을 공격해 벌금으로 금 1달란트(34Kg)와 은 100달란트(3,400Kg)를 요구했다(대하 36:2; 왕하 23:33). 또한 여호아하스를 왕위에서 끌어내려 이집트로 끌어가고, 대신 그의 형 엘리아스를 왕으로 세워 이름을 여호야김으로 바꾸어주었다(대하 36:4-5). 엘리아스가 25세 때의 일이다.

이집트와 아시리아 패잔병 연합군은 주전 605년에 바빌론과 근동의 통치권을 놓고 갈그미스에서 격전을 치른다. 바빌론의 대승으로 끝난 이 싸움은 바빌론이 근동을 다스리게 되는 계기가 되었다. 이때의 패배로 아시리아 제국은 지도에서 영원히 사라졌다. 이집트는 다시 한 번 국제 무대에서 패배를 맛보았고 '조용히' 숨죽이고 지내야 했다. 그러나 이집트는 북쪽 이웃인 가나안 국가들에게는 계속 정치적인 영향력을 행사했다.

(2) 유다의 상황

약소국가인 유다는 바벨론과 이집트 사이에서 살아남기 위해 안간힘을 썼다. 여호야김은 그를 왕으로 세운 이집트에 충성을 약속했다. 그러나 이집트를 물리친 바벨론 군이 시리아-가나안 지역을 침략하자(주전 604-603년), 유다를 포함한 그곳의 모든 나라가 바벨론에 충성을 맹세했다. 협박과 위협의 결과였다.

바벨론은 주전 601년에 이집트 접경까지 내려가 이집트와 다시 한 번 싸웠지만, 승부를 내지 못하고 바벨론으로 돌아갔다. 여호야김을 비롯해 가나안의 약소국가들은 이 전투를 이집트가 앞으로 바벨론을 물리치고 근동의 강자가 될 것을 의미하는 조짐으로 받아들였다. 그래서 그들은 주전 601년 전쟁이 끝나자마자 곧바로 바벨론을 배반했다. 그러나 재정비한 바벨론 군은 가나안 지역의 반역을 응징하기 위해 주전 598년 12월에 침략을 감행했다. 가나안 지역은 순식간에 무너졌다. 유다 역시 예루살렘을 제외한 모든 영토를 빼앗기고 말았다.

예루살렘이 포위되었고 주전 598년 12월에 여호야김마저 죽었다. 그러나 많은 학자들은 유다의 정치인들이 침략자 바벨론과 원만한 협상을 타결하기 위해 여호야김을 암살했을 것으로 추정한다(cf. Huey). 여호야김이 죽자 그의 아들 여호야긴이 대를 이어 보좌에 올랐다. 그러나 그의 예루살렘 통치는 3개월 만에 막을 내렸다. 이듬해인 주전 597년 3월 15-16일에 예루살렘은 함락되었다. 바벨론 군은 약 8,000명의 포로와 많은 노획물을 끌고 돌아갔다(왕하 24:16). 그리고 유다 왕 여호야긴을 인질로 삼아 바벨론으로 끌고가는 대신 여호야긴의 숙부 시드기야를 왕으로 삼았다.

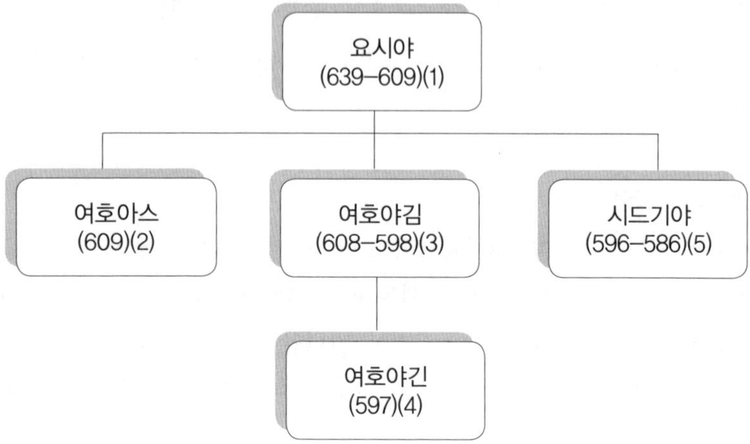

유다 말기 왕들의 가족관계. ( )는 통치 순서

바빌론에 의해 왕으로 세워진 시드기야는 주전 589년에 바빌론을 배신하고 이집트에 충성을 맹세했다. 이집트의 압력, 두로와 암몬의 동조, 에돔의 후원, 바빌론과 이집트의 무승부 등의 정황이 그 결정에 영향을 끼쳤다. 소식을 전해들은 바빌론은 다시 가나안 땅을 침범해 유다를 점령했다. 예루살렘은 포위된 상태에서 1년 이상 버티다 주전 586년 여름에 함락되고 말았다.[2] 시드기야는 성이 함락되기 며칠 전 야밤에 성 밖으로 도망쳤으나 결국 바빌론 군에 붙잡혀 리블라(Riblah)에 있던 느브갓네살에게 끌려갔다. 바빌론 군인들은 시드기야가 지켜보는 앞에서 그의 아들들을 모두 처형했다. 아들들의 처형을 지켜본 시드기야는 두 눈이 뽑힌 채 바빌론으로 끌려가 그곳에서 최후를 마쳤다(왕하 25:1-21; 렘 52:9-11). 두 달 후 느부갓네살의 장군 느부사라단(Nebuzaradan)은 예루살렘에 불을 질렀다. 그 불로 심지어 성전마저 흙더미가 되었다. 유다는 주전 586년에 이렇게 막을 내렸다.

2 일부 학자들은 예루살렘 함락이 주전 587년의 일이라고 주장한다. 이 주석에서는 성의 함락을 주전 586년으로 표기한다(cf. Thiele).

(3) 디아스포라 공동체

예레미야가 사역하던 시대에 유대인들은 근동의 세 곳, 즉 유다, 이집트, 바빌론에 공동체를 형성하며 살았다. 이 세 유대인 공동체는 각자 특성을 지녔다.

첫째, 유다에 형성된 공동체는 신분적으로나 능력 면에서 자투리라 할 수 있는 가장 볼품없는 사람들로 이루어진 공동체였다. 바빌론 사람들은 주전 597년과 586년에 유다의 중류층 계급 이상의 사람들 대부분을 강제로 바빌론으로 끌고 갔다(cf. 왕하 25:11; 대하 36:20; 렘 52:15).[3] 이스라엘 사람들 중 가난하고 이렇다 할 기술도 없는 사람들, 즉 바빌론으로 끌고 가보았자 바빌론의 산업과 경제에 별로 도움이 되지 않을 것 같은 사람들은 모두 유다에 남겨졌다. 바빌론 사람들은 유다에 남겨진 사람들을 주로 포도원과 올리브 농장에서 일하게 했다.

유다에 남은 사람들의 삶은 매우 비참했다. 경제적으로 궁핍했고, 정치적으로 무기력했으며, 영적으로 마비된 상태였다. 물론 새로운 지도층이 형성되었지만, 그들은 선조들처럼 허세와 영적 교만으로 가득 차 있었다. 에스겔 11:14-16에 의하면 당시 유다 지도자들은 자신들의 종교적인 가치와 전통의 탁월함을 의식하지 못했고, 바빌론에 포로로 끌려간 동포들에 대해 아파하는 마음도 전혀 없었다. 자신들이야말로 '참 남은 자들'이라며 사람들을 안심시켰다.

둘째, 이집트에는 바빌론을 두려워해서 도피한 유다 사람들의 공동체가 형성되었다. 그들은 바빌론이 군주로 자리매김을 한 주전 605년 이전부터 이집트로 이주해갔다. 예루살렘이 함락된 주전 586년 이후에 바빌론을 두려워한 유다에 남아 있던 사람들 중 일부가 이집트로 망명했다. 주전 581년경에 이집트로 내려간 사람들은, 바빌론이 유다의 총독으로 세운 그달랴(Gedaliah)가 암살을 당하자 바빌론의 보복을 두려워해 유

3 여기에 다니엘과 세 친구가 끌려갔던 주전 605년을 더할 수 있다(cf. 단 1:1).

다를 떠났다(왕하 25:25-26; 렘 41:1-2). 이때에 예레미야도 강제로 끌려가 이집트에서 일생을 마쳤다(cf. 렘 43장). 이집트에서 유대인들은 바드로스(Pathros), 믹돌(Migdol), 타파네스(Tahpanhes), 멤피스(Memphis) 등지에 자리를 잡고 살았다(렘 44:1).

셋째, 바빌론에 형성된 공동체는 본인의 의지와 상관없이 유다에서 끌려간 인질들이 주류를 이루었다. 바빌론이 제국을 형성하기 전부터 메소포타미아 지역에는 강제로 끌려와 그곳에 정착한 유대인들이 있었다. 아시리아의 기록에 의하면 북 왕국 이스라엘에서 수십만 명이 끌려와 메소포타미아 전 지역에 흩어졌다. 바빌론의 느브갓네살도 비슷한 정책을 구상했다. 그는 유다에서 귀족들과 기술자 등을 모조리 끌어와 바빌론 주변에 정착시켰다. 무라슈 문서보관소(Murashu Archive)에서 발견된 기록(주전 5세기 후반)에 의하면 바빌론에 끌려온 유다 사람들은 적응이 매우 빨랐고 금융과 교역에 깊이 파고들어 바빌론 경제에 크게 기여했다.

포로로 끌려온 유대인들은 바빌론 사회에 빨리 흡수되었지만 자신들의 민족적 정체성은 잃지 않고 유지했다. 그들은 장로제도를 그대로 유지했으며, 자신들의 족보도 계속 보존했다(cf. 스 2장; 느 7장). 또한 그들은 예루살렘이 함락되기 전까지 본국과 계속 연락을 취했다(렘 29장). 그들은 예루살렘에서 멀리 떨어져 있었지만 다양한 예식, 할례, 안식일 성수 등을 준수하며 항상 모세의 율법을 최대한으로 지키기 위해 노력했다(cf. 사 56:2-4; 58:13; 겔 44-46장). 그러나 에스겔에 의하면 그들의 영적 상태도 그다지 좋지는 않았다. 바빌론에 형성된 유대인 공동체는 배교적인 사고를 버리지 못했으며, 우상숭배와 온갖 종류의 사회적 악을 행했다(cf. 겔 18장).

(4) 책과 연관된 주요 연대

역사적 사건	연대(BC)	성경구절
요시야 즉위 13년	627년	렘 1:2
요시야 즉위 18년에 성전에서 율법책 발견	622년	왕하 22장
바빌론—메대 연합군의 아시리아 침략	617년	
아시리아의 옛 수도 앗술 함락	614년	
니느웨 함락	612년	
요시야의 죽음 (즉위 31년)	609년	왕하 22:1
여호아하스(살룸)의 3개월 통치	609년	왕하 23:31
이집트가 여호야김을 유다의 왕으로 세움	609년	왕하 23:34-36
갈그미스 전투	605년	
느부갓네살이 바빌론의 왕이 됨	605년	
바빌론이 유다와 여호야김을 위협함	605년	단 1:1
바빌론의 시리아-팔레스타인 원정	604-601년	
여호야김이 바빌론의 봉신(vassal)이 됨	604/603년	왕하 24:1
바빌론이 이집트 국경에서 패함	601년	
여호야김이 바빌론을 배신함	601년	왕하 24:1
여호야김의 죽음(즉위 11년)	598년	
여호야긴의 3개월 통치	597년	왕하 24:8
예루살렘이 바빌론에 포위됨	598/597년	왕하 24:10
예루살렘이 항복하고 여호야긴이 바빌론으로 끌려감	597년	왕하 24:12-16
바빌론이 시드기야를 유다의 왕으로 세움	597년	왕하 24:17-18
가나안 국가들이 예루살렘에서 바빌론에 대해 반역을 모의함	594년	렘 27장
바빌론이 예루살렘을 포위함	588년	왕하 25:1; 렘 39:1
예루살렘이 시드기야 즉위 11년에 함락됨	586년	왕하 25:3-11
바빌론이 그달랴를 유다의 총독으로 임명함	586년	왕하 25:22
그달랴가 암살을 당함	582년	왕하 25:25; 렘 41장
예레미야가 이집트로 끌려감	582년	렘 43장
유다 사람들이 바빌론으로 끌려감	582/581년	렘 52:30
여호야긴이 바빌론 감옥에서 풀려남	560년	왕하 25:27
바빌론이 고레스에 의해 함락됨	539년	스 1:1; 단 5:31

3. 메시지

예레미야도 여느 선지자처럼 체계적이고 조직적인 신학책을 남긴 것은 아니다. 그는 자신의 삶과 체험 그리고 이미 그에게 전수되어온 진리에 기초해 하나님께 받은 메시지를 전하고 있을 뿐이다. 일부 학자들은 예레미야가 새로운 신학을 전개한다고 주장하지만, 선지자는 자신이 잊혀 가는 전통적인 신학을 고수하고 있다고 생각했다(cf. 6:16; 2:13). 그는 자신의 책에서 이스라엘이 이때까지 경험한 일에 대한 신학적인 설명과 현재 어떻게 살아야 할 것인가에 대한 지침과 앞으로 미래에 있을 변화에 대해 상세하게 언급한다(Dearman). 이 과정에서 예레미야는 무엇보다도 출애굽 사건에 대한 말씀을 선포하는데 그것이 유다에게 시급히 필요한 영적 체험의 바탕이라고 생각했기 때문이다. 예레미야가 자신의 저서를 통해 선포한 다양한 메시지를 간략하게 정리하자면 다음과 같다.

(1) 주권자 여호와

예레미야는 유다의 하나님을 온 세계에 절대적인 주도권을 행사하시는 창조주로 묘사한다. 유다 백성은 여호와가 힘이 없어서 아시리아와 바빌론의 신들에게 그들을 내어주었다고 생각하지만, 선지자는 유다뿐만 아니라 이집트, 바빌론 등에서 벌어지고 있는 모든 일이 여호와의 주권 아래 진행되고 있다는 사실을 강조한다. 주의 백성에게 임한 어려움과 환난 역시 하나님이 목적을 두고 행하신 일이라는 것이다.

유다의 왕인 시드기야와 여호야김이 펼치던 '인간의 정치'도 하나님의 주권적인 계획에 맞아떨어질 때에만 성공한다는 것을 선지자가 거듭 강조하는 것도 같은 맥락이다. 심지어 바빌론의 왕 느브갓네살이 성공한 것도 그의 능력 때문이 아니라, 유다의 하나님이 그렇게 계획하고 진행하셨기 때문이다(cf. 27:6). 그러므로 선지자는 이스라엘에게 선포된 신명기 28-29장의 언약의 축복과 저주를 온 열방에 아무런 거리낌없이 적용한다. 온 세상에 대해 절대적인 주권을 가진 하나님이 필요에 따라서 얼마든지 계획을 바꾸실 권리도 지니고 있다는 것이다(18:7-10).

유다의 하나님 여호와께서는 온 우주의 창조주일 뿐만 아니라, 창조된 세상을 다시 파괴하실 수 있는 권한과 능력의 소유자이기도 하다. 선지자는 하나님을 자주 '물'로 비유한다(2:13; 17:7-8, 13). 예레미야는 우상들이 비를 부를 수도 없고(14:22), 구원할 수도 없다는 사실로, 가짜 신이라는 그들의 정체성을 드러낸다(2:27b-28; 11:12). 반면에 하나님은 온 우주를 채우고(23:24), 비를 보내며(5:24; 14:22b), 바닷물도 지배하신다(5:22). 심지어 하나님 자신이 '생수의 샘물'(2:13)이 되어 세상 만물에 생기를 주시기도 한다. 그러므로 여호와는 절대적인 권위로 자기가 원하는 사람들에게 땅과 사람을 주신다(27:5-6). 이 전능자는 결코 조용히 자리를 지키는 분이 아니라, 항상 일을 하는 '행동하시는 하나님'이다.

여호와 하나님은 또한 무한히 거룩하신 분이다. 선지자는 유다 백성의 죄성을 부각시켜 그들과 대조되는 하나님의 거룩하심을 강조한다. 그러므로 여호와 하나님은 백성들로부터 무한히 뛰어나고 멀리 계신 분이다. 하나님은 존재적으로, 본질적으로 이 세상의 그 무엇에도 비교될 수 없는, 모든 것을 초월하신 분이다. 그러나 동시에 하나님은 매우 가까운 곳에서 백성들을 지켜보시는 분이다. 여호와는 인류의 역사와 백성들의 삶에 직접 개입하고 간섭하시는 분이다. 주님은 정열적으로 유다를 사랑하고 끊임없는 자비를 베푸시는 하나님이다.

(2) 새 언약

예레미야는 인간의 마음(heart)을 깊이 이해한 선지자였다. 그는 오직 죄만이 유다의 반역을 설명할 수 있다고 주장했다. 백성의 죄는 무엇보다도 이성의 중심인 마음이 썩은 데서 비롯되었다(17:9). 이처럼 철저하게 썩어버린 마음은 인간의 힘으로는 도저히 치료할 수 없다. 마음의 할례가 동반하지 않는 한 신체적인 할례도 의미가 없다(4:4; 9:26). 심지어 요시야의 대규모의 개혁운동도 이 문제를 해결할 수 없었다. 선지자는 오직 새 언약만이 하나님과 백성의 관계를 회복할 수 있다고 결론짓는다(31:33).

새 언약은 과거에 유다가 너무나도 쉽게 파괴했던 하나님과의 '부부 관계'보다 더 친밀한 관계를 요구한다(31:32). 예레미야는 새 언약이 옛 언약처럼 돌에 새기는 것이 아니라 죄의 온상이라고 할 수 있는 사람의 마음에 새겨질 것이라고 말한다(31:33). 마음에 새겨진 말씀이 사람의 삶을 지배할 때가 오리라고 기대하는 것이다. 이 언약은 하나님을 아는 참 지식에 근거를 두어야 하며(31:34), 그동안 쌓인 모든 죄 문제를 해결할 수 있어야 한다(31:34). 그렇지 않으면 새 언약을 체결할 의미가 많이 희석되기 때문이다.

주의 백성이 미래에 기대할 만한 완전한 변화는 그들 마음에 새겨지는 율법을 중심으로 실현될 것이다. 하나님이 약속하시는 새 언약은 바로 이러한 내용을 골자로 하고 있다. 그런데 이 새 언약에는 다윗의 집안에 대한 직접적인 언급이 없다. 선지자는 '의로운 가지'(righteous branch)에 미래에 대한 기대를 걸고 있다. 그리고 이 가지는 다윗의 자리를 그대로 계승한다(23:5). 그러므로 미래는 새 언약, 새 율법, 새 왕, 이 세 가지가 조화를 이루는 낙관적인 곳이다.

선지자는 비록 유다에게 피할 수 없는 하나님의 심판을 선포하고 있지만, 그의 메시지 중 가장 중요한 것은 바로 미래에 대한 소망이다. 이러한 사실은 예레미야서의 구조에서도 암시되어 있다. 학자들이 일명 '위로의 책'(book of consolation; 30-33장)이라고 부르는 부분이 책의 가장 중심부에 있는 것이다. 선지자는 그 외 부분에서도 지속적으로 소망에 대해 이야기한다(1:10; 18:5-11; 24:6; 31:28; 42:10; 45:4; 3:15; 12:15; 52:31 등등).

예레미야는 하나님의 위로를 듣고 싶어 하는 백성들에게 그들이 바빌론에게 저항하지 않고 항복하고 살아서 바빌론으로 끌려가는 것이 유다를 향한 하나님의 뜻이며 그들이 누릴 수 있는 가장 큰 축복이라고 했다(cf. 27장). 그러고는 하나님의 명령에 따라 사촌에게서 땅을 샀다(32:6-15). 그것도 감옥에 갇혀 있으면서 말이다. 이 두 사건의 연계성이 잘 이해되지 않는다. 자칫 잘못하면 선지자는 "유다는 망할 것이고 바벨론으로 끌려갈 것이다"라는 유언비어를 유포한 후 민심이 동요해 땅값이 떨어지자 있는 돈을 다 털어 부동산 투기를 한 것이라고 비난받을 수 있는 상황이다.

선지자가 감옥에 갇혀 있는 상황에서 땅을 구입한 것은 언젠가는 유다 백성이 자기 땅에 대한 재산권을 행사하게 될 것이라는 상징적인 의미였다. 비록 오늘은 포로가 되어 바벨론으로 끌려가야 하는 암울한 순간이지만, 때가 차면 하나님이 그들을 다시 이 땅으로 이끌어 오고, 땅을 허락하실 것이라는 의미다. 그 외에도 선지자는 주의 백성의 미래에 대해 하나님의 여러 가지 다양한 계획들을 언급한다(29:11; 31:31-34; 23:5-6; 33:15-16). 선지자는 암울한 현실이 지나야만 밝은 미래가 오기 때문에 백성들에게 좌절하지 말고 주님을 기다리라고 호소한다.

(3) 민족주의

우리는 '민족주의'를 별로 좋아하지 않는다. 심지어 민족주의가 성경적인 세계관을 위협한다고 생각하기도 한다. 하나님이 창조하신 다양한 민족들이 어우러져 살아가야 하는 세상에서 민족주의는 지나치게 폐쇄적인 사고방식처럼 생각되기 때문이다. 더 나아가 사람들은 민족주의를 자기 민족이 하는 모든 일을 맹목적으로 지지하는 것처럼 생각하기도 한다. 그래서 민족주의를 민족 우월주의로 착각하기 일쑤다. 그러나 예레미야의 민족주의는 절대 그런 것이 아니었다. 그는 건전한 민족주의는 이런 것이라는 걸 보여 주는 듯한 삶을 살았다.

선지자는 민족주의가 자기 백성을 맹목적으로 지지한다는 생각을 처음부터 배제한다. 그는 한 번도 유다 백성이 지은 죄에 동조하거나 묵인하지 않았다. 그들의 죄를 합리화하거나 정당화하지도 않았다. 오히려 그들의 죄를 맹렬하게 비난하며 회개할 것을 촉구했다. 심지어 그를 매국노로 취급하는 백성의 오해와 비난을 받으면서도, 더 나아가 자신의 메시지 때문에 감옥에 갇히면서도 회개를 촉구했다. 유다를 가장 사랑하는 유다 시민으로서 예레미야는 그들이 듣고 싶어 하는 메시지보다 들어야 하는 메시지를 과감하게 선포하며, 그들이 하나님께 돌아오기를 호소했다. 진정한 민족주의자는 백성이 듣기 싫어하더라도 꼭 들어야 하는 하나님의 메시지를 전하는 사람이다. 그것은 결코 쉬운 일이 아니다. 그래서 선지자는 메시지를 선포하며 많은 비난과 핍박을 받았다.

선지자가 자기 백성의 죄를 비난하고 회개를 권하는 메시지를 선포했지만, 한 번도 그들을 비아냥거리거나 정죄하는 자세로 말씀을 선포하지 않았다. 항상 안타깝고 애틋한 마음으로 말씀을 전했다. 그도 분명 다른 [거짓] 선지자들처럼 백성들이 듣고 싶어 하는 메시지를 들려주고 싶었을 것이다. 그렇게 하면 백성들도 좋아하고 자기도 행복했을 것이다. 그러나 하나님이 그에게 주신 메시지는 사람들의 기대와 소망과는 거리가 멀었다. 여호와께서는 예레미야에게 유다를 향한 심판과 정죄의 메시지를 전하라고 하셨다. 선지자는 하나님이 주신 메시지, 곧 자기도 전하기 싫은 메시지를 전하며 많은 눈물을 흘렸다(cf. Skinner). 잠시 후 심판을 받아야 할 자기 백성이 너무나도 불쌍하고 안타까워서 한없이 울었다.

드디어 예루살렘이 바빌론 군에 함락되고, 성 안에서 살던 선지자도 전쟁 포로가 되어 라마까지 끌려갔다(40장). 바빌론 사람들은 포로들 중에서 예레미야를 찾아내 자유를 주었다. 전쟁 중에 예레미야가 유다를 비난하고 주의 백성이 바빌론에 항복하는 것이 하나님의 뜻이자 유다가 살길이라고 선포했다는 것과 그로 인해 그가 감옥살이까지 했다는 사실을 알게 된 바빌론 사람들이 그를 배려한 것이다. 그들은 예레미야에게 자유를 주었을 뿐만 아니라 여생을 어디에서 보낼지 선택권을 주었다. 선지자가 원하면 바빌론으로 그를 데려가서 여생을 책임지겠다는 것이다. 그러나 예레미야는 그들의 제안을 거부하고 유다에 남기를 선택했다. 그는 바빌론 편에 서서 그들을 위해 말씀을 선포한 것이 아니라, 주의 백성 유다를 위해 사역했으며, 그의 일편단심 사랑은 오직 하나님과 유다 백성을 향한 것이기 때문이다.

우리는 예레미야에게서 진정으로 민족을 사랑하고 나라를 사랑하는 것이 무엇인가를 배워야 한다. 진정한 애국은 무조건 나라와 민족이 하는 일을 지지하는 것이 아니다. 하나님의 뜻에 비추어 볼 때 민족과 나라가 어떻게 하고 있는가를 과감하게 알려 주는 것이 성경적 민족주의다. 하나님의 뜻에 따라 잘 가고 있으면 칭찬을 아끼지 않아야겠지만, 잘못 가고 있을 때에는 그것을 묵인하지 않고 가던 길에서 돌아오라고 경고해야 한다. 민족주의는 단기적인 안목이 아니라, 장기적인 안목을 추구해야 하기 때문이다. 또한 참된 민족주의는 백성의 잘못을 알려줄 때 정죄의 입장이 아니라, 안타깝고 애틋한 마음으로 백성의 일원이 되어 눈물을 흘리며 메시지를 전하는 것이다. 이것이 성경이 예레미야를 통해서 보여 주는 진정한 민족주의자의 모습이다.

(4) 선지자와 하나님

처음부터 하나님이 주신 선지자의 소명을 순순히 받아들이려 하지 않았던 예레미야는 사역을 시작한 후에도 하나님과 많은 '갈등'을 빚는다. 한번은 선지자가 하나님의 명령에 따라 성전에 가서 말씀을 전하다가 성전을 관리하는 제사장에게 잡혀 감금당하고 다음날 매를 맞고 풀려난 일이 있다(19-20장). 예레미야는 보호를 약속해놓고 자기를 보호해주지 않으신 하나님을 원망한다(20:7-10). 그래도 분이 풀리지 않아 자기가 태어난 날을 저주했다(20:14-18). 하나님이 모든 피조물을 아름답게 창조했고, 모든 사람을 귀하게 만드셨다는 섭리에 문제를 제기한 것이다.

예레미야가 이처럼 하나님을 원망하는 이유는 무엇일까? 하나님이 그에게 주신 사역이 너무나 힘이 들고 어렵기 때문이다. 우리는 종종 하나님이 함께하시면 모든 일이 쉽게 해결될 거라고 생각한다. 그러나 성경을 다시 읽어 보라. 이러한 생각은 착각에 불과하다. 하나님이 함께하신다고 해서 항상 일이 잘 풀리거나 고통이 없는 것은 아니다. 오히려 하나님이 함께하실수록 우리의 삶과 사역이 더 어려울 수 있다. 사탄의 방해가 그만큼 더 크기 때문이기도 하지만, 하나님은 우리가 그리스도의 고난에 동참할 정도로 성숙했다고 생각하시면, 때로 우리에게 그 고난에 동참할 수 있는 특권을 허락하시기 때문이다. 그러므로 이 세상에서의 성공은 하나님이 함께하신다는 증표이고, 고난은 우리의 죄 때문이라는 생각은 잘못된 것이다. 오히려 그 반대일 수 있다.

선지자는 하나님의 신뢰성에 문제를 제기하기도 했다(15:17-18). 그는 하나님이 절대 믿을 수 없는 분이라고 주장했다. 한 가지 특이한 것은 선지자의 맹렬한 비난에도 하나님은 그를 책망하거나 화를 내시는 일이 거의 없다는 사실이다. 이러한 현상을 어떻게 이해해야 하는가? 하나님의 선지자가 이처럼 하나님께 망언을 해도 되는 것인가?

일상적으로 선지자들은 하나님을 '세상에서 가장 거룩하신 분', '가까이 하기에는 너무나도 두려운 분' 등으로 여기기 때문에 하나님에 대한 접근을 스스로 상당히 제한한다. 이러한 정황에서 예레미야는 매우 예외적이다. 그는 하나님께 속된 말로 '할 말, 못할 말'을 다 했다. 다른 선지자들에게 하나님은 가까이 나아가기에는 너무나도 거룩하고 두려운 분이셨지만, 예레미야는 하나님을 마치 친부모 대하듯이 한다. 예레미야는 하나님의 품에 의지해 어려운 형편에 대한 감정을 실어 낱낱이 아뢰었다. 마치 시집간 딸이 고달픈 시집살이를 하다가 친정에 와서 부모에게 울며 넋두리를 하는 것처럼 말이다. 친정 부모가 이런 딸을 정죄하거나 비난하기보다는 오히려 끌어안고 위로하는 것처럼 하나님도 원망을 토해내는 선지자를 품으신다. 하나님은 우리가 아파서 지르는 비명소리를 비난하지 않으신다.

예레미야와 하나님의 관계가 다른 선지자들과 하나님의 관계에 비교했을 때 덜 거룩하거나, 저속한 것이라고 할 수 있을까? 결코 아니다. 하나님은 그 어느 선지자보다 예레미야에게 가까이 오셨다. 주님은 선지자와 동행하고 부모의 심정으로 그와 호흡을 같이하신다. 힘들다고 불평을 토하는 선지자의 하소연을 받아주신다. 예레미야는 자신과 함께하시는 하나님을 통해 모든 아픔과 스트레스를 해소해가며 사역한다. 그는 선지자들 중 하나님의 함께하심을 가장 확실하게 체험하며 살았다. 이러한 차원에서 예레미야의 삶과 사역은 오늘도 하나님이 주신 소명을 힘들게 감당하며 살아가는 모든 사역자들에게 큰 위로와 소망이 된다.

(5) 예레미야와 모세

예레미야는 하나님께 선지자의 소명을 받을 때 자신은 너무 어리고 능력이 부족해 감당할 수 없다며 사양한다(1:6). 구약을 살펴보면 예레미야보다 앞서 한 쌍으로 하나님이 주신 소명을 격렬 거부한 사람이 있다. 자기는 너무 어리고 능력이 없어서 소명을 받을 수 없다고 한 예레미야와 달리 모세는 자신이 너무 늙고 능력이 없어서 소명을 받을 수 없다고 말했다. 예레미야와 모세는 한 쌍으로 하나님의 소명을 감당하는 일에 그 누구도 너무 어리거나 늙지 않았으며, 그 누구도 무능해서 하나님의 일을 하지 못하는 일은 없다는 것을 강조한다. 하나님이 소명을 주실 때에는 그 소명을 감당할 만한 능력과 사람들을 붙여주실 것이기 때문이다. 우리는 하나님의 사역을 우리 힘과 능력으로 하는 것이 아니라, 하나님이 주시는 능력으로 한다는 것을 배워 나가야 한다.

이 외에도 예레미야서는 여러 가지 면에서 선지자를 마치 제2의 모세처럼 묘사한다. 이 두 사람 사이에는 다음과 같은 공통점들이 있다(Seitz).

1. 하나님이 자신의 말씀을 이들의 "입에 넣으셨다"(1:9; 신 18:18).
2. 이 두 사람은 열방에 보내진 선지자들이다(1:4, 10; 출 3:10).
3. 소명이 임했을 때 자신들의 무능력을 핑계로 사역을 거부했다(1:6;

출 4:10).

4. 모세에게는 여호수아가, 예레미야에게는 바룩이 있었다.
5. 두 사람 모두 이집트로 갔다.
6. 두 사람 모두 백성들을 위해 끊임없이 중보했다.

4. 이슈

예레미야서도 정경에 속한 다른 책처럼 해석에 어느 정도 영향을 미칠 수 있는 이슈를 가지고 있다. 이러한 이슈 중 중요한 것 몇 가지를 생각해보자: (1) 선지자의 소명 시기, (2) 예레미야서에 대한 비평학계의 해석, (3) 예레미야서의 마소라 사본과 LXX의 차이, (4) 사건들의 시대적인 순서와 메시지 전개 순서.

(1) 선지자의 소명 시기

예레미야는 언제 선지자의 소명을 받았을까? 이 질문에 대한 대답은 1:2의 "요시야 13년"(주전 627년)을 어떻게 이해하느냐에 따라 결정된다. 전통적으로 그리고 아직도 거의 모든 학자들이 이 연대를 예레미야가 선지자 소명을 받은 해로 간주한다(Lundbom, Clements, Brown). 그러나 최근 일부 학자들이 이때를 예레미야가 소명을 받은 해로 보기는 어렵다는 주장을 내놓았다(Holladay, Hyatt). 그들이 제시하는 이유를 정리해보면 다음과 같다.

첫째, 예레미야는 요시야의 종교개혁에 대해 이렇다 할 논평을 하지 않는다. 요시야의 종교개혁은 건국 이래 가장 광범위한 범위로 진행되었으며, 여러 가지 괄목할 만한 성과를 낳았다. 만일 예레미야가 주전 627년에 선지자 소명을 받고 사역을 시작했다면, 이같은 종교개혁에 대한 침묵을 어떻게 설명할 수 있겠는가. 그러므로 그는 요시야의 종교개혁이 아득한 과거에 묻힌 상황에서 사역을 시작했을 거라고 추측한다.

둘째, 예레미야는 요시야 즉위 18년인 주전 622년에 성전을 보수하다가 발견된 율법 책에 대해서도 전혀 언급하지 않는다. 만일 예레미야가 요시야 즉위 13년에 선지자의 소명을 받았다면, 이 율법 책의 중요성으로 보아 5년 후 성전에서 발견된 율법 책에 대해 분명히 어떠한 형태로든지 언급했을 것이다. 그러나 그것에 대해 어떤 언급도 없다는 점이 학자들을 당혹스럽게 만든다.

셋째, 선지자의 상당수의 신탁은 언제 선포된 것인지 정확하게 알려져 있지 않다. 시대가 구체적으로 표기된 첫 메시지는 여호야김이 왕위에 오르던 주전 609년에 성전에서 선포되었다(26:1). 그렇다면 예레미야는 소명을 받았던 주전 627년부터 이 해에 이르기까지 거의 20년 동안 무엇을 했냐는 것이다. 이 시대를 배경으로 한 신탁이 하나도 남아 있지 않다는 것은 그가 이 기간에는 사역을 하지 않았나는 것을 입증하는 증거가 된다.

넷째, 하나님은 유다에게 더 이상 회개의 기회를 주지 않겠다는 의지를 상징적으로 보여주기 위해 예레미야에게 결혼하지 말라고 명령하신다(16:1-4). 이 명령이 여호야김이 예레미야의 처음 책을 태워버린 사건(36:9; 여호야김 5년, 즉 주전 604년) 이후에 선지자에게 임한 것이 확실하다면, 예레미야의 나이가 문제가 된다. 만일 그가 주전 627년에 사역을 시작했다면 결혼을 하지 말라는 명령을 받았을 때 그의 나이는 이미 30대 후반에 접어들었을 것이다. 보통 10대 중후반이면 혼인을 하던 당시 문화에서 예레미야는 혼기를 완전히 놓친 노총각이 되어 있었다는 말이다. 그러므로 그에게 "결혼하지 말라"는 하나님의 명령은 별다른 의미를 발휘하지 못했을 것이다.

이런 문제들 때문에 학자들은 '낮은 연대'(Lower Chronology)를 주장한다. 이 주장에 의하면 1:2의 요시야 13년(주전 627년)은 예레미야가 사역을 시작한 해가 아니라, 그가 태어난 해다. 만일 선지자가 이때 태어났다면 예레미야서가 시대를 뒤흔들어놓았던 요시야의 종교개혁에 대해 이렇다 할 언급을 하지 않고 침묵하는 것을 충분히 설명할 수 있다. 선지자가 성장했을 때 요시야의 종교개혁은 이미 대부분의 사람들의 기억 속에서 잊힌 일이 되어 있었기 때문이다.

이 '낮은 연대'설에 따르면 성전에서 율법 책이 발견되었을 때 예레미야는 겨우 다섯 살이었다. 그러므로 그가 율법 책 발견에 침묵하는 것을 충분히 설명할 수 있다. 예레미야가 사역을 시작할 즈음에는 이 일마저도 옛일이 되어 있었던 것이다. 또한 요시야 즉위 13년(1:2; 주전 627년)을 예레미야가 태어난 해로 간주할 경우, 그가 사역을 시작한 나이는 18세 정도가 되는데 이때가 주전 609년쯤이다(26:1). 그렇다면 조금 늦기는 하지만, 결혼하는 데는 별 지장이 없었던 20대 중반의 나이에 '독신' 명령을 받았다(cf. 16:1-4). 그러므로 그가 받은 독신 명령이 하나님의 뜻을 구하던 백성에게 더 의미 있는 효과를 발휘할 수 있었을 것이다.

그러나 이 '낮은 연대' 주장을 액면 그대로 수용하기에는 여러 가지 문제가 있다. 비록 숫자가 많지는 않지만, 예레미야서는 선지자가 요시야 왕이 통치하던 시대에 받은 하나님의 말씀을 기록하고 있다(3:6-14). 만일 예레미야가 주전 609년에 사역을 시작했다면, 이 예언의 출처를 어떻게 설명할 것인가? 물론 요시야가 주전 609년에 죽었기 때문에, 그가 죽기 바로 몇 달(혹은 며칠) 전에 임한 말씀으로 간주할 수도 있다. 그러나 대체적으로 학자들은 그보다는 더 많은 시간이 필요하다는 견해를 고수한다.

유다의 외교 정책을 비난하고 있는 2:18을 살펴보면 아직도 아시리아가 군사적으로 중요한 위치에 있다는 것을 암시한다. 그런데 만약에 예레미야가 주전 609년에 사역을 시작했다면 그때 아시리아는 이미 패망한 나라였다. 물론 최종적인 종말은 주전 605년 갈그미스 대전에서의 패배로 비롯된다. 그러나 이 전투의 실질적인 의미는 이집트와 바빌론의 세력 다툼이지, 아시리아의 부활 여부가 아니었다. 게다가 "여호와의 말씀이 내게 임하니라"(1:4)는 말씀은 구약에서 100여 차례 이상 등장하는 매우 흔한 문구다. 그런데 이 구절은 항상 이미 소명을 받은 선지자들에게 하나님의 말씀이 임하는 것을 의미하지, 한 아이의 탄생을 의미하는 예로 사용된 적이 없다. 그러므로 어느 쪽이든 모든 사람을 충분히 설득하지 못하는 문제들을 지니고 있다.

위 두 가지 견해와 다른 제3의 가능성에 대하여 생각해보자. 1:2 말씀을 소명으로 받아들이되, 예레미야가 아주 어렸을 때 소명을 받았고, 실제적인 사역을 시작하기 전까지 상당한 훈련과 교육을 받았을 것이라는 해석이다(Lundbom). 선지자가 소명을 받고도 상당 기간 동안 침묵하는 것은 바로 이러한 훈련 기간으로 설명할 수 있다. 몇 가지 증거를 생각해 보자.

첫째, 선지자는 하나님이 그를 부르실 때 "나는 말을 할 줄 모르는 아이입니다"라고 말하는데 이 고백은 아마도 그가 7-8세쯤, 혹은 이보나도 더 어린 나이였다는 것을 시사하는 듯하다. 게다가 하나님은 다른 선지자들과는 달리 유독 예레미야에게만 "내가 너를 모태에서부터 선지자로 세우려고 택하였다"라고 말씀하신다. 예레미야는 하나님이 각별히 준비해 오신 길을 가기 위해 아주 어렸을 때부터 자기 사명을 점검하고 그 일을 감당할 수 있도록 만반의 준비를 갖추어야 했다.

하나님이 어린아이를 선지자로 부르시는 또 하나의 예가 성경에 나온다. 바로 사무엘의 이야기다. 그는 어머니의 서원에 따라 젖을 뗀 직후 아주 어린 나이부터 엘리 제사장의 견습생으로 훈련을 받았다. 사무엘이 하나님께 엘리 집안에 대한 말씀을 받았을 때는 상당히 어렸다. 그러나 알다시피 사무엘이 실제적인 사역을 시작한 것은 한참 후의 일이다. 아마 예레미야도 사무엘의 나이 정도에 소명을 받았고, 그의 훈련 과정도 사무엘과 비슷했을 것이다.

둘째, 예레미야는 매우 어린 시절에 소명을 받았기 때문에 요시야 왕의 개혁이나 성전에서 발견된 율법 책에 대해 뭐라 논평을 할 수 없었다. 그리고 그가 드디어 사역을 시작했을 때에는 이 일들이 이미 옛날 일이 되어 있었기 때문에 특별히 언급할 필요가 없었다. 그러므로 이 모델로 이 이슈에 대한 예레미야의 침묵을 충분히 설명할 수 있다.

셋째, 선지자가 만일 소명을 받은 때부터 10여 년 동안 훈련을 받고 18세쯤인 주전 617년에 사역을 시작했다면, 그가 요시야 시대에도 하나님의 말씀을 받았다는 사실을 쉽게 설명할 수 있다. 그렇다면 그가 남긴 책에서는 왜 이때 받은 말씀이 더 많이 포함되지 않았을까? 비록 예레미야의 사역이 요시야 시대에 시작되었지만, 사역의 초점이 예루살렘의 최후 시대에 맞추어져 있기 때문이다.

뿐만 아니라 선지자는 유다 멸망의 가장 큰 원인으로 왕을 포함한 리더들의 잘못을 지적한다. 여호야김, 시드기야 등은 그의 비난의 대상이었다. 반면에 요시야는 어떤 인물인가? 하나님을 경외하고, 말씀대로 살려고 노력했던 사람이다. 열왕기 기자는 요시야를 하나님의 말씀에 순종하는 일에서 전무후무(前無後無)했던 왕으로 평가한다(왕하 23:24-25). 그렇다면 신실한 왕이었던 요시야 시대에 심판과 경고의 메시지는 그다지 많지 않았을 것이다. 당연히 이 시대에 임했던 말씀은 뒷전을 차지할 수밖에 없었을 것이다. 게다가 다른 선지자들처럼 예레미야 역시 하나님의 모든 메시지를 문서로 남길 필요성을 느끼지 못했다. 선지자들은 하나님의 지시와 백성의 필요에 따라서 자신들이 선포한 메시지 일부를 선별해 문서로 남겼기 때문이다.

이러한 입장에서 보면 아시리아 문제도 쉽게 해결된다. 그가 사역을 시작했을 때 아시리아는 상당한 세력을 유지한 제국이었다. 시간이 지날수록 세력이 약화되고 있는 것은 사실이지만, 유다가 쉽게 대할 수 없는 강대국이었다. 바빌론과 아시리아 사이에서 유다의 외교적 저울질은 분명 한동안 계속되었을 것이다.

(2) 예레미야서에 대한 비평학계의 해석

예레미야서에 관한 비평학의 출발은 상당히 단순했다. 예레미야서는 시(詩)와 내러티브가 섞여 있는데, 이 두 장르의 차이를 근거로 어떤 부분을 예레미야가 저작하고, 나머지 부분은 다른 사람이 저작하지 않았을까, 하는 질문에서 비평학이 시작되었다. 그러나 비평학자들이 이러한 관점에서 책을 연구하면 할수록 다른 이슈가 불거졌다. 그러다 보니 예레미야서가 어떤 과정을 거쳐 현재의 형태를 취하게 되었는가에 대해 학자들 사이에 공감대가 전혀 형성되지 않고 있다: "예레미야서의 발전 과정과 문학적인 분석은 학계에서 가장 논쟁이 되고 있는 부분이다"(Perdue). 그래서 예레미야서를 연구하는 학계에서는 한 학자(viz., Bright)의 심오한 제안이 다른 학자(Achtemeier)에 의해 '교육된 추측'(educated guess)에 불과한 것으로 취급되기 일쑤다. 심지어 "예레미야서는 아무런 기준이 없이 수집된 메시지가 마구잡이 식으로 엮인 것"이라는 결론을 내리는 학자도 있다(Soggin, cf. Carroll). 또한 혼란스러운 면이 있는 건 분명하지만 "예레미야서는 치밀한 계획에 의하여 구성된 책"이라고 주장하는 사람도 있다(Eissfeldt).

예레미야서의 어느 부분을 선지자의 저작으로 볼 수 있는지에 대해서도 학자들의 견해 차이가 매우 크다. 예레미야서의 대부분이 예레미야 선지자에게서 유래했다는 입장을 고수하는 학자들이 있는가 하면(Holladay, Brown), 책에 기록된 거의 모든 메시지가 예레미야와 상관 없이 저작된 것이라고 주장하는 사람들도 있다(Carroll). 대부분 사람들은 이 두 극단적인 입장 사이에서 좀 더 균형 있는 중도 입장을 고수한다(Bruggemann, Fretheim).

예레미야서가 어떤 과정을 거쳐서 우리에게 전수되었는가가 이처럼 어려운 문제가 되어버린 것은 무엇 때문인가? 예레미야서 자체가 이러한 요인들을 제공하기 때문이다. 36장에 의하면 예레미야는 자신이 주전 605년 이전에 선포했던 메시지를 바룩에게 받아쓰게 했다. 그런데 이 두루마리를 여호야김이 파괴해버렸다. 예레미야는 다시 바룩에게 받아쓰게 하면서 새로운 메시지를 더했다고 말한다.

그렇다면 예레미야가 바룩에게 받아쓰게 한 책과 우리에게 전수된 예레미야서는 어떤 연관성을 지니고 있을까? 이 질문에 대한 답은 생각보다 복잡하다. 1-25장의 상당 부분은 바룩이 작성한 두 번째 책에서 유래한 것으로 여겨진다. 그리고 26-52장은 선지자를 지속적으로 3인칭으로 언급하고 있다. 이 부분은 훗날 누군가가 예레미야의 메시지를 모아서 편집한 것이 거의 확실하다. 시드기야 왕의 수석 보좌관이었으며 바룩의 형제로 추정되는 스라야도 예레미야의 사역을 도왔다(cf. 51:59-64). 이 두 형제가 예레미야를 따르던 제자들과 함께 책의 보존에 결정적인 역할을 했으며, 책이 그들에 의해 편집되었다고 추측하는 학자들이 많지만, 확실하지는 않다(cf. Lundbom, Dearman).

또한 예레미야서의 마지막을 장식하고 있는 52장은 열왕기 마지막 부분(왕하 24:18-25:30)을 거의 그대로 복사해서 첨부한 것이다. 43장을 보면 예레미야는 강제로 이집트로 끌려갔다. 그렇다면 일단은 그가 이 책의 최종적인 편집자는 아니라는 사실이 분명해진다. 예레미야서가 언급하고 있는 마지막 사건은 주전 597년에 바빌론으로 끌려가 감옥에 투옥되었다가 37년만인 주전 560년에 풀려난 여호야긴의 이야기다. 이후 여호야긴은 바빌론 사람들의 하사품을 먹으며 여생을 편안하게 살았다고 한다. 그러므로 예레미야서의 최종 편집은 아무리 빨라도 주전 550년대가 된다. 과연 누가 예레미야서를 편집했을까는 미스터리로 남을 수밖에 없다.

예레미야서는 특별한 역사적 순서를 염두에 두지 않고 엮인 책이다. 또한 선지자의 메시지 중 상당한 분량이 반복되어 나타난다(cf. Parke-Taylor). 게다가 예레미야서의 LXX와 마소라 사본(Masoretic Text) 사이에 상당한 분량과 순서의 차이가 있다. 또한 예레미야서의 특징은 시가체와 이야기체가 새끼줄 꼬이듯이 조화를 이루며 엮이는데 이 두 장르의 관계가 정확하지 않다. 이러한 상황에서 많은 학자들이 출처와 순서 등에 관심을 갖게 된 것은 당연하다. 크고 작은 이슈가 이 책의 형성 과정에 대한 연구에 대단한 영향력을 행사한 것이다.

예레미야서의 비평에 획기적인 발판을 마련한 사람은 독일의 둠(B. Duhm, 1901년)이었다. 그는 예레미야서의 출처를 세 가지로 구분했다. 첫째, 그는 확실한 예레미야의 저작으로 시(詩) 부분을 지목했다. 그러나 시로 쓰인 모든 글이 예레미야의 저작은 아니었다. 둠은 시에서도 애가(哀歌)와 예레미야가 포로민에게 쓴 편지(29장)만이 예레미야의 저작이라고 주장했다. 둠은 예레미야서를 구성하고 있는 텍스트 중 280절만이 예레미야에게서 비롯되었고 결론지었다.

둘째, 둠은 예레미야 전기(傳記)를 구성하고 있는 이야기체 부분은 바룩이 기록한 것이라고 주장했다. 바룩의 기록으로 간주되는 예레미야 전기에 속한 본문은 이야기체 부분 중 총 220절에 달한다. 나머지는 추가자(supplementer)에 의해 추가되었다.

셋째, 예레미야를 심판과 도덕의 선지자로 만들기 위해 추가자가 포로기 이후 시대에 보완한 자료가 있다. 둠은 이 자료가 첫째(예레미야의 시)와 둘째(바룩이 쓴 예레미야 전기)에 속하지 않은 모든 것을 포함하고 있으며 850절에 달한다고 했다(cf. Lundbom, Brown). 결국 예레미야는 자신의 이름을 지니고 있는 책의 20퍼센트(모두 시 양식을 지님)를 저작했고, 나머지는 모두 다른 사람들의 저작이라는 것이다.

모빙클(S. Mowinckel, 1914년)은 둠의 가설을 더 발전시켜 출처를 더 확실하게 구분했다(cf. Lundbom). (1) 예레미야의 저작이 확실한 출처(Source) A는 시가체의 형태를 띠고 있다. 특징은 '나'(1인칭)로 진행되며 1-25장에서 주로 발견된다. (2) 예레미야의 전기물을 구성하고 있는 출처 B는 이야기체의 형태를 띠고 있다(19:14-20:16). 이 부분은 예레미야를 직접 옆에서 지켜보았던 사람이 기록했다. 선지자의 전기물은 주로 26-29장, 34-45장에서 발견된다. (3) 신명기적 전통의 역사가가 편집해(redaction) 추가한 부분으로 구성된 출처 C의 상당한 부분(7:1-8:3; 44:1-14)은 선지자 예레미야로부터 비롯된 것이 확실하지만, 대체로 포로기 이후 시대에 삽입되었다. 이 문서들의 특징은 반복, 보충 설명 등을 통해서 선지자의 메시지를 이해시키려는 의도가 역력하다. (4) 언제, 어디서 유래되었는지 알 수 없는 출처 D의 말씀들(30-31장; 33장)은 예레미야서에서 가장 낙관적인 소망의 메시지를 형성하고 있다. 훗날(1946년) 그는 이것들의 명칭을 '출처'에서 '전통'(Tradition)으로 바꿨다. 상당수의 비평학자들이 아직도 둠의 학설을 받아들이고 있지만, 출처 D가 독립적으로 존재했다는 것에 대해서는 대부분 부정적인 입장을 취한다(cf. Rudolph, Hyatt).

루돌프(W. Rudolph, 1947년)는 모빙클의 A, B, C 구분을 그대로 사용하면서도 상당히 다른 견해를 제시했다. 모빙클이 C로 구분한 부분 중 상당한 분량을 B로 간주했다. 또한 C 섹션이 신명기적 역사관의 영향을 받은 것은 사실이지만, 거의 모든 내용은 예레미야에서 비롯되었다고 주장했다. 그는 C를 기록한 사람이 책에 묘사된 예레미야서의 모습을 결정했다고 주장했다. 루돌프의 학설이 그동안 예레미야서에 대한 학계의 기본 틀을 제시해왔다고 해도 과언은 아니다. 그 후 하이아트(J. P. Hyatt), 얀센(E. Janssen), 헤르만(Herrmann), 니콜슨(Nicholson), 티엘(Thiel) 등은 한결같이 신명기적 사가가 예레미야서의 최종적인 형태와 신학에 획기적인 기여를 했다고 주장했다.

그러나 많은 비평학자들이 이러한 가설을 받아들이지 않은 것도 사실이다(cf. Rietzschel, Weippert, Driver). 특히 브라이트(Bright, 1951년)는 모빙클의 B와 C는 구분이 쉽지 않다고 주장했다. 그는 또한 예레미야서의 이야기체 부분이 '신명기적 전통'과는 전혀 다른 성격을 띠고 있다고 했다. 책의 이야기체 부분은 주전 7세기(예레미야 시대)의 특성을 띠고 있어 예레미야에게서 비롯되었음을 알 수 있다고 주장했다. 최근 예레미야서에 대해 권위 있는 두 권의 주석을 펴낸 할라데이(Holladay, 1986-1989년) 역시 시가체, 이야기체를 통관하는 단어와 테마들이 너무 많기 때문에 모빙클과 둠의 구분은 별로 신빙성이 없다고 일축했다(cf. Wilson, Childs).

보수적인 학자들은 대체적으로 예레미야서가 어느 정도의 편집 과정을 거쳤지만, 비평학자들이 주장하는 만큼 그렇게 광범위하지도 않았고 오랜 세월을 거친 것도 아니라고 주장한다(Feinberg, Harrison, Thompson, Lasor, Hubbard & Bush, Huey). 또한 예레미야서가 신명기적 사가(Deuternomistic Historian)의 영향을 받아 편집된 것이 아니라, 선지자 예레미야가 신명기의 영향을 받았기 때문에 신명기 사상이 반영되었다고 생각한다.

(3) 예레미야서의 마소라 사본과 LXX의 차이

오늘날 성경의 기초가 되고 있는 마소라 사본(MT)의 예레미야서와 LXX의 예레미야서는 현저한 차이를 보인다. 기제브락트(Giesebracht, 1862년)는 LXX가 마소라 사본보다 약 2,600 단어(책 전체 분량의 1/8)가 짧다는 결론을 제시했다. 최근에 와서는 이 차이가 3,097 단어(책 전체 분량의 1/7)에 달한 것으로 밝혀졌다(Min, 1977년). 분량적으로 LXX의 예레미야서가 마소라 사본의 예레미야서보다 약 15퍼센트가량 짧다(cf. Brown). 이러한 차이는 구약의 그 어느 책보다 크다. 구약의 다른 책들의 분량이 차이 날 경우, 대체로 LXX가 마소라 사본보다 더 긴 데 반해, 예레미야서는 마소라 사본이 더 길다.

마소라 사본과 LXX가 지닌 차이점은 다음과 같다(Tov). 첫째, 어떤 것들은 본문의 뜻이나 해석에 영향을 주지 않는 범위 안에서 단어나 문구를 더하는 것에 그친다: (1) "여호와가 가라사대"; (2) 예레미야 이름 뒤에 '선지자'라는 명칭을 붙이는 것. (3) LXX의 '여호와'에 '만군의' 혹은 '유다의 하나님'을 더하는 것. (4) LXX의 '바벨론의 왕' 대신 '느브갓네살'로 표기하는 것 등이 이러한 사례들이다.

둘째, 어떤 것들은 본문의 뜻이나 해석에 직접적인 영향을 끼친다. 예를 들면, 마소라 사본의 11:7-8a은 이 전 세대가 "하나님을 불순종했기 때문에 여호와께서 어쩔 수 없이 모든 언약의 말씀[저주]이 이들에게 임하도록 했다"라고 설명하고 있는데 LXX에는 이 문장이 없다. 다만 LXX에는 사람들이 "언약을 잘 지키라"는 예레미야의 권면을 듣지 않았다는 기록이 나온다. 셋째, LXX에서는 반복되지 않는 구절들이 마소라 사본에서는 반복된다: (1) 6:13-15과 8:10b-12; (2) 30:10-11과 46:27-28.

넷째, 마소라 사본의 오류를 LXX가 바로잡고 있다. 마소라 사본(MT)은 27:1-32를 여호야김 시대에 있었던 일로 기록한다. 그러나 이 부분은 시드기야 시대의 이야기다(27:3, 12, 20). 반면에 LXX에서는 여호야김의 시대를 표기하는 부분이 없다. 25:15-32은 열방이 바벨론의 심판을 받을 거라고 선포한다. 그런데 26절에 바벨론 왕이 자신의 왕국에 '심판의 잔'을 가지고 오는 것으로 기록되어 있다. '세삭'은 암호로 사용한 바벨론의 이름이다. 히브리어의 22 알파벳을 거꾸로 풀이하면 된다(51:41에서도 사용됨).

다섯째, 구조적인 가장 큰 차이는 열방에 대한 심판(Oracles Against Nations =OAN)의 위치다. 마소라 사본은 책의 마지막 부분에 OAN을 가져다 놓는 데(46-51장) 비해 LXX는 책의 중심부인 26-31장에 OAN을 놓고 있다. 뿐만 아니라 나라들의 순서가 다르다. 마소라 사본은 지형적으로 서쪽에서 동쪽으로 향하는 움직임을 따르는 데 비해, LXX는 특별한 방향성을 사용하지 않는다. 다만 바벨론에 대한 예언이 가장 중심 부분에 있다. 사해 사본이 발굴된 쿰란 공동체는 예레미야서의 마소라 사본과 LXX를 함께 사용한 것으로 밝혀졌다. 마소라 사본과 LXX의 순서 차이에 대해서는 다음 도표를 참조하라.

마소라 사본(MT)	칠십인역(LXX)
1:1-25:13a	1:1-25:13a
25:13b-38	32:13b-38(몇 구절이 빠짐)
26장	33장
27장	34장(몇 구절이 빠짐)
28장	35장
29장	36장(몇 구절이 빠짐)
30장	37장(몇 구절이 빠짐)
31장	38장
32장	39장
33장	40장(몇 구절이 빠짐)
34장	41장
35장	42장
36장	43장
37장	44상
38장	45장
39장	46장(몇 구절이 빠짐)
40장	47장
41장	48장
42장	49장
43장	50장
44장	51:1-30
45장	51:31-35
46:1-2 이집트	26:2-25
46:27-28	26:27-28
47장 블레셋	29장
48장 모압	31장(몇 구절이 빠짐)
49:1-6 암몬	30:17-21/22
49:7-22 에돔	30:1-16
49:23-27 다마스쿠스	30:29-33
49:28-33 그달	30:23-28
49:34-39 엘람	25:14-20(절 순서가 섞임)
50-51장 바빌론	27-28장(몇 구절이 빠짐)
52장	52장(몇 구절이 빠짐)

(4) 사건들의 시대 순서와 메시지 전개 순서

구약의 여러 책을 보면 묘사하고 있는 사건이나 선지자들이 선포한 신탁이 시대 순서대로 전개되지 않는 경우가 많다. 예레미야서도 이러한 유형에 속한다. 선지자는 자신이 선포하는 신탁을 하나님께 받은 해에 대해 상당히 구체적으로 기록해두었다. 예레미야가 제공하는 정보를 바탕으로 그가 선포하는 메시지들을 시대적인 순서로 나열해보면 다음과 같다. 이 도표에서 역력하게 드러나는 사실 한 가지는 선지자가 하나님께 받은 메시지가 시대 순서에 따라 전개되지 않는다는 것이다. 예레미야에게는 그가 구상하고자 하는 메시지의 순서가 그것의 시대적 순서보다 더 중요했기 때문이다.

예레미야의 메시지 전개 순서

왕/지도자	즉위	연대	관련구절	사건
요시야	13	627BC	1:1-19	예레미야의 소명
여호아스	1	609	22:10-12	여호아스의 유배
여호야김	1(?)	608(?)	26:1-24	성전 파괴
	1-3(?)	608-5(?)	22:13-19	권력 악용
	4	605/604	25:1-30	진노의 잔
	4	605/604	46:1-49:33	이집트 등 열방에 대한 예언
	4-5	605-603	36:1-32	예언이 적힌 책을 태움
	4	605/604	45:1-5	여호와께서 바룩의 생명을 구하심
여호야긴	1	598	22:24-30	심판과 귀양
시드기야	1	597	24:1-10	좋고 나쁜 무화과
	1(?)	597(?)	49:34-39	엘람에 대한 심판 예언
	1	597	29:1-19	망명자들에게 보낸 편지
	4	594	51:59-64	유브라데 강에 던진 책
	9(?)	589	34:1-22	예루살렘의 함락 예언
	10(?)	588	37:1-38:28	느브갓네살에게 항복 권고
	10(?)	588	37:1-38:28	예레미야가 물통에 감금당함
	10	588	32:1-44	예레미야가 땅을 사들임
	10	588	33:1-26	회복의 확신
	11	586	39:1-40:7	예루살렘 함락; 예레미야의 석방
	11	586	52:1-30	예루살렘 함락; 포로 숫자

그달랴		586	40:8-41:16	총독 임명과 암살
요하난		586	42:1-22	나라 안에 머무르라는 권면
		585 585 560	43:1-13 44:1-30 52:31-34	예레미야가 이집트로 끌려감 이집트 피난민들에게 마지막 설교 에윌므로닥이 여호야긴을 석방

5. 개요

예레미야서의 전체적인 내용의 구조를 파악하는 일은 매우 어렵다. 그래서 주석가들도 가지각색의 분석을 내놓는다(Lundbom, Brown, Stulman, Miller). 선지자가 매우 다양한 장르와 메시지를 특별한 전략이 없이 나열하는 듯한 느낌을 주기 때문이다. 그럼에도 불구하고 어느 정도의 구조와 구분은 파악할 수 있다. 예레미야서는 크게 두 부분으로 나뉜다: (1) 이스라엘과 유다에 대한 심판을 중심으로 한 1-25장; (2) 소망의 메시지가 더해진 26-52장. 전반부(1-25장)는 거의 모두 선지자 예레미야의 저작으로 생각되며, 선지자가 언제 하나님께 이 신탁들을 받았는지에 대해 구체적인 날짜를 밝히지 않는 특징이 있다. 또한 25장은 전반부의 결론 역할을 하며, 예레미야서의 전반부를 마무리한다.

후반부(26-52장)는 26-36장, 37-45장, 46-52장 세 부분으로 구분된다. 첫 번째 부분(26-36장)의 26장과 36장은 이스라엘이 하나님의 말씀을 거부했다는 공통적인 주제로 구성되어 있으며, 한 쌍이 되어 책 받침대(bookends) 역할을 한다(Dearman). 이 첫 번째 부분에 책의 절정인 '위로의 책'(30-33장)이 포함되어 있다. 후반부의 두 번째 부분(37-45장)은 예루살렘 함락과 그 후에 있었던 이모저모 사건들을 회고하고 있다. 일부 학자들은 36-45장 대부분이 바룩의 손에 의해 기록되었다고 생각해 바룩 내러티브(Baruch Narrative)라고 부른다(Stulman). 마지막 부분의 대부분을 차지하는 46-51장은 열방에 대한 심판 선언(OAN)으로 구성되어 있으며, 마지막 장인 52장은 일종의 결말을 제시하는 역할을 한다. 이 주석에서는 다음과 같은 구조를 바탕으로 본문을 주해해 나가고자 한다.

I. 예레미야의 소명과 환상(1:1-19)
  A. 표제: 선지자의 시대(1:1-3)
  B. 소명(1:4-10)
  C. 두 환상(1:11-16)
  D. 하나님의 권면과 약속 (1:17-19)
II. 유다와 예루살렘에 대한 경고(2:1-6:30)
  A. 하나님의 유다 책망(2:1-37)
  B. 선지자의 호소: 돌아오라!(3:1-4:4)
  C. 북쪽 침략자 경고(4:5-31)
  D. 영적으로 몰락해 듣지 못하는 유다(5:1-31)
  E. 다가오는 예루살렘 멸망(6:1-30)
III. 성전 설교 및 경고(7:1-10:25)
  A. 성전에서 선포한 말씀(7:1-8:3)
  B. 치유가 불가능한 유다(8:4-10:25)
IV. 언약 파괴와 선지자의 불평(11:1-15:21)
  A. 파괴된 언약(11:1-17)
  B. 예레미야 암살 음모(11:18-12:6)
  C. 기업을 버리신 하나님(12:7-15:21)
V. 경고, 권면, 좌절(16:1-20:18)
  A. 심판과 약속(16:1-21)
  B. 경고와 권면(17:1-27)
  C. 토기장이 방문(18:1-23)
  D. 질그릇을 통한 교훈(19:1-15)
  E. 선지자의 수치와 좌절(20:1-18)
VI. 비난과 심판(21:1-25:38)

A. 임박한 유다 멸망(21:1-14)
B. 왕들에 대한 선포(22:1-23:8)
C. 거짓 선지자 비난(23:9-40)
D. 무화과 두 바구니(24:1-10)
E. 하나님의 분노(25:1-38)
VII. 거짓 메신저들(26:1-29:32)
A. 성전 설교와 반응(26:1-24)
B. 여호와의 멍에(27:1-28:17)
C. 포로민들에게 보낸 편지(29:1-32)
VIII. 회복에 대한 소망(30:1-33:26)
A. 회복 약속(30:1-24)
B. 새 언약(31:1-40)
C. 땅을 사는 예레미야(32:1-44)
D. 회복 약속(33:1-26)
IX. 주전 605-586년의 사건과 메시지(34:1-39:18)
A. 배신과 신실함(34:1-35:19)
B. 선지자의 책을 찢은 여호야김(36:1-32)
C. 수감된 예레미야(37:1-21)
D. 물저장 탱크에 갇힌 선지자(38:1-28)
E. 바벨론의 손에 함락된 예루살렘(39:1-18)
X. 예루살렘 함락 이후의 일(40:1-45:5)
A. 예레미야 석방(40:1-6)
B. 불안한 정세와 그달랴 암살(40:7-41:18)
C. 듣기를 거부하는 백성(42:1-43:7)
D. 이집트에서 선포된 메시지(43:8-45:5)
XI. 열방에 대한 심판 선언(46:1-51:64)
A. 이집트(46:1-28)

B. 블레셋(47:1-7)
C. 모압(48:1-47)
D. 암몬(49:1-6)
E. 에돔(49:7-22)
F. 다마스쿠스(49:23-27)
G. 아랍 족속들(49:28-33)
H. 엘람(49:34-39)
I. 바빌론(50:1-51:64)

XII. 역사적 자료 추가(52:1-34)
A. 시드기야의 최후(52:1-11)
B. 예루살렘 파괴(52:12-27)
C. 포로들의 숫자(52:28-30)
D. 여호야긴의 자유(52:31-34)

I. 예레미야의 소명과 환상
(1:1-19)

예레미야는 어떤 경위를 통해 하나님께 선지자의 소명을 받았는지와 그가 사역했던 시대와 대상을 밝히면서 책을 시작한다. 예레미야가 이 같은 정보를 먼저 제공하는 것은 지금부터 선포되는 메시지가 당시의 정치적, 문화적 정황을 고려해 해석되어야 한다는 것을 암시한다. 또한 선지자는 메시지의 주 대상이 누구인가를 밝힘으로써 우리에게 그의 메시지를 처음 들었던 청중들을 고려해서 메시지를 해석해 나갈 것을 주문한다. 선지자들이 선포한 모든 메시지는 말씀이 선포된 역사적 정황을 고려해서 해석해야 하기 때문이다. 예레미야가 선지자 소명을 받게 된 일을 회고하고 있는 본문은 다음과 같이 구분된다.

A. 표제: 선지자의 시대(1:1-3)
B. 소명(1:4-10)
C. 두 환상(1:11-16)
D. 하나님의 권면과 약속 (1:17-19)

I. 예레미야의 소명과 환상(1:1-19)

A. 표제: 선지자의 시대(1:1-3)

1 베냐민 땅 아나돗의 제사장들 중 힐기야의 아들 예레미야의 말이라 2 아몬의 아들
유다 왕 요시야가 다스린 지 십삼 년에 여호와의 말씀이 예레미야에게 임하였고 3
요시야의 아들 유다의 왕 여호야김 시대부터 요시야의 아들 유다의 왕 시드기야의
십일년 말까지 곧 오월에 예루살렘이 사로잡혀 가기까지 임하니라

예레미야는 구약의 선지자들처럼 자기가 살던 곳과 집안에 대한 정보와 그가 사역하던 시대에 유다를 통치했던 왕들의 이름을 제공하는 것으로 책을 시작한다(사 1:1; 호 1:1; 암 1:1; 미 1:1). 예레미야는 자기 고향을 아나돗이라고 밝히는데, 아나돗은 레위 제사장들에게 주어진 마을이며(수 21:18), 예루살렘에서 동북쪽으로 약 5킬로미터 떨어진 곳에 위치했다(ABD). 예레미야는 아나돗에서 제사장 '힐기야'(חִלְקִיָּהוּ)의 아들로 태어났다. 유대인 전승과 일부 학자들은 요시야 왕 시대에 왕을 도와 종교개혁을 주도했던 힐기야 제사장(왕하 22-23장; 대하 34-35장)이 바로 이 사람이라고 주장하기도 하지만(Rowley), 예레미야의 아버지와 개혁자 힐기야는 동명이인(同名異人)이었던 것이 거의 확실하다(McKane, cf. Hyatt). 구약에서 '힐기야'는 희귀한 이름은 아니며, 최소한 6명이 이 이름으로 불렸다(cf. HALOT).

아나돗은 베냐민 지파에 속한 땅이었다(수 21:17-18). 솔로몬이 정권을 잡은 뒤인 주전 962년쯤에 엘리 제사장의 후손이었던 아비아달을 아나돗으로 추방했던 것으로 보아 아마도 예레미야는 아비아달 제사장의 후손, 더 나아가 엘리 제사장의 후손으로 추정된다(왕상 1:7; 2:26-27). 그러나 아나돗에는 오래전부터 여러 제사장 집안이 살았기 때문에 예레미야가 아비아달의 후손이거나, 제사장 집안 사람이었다고 단정할 필요는 없다고 주장하는 학자들도 있다(Meek).

예레미야가 제사장 집안 사람이었다는 구체적인 증거는 없다. 그러나 예레미야가 제사장 아비아달이 추방된 아나돗 사람이며, 엘리 제사장이 사역했던 실로에서 있었던 일(불순종으로 인해 빚어진 가슴 아픈 집안일)을 교훈으로 삼는 것으로 보아 그를 엘리 제사장 집안 사람으로 보는 것이 무난하다. 더 나아가 선지자는 성전과 성전에서 진행되는 예배에 대해 상당히 많이 알고 있다. 아마도 제사장의 자녀로 태어난 예레미야가 어렸을 때부터 제사장이 되기 위해 율법과 성전 예식에 대해 많은 훈련을 받은 결과일 것이다. 예레미야의 조상 엘리는 하나님의 법궤가 실로에 있었을 때 제사장으로 사역하다가 자식들의 잘못을 방관한 죄로 하나님의 심판을 받아 온 집안이 파멸하는 것을 지켜보아야 했던 사람이다.

예레미야는 실로에서의 조상들에게 임한 하나님의 심판이 그의 집안에 안겨준 충격을 아직도 생생하게 기억하고 있었다. 그는 예루살렘의 멸망을 실로에 임한 심판과 비교했다(7:14; 26:6). 오래전 조상들의 불순종으로 인해 그의 집안에 임한 심판을 근거로 불순종하는 예루살렘에게 하나님의 혹독한 심판에 대한 경고의 메시지를 선포했다. 뼈아픈 집안사를 교훈 삼아 방황하는 주의 백성에게 순종과 불순종 중 선택을 요구했다.

예레미야가 제사장으로 사역한 것에 대한 언급이 전혀 없다는 사실과 그가 제사장들에 대해 매우 강렬한 비난을 퍼부어 대는 것(cf. 1:18; 2:8; 6:13; 13:13; 23:11)을 근거로 일부 학자들은 예레미야가 제사장의 자손이 아니었을 것이라고 추정한다. 그러나 성경은 그의 아버지가 제사장이었다고 기록한다(1절). 일나시의 제사장직은 제사장 집안 자손들이 대대로 이어가는 직분이다. 따라서 제사장의 아들로 태어난 예레미야 역시 실제 사역 여부에 상관없이 신분은 제사장이었을 것이다. 그러나 그가 실제적인 제사장 사역은 하지 않았기 때문에 1절은 "제사장 예레미야"라는 말보다는 "제사장들 중 힐기야의 아들 예레미야"로 표기하고 있다(Hyatt).

성경은 예레미야가 어느 날 태어났는지 전혀 언급하지 않는다. 한 유대인 전승에 의하면 그는 아브월 9일에 태어났다고 한다(cf. Brown). 이스라엘 역사에서 아브월 9일은 매우 슬픈 날이다. 주전 586년 아브월 9일은 솔로몬의 성전이 바빌론 사람들에 의해 파괴된 날이다. 주후 70년 아브월 9일에는 헤로드가 세웠던 성전이 파괴되었다. 정확히 언제 시작되었는지 알 수는 없지만, 유대인들은 이날만 되면 회당에 모여 성전 파괴를 기념하며 예레미야 애가를 낭독했다. 주후 135년 아브월 9일에는 로마 제국을 상대로 반란을 일으켰던 바코치바(Bar Kochba)의 군대가 베타르(Betar)에서 패한 날이다. 주후 1492년 아브월 9일에는 유대인들이 스페인에서 쫓겨났다. 아브월 9일은 이스라엘 역사에서 매우 슬픈 날이며, 이러한 이유에서 유대인들은 눈물의 선지자 예레미야가 이날 태어난 것으로 간주하기 시작한 것 같다(Brown).

자신의 가족 상황을 간략하게 소개한 선지자는 곧장 선지자로 사역하게 된 동기를 설명한다(2절). 그에게 여호와의 말씀이 임한 것이다(2절). 대부분의 선지자들은 서두에서 자신이 전할 메시지의 출처를 밝히는데(호 1:1; 욜 1:1; 욘 1:1; 미 1:1; 습 1:1), 예레미야도 지금부터 그가 선포할 메시지는 자신이 만들어낸 것이 아니라 하나님이 그에게 주신 것이라는 사실을 선언한다. 예언서에 기록된 메시지는 선지자들이 만들어낸 것이 아니다. 그들은 하나님이 그들에게 주신 메시지를 대언한 것뿐이다. 그러므로 우리는 예레미야서를 포함한 모든 선지서에 기록된 메시지를 권위 있는 하나님의 말씀으로 받아들여야 한다.

선지서를 살펴보면 그 누구도 선뜻 자원해서 선지자 사역을 시작한 사람은 없다. 모두 하나님의 명령이 있은 후, 혹은 하나님과의 특별한 경험을 체험한 후 반 강제로 사역을 했다. 사역이란 우리가 스스로 설계하고 진행해 나가는 것이 아니라, 하나님의 강압적인 동기부여가 필요한 것이라는 사실을 암시한다.

하나님이 우리의 사역을 강압적으로 주신다고 해서 사역에 대해 부정적으로 생각해서는 안 된다. 하나님이 우리에게 맡기시는 사역은 우리가 지고 가야 할 짐이 아니라, 부르심을 받은 소수만이 누릴 수 있는 특권이기 때문이다. 창조된 피조물로서 창조주의 종이 되어 주님의 나라를 위해 일하는 것보다 더 영광스러운 것은 없다.

예레미야는 남 왕국의 요시야(주전 640-609년), 여호야김(주전 609-597년) 그리고 시드기야(주전 597-586년) 왕 시대에 사역했다. 그가 선지자 소명을 받은 것은 요시야 왕 13년째(주전 627년) 되던 해였다(2-3절). 한 주석가는 열왕기가 유다의 마지막 왕들에 대해 제공하는 정보를 바탕으로 다음과 같이 매우 흥미로운 패턴을 제시한다(Brown).

A. 패한 요시야가 느고에게 죽음
B. 여호아하스가 3개월을 즉위하고 느고의 포로가 됨
C. 느고가 새 이름을 주어 여호야김을 왕으로 세움—11년 통치함
B′. 여호야긴이 3개월을 즉위하고 느부갓네살의 포로가 됨
C′. 느부갓네살이 새 이름을 주어 시드기야를 왕으로 세움—11년 통치함
A′. 패한 시드기야가 느부갓네살의 포로가 되어 끌려감

요시야는 여덟 살이라는 어린 나이에 왕이 되었으며 즉위 18년 되던 해(주전 622년)에 성전을 보수하기 시작했다(왕하 22:1, 3). 역대기 저자는 요시야의 어린 시절에 대해 다음과 같은 추가적인 정보를 제공한다: "아직도 어렸을 때 곧 왕위에 있은 지 팔 년에 그의 조상 다윗의 하나님을 비로소 찾고 제십이 년에 유다와 예루살렘을 비로소 정결하게 하여 그 산당들과 아세라 목상들과 아로새긴 우상들과 부어 만든 우상들을 제거하여버리매"(대하 34:3). 요시야는 왕위에 즉위한 지 8년째 되던 해, 곧 그의 나이가 16세가 되던 해부터 열심히 주님을 찾았다. 예레미야가 요시야 즉위 13년에 소명을 받았으니(2절), 선지자가 소명을 받기 바로 전 해

인 즉위 12년(주전 628년)에 요시야는 산당과 아세라 목상을 제거하는 등 대대적인 종교개혁을 단행했다. 예레미야는 요시야가 주도한 여호와 종교의 개혁과 부흥이 시작되고 1년 후에 하나님의 부르심을 받은 것이다.

역사를 주관하시는 하나님이 요시야가 시작한 종교개혁에 더 박차를 가하기 위해 이때 예레미야를 주의 백성 유다에 선지자로 보내신 것으로 생각할 수도 있다. 요시야는 부패한 여호와 종교와 유다에 만연한 우상숭배를 제거하려고 무던히 노력했다. 그러나 선왕들인 므낫세와 아몬이 저지른 죄와 만행을 극복하기에는 역부족이었다(Keil). 그나마 요시야가 이룬 개혁도 그가 죽자마자 원점으로 돌아갔다.

서론에서 언급한 것처럼 학자들은 요시야 왕 즉위 13년째인 주전 627년에 예레미야가 하나님의 부르심을 받았다는 것이 그가 이 해에 태어난 것을 의미하는지(Hyatt), 아니면 이 해가 실제로 그가 선지자 소명을 받은 때인지(Allen)에 대해 둘로 나뉘어 있다(cf. Overholt, Rowley). 그러나 예레미야가 매우 어린 나이(6-7세?)인 요시야 즉위 13년째에 소명을 받고 난 후 [너무 어려서] 사역을 하지 않다가, 성인이 되어 사역을 시작했다고 간주하는 것이 바람직하다(cf. 서론). 이렇게 해석할 경우 예레미야와 연관된 여러 가지 연대 이슈가 상당 부분 해소된다.

예레미야는 시드기야 통치 11년째인 주전 586년에 예루살렘 사람들이 포로로 끌려간 것을 직접 목격한 일을 기록한다(3절). 이 정보는 예레미야의 사역이 언제까지 지속되었는가를 밝혀줄 뿐만 아니라 이 책이 유다에 임할 무서운 심판에 관한 것이라는 사실을 서두에서 암시한다(Brueggemann). 그러므로 이 정보는 예레미야가 사역했던 시대(40여 년) 전체를 어떻게 이해해야 할 것인가에 대해 제안한다(Clements). 선지자가 사역했던 시대는 포로와 인질이 된 이스라엘이 지난 수백 년 동안 살아왔던 약속의 땅을 떠나 바빌론으로 끌려가는 매우 어둡고 절망적인 시대였다는 것이다. 또한 예레미야서에 이 표제를 첨부한 사람은 유다가 망하고 거주민들이 바빌론으로 끌려간 이후 시대를 살고 있음을 암시한다

(cf. Fretheim).

물론 예레미야서는 주전 586년 이후에 일어난 일에 대해서도 어느 정도 기록하고 있다. 책은 심판뿐만 아니라 소망적인 메시지도 담고 있다. 그러나 책의 근본적인 방향은 이미 아모스 선지자 때부터 선포되어왔던 이스라엘과 유다의 파괴와 포로 생활이 드디어 예레미야 시대에 이르러 현실이 되었다는 것을 알리는 데 있다. 따라서 3절의 '사로잡히다'(גלה)에 대한 언급은 책의 마지막 부분인 52:27-34에 묘사된 이스라엘의 바빌론 포로 생활을 예고하고 있다. 또한 두 텍스트가 한 쌍이 되어 포괄법/괄호(inclusio)를 형성하고 있다. 이 두 텍스트는 예레미야서가 바빌론의 손에 멸망한 이후 시대를 배경으로 읽히고 해석되어야 한다고 요구한다 (Fretheim).

대체로 백성들에게 소망과 위로를 주던 하나님의 말씀이 이번에는 죽음과 포로를 예고하고 있다. 결코 하나님의 힘이 약해져서도, 여호와께서 바빌론의 신 마르두크에게 무릎을 꿇어서도 아니다. 이스라엘의 비참한 운명은 바로 역사의 주인이신 여호와 그들의 하나님이 이미 태초 때부터 계획하신 일이다. 하나님이 자기 백성을 바빌론으로 보내시기로 결정하셨다면 누가 그들의 행렬을 막을 수 있으며, 누가 그들의 운명을 바꿀 수 있겠는가? 이것이 바로 선지자의 외침이다. 하나님 외에는 아무도 그들의 운명을 바꿀 수 없다.

I. 예레미야의 소명과 환상(1:1-19)

B. 소명(1:4-10)

4 여호와의 말씀이 내게 임하니라 이르시되

5 내가 너를 모태에 짓기 전에 너를 알았고

네가 배에서 나오기 전에 너를 성별하였고

너를 여러 나라의 선지자로 세웠노라
하시기로 [6] 내가 이르되
슬프도소이다 주 여호와여
보소서 나는 아이라 말할 줄을 알지 못하나이다 하니
[7] 여호와께서 내게 이르시되
너는 아이라 말하지 말고
내가 너를 누구에게 보내든지 너는 가며
내가 네게 무엇을 명령하든지 너는 말할지니라
[8] 너는 그들 때문에 두려워하지 말라
내가 너와 함께하여 너를 구원하리라
나 여호와의 말이니라
하시고 [9] 여호와께서 그의 손을 내밀어 내 입에 대시며 여호와께서 내게 이르시되
보라 내가 내 말을 네 입에 두었노라
[10] 보라 내가 오늘 너를 여러 나라와 여러 왕국 위에 세워
네가 그것들을 뽑고 파괴하며 파멸하고 넘어뜨리며
건설하고 심게 하였느니라 하시니라

자기 시대와 가족 상황을 간략하게 설명한 선지자는 곧바로 주제를 소명 체험으로 바꾼다. 예레미야의 소명을 살펴보면 전형적인 '소명 내러티브'(call narrative) 양식을 취하고 있다(cf. 출 3:1-12; 삿 6:11-24; 사 6장). 예레미야의 선지자 소명 회고와 소명 내러티브 양식을 비교해보면 다음과 같은 공통점이 발견된다(Habel).

A. 하나님의 선제(先制; divine initiative; 1:5)
B. 인간의 거부(human resistance; 1:6)
C. 훈계와 안심시킴(rebuke and reassurance; 1:7-8)
D. 소명 위임(physical act of commissioning; 1:9a)

E. 소명 내용(substance of commission; 1:9b-10)

성경에서 발견되는 소명은 대체로 위와 같은 기본 형태와 순서를 취하고 있다. 그래서 이러한 소명 내러티브가 종들의 '안수식'을 묘사하고 있는 예식적 보고라고 주장하는 사람들도 있다(Reventlow).

예레미야의 소명은 하나님의 "내가 너를 모태에 짓기 전에 너를 알았고 네가 배에서 나오기 전에 너를 성별하였고 너를 여러 나라의 선지자로 세웠노라"(5절)는 말씀으로 시작한다. 예레미야의 소명은 하나님의 선제(先制; initiative)에서 시작된 것이다. 하나님이 예레미야를 '아셨다'(ידע)는 것은 매우 관계적인(personal) 표현이며 두 가지를 의미한다: (1) 하나님이 그를 직접 택하신 것, (2) 하나님이 그를 지키시고 보호하신 것(Miller). 또한 예레미야가 태어나기도 전에 하나님이 그를 아셨다는 것은 선지자에 대한 하나님의 소유권과 지배권을 표현한 것이다(Brown). 하나님은 예레미야에게 그를 소유하고 지배하는 분으로 자신을 소개하신다(Heschel).

구약을 살펴보면 하나님이 자기 종들에게 소명을 주시기 전에 그들과의 인격적인 관계를 확고히 하신다. 예레미야도 예외는 아니다. 하나님은 예레미야를 선지자로 세우시기 전에 먼저 그를 '아셨다'. 심지어 선지자가 세상에 나오기 전부터 그를 아셨다. 피조물로서 창조주 하나님께 헤아림을 받는 것보다 더 고귀하고 영광스러운 것이 있을까! 하나님이 인정하신다면, 두려울 것이 무엇이겠는가!

이 말씀은 하나님의 종들에게 존재성(being)과 기능성(doing)의 관계를 생각해보도록 권고한다. 하나님을 위해 무엇을 하는 것(doing)보다 그분과의 인격적인 만남과 관계 유지(being)가 우선이다. 사역자로 부르심을 받은 사람들은 하나님의 일을 하느라 바빠서 하나님과의 관계를 등한시하는 실수를 범하지 않도록 조심해야 한다. 또한 "성별하였고"(קדשׁ) 역시 사역자가 하나님 나라를 위해 사역하는 것보다 하나님께 구분되는 것(하나님과의 특별한 관계 유지)이 더 우선적이고 중요하다는 것을 강조

한다.[4]

예레미야는 "여러 나라의 선지자"로 세움을 받았다(5절). 일부 주석가들은 본문이 말하는 '여러 나라'가 앞으로 유다와 함께 비슷한 시기에 멸망할 가나안의 작은 나라들이라고 풀이하지만(Allen), 예레미야는 열방에 대한 심판을 선언할 때 바빌론과 이집트 등 유다에서 먼 강대국까지 포함시켰다. 따라서 작은 나라들로만 제한할 필요는 없다. 유다 사람들을 상대로 사역할 예레미야가 "여러 나라의 선지자"로 세움을 받은 것에 대해 의아해하는 학자들도 있다(Miller). 그러나 앞으로 예레미야가 열방에 대해 메시지를 선포하고(46-51장), 포로가 되어 바빌론 사람들을 만나고(40장), 이집트로 끌려가는 일(42-43장)을 감안하면 그는 충분히 "여러 나라의 선지자"라는 호칭을 받을 수 있다. 물론 이 말씀은 예레미야가 세상의 모든 나라를 사역 대상으로 삼을 것이라는 뜻은 아니다. 선지자를 통해 선포되는 여호와의 말씀이 유다뿐만 아니라 온 세상에 유효하다는 것을 의미한다.

중요한 것은 열방의 손에 멸망할 이스라엘의 선지자가 여호와께 열방의 선지자로 세움을 받았다는 사실이다. 그것은 유다가 바빌론의 손에 망한 이유가 그들의 하나님 여호와가 연약해서 바빌론의 신 마르두크에게 자기 백성을 내주었기 때문이 아니라, 그분이 직접 계획하신 일이기 때문이라는 것을 암시한다. 예레미야는 온 세상을 통치하시는 여호와에 의하여 세움을 받았다. 그러므로 유다의 멸망이 하나님의 능력의 쇠퇴를 의미하지 않는다. 하나님은 이스라엘의 존재 여부와 상관없이 홀로 존재하시는 분이다. 유다는 하나님의 계획에 따라 망하지만, 유다 사람 예레미야는 열방의 선지자로 세우심을 받는다.

---

4 '성별하다'(קדשׁ)는 동사를 선지자의 소명과 연관해 사용한 경우는 예레미야가 유일하다. 일상적으로 이 동사는 제사장들에게 사용된다(cf. HALOT). 아마도 예레미야가 제사장의 아들이었기 때문에 그에게 이런 표현이 사용된 것 같다(Miller). 그러나 예레미야는 성전에서 제사장으로 사역을 하도록 성별된 것이 아니라, 선지자가 되어 예루살렘 거리에서 여호와의 거룩하심과 그의 백성이 추구해야 할 거룩에 대해 외치고 가르치도록 성별되었다.

소명을 받은 예레미야는 두 가지 개인적인 이유를 들어 하나님의 부르심이 적절한지에 대해 문제를 제기했다(6절): (1) 자신은 사람들 앞에서 여호와를 대변하기에는 언어 실력이 부족하다는 것(cf. 모세, 출 4:10); (2) 자신은 하나님의 부르심을 받아들이기에는 너무 어리다는 것(cf. 솔로몬, 왕상 3:7). 예레미야가 하나님의 계획이 잘못되었다고 반론하는 것은 아니다. 예레미야는 자신이 주께서 맡기고자 하시는 선지자 사역을 감당하기에는 너무 부족한 점이 많다는 것을 안타까워할 뿐이다(Fretheim).

우리는 하나님의 부르심을 받들기에는 너무나도 부족한 점이 많다는 예레미야의 마음을 충분히 이해한다. 그러나 우리 중 몇 명이나 충분히 준비된 상황에서 사역을 시작하는가? 사역자로 부르심을 받은 사람은 항상 자신이 모자라고 부족하다고 생각한다. 그러나 이러한 부족함을 느끼면서도 하나님이 채워주실 것을 기대하며 사역을 시작한다. 하나님이 사역 가운데 부족한 부분을 채워주시는 것을 경험하면서 우리는 기쁨을 누리기 때문이다. 사역자들에게 가장 중요한 것은 사역을 잘할 수 있는 재능과 능력(ability)이 아니라, 시간(삶)을 헌신하는 순종(availability)이다.

예레미야는 자신을 '아이'(נַעַר)라 밝히는데, 이 히브리 단어는 어린아이(출 2:6), 어린이(삼상 1:24), 소년(창 37:2), 용사(삼하 2:14) 그리고 40세가 넘은 장년(출 3:11)까지 의미하는 매우 폭넓은 개념이다(cf. HALOT). 그러므로 이 단어만을 근거로 소명을 받았을 때 예레미야의 나이가 몇 살이나 되었을지 추측하는 것은 바람직하지 않다(소명을 받았을 때 그의 나이에 대해서는 서론을 참조하라). 또한 하나님이 예레미야를 선지자로 부르신 이 이야기의 핵심은 선지자의 어린 나이에 있는 것이 아니라, 선지자가 지닌 여러 가지 한계를 주께서 극복해주시는 데 있다(cf. Allen).

예레미야의 변명을 들으신 후 하나님의 말씀이 그에게 임했다. "예레미야야, 너 자신을 보지 말고 나를 보고 가라!"는 말씀이었다(7-8절). 하나님은 예레미야에게 가라고 명령하며 두 가지를 약속하신다: (1) "내가 너에게 할 말을 주리라"(cf. 17절); (2) "내가 너와 함께하여 너를 구원하리라." 본문은 선지자의 사역이 어떤 것이고, 그 사역에서 하나님의 책임이 무엇인지를 잘 드러낸다. 선지자의 임무는 하나님이 자기에게 주신 말씀을 가서 전하는 것이다. 선지자가 스스로 말을 만들어낼 필요는 없다. 선지자는 그에게 주어진 하나님의 말씀만 전하면 되는 것이다.

주께서 예레미야를 인정하고 그와 함께하신다고 해서 선지자가 주의 말씀을 백성에게 전하는 일이 결코 쉽지 않았을 것이다. 말씀을 전하는 일에는 많은 어려움과 핍박이 따른다. 그래서 하나님은 예레미야에게 소명을 주시면서 "너는 그들 때문에 두려워하지 말라"(8절; cf. 17절)며 선지자에게 구원을 보장하신다(Dearman). 어렵고 힘든 순간은 있겠지만 하나님이 절대 그를 떠나지도 않고 죽게 내버려두지도 않을 것을 약속하신다. 만약에 선지자의 사역과 삶이 평탄할 거라면, 왜 이런 약속을 하시겠는가!

우리는 하나님이 맡겨주신 사역에 대해 현실적으로 접근해야 한다. 주께서 인정하고 함께하시는 사역이라고 해서 평탄치만은 않을 것이다. 때로는 매우 두렵고 큰 위협과 위기도 경험할 것이다. 그러나 한 가지 확실한 것은 아무리 어렵고 힘든 순간에도 하나님은 우리와 함께하고 우리를 보호하신다는 사실이다. 하나님은 우리에게 평탄한 길을 약속하신 것이 아니라, 함께 길을 헤쳐 가겠다고 약속하신다.

그렇다면 하나님이 절대 우리를 떠나지 않고 보호하실 거라는 약속을 무엇이 보장하는가? 하나님은 예레미야에게 보호를 약속한 후 "나 여호와의 말이니라"(8절)로 마무리하신다. 하나님이 말씀하신 것이 선지자의 안전을 보장한다는 것이다. 그러므로 "나 여호와의 말이니라"는 앞으로 일이 이렇게 될 것이라는 보증수표이며, 하나님이 자신의 명예를 걸고 이 일을 꼭 이루시리라는 약속이다.

"여호와의 말씀"(נְאֻם־יְהוָה)(2절)에서 '말씀'(נְאֻם)은 선지자들이 매우 자주 사용하는 개념이다. 예레미야서에서만 176차례나 사용되고 있다(cf. 에스겔서에서 83차례, 이사야서에서 23차례, 아모스서에서 21차례, 스가랴서에서 20차례,

학개서에서 11차례 사용됨). 예레미야는 자신의 역할을 백성에게 선포할 메시지를 저작하는 사람이 아니라, 하나님이 그에게 주신 말씀을 그대로 중계하는 하나님의 대언자로 보고 있다. 그는 선지자의 역할이 무엇인가를 정확히 알고 있는 사역자였다.

하나님이 자기 종에게 소명을 주실 때 자주 그들의 입을 만지셨던 것처럼 예레미야의 입을 만지셨다(9절; cf. 민 23:5; 신 18:18; 사 6:7; 51:16; 렘 15:16; 겔 2:9-3:2). 하나님이 예레미야를 자기 대변인으로 사용하기 위해 선지자에게 선포할 메시지를 주셨다는 의미다. 그러나 예레미야는 자신이 선지자가 될 자격이 없다는 반응을 보인다. 예레미야가 제기하는 두 가지 문제(6절)와 이 문제에 대한 하나님의 해결책이 다음과 같은 교차대구법적 구조를 형성하고 있다(Brown).[5]

A. 나는 말할 줄을 알지 못합니다(1:6).
  B. 나는 아이 입니다(1:6).
  B′. "나는 아이 입니다"라고 말하지 말라(1:7).
A′. 내가 너의 입에 나의 말씀을 넣었다(1:9).

하나님은 예레미야에게 선지자로서 그의 소명을 이렇게 설명하셨다: "보라 내가 오늘 너를 여러 나라와 여러 왕국 위에 세워 네가 그것들을 뽑고 파괴하며 파멸하고 넘어뜨리며 건설하고 심게 하였느니라"(10절). 소명을 묘사하고 있는 여섯 개의 동사는 예레미야의 사역이 두 가지 성격을 띨 것을 암시하는데, 이 여섯 개의 동사는 부분적으로(여섯 개 중 몇 개씩) 12:14-17, 18:7-10, 24:4-7, 42:10, 45:4 등에도 등장한다. 첫째, '뽑다'(נתשׁ), '파괴하다'(נתץ), '파멸하다'(אבד), '넘어뜨리다'(הרס)는 이스라엘뿐만 아니라 열방에도 심판을 선언해 이 세상에 존재하는 그 어떤 왕국,

---

5 개역개정은 6절을 번역하면서 히브리어 문장 순서를 따르지 않았다. 반면에 새번역은 히브리어 문장 순서를 적절하게 반영하고 있다.

정권, 권세도 여호와를 대적할 만한 세력을 형성하지 못할 것이라고 경고한다. 하나님은 예레미야에게 파괴하는 사역을 주문하시는 것이다. 둘째, '건설하다'(בנה), '심다'(נטע)는 하나님이 언제 어느 곳에서든지 새로운 창조를 이루어낼 수 있으며, 어떠한 비관적인 상황도 긍정적인 상황으로 순식간에 전환하실 수 있다는 것을 선언한다(Brueggemann). 하나님은 선지자에게 부수고 파괴한 터전 위에 새로운 창조와 세우는 사역을 하라고 명령하신다. 파괴하고 세우는 일은 예레미야서에서 가장 중요한 테마들 중 하나다.

본문은 이 두 가지, 즉 파괴와 회복의 순서도 확실하게 제시한다(Brown). 먼저 파괴가 임한 다음에 회복이 올 것이다. 또한 이 여섯 단어들은 농사(A), 건축(B), 전쟁(C)의 세 영역에서 비롯된 이미지를 사용하고 있으며 다음과 같이 교차대구법적 구조를 형성하고 있다(Fretheim).

뽑다(נתש; A)
　파괴하다(נתץ; B)
　　파멸하다(אבד; C)
　　넘어뜨리다(הרס; C′)
　건설하다(בנה; B′)
심다(נטע; A′)

비록 예레미야가 "여러 나라의 선지자"(5절)로 부르심을 받았지만, 그의 가장 기본적인 사역 대상은 열방이 아니라 주의 백성인 유다와 예루살렘이다. 심지어는 북 왕국 이스라엘은 이미 망한 지 오래되었기 때문에 사역 대상에 포함되지도 않는다. 물론 예레미야가 미래의 회복에 대해 신탁을 선포할 때는 북 왕국을 포함한 이스라엘 전반의 회복을 예언한다.

선지자의 소명을 이스라엘의 미래에 적용해볼 때, 저자는 주의 백성을 "뽑고, 파괴하고, 파멸하고, 넘어뜨리는 날"이 임박했음을 경고하고 있다. 그동안 그들이 저지른 죄에 대한 심판의 날이 임박했다는 뜻이다. 학자들은 종종 예레미야를 모세와 비교하는데(Seitz), 두 사람의 소명은 완전한 대조를 이룬다. 모세는 이집트에 억압받던 이스라엘을 구원하라는 소명을 받았지만, 예레미야는 이스라엘이 열방의 손에 파멸하리라는 것을 전하라는 소명을 받았기 때문이다. 그러나 모든 것이 절망적인 것은 아니다. 예레미야의 소명은 주의 백성이 뽑히고 나면 다시 심어지는 날이 올 것이요, 파괴되고 나면 다시 재건하고 건설하는 날이 올 것을 선포하기 때문이다. 예레미야뿐만 아니라 대부분의 선지자들도 심판(파괴) 뒤에 임하는 회복(재건)을 선언한다. 하나님이 선지자들에게 주신 메시지는 주의 백성에게 여호와의 심판이 임할 것이라는 경고뿐만이 아니라, 심판 후 회복이 뒤따를 것이라는 메시지도 포함되었기 때문이다. 예레미야는 하나님이 주의 백성을 파괴한 후에 회복시키실 것이라는 계획을 먼저 자신의 삶과 사역에서 실천해야 한다(Holt).

우리는 어떠한 일에 대해서도 쉽게 비판할 수 있다. 그러나 만일 그 비난이 비난을 위한 비난이라면 오히려 잠잠한 것보다 못하다. 의식을 가지고 문제를 제기한다면, 그것에 대한 적절한 대책이나 대안도 제시할 수 있어야 소득이 있는(혹은 의미 있는) 비난이라 할 수 있기 때문이다. 우리가 살아가는 이 시대는 건설적인 비판이 매우 부족하다.

I. 예레미야의 소명과 환상(1:1-19)

C. 두 환상(1:11-16)

[11] 여호와의 말씀이 또 내게 임하니라 이르시되 예레미야야 네가 무엇을 보느냐 하시매 내가 대답하되 내가 살구나무 가지를 보나이다 [12] 여호와께서 내게 이르시되 네가 잘 보았도다

이는 내가 내 말을 지켜 그대로 이루려 함이라

하시니라 [13] 여호와의 말씀이 다시 내게 임하니라 이르시되 네가 무엇을 보느냐 대
답하되 끓는 가마를 보나이다 그 윗면이 북에서부터 기울어졌나이다 하니 [14] 여호
와께서 내게 이르시되

재앙이 북방에서 일어나 이 땅의 모든 주민들에게 부어지리라
[15] 내가 북방 왕국들의 모든 족속들을 부를 것인즉
그들이 와서 예루살렘 성문 어귀에 각기 자리를 정하고
그 사방 모든 성벽과 유다 모든 성읍들을 치리라 여호와의 말이니라
[16] 무리가 나를 버리고 다른 신들에게 분향하며
자기 손으로 만든 것들에 절하였은즉
내가 나의 심판을 그들에게 선고하여
그들의 모든 죄악을 징계하리라

본문이 언급하고 있는 두 환상이 예레미야에게 임한 선지자 소명의 일부였는지, 아니면 이후에 따로 주어진 것을 삽입한 것인지는 확실하지 않다. 이 본문은 하나님이 4-10절에서 말씀하셨던 내용을 재차 확인하는 두 개의 환상을 담고 있다. 하나님이 먼저 물건을 보여주며 선지자에게 묻고, 선지자가 대답하면 그 물건이 의미하는 바를 알려주시는 유형의 계시는 예레미야 21:1-10, 아모스 7:7-9, 8:1-3 등에서도 흔하게 발견되는 대화 방법이다. 그런데 예레미야 21:1-10, 아모스 7:7-9, 8:1-3 모두 선지자의 소명과 상관없는 내용이다.

그러므로 본문의 환상도 예레미야가 경험한 소명의 일부라기보다 앞으로 주의 백성에게 임할 일을 미리 보여주시는 것으로 간주하는 것이 좋을 듯하다. 하나님은 이 환상을 통해 선지자가 전해야 할 메시지(심판과 멸망)의 사실성과 확고함을 강조하신다. 또한 임박한 재앙과 멸망의 메시지를 선포할 때 청중을 의식하거나 두려워하지 말고 하나님을 의지해 자신 있게 선포하라고 권면하신다(Fretheim). 이 말씀은 앞으로 예레미

야가 감당해야 할 소명이 결코 쉽지 않을 것이며, 그가 청중으로부터 많은 저항과 반발을 살 것을 암시한다.

먼저, 아몬드 나무 환상(11-12절)을 생각해보자. 이 환상은 언어유희(wordplay)로 의미를 전달하고 있다(Hyatt, cf. 암 8:1-2). 우리말로 '살구나무'(개역개정, 새번역) 혹은 '감복숭아'(공동)로 번역된 이 나무는 '아몬드 나무'(שָׁקֵד)다.[6] 아몬드 나무는 이른 봄(우리 달력으로 1월 말에서 2월에도 꽃이 핌; cf. King)에 꽃이 피기 때문에 겨울을 '깨우는(wake) 나무'로 불리기도 했다(Huey). 여호와께서 선지자에게 아몬드 가지를 보여주시며 무엇을 보느냐고 물으셨다. 구약에서 나뭇가지는 심판을 상징하기도 한다(cf. 민 17:1-11; 겔 7:10; 슥 11:7-14). 또한 본문에서도 아몬드 가지는 다가오는 심판을 상징한다(Wood).

예레미야는 주님께서 주신 환상 속에서 아몬드 가지를 보고 있기 때문에 당연히 '아몬드 나무'(שָׁקֵד, shaqed)를 보고 있다고 응답했다(11절). 하나님은 선지자에게 "네가 잘 보았도다 이는 내가 내 말을 '지켜'(שֹׁקֵד)(shoqed) 그대로 이루려 함이니라"고 말씀하셨다(12절). 이 두 단어를 구성하는 세 자음이 모두 같고, 오직 한 모음만 다르다. 언어유희가 사용된 것이다. 아몬드 가지(지팡이) 환상은 하나님이 예레미야를 선지자로 부르셨다는 증표이며 예레미야는 어떠한 반대도 이겨낼 것을 상징한다(Long). 하나님이 모든 일(백성에 대한 심판)이 자기 계획대로 진행되는 것을 직접 지켜보실 것이기 때문이다.

하나님은 이 언어유희를 사용해 두 가지 메시지를 주신다. 첫째, 이른 봄이면 아몬드 가지에 꽃이 필 것을 확신할 수 있듯이, 하나님의 심판도 곧 신속하게 '꽃이 필 것'을 확신하라는 것이다(Fretheim). 주의 백성에 대한 여호와의 심판이 피할 수 없을 뿐만 아니라 매우 임박했다는 것을 강조한다. 둘째, 지난 수백 년 동안 여러 선지자들이 경고한 하나님의 심

6 우리말 번역본들이 아몬드를 '살구나무'라고 번역한 것은 아마도 우리나라에서는 보기 흔하지 않은 아몬드가 살구 씨앗과 비슷하게 생겨서가 아닐까 하고 추측한다.

판이 드디어 자기 백성에게 성취되어가는 것을 그분이 지켜볼 거라고 선언하신다. 과거에 하나님은 자기 백성을 지켜주셨지만, 이제는 어떤 개입도 하지 않고 그저 그들의 최후를 '지켜보실' 것이다. 전에는 환란 속에서 주의 백성이 부르짖으면 하나님이 신속하게 구원의 손을 내밀어 구원해주셨는데, 이제부터는 그들이 아무리 부르짖어도 마치 자기와 전혀 상관없는 일을 지켜보는 사람처럼 냉정하게 한 귀로 듣고 한 귀로 흘리실 것이라는 의미다. 주의 백성에게 임하는 심판 중 가장 두려운 것이 바로 하나님의 무관심이다. 설령 혹독한 징계를 받더라도 하나님이 자기 백성과의 관계를 끊지 않으시면 소망이 있다. 하나님은 자녀로 택한 사람마다 징계하시기 때문이다(히 12:7). 반면에 하나님이 자기 백성을 마치 전혀 모르는 사람처럼, 자기와 상관 없는 사람처럼 대하시는 것만큼 고통스러운 일은 없다. 그동안 자기 백성의 온갖 죄에도 참고 또 참아오신 하나님이 드디어 진노하고 그들에게 '폭발하셨다.' 하나님은 이미 선포한 대로 열방과 이스라엘을 "뽑고, 파괴하고, 파멸하고, 넘어뜨리는" 일이 그대로 성취되어가는 과정을 묵묵히 지켜보실 것이다.

선지자가 본 두 번째 환상은 물이 팔팔 끓는 솥이다(13-16절). '솥'으로 번역된 히브리어(סִיר)는 발을 씻기 위해 물을 담는 세숫대야를 뜻하기도 한다(HALOT, cf. 시 60:8). 그러므로 본문에서 '솥' 이미지가 아닌, 뜨거운 물이 넘치는 방향이 강조되어야 한다.

이 두 번째 환상은 더 구체적으로 주의 백성이 처할 암울한 미래를 암시한다. 예레미야는 환상에서 끓는 물로 가득한 솥을 보았는데, 히브리어 본문은 이 솥이 어느 쪽에서 어느 쪽으로 기울어져 있는지에 대해 정확하게 말하지 않는다. 그러나 문맥과 정황을 고려할 때 북쪽으로부터 남쪽으로 기울어진 것이 확실하다(cf. HALOT). 끓는 물로 가득한 솥은 하나님의 심판이 매우 임박해 있다는 것(viz., 폭발/넘치기 일보 직전)과 앞으로 주께서 바빌론 왕 느부갓네살을 통해 유다에게 내리실 혹독한 심판을 상징한다. 솥이 북쪽에서 남쪽으로 기울어져 있다는 것은 유다를 데게 할 여호와의 '끓는 물'이 북쪽으로부터 올 것임을 예고하기 때문이다. 예레미야는 유다가 외부의 침략(바벨론)으로 멸망할 것을 예언하지만, 선지자의 본질적인 사역은 이 재앙이 유다에 미칠 영향에 대해 경고하는 일이다(Allen). 그의 관심은 온통 주의 백성 이스라엘의 미래가 어떻게 될 것인가에 향해 있기 때문이다.

선지자가 정확히 언제 이 환상을 보았는지는 알 수 없다. 주전 620년대에 근동 지역에서 그동안 군주로 군림했던 아시리아는 쇠퇴하고 있었다. 그러므로 당시 가나안 지역 정치인들은 대부분 아시리아로 상징되는 '북쪽의 위협'은 끝이 났다고 생각했고 앞으로는 '남쪽의 위협'을 상징하는 이집트가 그들을 괴롭힐 거라고 염려하고 있었다. 그런데 예레미야는 이후에도 남쪽(이집트)이 아니라 북쪽(바벨론)이 유다를 위협할 거라는 새로운 사실을 선언하고 있다. 비록 아시리아의 세력이 약화되고 있어 머지않아 근동의 정치 무대에서 사라질 테지만, 그 뒤를 이어서 근동을 지배할 나라도 가나안 남쪽이 아니라 북쪽에 존재한다는 것을 예언하고 있다.

학자들 사이에 유다를 멸망시킬 북쪽의 끓는 물이 어느 나라인가에 대해 다소 논란이 있었다. 한때 상당수 학자들이 이 북쪽 세력을 스키타이(Scythai) 사람들로 해석하기도 했으나(Hill) 오늘날에는 대부분 바벨론 사람들로 해석한다. 선지자가 25:9에서 이 북쪽의 위협이 바벨론임을 밝히기 때문이다(cf. 20:4-6; 21:4-7).

이 환상은 북쪽에서 유다를 침략해오는 적들과 그들이 행할 만행과 약탈은 여호와께서 자기 백성 유다를 심판하는 수단이라는 사실도 알려준다. 이스라엘을 멸망시킬 적은 세상을 지배하는 하나님이자 이스라엘과 언약을 맺은 여호와께서 직접 불러들이시는 것이라는 사실이 강조되고 있다. 그러므로 이스라엘은 그들이 고통당하는 이유가 결코 그들의 하나님 여호와가 이방의 신(들)에게 무릎을 꿇기 때문이라고 변명할 수 없었다. 그들이 수호신이라고 믿었던 여호와께서 직접 이 침략자들을 보내실 것이기 때문이다.

이스라엘을 침략할 이방 사람들이 "와서 예루살렘 성문 어귀에 각기 자리를 정하고 그 사방 모든 성벽과 유다 모든 성읍들을 칠 것"이다(15절). 성문 어귀에 자리잡는다는 것은 바로 그 지역의 유지가 되어 성에 사는 사람들의 소송과 판결에 관여한다는 뜻이다. 즉 이스라엘은 이방인들에 의해 재판/지배를 받게 될 것을 경고하고 있다. 이 예언은 39:3에서 바빌론 사람들을 통해 성취된다.

이방인들이 예루살렘과 유다를 친 것은 재판장이 된 하나님이 이스라엘을 피고인으로 세우고 그들의 범죄에 대한 벌을 내리셨기 때문이다(16절). 이스라엘이 범한 가장 큰 죄는 다름 아닌 우상숭배다. 우상숭배는 주의 백성이 하나님께 범할 수 있는 가장 심각한 죄이기 때문이다(Fretheim). 그래서 십계명에서도 우상숭배 문제가 제일 첫 번째 계명으로 등장한다. 문제는 주의 백성을 가장 쉽게 현혹하는 것이 우상숭배라는 것이다. 오늘날 우리는 우상에게 절하지 않고도 얼마든지 우상을 숭배할 수 있다. 주의 백성들의 삶과 가치관 속에 하나님이 차지하셔야 할 자리를 다른 무엇이 차지한다면 그것도 우상숭배이기 때문이다.

유다 사람들은 왜 우상을 섬겼을까? 무엇보다도 하나님과 인격적인 관계를 유지하지 못했기 때문이다. 여호와는 옛적에 그들의 조상을 축복하고 인도하신 분일지는 모르지만, 그들에게는 별 상관이 없는 신이었다. 그들에게 하나님에 대한 이론적인 지식은 있었을지 모르지만, 체험적인 앎은 없었기 때문이다. 결국 유다는 하나님의 주권을 인정하지 않고 열방의 신들로부터 풍요와 평안을 추구했다.

예레미야는 이스라엘이 여호와를 버리고 이방 신들을 섬긴 죗값을 치를 때가 되었다고 선포한다. 이 사실은 이스라엘이 왜 '뽑히고 파괴되어야 하는가'에 대한 이유를 말해주고 있다. 이스라엘이 멸망하게 된 이유는 정치적인 것도, 경제적인 것도 아니다. 주의 백성이 망하게 된 가장 큰 이유는 신학적인 어리석음과 영적인 무모함 때문이다. 유다는 자기 하나님 여호와를 온전히 섬기지 않고 오히려 우상에게 마음을 주고 악을 행했기 때문에 '뽑히고 파괴되어야' 한다. 당장은 아니더라도 모든 죄에는 언젠가는 반드시 그 대가가 따른다는 사실을 기억해야 한다(전 11:9).

I. 예레미야의 소명과 환상(1:1–19)

D. 하나님의 권면과 약속 (1:17–19)

17 그러므로 너는 네 허리를 동이고
일어나 내가 네게 명령한 바를 다 그들에게 말하라
그들 때문에 두려워하지 말라
네가 그들 앞에서 두려움을 당하지 않게 하리라
18 보라 내가 오늘 너를
그 온 땅과 유다 왕들과 그 지도자들과 그 제사장들과 그 땅 백성 앞에
견고한 성읍, 쇠기둥, 놋성벽이 되게 하였은즉
19 그들이 너를 치나 너를 이기지 못하리니
이는 내가 너와 함께하여 너를 구원할 것임이니라
여호와의 말이니라

하나님은 이스라엘에 대해 어떠한 계획을 갖고 계신지 예레미야에게 밝힌 다음, 그가 해야 할 일을 알려주신다. 예레미야는 각오를 새롭게 하고 하나님의 심판 계획에 대해 하나도 빠짐없이 주의 백성에게 선포해야 한다(17절). 이 일을 통해 하나님과 그를 대언하는 예레미야가 하나가 되었다(Brown). 선지자가 선포하는 메시지는 곧 하나님이 주의 백성에게 주시는 메시지이기 때문이다. 선지자는 결코 사람들을 두려워해서는 안 된다. 만일 예레미야가 그들을 두려워하여 하나님의 메시지를 제대로

전하지 못하면, 하나님은 예레미야를 그들 앞에서 떨게 할 것이다(17절). 선지자가 담대히 순종하면 하나님은 그의 안전을 보장하신다.

하나님은 예레미야에게 해야 할 일을 구체적으로 지시하신 다음(17절), 이번에는 하나님이 선지자를 위해 할 일을 약속하신다(18절). 여호와께서는 청중들 앞에서 예레미야를 '견고한 성읍, 쇠기둥, 놋성벽'처럼 만드실 것이다(18절). 예레미야가 마치 적들에게 포위된 성읍처럼 될 것이라는 의미다(Fretheim). 안타깝게도 하나님의 말씀을 선포하는 선지자를 포위하고 공격할 사람들은 이방인들이 아니라, 여호와의 백성이라고 자부하는 이스라엘 사람들이다.

하나님은 예레미야를 자기 백성에게 보내시면서 '평탄한 길'을 약속하지 않으신다. 예레미야는 하나님의 말씀을 선포하며 많은 고난과 핍박을 받게 될 것이다. 많은 사람들이 선지자를 공격하지만 그 누구도 예레미야를 '정복하지는 못할 것'이다(19절). 하나님은 이것 한 가지를 약속하신다. 이미 언급한 것처럼 하나님의 약속은, 선지자가 결코 환난과 핍박을 당하지 않게 될 것이라는 뜻이 아니다. 오히려 19절은 예레미야의 사역이 결코 쉽지도 않을 것이며, 많은 핍박과 고난이 따를 것을 암시한다. 본문이 확실하게 선언하는 것은 그 누구도 선지자의 의지를 꺾지는 못할 것이라는 사실이다.

정리하자면, 하나님은 선지자로 부름받은 예레미야의 안전은 보장하시지만, 예레미야는 뼈를 깎는 고통과 시련을 감수해야 한다. 우리는 이러한 '모순'을 어떻게 이해해야 하는가? 하나님이 우리와 함께하신다는 사실 때문에 우리의 삶에 결코 고통이 없을 것이라는 생각은 우리의 착각에 불과하다. 하나님이 함께하시는 삶에도 고통은 있다. 오히려 하나님이 인정하고 함께하시기 때문에 고통을 겪을 수도 있다. 사탄은 주의 백성을 미워하며 가만히 두지 않기 때문이다. 하나님이 함께하고 보호하시는 선지자 예레미야도 주님의 말씀을 선포하면서 많은 고난을 당하게 될 것이다. 예레미야가 주님이 인정하고 축복하시는 선지자의 길을 가지 않았다면 이 모든 고통을 당하지 않았을 것이다.

예레미야는 그의 삶에 대한 하나님의 계획을 확인하고(5절), 하나님이 함께하실 것(8, 19절)과 사역에 필요한 능력을 채워주실 것(9-10, 17-19절)을 확답받은 다음에 사역을 시작한다. 하나님은 우리에게 소명을 주실 때 우리에게 가야 할 길에 대한 약도만 쥐여주고 우리를 홀로 가게 하는 분이 아니다. 매 순간 우리와 함께 그 길을 가면서 우리를 인도하시는 분이다. 그렇기 때문에 우리는 하나님의 부르심에 두려움 없이 순종할 수 있다.

II. 유다와 예루살렘에 대한 경고
(2:1-6:30)

유다와 예루살렘에 대한 강력한 경고로 구성되어 있는 이 부분은 유다의 불성실성에 대한 비난(2:13, 17-19; 3:2, 9-10, 20; 5:7-9, 11, 19, 23), 악행에 대한 경고(2:19; 3:2; 4:22; 5:1-2, 26-28; 6:7, 13), 회개하고 돌아오라는 하나님의 호소(3:12-13, 22; 4:1-4, 14), 다가오는 파멸(4:4-31; 5:15-17; 6:1-6, 19, 21-26) 그리고 회복에 대한 약속(3:14-18) 등 다양한 주제들로 구성되어 있다. 이 부분은 다양한 메시지들로 구성되어 있는 예레미야서의 성향을 잘 보여준다. 일부 학자들은 본문이 이스라엘을 피고인석에 세워놓고 재판을 하는 언약 소송이라고 하지만(cf. Carroll, Holladay), 하나님이 슬픔을 노래하는 애가에 더 가깝다(Fretheim). 하나님의 분노보다는 하나님이 이스라엘 때문에 경험하고 계신 실망과 아픔이 강조되고 있다. 그러므로 우리는 본문을 해석할 때 분노보다는 실망과 안타까움을 집중해서 읽어야 한다.

예레미야는 하나님의 탄식과 실망이 서린 메시지를 예루살렘 사람들이 듣는 곳에서 외쳐야 한다(2:2). 선지자는 모든 사람에게 실망하신 하나님의 마음에 대해 알려야 한다. 예레미야의 메시지를 들은 이스라엘 사람들은 자신들이 저지른 죄가 얼마나 많고 심각한지를 반성하고 회개해야 한다. 그러나 알다시피 그들은 반성하기는커녕 참 메시지를 전하는 선지자를 오히려 비난하고 핍박할 것이다. 죄는 인간의 감각기관과 이성을 마비시키는 마취력을 지니고 있기 때문이다. 이 부분은 다음과 같이 구분된다.

A. 하나님의 유다 책망(2:1-37)
B. 선지자의 호소: 돌아오라!(3:1-4:4)
C. 북쪽 침략자 경고(4:5-31)
B'. 영적으로 몰락해 듣지 못하는 유다(5:1-31)
A'. 다가오는 예루살렘 멸망(6:1-30)

A. 하나님의 유다 책망(2:1-37)

이 장(章)은 선지자가 사역을 시작한 지 얼마 지나지 않아 선포한 메시지로 구성되었다고 하지만(Hyatt), 확실하지는 않다. 본문은 예레미야서에서 발견되는 시 중 가장 감동적이고 풍부한 이미지를 구상하고 있다고 평가된다(Bruggemann). 그래서 한 주석가는 이 본문을 예레미야서의 다양한 메시지를 골고루 보여주는 '견본품'(sampler)이라고 했다(Dearman). 예레미야는 본문을 통해 이스라엘에 임할 재앙에 대한 신학적인 근거를 제시하고 있다(cf. Allen).

예레미야는 자기애(narcissism)와 착각에 도취해 있는 이스라엘에게 그들이 당면한 어둡고 절망적인 현실을 있는 그대로 직시하라고 권한다. 이스라엘은 무엇보다도 자신들이 당면한 문제가 어디에서 비롯되었는가를 깨달아야 하며, 만일 회개하지 않으면 어떤 결과가 초래될 것인가에 대해도 알아야 한다. 부전자전(父傳子傳)이라고 하나님은 이스라엘이 옛적부터 주님께 등을 돌렸기 때문에 그들의 후손인 예레미야 시대 사람들도 여호와께 등을 돌리고 있다고 탄식하신다(cf. 2-9절). 이스라엘의 죄는 어제오늘 빚어진 일이 아니라 조상 때부터 대대로 대물림하여 내려온 뿌리 깊은 문제라는 것이다. 이 본문은 다음과 같이 구분될 수 있다.

A. 과거에 대한 회고(2:1-3)
B. 하나님의 소송 제기(2:4-13)
C. 스스로 자청한 속박(2:14-19)
D. 우상에 중독된 유다(2:20-28)
E. 잘못을 인정하지 않는 백성(2:29-37)

II. 유다와 예루살렘에 대한 경고(2:1–6:30)
A. 하나님의 유다 책망(2:1–37)

1. 과거에 대한 회고(2:1–3)

1 여호와의 말씀이 내게 임하니라 이르시되
2 가서 예루살렘의 귀에 외칠지니라
여호와께서 이와 같이 말씀하시기를
내가 너를 위해 네 청년 때의 인애와
네 신혼 때의 사랑을 기억하노니
곧 씨 뿌리지 못하는 땅, 그 광야에서 나를 따랐음이니라
3 이스라엘은 여호와를 위한 성물
곧 그의 소산 중 첫 열매이니
그를 삼키는 자면 모두 벌을 받아 재앙이 그들에게 닥치리라
여호와의 말씀이니라

이 본문은 2:4-6:30에 전개되는 메시지의 서론 역할을 하며 앞으로 선포될 심판 메시지의 역사적 근거를 제공한다(cf. Allen). 하나님은 예레미야에게 그가 전할 메시지를 본격적으로 내려주기 시작한다. 하나님은 두 가지 비유를 사용해 주의 백성과 하나님의 관계를 묘사하신다. 이 두 비유는 한때 하나님과 이스라엘 사이에 있었던 사랑(viz., 결혼 비유)과 성실함(viz., 첫 열매 비유)을 회상한다(Miller).

예레미야가 사용하는 첫 번째 비유는 결혼이다(2절). 선지자는 이스라엘이 출애굽 이후 시내 산에서 하나님과 맺은 언약 관계를 결혼식으로 묘사하고 있다(cf. 출 19-24장; 호 2:15). 그 이후 진행된 광야 생활은 일종의 신혼생활이었다는 것을 의미한다. 예레미야는 시내 산에서 맺어진 하나님과 이스라엘의 관계를 언약적인 용어들을 사용해 묘사한다: "네가 젊은 시절에 얼마나 나에게 성실하였는지(חֶסֶד), 네가 신부 시절에 얼마나 나를 사랑하였는지(אַהֲבָה), 저 광야에서, 씨를 뿌리지 못하는 저 땅에서, 네가 나를 어떻게 따랐는지(הלך), 내가 잘 기억하고 있다"(새번역). 광야에서 매일 하늘에서 내려온 만나를 먹으며 살던 시절에는 이스라엘은 모든 것을 남편인 여호와께 맡기고 의지했으며, 여호와를 기쁘게 의지했다는 것이다(DeRoche, cf. 호 2:15-16; 9:10; 11:1, 4).

반면에 출애굽기나 민수기에 기록된 이스라엘의 광야 생활에 대한 관점은 매우 부정적이다. 그들은 틈만 나면 불만을 토로하기 일쑤였다. 그래서 일부 학자들은 본문과 호세아가 오경과 전혀 다른 전승을 반영하고 있다고 주장한다(Childs, Allen). 예레미야와 같은 시대에 사역했던 에스겔의 경우, 이스라엘이 출애굽하기 전 이집트에 살던 때부터 우상을 숭배해왔다며 이후 이어진 광야 시절도 매우 부정적으로 평가한다(cf. 겔 20장). 그러므로 선지자들이 오경에 기록된 내용과 상반된 전승을 근거로 이같이 서로 다르게 회고한다고 하기보다는, 각각 강조하고자 하는 메시지의 논리와 입장에 따라 광야 시절의 여러 면모 중 한 면모를 강조한다고 보아야 한다. 선지자들은 필요에 따라 이스라엘의 옛 시절을 그대로 회고하거나 어느 정도 미화해 회고했다(viz., 반역으로 얼룩졌던 광야 시절이 그나마 지금보다는 나았다는 취지에서 이렇게 이야기하고 있다).

예레미야에 의하면 이스라엘은 광야 시절에 여호와의 아내로서 오직 남편 하나님만을 바라며 살았다. 이같이 향수로 가득한 하나님의 기억은 잠시 후 처녀 이스라엘이 결혼식에 필요한 예복과 장식들을 잊는 일(2:32)과 강력한 대조를 이룬다(Holladay). 또한 6-7절에서 더 자세하게 언급될 결혼 비유는 선지자가 잠시 후부터 선포할 메시지를 전하는 데 역(逆)으로 이용된다. 이스라엘이 남편 여호와께 등을 돌리고 정부를 찾아 나선 간음한 여인으로 묘사되기 때문이다.

둘째 비유는 첫 소산에 관한 것이다(3절). 이스라엘은 땅의 첫 소산물을 땅의 주인이신 여호와께 드려야 한다는 것을 율법으로 정해놓았다(cf. 레 23:10-14, 17; 25:23; 신 26:2-10). 그러므로 이스라엘의 첫 열매는 그 누구도 탐할 수 없으며 오직 이스라엘 땅의 주인이신 하나님만 즐길 수 있다. 그래서 인간이 여호와께 속한 성물을 먹는 것은 스스로 재앙을 부르는 일이었다. 출애굽 이후 이스라엘은 여호와께 드려진 첫 열매였기 때문에, 하나님은 그들을 당연히 그분만이 먹을 수 있는 소산으로 간주하셨다.

위 두 비유는 이스라엘이 남편인 여호와의 아내로서, 그들이 거주하는 땅의 주인이신 하나님의 첫 열매로 오직 여호와께 속했다는 사실을 두 차례 강조한다. 그러므로 주의 백성은 자기 존재의 의미를 오직 여호와를 위한 것에서 찾아야 했다. 예레미야는 아내 이스라엘이 한때는 남편 여호와와 참 좋은 결혼생활을 유지하며 많은 추억을 만들었다고 회상한다(Fretheim). 물론 완전하지는 않았지만, 이스라엘은 하나님과 괜찮은 관계를 유지했다(cf. 신 32:10-18). 그러나 이제는 모든 것이 변했다. 하나님과 이스라엘 사이에 더 이상 추억과 사랑은 없다. 오직 갈등과 상처가 있을 뿐이다. 아내 이스라엘이 남편 하나님께 등을 돌리고 간음을 했다(cf. 2:5; 9:14; 13:10). 하나님과 이스라엘의 결혼이 파경에 이르게 된 것은 전적으로 신실하지 못한 아내 이스라엘의 책임이라는 의미다.

II. 유다와 예루살렘에 대한 경고(2:1-6:30)
A. 하나님의 유다 책망(2:1-37)

2. 하나님의 소송 제기(2:4-13)

학자들은 이 본문이 일반적으로 선지자적 소송(prophetic lawsuit) 양식을 취하고 있다는 견해를 취한다(Huffmon). 선지자는 자신이 온 이스라엘을 상대로 메시지를 선포하고 있다는 사실을 강조하기 위해 4절에서 '야곱의 집'(בֵּית יַעֲקֹב)과 '이스라엘의 집 모든 족속'(כָּל־מִשְׁפְּחוֹת בֵּית יִשְׂרָאֵל)이라는 타이틀을 동시에 사용해 청중의 이목을 집중시키려 한다. 본문이 언급하고 있는 죄는 사회의 소수에게 제한된 것이 아니라, 온 나라, 온 민족이 저지르고 있다(Dearman).

청중의 관심을 집중시킨 후 하나님은 이스라엘이 혹시 여호와에게서 어떠한 잘못이나 약점을 발견했다면 주저하지 말고 말해 보라고 하신다(5절). 예레미야는 남편 여호와의 신실하심과 아내 이스라엘의 방탕(바람기)을 대조하면서 주의 백성이 왜 여호와를 버렸는지 도대체 이해할 수 없다고 선언한다. 더욱이 여호와처럼 위대하신 남편을 버리고 고작 찾았다는 정부(신들)가 바알처럼 부실하고 무익한 것들(cf. 8절)이라는 사실을 납득하기가 어렵다고 토로한다. 이스라엘이 저지른 죄는 상식 밖의 일이며 도무지 이해하려 해도 이해할 수 없다는 것이다. 그러므로 선지자는 앞으로 전개할 하나님의 심판에 대한 신학적 이유와 정당성을 이 본문을 통해 확보한다(Allen). 본문은 다음과 같이 두 부분으로 나뉜다.

A. 하나님의 고소(2:4-8)
B. 이스라엘의 죄(2:9-13)

II. 유다와 예루살렘에 대한 경고(2:1–6:30) A. 하나님의 유다 책망(2:1–37) 2. 하나님의 소송 제기(2:4–13)

(1) 하나님의 고소(2:4–8)

4 야곱의 집과 이스라엘의 집 모든 족속들아
여호와의 말씀을 들으라
5 나 여호와가 이와 같이 말하노라
너희 조상들이 내게서 무슨 불의함을 보았기에
나를 멀리하고 가서 헛된 것을 따라 헛되이 행하였느냐
6 그들이 우리를 애굽 땅에서 인도하여내시고
광야 곧 사막과 구덩이 땅, 건조하고 사망의 그늘진 땅,
사람이 그곳으로 다니지 아니하고
그곳에 사람이 거주하지 아니하는 땅을 우리가 통과하게 하시던
여호와께서 어디 계시냐 하고 말하지 아니하였도다
7 내가 너희를 기름진 땅에 인도하여
그것의 열매와 그것의 아름다운 것을 먹게 하였거늘
너희가 이리로 들어와서는 내 땅을 더럽히고
내 기업을 역겨운 것으로 만들었으며
8 제사장들은 여호와께서 어디 계시냐 말하지 아니하였으며
율법을 다루는 자들은 나를 알지 못하며
관리들도 나에게 반역하며
선지자들은 바알의 이름으로 예언하고
무익한 것들을 따랐느니라

하나님은 2:2에서 자신을 이스라엘의 남편으로 묘사하셨다. 이제 하나님은 신실하지 못한 아내에게 상처받은 남편이 되어 아내 이스라엘을 상대로 소송을 제기하신다. 마치 이혼 소송에 연루된 남편처럼 아픔과

상처로 가득한 질문을 아내에게 던지신다: "너희 조상들이 내게서 무슨 불의함을 보았기에 나를 멀리하고 가서 헛된 것을 따라 헛되이 행하였느냐?"(5절). '불의함'(עָוֶל)은 단점(fault; NIV)과 부당함(injustice; NAS)을 뜻할 뿐만 아니라 거짓과 사악함도 뜻한다(NIDOTTE). 선지자는 백성이 하나님을 떠날 만한 심각한 문제뿐만 아니라, 조그마한 단점이라도 있으면 말해보라고 한다(Brown). 천지를 창조하신 하나님이 이처럼 자신을 낮추어가며 자기 백성에게 대화를 시도하신다. 참으로 안타깝고 모순적이다(Heschel).

이스라엘이 신실하고 능력과 사랑으로 충만한 남편 하나님을 버리고 무익한 우상을 좇은 것은 하나님도 이해할 수 없는 신비로운(mysterious) 일이다(Fretheim). 신명기 24:1은 본문과 비슷한 표현을 이혼 절차로 설명한다. 하나님과 이스라엘은 이혼 소송 단계까지 와 있음을 암시하는 것이다. 또한 이 말씀은 이스라엘과 하나님 사이가 이 지경이 된 것에 대해 여호와께는 그 어떤 잘못도 없다는 사실을 암시한다. 그러므로 피해자이신 하나님은 이스라엘을 상대로 이혼 소송을 제기할 수 있지만, 가해자(결혼을 파경에 이르게 한 아내)인 이스라엘은 하나님을 상대로 이혼 소송을 제기할 수 없다(Fretheim).

신부 이스라엘은 한때 남편 여호와를 열심히 따랐다(הלך; 2:2). 그러나 이스라엘은 어느덧 남편 하나님께 등을 돌리고 헛된 정부들을 찾고 있다(הלך; 5절). 이스라엘이 광야의 신혼 시절에 남편을 따르던 열정으로 정부인 우상들을 따르고 있다. 한때는 이스라엘의 신실함을 드러내던 동사가 이제는 그들의 불성실을 지적하고 있는 것이다. 이스라엘이 하나님께 등을 돌리며 따르는 '헛된 것'(הֶבֶל)을 학자들은 재치 있게 표현한다: 'The Nothing'(Lundbom); 'Lord Useless'(Bright). '헛됨/허무함'(הֶבֶל)은 전도서에서 매우 중요한 개념이다.

여호와를 버리고 '헛된 것'(הֶבֶל)을 따르는 이스라엘도 헛되다(וַיֶּהְבָּלוּ; 5절). 이 말씀에서 예레미야는 하나의 원리를 제시하고 있다. 인간은 자기가 섬기는 신을 닮게 된다는 것이다(cf. 왕하 17:15; 호 9:10). 허무한 우상을 숭배하는 자들은 허무해지며, 진실하신 하나님을 섬기는 자들은 진실해진다. 이 세상에 공의와 사랑이 가득하게 되기를 원한다면, 우리는 먼저 공의와 사랑으로 가득하신 하나님을 섬겨야 한다. 잠시 생각해 보자. 우리는 거룩하시고 의로우신 하나님을 닮아가고 있는가?

이스라엘의 영적인 문제는 어디에서 비롯되었는가? 예레미야는 주의 백성이 더 이상 하나님에 대해 묻지 않는 것에서 비롯되었다고 한다(6, 8절). 묻지 않는다는 것은 곧 무관심을 의미하기 때문이다. 과거에 그들을 이집트에서 인도해 내신 하나님, "애굽 땅에서 인도하여 내시고 광야 곧 사막과 구덩이 땅, 건조하고 사망의 그늘진 땅, 사람이 그곳으로 다니지 아니하고 그곳에 사람이 거주하지 아니하는 땅을 우리가 통과하게 하시던 여호와"(6절)를 더 이상 기억하지/기념하지 않는 것이 이스라엘의 가장 기본적인 영적 문제였다. 이러한 현상은 일반인들에게만 국한된 문제가 아니다. 제사장들도 하나님을 기억하지 못해 그분에 대해 가르치지 못했다(8절). 당시 제사장들이 여호와의 율법이나 그들에게 전수된 지식에서 드러나는 여호와에 대해 모를 리 없었다. 그러나 예레미야 시대 사람들은 인격적인/관계적인 차원에서는 여호와를 몰랐던 것이다.

여호와 종교는 기억/기념과 깊은 연관이 있다. 출애굽 이후 그들은 끊임없이 '과거에 그들의 조상에게 은혜를 베푸신 하나님'을 기억하고 기념하도록 종용받았다. 이스라엘의 정체성은 과거에 하나님이 그들을 위해 하신 일들을 생각할 때 제대로 성립될 수 있었기 때문이다. 과거에 대한 끊임없는 회상은 그만큼 위대하고 현재에 커다란 영향을 미친다. 삶에서 이 원리가 어떻게 적용되는가를 생각해보면 쉽게 이해할 수 있다. 불확실한 미래와 불투명한 현실을 놓고 고민할 때, 가장 도움이 되는 것은 무엇인가? 과거에도 오늘처럼 불안하고 불투명한 순간이 있어 하나님께 도와달라고 기도한 경험이 있을 것이다. 그때를 회상하고 묵상해보면 하나님이 보이지 않았던 때에도 역사하신 하나님의 손길을 보게 되지 않는가! 그러므로 과거를 회상하면 '에벤에셀!'이라고 외치며 확신을 가지고 앞으로 나갈 수 있다.

이스라엘이 하나님에 대해 특별히 무엇을 망각하고 있는가? 저자는 '땅'과 연결해 이스라엘의 망각을 비난한다: "애굽 땅(אֶרֶץ)에서 인도하여 내시고 광야 곧 사막과 구덩이 땅(אֶרֶץ), 건조하고 사망의 그늘진 땅(אֶרֶץ), 사람이 그곳으로 다니지 아니하고 그곳에 사람이 거주하지 아니하는 땅(אֶרֶץ)"을 지나도록 인도하신 하나님을 기억하지 못한다(6절). 하나님의 땅(אֶרֶץ)을 경작하는 소작민이었던 이스라엘에게 땅(אֶרֶץ)은 매우 중요했다. 그런데 그 땅을 경작하도록 선물로 주신 땅 주인을 망각하고 있으니 선지자는 이스라엘이 곧 땅을 잃게 될 것이라고 경고한다. 예레미야는 자기 백성 이스라엘을 위해 놀라운 일을 행하신 여호와는 잊히고, 아무 일도 한 적이 없는 바알이 여호와 백성들의 숭배를 받고 있다는 사실을 도대체 믿을 수가 없다(Dearman).

이스라엘은 하나님이 주신 아름다운 선물을 선이 아니라 악을 행하는 데 사용했다. 그들은 하나님이 주신 기름진 땅에서 그 땅의 열매와 아름다운 것들을 누리면서도 그 땅을 더럽히고 주님의 기업을 역겨운 것으로 만들었다(7절). 선물을 주신 하나님을 분노하게 한 것이다. 예레미야는 이스라엘이 우상을 숭배한 곳이 다름 아닌 여호와 하나님의 땅이었다는 충격적인 사실을 강조하기 위해 신적 1인칭(divine first person = '나/내')을 사용해 그들의 죄를 고발한다. 이스라엘은 하나님이 선물로 주신 젖과 꿀이 흐르는 여호와 하나님의 땅에서 버젓이 우상숭배를 자행했다! 땅의 주인이신 여호와를 무시해도 이렇게 무시할 수 있을까! 이 말씀(7절)은 사사 시대를 회상한다(Allen).

제사장들이 여호와에 대해 묻지 않는다는 비난으로 시작되는 8절은 여호와를 기억하지 않는 것이 이스라엘 사회에 어떤 결과를 초래했는지를 회고한다. 하나님을 기억하지 않은 이스라엘 사회는 모든 리더십의 변질 내지는 부재를 경험했다. 선지자는 8절에서 네 가지 리더십을

언급한다: (1) 제사장들; (2) 율법을 다루는 자들; (3) 관리들; (4) 선지자들. 숫자 '4'는 포괄성을 상징한다. 이스라엘 사회의 모든 리더십이 몰락했다는 뜻이다. 당연한 일이다. 여호와를 경외하는 것이 모든 지식의 근본이며, 지식이 있어야 리더십이 바로 설 수 있다. 그런데 이스라엘이 여호와를 기억하지 않으니 제사장들과 법을 다루는 사람들과 통치자들과 선지자들을 포함한 사회의 모든 리더십이 잘못되었다. 선지자들은 '영감'을 얻기 위해 하나님 대신 바알을 찾는다! 이스라엘 공동체는 그들 사회가 출범할 때 '근간으로 삼았던 평가의 기준'(foundational point of reference)을 모두 잃어버렸다(Brueggemann). 우상숭배가 이스라엘 사회의 근간까지 흔드는 결과를 초래한 것이다.

이스라엘 사회가 이렇게 몰락한 것은 아브라함을 택한 이후로 그의 후손 이스라엘에게 하나님이 되어 지난 천여 년 동안 그들을 보호하고 은혜를 베푸신 여호와를 그들이 기억하지 못하기 때문이다(8절). 신앙적인 기억상실증이 이스라엘의 가장 큰 문제가 된 것이다. 지난 수년간 일본의 '역사 왜곡' 문제로 극동아시아가 뜨겁다. 그러나 일본 사람들의 역사 왜곡은 그들의 미래를 해하는 것이다. 이렇게 생각하면 한국이나 중국은 분노하더라도 극단적인 대응은 자제하는 것이 좋다. 창조주이며 통치자이신 하나님이 기억상실증을 앓는 민족을 가만히 내버려두지 않으실 것이기 때문이다.

그렇다면 아내 이스라엘은 남편 여호와를 등지고 누구를 연모하고 있는가? 그들은 '바알'(בַּעַל)처럼 '무익한 것'(לֹא־יוֹעִלוּ), 곧 그들의 삶에 전혀 도움이 안 되는 것을 따르고 있다(הָלָכוּ; 8절). 하나의 언어유희가 형성되고 있다. '바알'(בַּעַל)과 '유익하다'(יעל)의 히브리어 발음은 거의 비슷하다(viz., 바알—야알). 저자는 이 언어유희에서 '유익하다' 앞에 부정사를 붙여 바알은 이스라엘에게 절대 유익하지 않음(Baal = no profit)을 단호하게 선언한다(Miller).

'좇다/따르다'(הלך) 동사가 2, 5절에 이어 8절에서 세 번째로 사용되고 있다. 이스라엘은 자신들의 신학적인 정체성을 상실했을 뿐만 아니라, 과거에 여호와를 좇던 열정으로 이제는 우상들을 좇고 있다. 이러한 사회에서 하나님의 말씀을 선포하고 있는 예레미야의 메시지에 사람들은 크게 저항했다. 예레미야는 외로움과 당혹감을 느꼈을 것이다. 여호와의 신정(神政)을 지향하던 사회가 이렇게까지 타락했다는 사실은 선지자를 매우 힘들게 했을 것이다. 그러나 당사자인 하나님이 느끼는 분노와 참담함에 비하면 선지자의 속상함은 비교할 바가 아니다. 결국 예레미야의 소명은 '계란으로 바위를 쳐서' 그 바위를 깨뜨리려는 사역이다. 무모해 보이지만 주의 백성에게 그들의 주인이신 하나님의 심경을 조금이라도 이해시킬 수 있다면, 선지자는 이 무모한 사역을 계속해야 한다.

II. 유다와 예루살렘에 대한 경고(2:1–6:30)
A. 하나님의 유다 책망(2:1–37)
2. 하나님의 소송 제기(2:4–13)

(2) 이스라엘의 죄(2:9–13)

9 그러므로 내가 다시 싸우고
너희 자손들과도 싸우리라 여호와의 말씀이니라
10 너희는 깃딤 섬들에 건너가 보며
게달에도 사람을 보내 이 같은 일이 있었는지를 자세히 살펴보라
11 어느 나라가 그들의 신들을 신 아닌 것과 바꾼 일이 있느냐
그러나 나의 백성은 그의 영광을 무익한 것과 바꾸었도다
12 너 하늘아 이 일로 말미암아 놀랄지어다
심히 떨지어다 두려워할지어다
여호와의 말씀이니라
13 내 백성이 두 가지 악을 행하였나니
곧 그들이 생수의 근원되는 나를 버린 것과

스스로 웅덩이를 판 것인데
그것은 그 물을 가두지 못할 터진 웅덩이들이니라

이 본문은 이스라엘이 그들의 하나님 여호와를 버리고 무익하고 헛된 것을 좇는 것은 세상 누구도 이해할 수 없는 어이없는 일이라는 데 초점을 맞추어 이야기를 진행한다. 선지자는 먼저 이스라엘의 우상숭배와 사회적 타락이 어제오늘만의 일이 아니라, 조상 때부터 이때까지 자손 대대로 내려온 고질병이라고 지적한다(Brown). 그래서 하나님은 "다시 싸우고…자손들과도 싸우리라"하시며 더 이상 참지 않을 것을 선언하신다(9절). "다시 싸우다"로 번역된 히브리어 표현(עֹד אָרִיב)은 의미하는 바가 명확하지가 않다(cf. Lundbom, Allen). 그래서 번역본들은 "내가 앞으로도 너를 비난하리라"(TNK), "내가 너를 고발하고 고발한다"(NIV), "내가 한 번 더 너를 고발한다"(NRS), "내가 앞으로도 너를 고발할 것이다"(NAS, cf. ESV) 등 다양한 해석을 내놓았다.

정확하게 번역하기가 어렵기는 하지만, 전반적인 의미는 확실하다. 우리말 성경 중에서는 새번역이 이 표현이 강조하는 바를 가장 적절하게 표현하고 있다: "다시 법대로 처리하겠다." 선지서에서 가장 두려운 말씀 중 하나가 "법대로 처리하다"이다. 왜냐하면 하나님이 자비와 용서를 멈추고 법대로 처리하시면 살아남을 사람이 없기 때문이다. 그동안 하나님은 주의 백성을 법에 따라 엄격하게 대하지 않고 자비와 긍휼로 대하셨지만, 이제부터는 법에 따라 엄하게 그들을 재판하시겠다는 의미다. 우리는 하나님의 오래 참으심에도 분명 한계가 있다는 것을 마음에 새겨야 한다.

일이 왜 이렇게 되었는가? 주의 백성이 하나님의 은혜와 자비를 남용하는 것도 모자라 노골적으로 하나님께 등을 돌리고 우상을 좇았기 때문이다. 예레미야는 주의 백성의 이 같은 행동을 도대체 이해할 수 없다며 그들의 우상숭배의 비합리성을 강력하게 비난한다. 하나님은 사람들을 깃딤과 게달에 보내 이스라엘이 저지르고 있는 일이 얼마나 어이없는 일인가를 스스로 판단해보라고 말씀하신다. 깃딤(오늘날의 터키에 속해 있는 키프로[Kypros] 섬을 뜻함)은 서쪽을 상징하며, 게달(Kedar)은 동쪽의 시리아—아라비아 광야 지역에 있는 유목민들의 중심지였다(HALOT). 선지자는 서쪽 끝에서 동쪽 끝까지(Keil), 즉 세상 모든 곳을 두루 다녀보아도 이스라엘이 범하고 있는 황당한 일에 버금갈 만한 일은 찾아볼 수 없을 것을 확신한다.

참으로 형편없는 거짓 신들을 섬기고 있는 사람들이라고 할지라도 자신들의 신을 다른 신과 바꿔치기하지는 않는다. 그런데 이스라엘은 어떻게 해서 능력의 신이자 그들의 '영광'(כָּבוֹד)이신 여호와를 그렇게 쉽게 '무용지물'(לוֹא יוֹעִיל)과 바꿀 수 있느냐는 논리가 제시되고 있다(11절). 그러므로 온 세상이 이스라엘이 행한 어리석은 일을 보고 충격을 금하지 못한다(12절). 특히 개역개정 성경이 "심히 떨다"로 번역하고 있는 히브리어 동사(שׂער)는 공포에 질린 사람의 머리카락이 꼿꼿이 서는 상황을 묘사한다(McKane, cf. "horror," NIV, "Be appalled…be horrified, utterly dazed!", TNK). 여호와의 신실한 증인으로 이스라엘을 처음부터 지켜봐왔던 하늘이 놀라 떨며 두려워한다(12절). 그만큼 이스라엘의 행동은 납득이 가지 않는 어리석은 결정이었다.

이스라엘이 여호와를 버리고 우상을 선택한 것은 마치 생수의 근원을 버리고 물을 저장할 수도 없는 깨어진 물 저장탱크(cistern)를 판 것과 다름없다(13절). 주의 백성이 하나님을 버리고 우상들을 따른 것은 스스로 생명을 버리고 죽음을 택한 것에 비교될 수 있다. 이스라엘이 우상들에게 현혹되었기 때문에 이런 결정을 했을 것이다. 이스라엘이 바알을 따른 것은 마치 이 우상이 생명을 창조하고 연장하는 영성(spirituality)을 줄 것으로 믿었기 때문이지만(viz., 생수의 샘이 되어줄 것으로 생각하지만), 바알이 실제로 줄 수 있는 것은 죽음을 가져다주는 '거짓 영성'(pseudo-spirituality)밖에는 없다(Allen). 이스라엘은 바알을 따름으로써 하나님의 심판을 받아 죽게 되었다.

가나안 사람들은 땅에 깊은 구덩이를 파고 구덩이 벽에 석회나 진흙을 발라 물 저장탱크로 사용했다(cf. King). 건기 때면 다음 우기에 빗물을 저장하기 위해 벽에서 흘러내린 진흙을 다시 발라주어야 했다. 구덩이 탱크에 금이 가면 물이 새어나가는데 가나안 지역은 지진이 자주 있는 곳이라 물탱크에는 굉장히 많은 노동력이 필요했다. 논리적으로 생각할 때, 사시사철 생수가 넘치는 샘을 버리고 우기 때 받아놓은 물이 새어나가는 깨어진 물탱크를 선호하는 사람은 아무도 없을 것이다. 이스라엘이 하나님을 버리고 우상을 따른 것은 바로 이러한 결과를 초래했다.

선지자들에 의하면, 하나님을 떠나는 일과 우상을 찾아가는 일은 항상 한 쌍을 이룬다(Feinberg). 이것은 주의 백성이 할 수 있는 가장 어리석은 일이다. 주의 백성이 죄와 하나되는 것 역시 하나님을 떠났다는(주님께 등을 돌렸다는) 것을 의미한다. 그럼에도 불구하고 계속 죄를 짓는 우리는 과연 어떤 존재란 말인가!

비록 이스라엘이 주님의 분노를 사는 죄를 참으로 많이 지었지만, 주님은 그들과의 관계를 청산하는 것을 원하시지는 않는다(cf. Fretheim). 어떻게 해서든지 자기 백성과 대화를 시도해서 설득하기를 원하신다(Brueggemann). 하나님의 심판 목적은 자기 백성과의 깨어진 관계를 회복하는 일이기 때문이다. 상한 갈대도 꺾지 않고, 꺼져가는 등불도 소멸하시지 않는 하나님은 이렇게 애타게 주의 백성이 돌아오기를 기다리신다.

II. 유다와 예루살렘에 대한 경고(2:1-6:30)
A. 하나님의 유다 책망(2:1-37)

3. 스스로 자청한 속박(2:14-19)

14 이스라엘이 종이냐 씨종이냐
어찌하여 포로가 되었느냐
15 어린 사자들이 그를 향하여 부르짖으며
소리를 질러 그의 땅을 황폐하게 하였으며
그의 성읍들은 불타서 주민이 없게 되었으며
16 놉과 다바네스의 자손도 네 정수리를 상하였으니
17 네 하나님 여호와가 너를 길로 인도할 때에
네가 그를 떠남으로 이를 자취함이 아니냐
18 네가 시홀의 물을 마시려고
애굽으로 가는 길에 있음은 어찌 됨이며
또 네가 그 강물을 마시려고
앗수르로 가는 길에 있음은 어찌 됨이냐
19 네 악이 너를 징계하겠고
네 반역이 너를 책망할 것이라
그런즉 네 하나님 여호와를 버림과
네 속에 나를 경외함이 없는 것이 악이요 고통인 줄 알라
주 만군의 여호와의 말씀이니라

선지자는 세상 그 어떤 나라의 지배도 받을 필요가 없고 오직 여호와의 통치를 받으며 살아야 할 자유 국가인 이스라엘이 자청하여 다른 나라의 종이 되었다는 비난을 쏟아낸다. 그래서 예레미야는 "이스라엘이 종이냐? 씨종이냐?"(14절)라는 수사학적인 질문들(viz., 답이 이미 정해진 질문)로 이 문단을 시작한다. 이스라엘은 결코 이 세상의 어떤 권세나 정권

에도 얽매일 필요가 없다는 것이다. 선지자가 국제적인 상황을 언급하고 있기 때문에 이 부분에서 그가 사용하는 언어는 앞부분에서 사용했던 종교적인 언어가 아니다. 예레미야는 이 본문에서 정치적 언어로 이스라엘의 어리석음을 비난한다(Allen).

예레미야는 여섯 개의 수사학적인 질문을 사용해 이스라엘은 더 이상 그들의 통치자이신 여호와의 보호를 받는 백성이 아니라는 사실을 강조한다(Fretheim). 왕이신 하나님의 보호를 받지 못하는 이스라엘은 결국 주변 국가들의 '전리품'으로 전락했다. 주의 백성이 왕이신 하나님을 섬기지 않겠다고 결정한 일(cf. 20절)의 결과가 이것이다. 더 많은 자유와 풍요를 누리겠다고 하나님께 등을 돌리고 우상을 따른 결과치고 너무나도 비참하다. 예레미야 시대에 주의 백성이 경험하는 국제적인 어려움과 억압은 정치적인 것이 아니라, 종교적인 것(viz., 여호와께 등을 진 것)에서 비롯된 비극이다(Dearman).

개역개정이 종(עֶבֶד)과 씨종(אִם־יְלִיד בַּיִת הוּא)으로 번역하고 있는 두 개념은 그 의미가 조금 다르다. 종은 돈을 들여 사온 노예를 뜻하며, 씨종은 팔려온 노예가 주인의 집에 사는 동안 주인의 배려로 다른 노예와 결혼해 둘 사이에 태어난 노예의 자손을 의미한다(cf. NIV, NAS, NRS, TNK). 하나님은 이미 오래전에 이스라엘에게 진정한 자유를 주셨다(출 6:6-8). 그리고 그들을 아들 삼으셨다(Hyatt). 그런데 이스라엘은 스스로 하나님의 아들이기를 포기하고 바빌론 등 열방의 노예가 되었다. 예레미야는 그들이 경험하고 있는 열방의 억압은 이스라엘이 참 왕이신 여호와를 섬기지 않고 우상을 숭배함으로써 자처한 일이기 때문에 결코 하나님을 원망할 일이 아니라는 사실을 강조한다. 일부 주석가들은 "어찌하여 포로가 되었느냐?"(14절)라는 말씀이 이미 아시리아의 손에 망해버린 북 왕국 이스라엘을 뜻하는 것이라고 주장하지만(Brown), 예레미야 시대에 이집트와 바빌론 사이에서 방황하는 남 왕국 유다의 형편을 표현하는 것이라고 해석하는 편이 바람직하다. 북 왕국 이스라엘이 망한 지 벌써 많은 세월이 흘렀기 때문이다.

이스라엘이 여호와를 의지하지 않고 열방의 노예 신분을 자청한 일은 마치 언제라도 그들을 삼키려는 사자들과 같은 이방인들에게 예루살렘을 공격하라고 내어준 것과 같다. 그들이 여호와를 거부하였기에 그때 그들을 도와줄 이가 아무도 없다(15절). 본문의 이스라엘을 북 왕국으로 제한한다면 그들을 삼킨 사자들은 당연히 아시리아를 상징한다(Allen). 그러나 북 왕국이 망한 지 이미 100여 년이 지난 이 시점에서 굳이 북 왕국이 심판의 대상이 될 이유가 없다. 이 신탁은 예레미야를 통해 유다와 예루살렘에게 선포되는 말씀이다. 이스라엘은 순식간에 침략자들에게 정복당하며 그들의 도성은 파괴될 것이다. 여호와께서 성을 지켜주시지 않으면 파수꾼의 깨어 있음이 헛되다는 시편 127:1 말씀이 현실로 입증된 것이다. 사람은 착각 속에서 사는 존재다. 하나님이 사람을 보호하고 복을 주어 평안하게 잘 살도록 해주시는데, 정작 사람은 자신이 누리는 평안과 행복이 하나님의 은총이 아니라 자기 능력 때문이라고 생각한다. 하나님이 그 사람에게서 축복과 보호를 거두시면 한순간에 모든 것이 바뀔 수 있는데도 말이다.

이스라엘이 "이집트의 물을 마시려고 시홀(שִׁחוֹר)로 향했다"(18절). 이스라엘이 당면한 정치적 어려움을 외교적으로 해결하려고 먼저 이집트에게 도움을 청했다는 뜻이다. 시홀은 나일 강의 한 줄기로 알려져 있다(cf. HALOT). 그러나 본문에서는 나일 강 전체를 상징한다(Feinberg). 이스라엘은 이집트의 도움(나일 강물)을 나누어달라고 이집트에게 손을 벌렸다. 본문에서 이집트를 상징하며 놉(נֹף)과 다바네스(תַּחְפַּנְחֵס)가 언급되는 것을 보면(16절), 아마도 유다의 외교관들이 이 두 도시에서 이집트 관료들과 협상을 한 것으로 생각된다(Miller). 그러나 놉과 다바네스(viz., 이집트)는 이스라엘을 도와주기는커녕 오히려 그들의 "정수리를 상하게" 한 적이 있다(16절).

놉은 멤피스(Memphis)로 알려진 곳이다. 옛 이집트의 수도였으며 카이로에서 남쪽으로 22킬로미터 떨어진 곳에 위치했다(NIDOTTE). 다바네스는 나일 델타 동쪽 지역에 위치했으며 시내 반도와 마주보는 곳이었다(HALOT). 이 히브리어 표현(יִרְעוּךְ קָדְקֹד)이 머리를 상하게 했다는 뜻인지(NIV, NRS, KJV), 아니면 머리를 깎았다는 뜻인지(NAS, ESV, TNK) 정확하지는 않다. 만일 이 말씀이 머리를 쪼갠 것을 의미한다면(cf. NIV, NRS), 아마도 주전 609년에 요시야의 죽음을 염두에 둔 표현일 것이다(Brown). 그때 다윗 왕조의 '머리가 쪼개졌기' 때문이다(Fretheim).

본문이 이스라엘이 그들의 아버지이자 왕이신 하나님을 떠나 스스로 다른 나라의 노예가 된 일을 비난하고 있다는 점을 고려할 때 '머리를 깎았다'는 의미가 본문에 가장 잘 어울린다(cf. NAS, ESV). 머리를 깎는 일과 엄청난 수치를 당하는 것과 누군가의 노예가 되는 것은 서로 연관이 있기 때문이다(cf. Keil). 주인은 간혹 노예에게 자신의 권위를 강조하기 위해 노예의 머리를 깎았다. 이스라엘은 이집트의 도움을 받고자 그들에게 손을 내밀었지만, 이집트는 오히려 그들을 노예로 삼아버렸다! 이스라엘과 이집트의 역사를 생각해보면 참으로 어이없는 일이 벌어졌다. 하나님이 출애굽 사건을 통해 자비와 긍휼을 베풀어 이집트에서 노예살이를 하던 이스라엘을 구원해 아들로 삼아주셨는데, 세월이 지나자 이스라엘은 아들의 자유를 포기하고 이집트를 찾아가 스스로 노예가 된 것이다!

이집트가 도움이 되지 않자 이스라엘은 아시리아를 향해 손을 펼쳤다(18b절). 예레미야의 청중 가운데에는 바빌론으로 끌려간 포로민이 포함되어 있었기 때문에 본문의 '아시리아'를 '바빌론'을 뜻하는 은어(隱語)로 알아들었을 것이라고 일부 주석가들은 주장한다(Fretheim). 충분히 가능한 해석이다. 자유를 얻기 위해 이집트에 도움을 청했지만 오히려 그들의 노예가 되어버린 이스라엘이 이번에는 아시리아에게 도움을 청했지만, 결과는 똑같았다. 바라는 것은 하나도 얻지 못하고 이번에도 아시리아의 종으로 전락한 것이다! 참으로 안타까운 것은 이스라엘이 강대국들과의 관계에서 역사적으로 경험한 어떤 교훈도 배우지 못하고 다시 옛 실수를 반복하고 있다는 사실이다(Allen).

이스라엘은 좌로나 우로나 도무지 원수들밖에 없는 상황에 처해 있다. 사실 이런 상황은 주의 백성이 이 세상에서 오늘도 당면하는 현실이 아닌가! 어려운 상황에 처한 이스라엘이 그동안 그들을 가슴에 품어 적들로부터 보호하고 인도하신 하나님을 버린 것은 매우 어리석은 결정이었다. 그런데 우리도 종종 이런 비합리적이고 비이성적인 선택을 하지 않는가!

저자는 이 모든 것이 이스라엘이 하나님을 떠났기 때문에 빚어진 일이라고 확신한다: "왜 이 꼴이 되었는지 알고 있느냐? 너희를 이끌어주던 야훼 너희 하느님을 저버리고서야 어찌 이 꼴이 되지 않겠느냐?"(17절; 공동). 뿐만 아니라 19절에서 보충설명을 더한다: "네 악(רָעָתֵךְ)이 너를 징계하겠고 네 반역이 너를 책망할 것이라 그런즉 네 하나님 여호와를 버림과 네 속에 나를 경외함이 없는 것이 악이요(רַע) 고통인 줄 알라." 예레미야는 주의 백성이 겪고 있는 모든 국제적 재앙이 그들의 악에서 비롯되었다는 사실을 강조하기 위해 19절에서 이 단어를 두 차례나 사용하고 있다(Fretheim).

예레미야 시대의 이스라엘은 그들의 죄에 대한 하나님의 징계로 국제 무대에서 온갖 수난을 당하고 있다. 이 말씀은 이스라엘이 건국 이후 그동안 아시리아와 이집트 등 강대국과 주변 국가들에게 당해온 고난과 수치를 총망라해 요약하고 있다(Allen). 이것이 바로 '생수의 근원' 이신 여호와를 버리고 '깨어진 물탱크'를 찾은 사람들의 비참한 말로다. 그 죄 자체가 죄에 대한 심판이 되기도 한다. 깨진 물탱크 안에는 마실 물이 없기 때문이다.

II. 유다와 예루살렘에 대한 경고(2:1-6:30)
A. 하나님의 유다 책망(2:1-37)

4. 우상에 중독된 유다(2:20-28)

하나님께 등을 돌리고 우상을 숭배한 이스라엘은 "나는 순종하지 아니하리라"고 말한다(20절). 또한 뻔뻔하게 "나는 더럽혀지지 아니하였다 바알들의 뒤를 따르지 아니하였다"라고 주장한다(23절). 그들은 근신하라는 하나님의 권면에 "헛된 말이라"고 대꾸한다(25절). 그러고는 오히려 나무에게 "너는 나의 아버지라" 돌을 향하여는 "너는 나를 낳았다"라고 어리석은 말을 일삼는다(27절). 주의 백성이라고 자부하는 이스라엘이 하는 말은 모두 어리석은 말이요, 진실이 아니다. 그들이 이런 말을 하는 것은 우상숭배가 진실을 왜곡시키는 힘을 가지고 있기 때문이다. 그러나 이스라엘은 정작 어려운 일을 당할 때에는 평소에 등을 돌렸던 여호와를 향해 "우리를 구원하소서"라고 간구한다(27절). 하나님을 배반한 주의 백성도, 곤경에 처할 때 그들을 도울 수 있는 유일한 신은 오직 여호와이심을 인정한다는 뜻이다.

이스라엘은 시내 산에서 하나님과 맺은 언약의 조건대로 살지 않고, 스스로 여호와를 떠났다. 그들은 하나님 대신 우상들을 신으로 삼았다. 선지자는 이스라엘이 하나님과 우상에게 한 말 그리고 이스라엘을 비유하는 여러 이미지를 사용해 이러한 사실을 고발하고 비난한다. 예레미야가 본문에서 사용하는 비유들은 매우 자극적이며 생생하다. 하나님은 우상에 중독된 이스라엘의 잘못을 지적하고 그들의 관심을 집중시키기 위해 매우 강력한 이미지들을 사용하고 있다(Fretheim). 본문은 다음과 같이 다양한 비유를 사용하여 유다를 고발한다.

A. 멍에를 부숴버린 소(2:20)
B. 잡종이 된 포도나무(2:21)

C. 지워지지 않는 얼룩(2:22)

D. 통제가 불가능한 짐승들(2:23-24)

E. 우상을 좇는 사회(2:25-26)

F. 우상숭배의 어리석음(2:27-28)

II. 유다와 예루살렘에 대한 경고(2:1-6:30)
A. 하나님의 유다 책망(2:1-37)
4. 우상에 중독된 유다(2:20-28)

(1) 멍에를 부숴버린 소(2:20)

20 네가 옛적부터 네 멍에를 꺾고
네 결박을 끊으며 말하기를
나는 순종하지 아니하리라 하고
모든 높은 산 위에서와
모든 푸른 나무 아래에서
너는 몸을 굽혀 행음하도다

이스라엘을 멍에로 멘 소에 표현한 예레미야의 비유는 이스라엘의 이집트 노예 생활을 상기시킨다. 이집트 사람들의 억압으로 이스라엘이 하나님께 울부짖었을 때 하나님은 침묵하지 않고 모세를 보내셨다. 모세는 약 1년에 걸쳐 이집트의 멍에를 메고 죽도록 고생하던 이스라엘을 구원해 시내 산으로 인도했다. 하나님은 1년 동안 그들을 시내 산에 머물게 하고 그들에게 율법을 주셨다. 이 율법은 하나님과 이스라엘 사이에 맺어진 결혼 조약이었다.

그러므로 율법은 하나님이 이스라엘에게서 이집트의 멍에를 부수어 버리고 대신 그들에게 메어준 '거룩한 멍에'였다. 이 멍에는 행복한 결혼 생활을 위한 지침이었기에 거룩한 멍에였으며, 주의 백성 공동체에 속한 모든 구성원의 행복을 보장해주는 가이드라인이었다.

문제는 그 멍에를 메기 싫어한 이스라엘이 그것을 부숴버린 것이다. 그리고 이렇게 외친다: "나는 순종하지 아니하리라!" 이스라엘의 이 같은 외침은 소가 주인에게 "일하지 않겠다!"고 하는 것과 같다. 또한 하나님과 맺은 언약에 순종하겠다고 서약했던 이스라엘이 하나님께 "더 이상 계약을 준수하지 않겠습니다!"라고 하는 말하는 것과 마찬가지다(Holladay). 이스라엘은 그들을 이집트에서 구원하신 여호와를 따르기를 거부했다.

이스라엘이 하나님을 대신해 찾은 주인은 누구인가? 아무 능력도 없는 우상들이다! 그들은 가나안의 신들을 찾아가 우상들과 놀아나며 몸을 팔았다. 성경이 이스라엘의 배교(背教)를 지속적으로 매춘에 비교하는 것은, 시내 산에서 그들이 하나님과 맺은 관계가 남편—아내 관계로 묘사되었기 때문이기도 하지만, 더 나아가 가나안 종교 대부분이 성행위를 종교 예식의 일부로 삼았기 때문이기도 하다(Miller). 가나안 종교는 성적으로 매우 문란한 종교였다.

"모든 높은 산 위와 모든 푸른 나무"는 구약에 자주 등장하는 표현으로 다산(多産) 종교의 예식이 치러지던 장소들이다(Ackerman, cf. 왕상 14:23; 왕하 16:4; 17:10; 사 57:5; 렘 3:6; 겔 6:13). 주의 백성이 하나님을 떠나 우상을 숭배한 것에는 두 가지 문제가 있다. 첫째는 결혼 계약 위반이다. 이스라엘은 시내 산에서 신부가 되어 하나님을 남편으로 맞이했다. 그런데 남편에게 주어야 할 마음을 우상에게 주었다! 그래서 선지자는 이들의 우상숭배를 '행음'(זנה)이라며 창녀가 화대를 받고 성(性)을 파는 행위에 비유한다. 결혼한 여자가 결코 해서는 안 될 일을 하나님의 아내인 이스라엘이 한 것이다.

둘째는 남편보다 못한 정부와 놀아난 일이다. 만일 이스라엘이 하나님께 등을 돌리고 더 나은 신을 따라갔다면 그나마 어느 정도 납득할 수 있다. 그런데 이스라엘은 전능하신 하나님을 버리고 돌덩어리와 나뭇가지를 따라갔다! 그들은 이 우상들이 자신들에게 풍요를 줄 것으로 기대했다. 그러나 돌아온 것은 굶주림뿐이었다. 하나님의 아내 이스라엘이 우상에게 속은 것이다! 아니, 이스라엘이 스스로를 속였다는 것이 더 정확한 표현이다. 성경에 의하면 우상이 사람들을 타락시키는 것이 아니라, 타락한 인간이 우상을 만들어낸다. 인간은 스스로 우상을 만들고는 마치 그것이 그를 구원할 수 있는 신인 것처럼 스스로에게 최면을 건다. 하나님이 우리에게 씌워주신 거룩한 멍에, 혹은 '속된 자유'를 거부하는 것은 우리를 이처럼 어리석고 허무한 상황으로 몰아간다.

II. 유다와 예루살렘에 대한 경고(2:1-6:30) A. 하나님의 유다 책망(2:1-37) 4. 우상에 중독된 유다(2:20-28)

(2) 잡종이 된 포도나무(2:21)

21 내가 너를 순전한 참 종자
곧 귀한 포도나무로 심었거늘
내게 대해 이방 포도나무의
악한 가지가 됨은 어찌 됨이냐

선지자가 이스라엘을 묘사하는 두 번째 비유는 한때는 좋았지만, 세월이 지나면서 변질되어버린 포도나무다. 이 말씀은 마치 이사야 5:1-4을 요약해놓은 듯하다. 이사야는 포도원(viz., 이스라엘)을 소유한 한 농부(viz., 하나님)의 이야기를 다음과 같이 회고한다. 농부는 세상에서 제일 좋은 포도나무를 가져다가 가장 좋은 밭을 골라서 그곳에 심고 가장 좋은 농법으로 애지중지 포도나무를 가꾸었다. 당연히 가장 좋은 포도가 생산될 거라 기대하며 포도밭에 술틀까지 팠다. 그런데 이게 웬일인가? 좋은 포도는 나오지 않고 들포도만 나왔다(cf. 겔 17:5-10; 호 10:1). 이런 상황이라면 분노보다는 실망과 상처가 농부의 마음을 가득 채웠을 것이다. 그러므로 본문을 해석할 때에도 하나님의 분노보다는 실망감에 초점을 맞추어야 한다. 들포도를 맺은 포도나무는 하나님의 모든 수고를 한순간에 수포로 돌리고 주님께 상처만 안겨주었기 때문이다.

개역개정이 '이방 포도'로 번역하고 있는 히브리어 문구(הַגֶּפֶן נָכְרִיָּה)를 새번역은 '들포도'로 번역했다(cf. NIV, NRS, ESV). 히브리어로는 '들포도'(viz., 제대로 익지 않은 아주 작은 포도송이)를 뜻하는 다른 단어(בְּאֻשׁ)가 있다. 이사야는 이미 이 단어를 사용해 자신이 전하고자 하는 메시지를 정확하게 전달하고 있다(사 5:4). 그러므로 본문에 언급되는 포도는 '이방 포도'로 번역하는 것이 더 낫다(cf. NAS, TNK). 또한 이렇게 번역해야 본문의 의도가 더 잘 드러난다.

예레미야가 이 비유를 통해 한탄하는 것은 원래는 가나안 사람들과 전혀 다른 가치관과 종교를 가지고 있던 이스라엘이(viz., 참 종자 곧 귀한 포도나무), 세월이 지나면서 가나안을 자신들의 좋은 가치관과 세계관으로 '여호와화'하기는커녕 오히려 그들이 '가나안화'(viz., 이방 포도)되었기 때문이다. 가나안을 변화시키라는 사명을 받은 이스라엘이 오히려 가나안의 종교와 풍습을 받아들여 변질된 것이다! 오늘날 교회도 끊임없이 이 이슈에 대한 고민을 해야 한다. 교회가 세상을 하나님화하고 있는가, 아니면 오히려 교회가 세속화되고 있는가를 말이다.

II. 유다와 예루살렘에 대한 경고(2:1-6:30)
A. 하나님의 유다 책망(2:1-37)
4. 우상에 중독된 유다(2:20-28)

(3) 지워지지 않는 얼룩(2:22)

[22] 주 여호와의 말씀이니라
네가 잿물로 스스로 씻으며
네가 많은 비누를 쓸지라도
네 죄악이 내 앞에 그대로 있으리니

송아지처럼 날뛰고, 이방 포도로 변질된 이스라엘은 하나님 앞에서 많은 죄를 범했다. 그들은 자신들의 죄를 씻어내고 정결해지려고 나름대로 노력을 아끼지 않았다. 그러나 그들이 아무리 "잿물로 스스로 씻으며 많은 비누를 쓸지라도" 죄악이 하나님 앞에 그대로 남아 있다. 이사야 선지자 역시 지울 수 없는 핏자국 이미지를 사용해 말씀을 선포한 적이 있다(사 1:15-16, 18). 그러나 이사야 선지자는 공의와 정의에 대한 사회적 무관심에서 비롯된 핏자국을 언급한 반면, 예레미야는 이스라엘의 우상숭배에서 비롯된 핏자국에 대해 언급하고 있다(Allen).

지워지지 않는 핏자국 비유는 두 가지 교훈을 제공한다.

첫째, 죄는 지은 사람이 스스로 해결할 수 있는 문제가 아니다. 하나님이 해결해주시지 않으면 결코 해결되지 않는다. 왜냐하면 죄의 뿌리는 우리 안에 있는데, 인간은 외적인 해결만 추구하기 때문이다(Brown). 그래서 죄에 대한 용서를 받으려면 죄 사함의 예식을 행하는 사람이 마음으로도 참회해야 한다(Fretheim). 마음에서 우러나는 참회가 없는 한 아무리 씻고 또 씻어도 중심을 보시는 하나님 앞에서는 결코 죄가 지워지지 않는다.

둘째, 그렇다면 예레미야 시대에 죄를 지은 사람들은 어떻게 자기 죄를 씻으려고 했는가? 구약의 제사를 생각해보면 알 수 있다. 당연히 그들은 짐승을 제물로 바침으로써 죄 문제를 해결하려 했다. 그러나 선지자들은 아무리 많은 제물을 성전에 가져간다 해도 결코 죄 문제를 해결할 수 없다고 선언한다(cf. 호 5:6). 우리 주변에도 자신의 죄를 교회에 들여놓는 '헌금'으로 해결하려는 사람들이 더러 있다. 그러나 아무리 큰 액수의 헌금이라도 결코 죄를 정결케 할 수는 없다는 사실을 기억해야 한다. 우리가 드리는 헌물은 결코 하나님께 '협상의 제스처'가 될 수 없기 때문이다.

II. 유다와 예루살렘에 대한 경고(2:1-6:30)
A. 하나님의 유다 책망(2:1-37)
4. 우상에 중독된 유다(2:20-28)

(4) 통제가 불가능한 짐승들(2:23-24)

23 네가 어찌 말하기를 나는 더럽혀지지 아니하였다
바알들의 뒤를 따르지 아니하였다 하겠느냐
골짜기 속에 있는 네 길을 보라
네 행한 바를 알 것이니라
발이 빠른 암낙타가 그의 길을
어지러이 달리는 것과 같았으며
24 너는 광야에 익숙한 들암나귀들이
그들의 성욕이 일어나므로 헐떡거림 같았도다
그 발정기에 누가 그것을 막으리요
그것을 찾는 것들이 수고하지 아니하고 그 발정기에 만나리라

하나님의 동반자가 되기를 거부하고 우상을 따라나섰던 이스라엘은 자신들의 죄를 부인한다(23절). 그러나 하나님의 눈에 비추어진 그들의 모습은 마치 발이 빠른 암낙타와 같고(23절), 발정기를 맞은 야생 암나귀와 같다(24절). 이 두 짐승의 비유는 이스라엘이 바알을 숭배하는 정황을 매우 효과적이고 적나라하게 묘사한다(Holladay).

첫째, 어린 암낙타는 통제가 거의 불가능한 짐승이다(Miller). 우상을 찾아나선 이스라엘은 천방지축으로 날뛰는 암낙타처럼 도대체 통제가 안 되며 누구의 말도 듣지 않고 별 생각 없이 이곳저곳 뛰어다닐 뿐이다.

둘째, 발정기를 맞은 야생 암나귀 비유는, 이스라엘은 성욕이 채워질 때까지 그저 헐떡거리고 상대를 찾아나서는 들짐승과 같다는 의미다. 발정기를 맞은 야생 암나귀의 파트너는 이 짐승을 찾아나설 필요도 없다. 암나귀가 정욕을 이기지 못해 스스로 찾아올 것이기 때문이다. 발정

기를 맞은 암나귀는 상대도 가리지 않는다. 그러므로 암나귀 비유는 적극적으로 우상을 찾아 나서는 이스라엘의 모습을 매우 생생하게 묘사하고 있다(Fretheim). 또한 이 비유는 이스라엘이 자신들은 오직 여호와만을 섬기겠다고 누누이 다짐해도 결코 믿어서는 안 된다는 사실을 암시한다(Allen). 이스라엘은 발정기를 맞은 암나귀처럼 안정적이지 않아서 결코 믿을 수 없는 짐승과 같기 때문이다. 물론 주의 백성은 이런 사실을 인정하지 않는다. 이에 대해 하나님은 "너는 부정을 타지 않았다고 시치미를 뗄 셈이냐? 바알을 받들어 섬기지 않았다고 능청을 부릴 셈이냐?"고 비난하신다(공동; 23절). 골짜기를 찾는 그들의 발걸음이 이러한 사실을 입증한다(23절).

본문에서 골짜기는 힌놈 골짜기를 뜻한다(Hyatt). 유다는 오랜 세월 동안 이 골짜기에서 몰렉과 바알에게 아이들을 번제로 바쳤다(Feinberg, cf. 7:31-32; 19:2-6; 32:35). 자신의 행위를 잠시만이라도 돌아본다면 어찌 감히 "나는 죄가 없다!"고 할 수 있겠는가. 그런데 이스라엘은 죄가 없다고 주장한다. 이성적인 인간처럼 생각하지 않고 발정기를 맞은 짐승들처럼 성욕(우상숭배)에 정신이 팔린 이스라엘은 이처럼 뻔뻔하기 이를 데 없다.

예레미야는 이스라엘의 영적 간음을 발정기를 맞은 들짐승이 성욕을 채우기 위해 발버둥치는 추한 모습에 비유하고 있다. 이것은 지금까지 저자가 사용한 비유 중 가장 저질적인 표현이다: 신실하지 못한 아내→몸을 파는 창녀→이방 포도→성욕에 사로잡힌 발정기 들짐승. 이스라엘의 우상 중독이 그를 성욕에 불타는 암나귀로 몰락시킨 것이다(Brown). 이 같은 비유가 우리에게도 충격이지만, 예레미야의 메시지를 듣고 있는 사람들(viz., 자신들은 나름 신앙생활을 잘하고 있다는 사람들)에게도 매우 큰 충격이었을 것이다(Ortlund, Van den Eynde).

II. 유다와 예루살렘에 대한 경고(2:1-6:30)
A. 하나님의 유다 책망(2:1-37)
4. 우상에 중독된 유다(2:20-28)

(5) 우상을 좇는 사회(2:25-26)

25 내가 또 말하기를
네 발을 제어하여 벗은 발이 되게 하지 말며
목을 갈하게 하지 말라 하였으나
오직 너는 말하기를
아니라 이는 헛된 말이라
내가 이방 신들을 사랑하였은즉
그를 따라가겠노라 하도다
26 도둑이 붙들리면 수치를 당함같이
이스라엘 집 곧 그들의 왕들과 지도자들과
제사장들과 선지자들이 수치를 당하였느니라

우상에 중독된 이스라엘은 제정신이 아니다. 수치를 아랑곳하지 않고 발가벗은 채 맨발로 들과 산을 돌아다니며 연인을 찾는 바람난 여자와 같다. 극심한 갈증도 그녀를 막을 수 없다(25절). 이방 신들에게 중독된 이스라엘의 모습이 이렇다. 하나님은 어떻게든 이스라엘을 진정시키고 돌이키게 하려고 온갖 노력을 아끼지 않으셨지만 헛수고였다. 이미 우상에게 영혼을 판 사람들은 어떤 말도 듣지 않았다. 이스라엘은 오히려 하나님의 권면이 헛된 것이라며 더 우상을 찾았다(25절). 하나님이 수많은 선지자들을 자기 백성에게 보내어 돌아올 것을 호소했지만, 그들은 돌아오기는커녕 오히려 더 확고한 의지로 우상들을 좇았다는 뜻이다.

이스라엘의 영적 몰락에 사회 모든 분야의 리더들도 한몫을 했다. 지도자들은 이성을 잃어버린 백성을 진정시키고 여호와께 돌아오도록 해야 했지만, 오히려 백성의 우상숭배를 더 부추겼을 뿐만 아니라 자신들도 우상숭배에 앞장섰다. 선지자는 본문에서 우상숭배를 부추긴 네 부류의 지도자들을 지적한다: (1) 왕들; (2) 지도자들; (3) 제사장들; (4) 선지자들(26절). 선지서에서 숫자 4는 총체성을 뜻한다. 이 넷 중 둘은 나라를 다스리는 지도자들, 둘은 종교적 지도자들이다.

지도자들과 이스라엘 백성의 하나됨을 강조하기 위해 이 지도자들을 지명하는 명사들 뒤에 모두 '그들의'라는 3인칭 복수형 접미사(הֶם־)를 붙였다. 이스라엘의 종교적 타락과 사회적 몰락에 지도자들과 백성들이 동참했다는 것을 강조하는 것이다. 또한 '그들의' 의미를 지닌 접미사가 본문에서 지속적으로 사용되는 것은 하나님과 이스라엘 사이의 거리감을 암시한다. 하나님은 그들에게 분명히 경고하신다. 백성들과 지도자들뿐만 아니라, 심지어 선지자와 제사장 같은 종교적 지도자들도 모두 수치를 당할 날이 다가오고 있다. 이스라엘 전체가 하나님께 등을 돌리고 우상에 중독되었기 때문이다.

II. 유다와 예루살렘에 대한 경고(2:1–6:30)
A. 하나님의 유다 책망(2:1–37)
4. 우상에 중독된 유다(2:20–28)

(6) 우상숭배의 어리석음(2:27–28)

27 그들이 나무를 향하여 너는 나의 아버지라 하며
돌을 향하여 너는 나를 낳았다 하고
그들의 등을 내게로 돌리고
그들의 얼굴은 내게로 향하지 아니하다가
그들이 환난을 당할 때에는 이르기를
일어나 우리를 구원하소서 하리라
28 너를 위하여 네가 만든 네 신들이 어디 있느냐
그들이 네가 환난을 당할 때에
구원할 수 있으면 일어날 것이니라

유다여 너의 신들이 너의 성읍 수와 같도다

하나님의 백성이라고 자부했던 이스라엘이 왜 하나님의 심판을 받아 수치를 당해야 하는가? 바로 우상숭배 때문이다. 그렇다면 이스라엘은 과연 어떤 것들을 신으로 숭배했는가? 나무와 돌로 만들어진 이미지들이다(27절). 여호와께 선택받은 백성이 이토록 어리석을 수 있을까. 그러나 죄가 인간의 사리판단 능력을 마비시킨다는 사실을 생각하면 놀랄 만한 일은 아니다.

예레미야는 이스라엘 사람들이 나무를 보고 아버지라 하고 돌을 보고 어머니라 한다고 비난했다(27절). 가나안에서는 흔히 돌은 남성 신을, 나무는 여성 신을 상징하는 이미지로 조각되었다(Dearman). 그러므로 선지자가 본문에서, 이스라엘이 숭배하는 남성 신과 여성 신을 단지 재료로 바꾸어 말하는 것은 일종의 비꼬는 말이다. 이스라엘은 돌 덩어리와 나무 덩어리를 신으로 숭배하고 있다는 것이다.

신/우상들은 사람의 손가락이 빚어낸 조각품이다. 그러므로 인간에 의해 만들어진 신보다는 그것을 만들어낸 사람에게 더 큰 능력이 있다. 그래서 이사야 선지자는 우상숭배의 어리석음에 대해 한참 설명한 다음(사 2:10-21), 우상이 아닌 사람을 의지하지 말라고 권면한다(사 2:22). 예레미야는 우상을 만드는 재료(돌과 나무)를 언급함으로써 이 우상들의 운명은 언제든지 그것을 만드는 사람에 의해 결정된다는 사실을 강조한다. 사람의 뜻대로 조각되고 제조되는 우상보다 사람이 더 큰 능력을 지니고 있다는 것이다. 심지어는 우상들의 성(性)까지도 인간이 결정한다!

이스라엘은 평소에는 온갖 우상들에게 자신의 운명을 맡기는 것 같지만, 정작 어려운 일이 닥치면 곧바로 여호와께 도와달라고 소리친다(27절). 평상시에는 우상을 숭배하지만 그들의 마음속 깊은 곳에서는 오직 여호와만이 능력의 신이라는 사실을 의식하고 있다는 뜻이다. 그런데도 그들은 절제할 수 없을 정도로 우상에 빠져들었다. 우상에게 중독된 것이다. 죄의 성향이 이렇다. 한번 중독되면 죄가 잘못이라는 것을 충분히 인지하면서도 헤어나오기 어렵다. 그러므로 죄를 대하는 현명한 방법은 처음부터 멀리하는 것이다.

이번에는 하나님이 그들을 비웃으신다: "네가 스스로 만들어 섬긴 신들이 지금 어디에 있느냐? 네가 환난을 당할 때에는, 네 신들이 일어나서 너를 도와주어야 옳지 않겠느냐?"(28절; 새번역). 우상을 숭배하는 이유 중 하나가 환난 날에 덕을 보기 위함인데, 우상은 이스라엘에게 어떠한 도움도 되지 못한다는 뜻이다. 그런데 이스라엘은 이렇게 쓸모 없는 우상을 무척 많이 모아 놓았다: "유다여 너의 신들이 너의 성읍 수와 같도다"(28절). 선지자는 2:20에서 유다의 우상숭배를 시골 이미지와 연관시켰는데, 이번에는 도시(성읍) 이미지와 연결시키고 있다(Allen). 이스라엘의 우상숭배는 시골 사람들의 문제만도 아니요, 도시 사람들만의 문제도 아니며, 온 나라의 문제라는 것이다. 우상들이 이스라엘의 시골과 도시를 모두 가득 채우고 있기 때문이다.

본문은 만약에 숭배하는 신들이 모두 위력을 발휘한다면, 이스라엘은 이 세상의 그 어느 민족보다도 큰 능력을 가졌을 것이라고 비아냥거린다. 실제로 고대 근동 사람들은 많은 신들을 숭배했다. 고고학적인 발굴에 의하면 이스라엘의 이웃이었던 시리아의 우가릿(Ugarit)에는 최소한 258명의 신들이 있었다. 선지자는 이스라엘도 만만치 않다고 한다. 그러나 무능한 것들(돌과 나무조각)을 아무리 많이 모아 봤자 무엇 하겠는가? 예레미야의 청중은 선지자에게 "이 수많은 우상을 숭배하는 우리는 모두 잘못되었고, 오직 유일하신 여호와를 숭배하는 당신만 옳단 말이냐?"라고 물었을 것이고, 예레미야는 그들의 질문에 단호하게 "그렇다!"고 대답했을 것이다(Brown).

II. 유다와 예루살렘에 대한 경고(2:1–6:30)
A. 하나님의 유다 책망(2:1–37)

5. 잘못을 인정하지 않는 백성(2:29–37)

본문은 아무리 경고하고 징계해도 도대체 말을 듣지 않는 이스라엘에 대한 하나님의 심경을 잘 표현하고 있다. 하나님의 좌절감이 극에 달했다. 하나님은 이스라엘을 때려도 보았고, 선지자들을 보내 권면도 해보셨다. 그러나 이스라엘은 더 강퍅해지고 흉악해질 뿐 남편이신 여호와께 돌아올 생각을 하지 않는다. 결국 상처와 좌절감으로 가득한 남편 하나님은 돌아오기를 거부하는 아내 이스라엘을 심판할 수밖에 없다는 심경을 토로하신다. 이 부분은 다음과 같이 구분할 수 있다.

A. 무의미한 징계와 권면(2:29-30)
B. 하나님의 하소연(2:31-32)
C. 이스라엘의 가증함(2:33-35)
D. 하나님의 심판(2:36-37)

II. 유다와 예루살렘에 대한 경고(2:1–6:30)
A. 하나님의 유다 책망(2:1–37)
5. 잘못을 인정하지 않는 백성(2:29–37)

(1) 무의미한 징계와 권면(2:29–30)

29 너희가 나에게 대항함은 어찌 됨이냐
너희가 다 내게 잘못하였느니라 여호와의 말씀이니라
30 내가 너희 자녀들을 때린 것이 무익함은
그들이 징계를 받아들이지 아니함이라
너희 칼이 사나운 사자같이 너희 선지자들을 삼켰느니라

곤경에 처한 이스라엘이 남편 하나님께 부르짖었지만 아무런 대답도 듣지 못하자(cf. 27-28절) 그들은 여호와께 항의하며 따지고 들었다. 여러 우상을 숭배하느라 마음이 나누어졌던 사람들이 하나님을 대항하는 일에는 하나가 된 것이다. 그래서 하나님은 이스라엘에게 "너희가 다"(כֻּלְּכֶם) 한통속이라고 비난하신다(29절). '대항하다'(ריב; 29절)는 법정에 소송을 제기하거나 논쟁을 벌인다는 뜻으로 자주 사용된다(HALOT). 아내 이스라엘은 남편 여호와께서 그들을 위해 해야 할 일을 하지 않았다며 항의하고 있다. 그러나 하나님은 이스라엘의 항의를 일축하신다: "하나같이 나를 거역만 하다가 이제 와서 나에게 무슨 따질 것이 있느냐? 나의 말이 들리느냐?"(29절; 공동). 그러고는 따져야 하는 쪽은 아내 이스라엘이 아니라 남편 여호와라는 사실을 강조하신다.

그동안 하나님은 이스라엘을 징계하기도 하셨지만 별 효과는 없었다(30절). 그들은 하나님의 징계를 달갑지 않게 생각했다. 이스라엘은 징계받기를 거부하는 철부지 아이들과 같았다. 오래전에 이사야 선지자도 이스라엘이 하나님의 징계를 받아들이지 않는 것에 대해 탄식한 적이 있다(cf. 사 1:5-6). 징계는 죄의 근본적인 해결책이 되지 못한다. 하나님이 보내신 선지자들을 살해한 사실에서 이스라엘의 반역은 역력하게 드러났다(30절). 선지자들의 사명은 양심에 화인 맞은 백성에게 '양심의 소리'를 들려주는 것이었다. 이스라엘은 바로 이 양심의 소리를 무시하고자 선지자들을 죽였다(cf. 왕상 18:4, 13; 19:10; 대하 24:21; 느 9:26; 암 2:11; 렘 26:20-23; 마 23:34-35).

II. 유다와 예루살렘에 대한 경고(2:1-6:30)
A. 하나님의 유다 책망(2:1-37)
5. 잘못을 인정하지 않는 백성(2:29-37)

(2) 하나님의 하소연(2:31-32)

31 너희 이 세대여 여호와의 말을 들어보라

내가 이스라엘에게 광야가 되었었느냐
캄캄한 땅이 되었었느냐
무슨 이유로 내 백성이 말하기를
우리는 놓였으니 다시 주께로 가지 아니하겠다 하느냐
32 처녀가 어찌 그의 패물을 잊겠느냐
신부가 어찌 그의 예복을 잊겠느냐
오직 내 백성은 나를 잊었나니
그 날 수는 셀 수 없거늘

여호와께서 백성에게 질문하신다: "내가 너희 이스라엘이 살 수 없는 사막이라도 되었단 말이냐? 흑암의 땅이 되었단 말이냐?"(31절; 공동) 이것은 수사학적인 질문인(Bruggemann, Miller), 동시에 실존적인(existential) 질문이다(Fretheim). 하나님은 이 질문에서 이스라엘의 행동을 도대체 이해할 수 없다고 토로하신다. 또한 이 질문은 출애굽 때 광야에서 이스라엘 백성을 보호하고 보살펴주신 하나님의 은혜를 회상한 6절을 배경으로 삼고 있다. 출애굽 이미지가 다시 사용되고 있는 것이다.

하나님은 이스라엘의 반역에 당혹스러워하신다. 수사학적인 질문을 통해 "나는 예나 지금이나 변한 적이 없다"고 선언하신다. 만일 하나님이 변하신 것이 아니라면 이스라엘은 왜 하나님을 배신했을까? 하나님도 쉽게 납득하지 못하신다: "너희가 내 백성이면서도, '마음대로 살겠습니다. 당신께로 돌아가지 않겠습니다' 하니, 어찌 이럴 수가 있느냐?"(31절; 공동) 죄는 이성과 이해를 초월하며 합리적으로 설명할 수 없다.

이스라엘이 여호와께 등을 돌려 그분을 잊은 것은, 마치 온갖 치장을 하고 외출을 준비한 여자가 가장 중요한 장식품(accent piece)을 빼놓은 것과 같고, 신부가 결혼 예복을 잊는 것과 같다(32절). 이스라엘은 절대 잊어서는 안 되고 잊을 수도 없는 하나님을 잊었다. 그것은 매우 상식 밖의 일이며 무척 비정상적인 일이다(Allen). 아주 오랫동안 완전히 하나님을 잊었다. 물론 여전히 하나님께 예배를 드리는 사람들이 있다. 그러나 그들의 마음과 삶은 하나님께로부터 이미 멀어져 있었다. 하나님의 하소연은 여호와를 잊은 주의 백성에게 머지않아 임할 심판의 정당성을 암시한다.

II. 유다와 예루살렘에 대한 경고(2:1-6:30)
A. 하나님의 유다 책망(2:1-37)
5. 잘못을 인정하지 않는 백성(2:29-37)

(3) 이스라엘의 가증함(2:33-35)

33 네가 어찌 사랑을 얻으려고
네 행위를 아름답게 꾸미느냐
그러므로 네 행위를 악한 여자들에게까지 가르쳤으며
34 또 네 옷단에는 죄 없는 가난한 자를 죽인 피가 묻었나니
그들이 담 구멍을 뚫었기 때문이 아니라
오직 이 모든 일 때문이니라
35 그러나 너는 말하기를 나는 무죄하니
그의 진노가 참으로 내게서 떠났다 하거니와
보라 네 말이 나는 죄를 범하지 아니하였다 하였으므로
내가 너를 심판하리라

하나님께 등을 돌린 이스라엘은 매우 민첩하게 몸을 놀리며 정부들을 찾아 나선다(33절). 구약은 이스라엘의 영적 타락과 우상숭배를 자주 간음으로 묘사한다(사 1:21; 렘 3:1; 겔 16:30-31; 호 2:5; 4:10-14). 이스라엘은 간음하는 여자들 중에서도 가장 저질에 속할 정도로 타락했다. 이스라엘은 돈을 받고 성을 파는 창녀들에게 손님을 유혹하는 방법에 대해 한 수 가르칠 정도로 '음란의 달인'이 되어 있다(33절).

이스라엘은 우상을 숭배하며 억울한 사람의 피도 흘리고 있다. 예레미야가 자신의 책에서 사회적 불의(social injustice)를 언급하는 것은 이번이 처음이다. 이스라엘이 죽인 사람들은 어두운 밤에 들어와 집을 털려고 왔다가 주인에게 잡힌 도둑이 아니다(34절). 율법은 주인이 도둑을 죽인 경우에도 폭력의 정당성을 따진다. 만일 상황을 파악하기 어려운 어둠 속에서 살인이 벌어졌다면, 주인에게 도둑의 죽음에 대한 책임을 묻지 않는다. 그러나 만일 주인이 날이 밝은 상황에서 도둑을 죽였다면, 살인에 대한 책임을 물어야 한다(출 22:2-3). 하나님은 어떠한 경우에라도 과잉 진압은 허락하지 않으시기 때문이다. 그런데 이스라엘은 힘없고 연약한 사람들을 상대로 지나친 폭력을 사용해 그들의 피를 흘렸다.

이스라엘 사회에 그처럼 폭력이 만연한 이유는 무엇일까? 선지자들은 사회의 부패가 그 사회의 종교적인 타락에서 비롯된다고 주장한다(cf. 사 1:21-23). 정의의 하나님인 여호와를 잘 섬긴다면 그토록 도덕적으로 부패할 리 없기 때문이다. 우리 사회가 개혁되고 좀 더 의로워지기를 원한다면, 종교인들이 먼저 회개하고 종교가 가장 먼저 쇄신되어야 한다. 이스라엘 사회의 부패는 우상숭배와 본질을 놓친 형식화된 여호와 종교에서 기인했다. 이스라엘은 어떤 것으로도 대체 불가능하고 대체해서도 안 되는 본질을 자기가 원하는 예식과 형식으로 대체했기에 국가의 다른 모든 기능까지 무너져버렸다.

억울한 사람의 피를 흘린 이스라엘이 자신의 행동에 가중을 더한다. 자신은 떳떳하다고, 아무 죄가 없다고 떠벌리고 다니는 것이다(35절). "죄 없는 사람이 먼저 나를 치라"며 뻔뻔하게 떠들고 다니는 사람을 보는 듯하다. 하나님은 이런 사람들에게 더 이상 침묵하지 않으신다. 그들의 가중을 벌하려고 움직이신다.

II. 유다와 예루살렘에 대한 경고(2:1-6:30)
A. 하나님의 유다 책망(2:1-37)
5. 잘못을 인정하지 않는 백성(2:29-37)

(4) 하나님의 심판(2:36-37)

36 네가 어찌하여 네 길을 바꾸어 부지런히 돌아다니느냐
네가 앗수르로 말미암아 수치를 당함같이
또한 애굽으로 말미암아 수치를 당할 것이라
37 네가 두 손으로 네 머리를 싸고 거기서도 나가리니
이는 네가 의지하는 자들을 나 여호와가 버렸으므로
네가 그들로 말미암아 형통하지 못할 것임이라

이스라엘은 바른 '길'(דֶּרֶךְ)(viz., 하나님이 정해주신 길)을 떠난 후에 기회만 생기면 '이 길 저 길'을 찾아다니며 자신을 팔았다. 그러므로 하나님은 그들에게 "간에 붙었다 쓸개에 붙었다 하다니, 너는 어쩌면 그렇게 지조도 없느냐? 그러므로 너는, 아시리아에게서 수치를 당했던 것처럼, 이집트에게서도 수치를 당할 것이다"(36절; 새번역)라고 경고하신다. 이스라엘은 선망의 대상인 아시리아와 이집트 때에 전전긍긍하지만, 결국 이 정부(情夫)들에게 버림을 받고 수치를 당할 것이라는 경고다.

뿐만 아니라 이스라엘은 그곳(아시리아, 이집트)에서도 "두 손으로 얼굴을 가리고" 나올 것이다(37절; 새번역; 공동). 얼굴을 가리고 길을 가는 것은 아주 혹독한 수치를 당하거나 포로가 될 거라는 의미다(cf. Fretheim, Brown). 이스라엘은 정부(情夫 = 아시리아, 이집트)의 환심을 사려고 온갖 선물을 주는 것도 모자라 몸까지 내준 여자였다. 이 정부들은 이스라엘의 좋은 것을 모두 취한 후 돌아서서 이스라엘을 칠 것이다. 오늘의 연인이 내일의 원수가 될 것이라는 경고다. 이런 일이 현실로 드러나면 이스라엘은 이 일이 여호와께로부터 왔다는 중요한 교훈을 깨달아야 할 것이다. 하나님이 이스라엘과 정부들을 시기하고 분노해 정부들에게 이스라엘이 버림받도록 훼방하셨다는 것을.

II. 유다와 예루살렘에 대한 경고(2:1-6:30)

B. 선지자의 호소: 돌아오라!(3:1-4:4)

예레미야는 선지자들 중 그 누구보다도 "돌아오라"(שוב)는 말을 많이 사용한다. 선지자는 이 동사를 무려 125차례나 사용한다(Even-Shoshan). 예레미야 3-4장에서 이 동사는 20차례 나온다. 예레미야 3-4장은 이스라엘에게 지금이라도 회개하고 하나님께 돌아오라는 선지자의 강렬한 호소인 것이다(Hyatt). 예레미야가 본문에서 사용하고 있는 이미지가 다른 남자와 놀아난 아내를 향해 돌아오라고 외치는 남편의 절규라는 사실도 이 같은 분위기를 조성하는 데 일조하고 있다(Dearman).

선지자는 주의 백성이 살 수 있는 유일한 방법은 그들을 치신 여호와께 돌아와 주님의 권위에 복종하는 것이라는 사실을 잘 알고 있다. 그래서 예레미야는 이스라엘에게 지금이라도 돌아오라고 목청을 높여 호소한다. 이 메시지는 하나님이 선지자들에게 유다가 바빌론으로 끌려오기 전인 요시야 시대(cf. 3:6) 이후 끊임없이 주어진 신탁이다. 또한 이미 바빌론으로 끌려온 사람들에게도 "회개하고 하나님께 돌아오라"고 권면한다(Fretheim). 죗값을 치렀다고(viz., 포로 생활) 해서 모든 문제가 해결된 것은 아니다. 마음 깊은 곳에서 우러나는 회개와 고백이 있어야 하나님과의 관계가 회복될 수 있다. 본문은 네 개의 "돌아오라"는 연설을 중심으로 구성되어 있으며 다음과 같이 구분할 수 있다.

A. 뻔뻔한 아내 유다(3:1-5)
B. 이스라엘보다 못한 유다(3:6-10)
C. 첫 번째 호소: 돌아오라!(3:11-13)

D. 두 번째 호소: 돌아오라!(3:14-20)

E. 세 번째 호소: 돌아오라!(3:21-25)

F. 네 번째 호소: 돌아오라!(4:1-4)

II. 유다와 예루살렘에 대한 경고(2:1–6:30)
B. 선지자의 호소: 돌아오라!(3:1–4:4)

1. 뻔뻔한 아내 유다(3:1–5)

1 그들이 말하기를 가령 사람이 그의 아내를 버리므로
그가 그에게서 떠나 타인의 아내가 된다 하자
남편이 그를 다시 받겠느냐
그리하면 그 땅이 크게 더러워지지 아니하겠느냐 하느니라
네가 많은 무리와 행음하고서도
내게로 돌아오려느냐 여호와의 말씀이니라
2 네 눈을 들어 헐벗은 산을 보라
네가 행음하지 아니한 곳이 어디 있느냐
네가 길가에 앉아 사람들을 기다린 것이
광야에 있는 아라바 사람 같아서
음란과 행악으로 이 땅을 더럽혔도다
3 그러므로 단비가 그쳤고 늦은 비가 없어졌느니라
그럴지라도 네가 창녀의 낯을 가졌으므로 수치를 알지 못하느니라
4 네가 이제부터는 내게 부르짖기를
나의 아버지여 아버지는 나의 청년 시절의 보호자이시오니
5 노여움을 한없이 계속하시겠으며
끝까지 품으시겠나이까 하지 아니하겠느냐
보라 네가 이같이 말하여도
악을 행하여 네 욕심을 이루었느니라 하시니라

이스라엘은 시내 산에서 하나님과 결혼했다. 문제는 결혼 이후에 끊임없이 정부들(viz., 우상들)을 찾아다니며 몸을 팔고 있다는 것이다. 남편인 여호와가 간음하는 아내를 돌이키기 위해 갖은 징계를 내렸지만, 별 효과가 없다. 이러한 상황에서 예레미야는 시내 산 율법을 통해 이스라엘이 다시는 하나님의 아내가 될 수 없다는 것을 선언하며 본문을 시작한다(1절). 그래서 1절은 마치 제사장에게 율법의 적용 사례에 대한 판결을 요구하는 분위기로 시작하고 있다(Brueggemann).

이스라엘이 다시는 하나님의 아내가 될 수 없다고 결론을 내린 까닭은 오래전 모세를 통해 제시된 이혼에 관한 율법(신 24:1-4) 때문이다. 이 율법은 어떠한 이유 때문이라도 남편과 이혼한 여자가 다른 남자와 재혼하면, 그 재혼이 파혼에 이르거나 새 남편이 죽는다 해도, 전남편에게로 돌아갈 수 없다고 못을 박는다. 이 여자가 다른 남자와 다시 결혼할 수는 있지만, 예전에 헤어진 전남편과 재혼할 수 없는 것은 그녀가 전남편에게 영원히 부정해졌기 때문이다. 율법은 만일 이런 여인을 다시 아내로 맞이하면 이스라엘이 거하는 땅마저도 부정해진다고 한다.

선지자는 2장에서 하나님과 유다의 관계를 부부로 표현했다. 이제 3장에서 이 율법을 언급하는 것은 하나님과 이스라엘의 부부 관계는 이미 아내 이스라엘의 간음(우상숭배)으로 파괴되었음을 선포하기 위해서다. 율법에 의하면 정부들(우상들)과 놀아난 이스라엘은 다시는 전남편인 여호와께 돌아갈 수 없다. 그들이 전남편 여호와를 떠나 새 남편들(viz., 우상들)과 놀아났기 때문이다. 그래서 하나님은 이스라엘에게 "네가 많은 무리와 행음하고서도 내게로 돌아오려느냐?"고 물으신다(1절). 이 말씀은 두 가지 해석이 가능하다(cf. Long): (1) 이스라엘은 절대 하나님께 돌아올 수 없다는 것; (2) 지금이라도 돌아오라는 호소(Lundbom). 두 가지 모두 가능한 해석이지만, 히브리어 문장은 분명 돌아올 수 없는 것을 선언한다고 해석해야 한다(Dearman). 이스라엘이 하나님께 돌아올 수 없는 것은 그들의 전통(율법)이 허락하지 않기 때문이며, 그들이 진실한 마음으로 남편인 하나님을 대하지 않기 때문이다(Allen).

하나님은 유다를 과연 어떻게 하실 것인가? 율법은 남편인 하나님이 다른 정부들과 정을 나눈 아내 이스라엘을 결코 받아들여서는 안 된다고 명백히 선언하고 있다. 그러나 예레미야는 하나님은 인간 남편하고 다르다고 말한다. 법대로라면 결코 받아들일 수 없는 아내를 하나님은 받아들이시는 남편이다. 본문이 이혼 율법을 언급하는 이유는 하나님이 이 율법을 초월하면서까지 이스라엘을 다시 아내로 맞이하실 것이라 기대를 갖게하기 위해서다. 예레미야는 하나님이 율법의 확실한 적용보다 자기 백성과의 관계 회복을 더 중요하게 여기는 분이라는 사실을 잘 알고 있다. 그래서 선지자는 잠시 후에 네 차례나 돌아오라고 외친다(Lundbom). 이것이 바로 용서이고 은혜다(cf. Calvin).

유다 백성들 중에는 하나님의 비난에 대해 "우리는 억울하다"는 반응을 보이는 사람들이 있다. 예레미야 시대 사람들이 여호와 종교를 완전히 버린 것이 아니기 때문이다. 그들은 우상을 숭배하면서 성전에서도 하나님께 예배와 제사와 기도를 드린다. 백성들은 시내 산 율법이 요구하는 종교적 행위는 예배와 예물과 기도 정도로 생각한다. 자신들은 이러한 율법의 요구를 신실하게 충족시켰기 때문에 아직도 하나님과 이스라엘의 결혼이 잘 유지되고 있다고 생각한다.

백성들의 반응에 어이가 없어진 선지자가 이스라엘에게 산을 보라고 말한다(2절). 유다의 산과 들은 주의 백성이 정부들과 정을 나누는 터(viz., 우상을 숭배하는 예배 장소)로 변했고, 유다를 관통하는 길들은 이스라엘이 외간 남자들을 유혹하는 장소로 변했다. 이것은 창녀들이 길에 앉았다가 지나가는 남자들을 유혹하여 화대를 받고 성관계를 갖는 모습을 연상시킨다. 오래전에 랍비들은 이 이미지가 너무 자극적이라 공개 석상에서 이 말씀을 읽을 때에는 '[성관계를 갖기 위해 함께] 눕다'의 의미를 지닌 원(原) 동사(שכב)를 '잠을 같이 자다'라는 의미를 지닌 동사(שגל)로 대체하여 읽기를 권유했다고 한다(Dearman).

결국 이스라엘은 여호와께서 선물로 주신 거룩한 땅에 우상숭배를 위한 온갖 제단들을 세워 부정하게 만들었다. 선지자는 유다를 길거리에서 남자를 유혹하는 창녀에 비유해 이스라엘의 형국이 아이러니하다는 것을 보여준다. 원래는 홀로 길을 가는 여인이 위협을 느껴야 한다. 그러나 창녀로 몰락한 유다는 길 가는 모든 남자를 위협하고 있다! 이 비유는 이스라엘이 국토 전체에서 갖은 수단과 방법을 동원해 우상들을 섬기고 있음을 뜻한다. 더 심각한 문제는 창녀가 되어 길 가는 남자들을 유혹하는 이 여인이 원래는 여호와의 아내였다는 사실이다. 창녀보다 못한 아내에게 살 길이 있을까? 아내가 이처럼 타락하기까지 남편 하나님은 그저 지켜보기만 하셨단 말인가? 만일 그렇다면 이스라엘의 남편인 여호와께도 직무유기 내지는 방관의 책임이 있지 않은가?

선지자는 3절에서 남편 여호와는 아내 유다의 바람기를 막으려고 갖은 노력을 다했다고 선언한다. 하나님은 이스라엘에게 온갖 징계를 내리셨다. 가뭄으로 그들의 의식주를 위협해보기도 하셨다(cf. 레 26:19; 신 11:10-17; 28:22-24; 욜 1:17-20; 암 4:7-8). 밀, 보리 등 곡식을 심고 자라게 하는 이른 비는 9-11월에 내리고, 곡식을 여물게 하는 늦은 비는 3-4월에 내린다. 이 두 때에 비가 제대로 와야만 한 해 농사와 수확이 가능하다. 이것은 이스라엘의 상황에 또 하나의 아이러니가 존재한다는 뜻이다. 유다가 우상들을 따랐던 근본적인 이유는 농사에 필요한 비가 제때 내리게 해 달라고 기원하기 위해서였다. 그러나 우상들은 날씨를 조정하지 못한다. 그들이 우상을 섬기자 날씨와 비를 지배하는 유일한 신 여호와께서는 그들에게 비를 내리지 않으셨다. 그래서 온 이스라엘에 가뭄과 기근이 임했다! 항상 그런 것은 아니지만, 이들의 천재지변은 죄로 말미암았다는 것을 암시한다. 하나님은 주의 백성 이스라엘이 돌아오게 하기 위해 가뭄과 기근으로 그들의 어리석음을 책망하셨지만, 유다는 끝까지 돌아오지 않았다. 미련한 유다는 정확한 사리 판단을 하지 못했다.

하나님의 지속적인 징계를 받으면서도 유다는 잘못된 길에서 돌이킬 생각이 없다(4-5절). 그들은 여호와께 등을 돌리고 계속 악을 행하면서도 하나님의 징계가 멈추기를 기대한다. 이스라엘은 하나님을 "나의 아버지"(אָבִי)라고 부르기도 하고 "젊은 날의 친구/애인"(אַלּוּף נְעֻרַי)이라고 부르기도 했다(4절; 공동). 시내 산에서 하나님과 맺은 특별한 관계를 하나님의 용서와 화해를 구하는 수단으로 이용하려 한 것이다. 물론 하나님께 부르짖으며 매달리는 것은 좋은 것이다. 그러나 회개와 돌이킴이 없이 용서를 구하는 행위는 하나님을 설득하지 못한다. 아무리 부르짖어도 이스라엘의 삶이 변하지 않으면 하나님은 그들의 기도를 듣지 않으신다. 아니, 시내 산에서 맺는 계약 조건에 따르면 그들의 기도를 들으실 수 없다.

II. 유다와 예루살렘에 대한 경고(2:1-6:30)
B. 선지자의 호소: 돌아오라!(3:1-4:4)

2. 이스라엘보다 못한 유다(3:6-10)

6 요시야 왕 때에 여호와께서 또 내게 이르시되 너는 배역한 이스라엘이 행한 바를 보았느냐 그가 모든 높은 산에 오르며 모든 푸른 나무 아래로 가서 거기서 행음하였도다 7 그가 이 모든 일들을 행한 후에 내가 말하기를 그가 내게로 돌아오리라 하였으나 아직도 내게로 돌아오지 아니하였고 그의 반역한 자매 유다는 그것을 보았느니라 8 내게 배역한 이스라엘이 간음을 행하였으므로 내가 그를 내쫓고 그에게 이혼서까지 주었으되 그의 반역한 자매 유다가 두려워하지 아니하고 자기도 가서 행음함을 내가 보았노라 9 그가 돌과 나무와 더불어 행음함을 가볍게 여기고 행음하여 이 땅을 더럽혔거늘 10 이 모든 일이 있어도 그의 반역한 자매 유다가 진심으로 내게 돌아오지 아니하고 거짓으로 할 뿐이니라 여호와의 말씀이니라

요시야 왕 시대에 받은 3:6은 예레미야서의 첫 번째 주요 내러티브 부분으로 11절까지 계속된다.[7] 저자는 본문에서 유다를 이미 하나님의 심판을 받아 망해버린 자매 나라인 북 왕국 이스라엘에 비교한다. 북 왕국은 예레미야 선지자가 사역을 시작하기 100여 년 전에 이미 하나님의 심판을 받아 멸망해버렸다. 그렇다면 유다는 그들보다 더 나아서 아직까지 나라의 명목을 유지하고 있었을까? 선지자는 결코 아니라고 단언한다. 유다가 영적으로 북 왕국 이스라엘보다 훨씬 부패했다는 것이 예레미야의 결론이다(cf. 겔 23:4-11). 북 왕국 이스라엘의 죄가 회색이라면, 남 왕국 유다의 죄는 완전히 검정색이다(Allen). 하나님이 유다를 북 왕국 이스라엘을 대하듯이 했더라면 이미 오래전에 타국으로 내치셨어야 한다는 것이다.

법대로 한다면 하나님은 이미 유다를 멸망시키셨어야 한다. 그러나 하나님은 자비를 베풀어 심판을 미루고 이때까지 그들을 보존하셨다. 유다는 이러한 사실을 깨닫고 근신하며 자신을 되돌아보고 주님께 돌아왔어야 한다. 그러나 그들은 하나님의 자비와 오래 참으심을 오히려 더 방탕한 삶의 근거로 삼았다(8-9절). 자매 나라인 이스라엘의 멸망에서 교훈을 배우지 못한 것이다. 우리가 역사를 공부하는 이유는 과거에서 배우고 깨달아 선조들의 잘못을 반복하지 않기 위해서다. 그러나 유다는 지난 100여 년의 역사에서 배운 것이 없었다.

그렇다면 유다 사람들은 이미 망해버린 자매나라 북 왕국 이스라엘의 역사에서 무엇을 배웠어야 하는가? 최소한 세 가지를 배워야 했다(Brown): (1) 하나님은 죄를 심판하시는 분이라는 사실을 깨닫고 죄를 짓지 않으려고 노력했어야 한다. 하나님의 오래 참으심에도 분명히 한계가 있다는 사실을 깨달았어야 한다; (2) 하나님이 허락하신 영적 대각

7 NIV는 18절까지를 내러티브로 취급하지만, 중간에 위치한 12b-13절은 시/노래로 처리한다. 또한 대부분 주석가들은 11절을 이 부분의 본문에 포함하지만(cf. Fretheim, Brown, Miller), 개역개정과 새번역은 11절을 다음 본문에 포함한다. 별다른 의미의 차이가 없기에 개역개정과 새번역의 장르 표기법을 따른다.

성 운동인 요시야 왕의 종교개혁 효과를 극대화했어야 한다. 그러나 대부분의 사람들은 이 종교개혁에 미지근한 태도나 부정적인 태도를 보였다; (3) 위선적인 회개와 기도로는 절대 하나님의 용서와 자비를 기대할 수 없다는 사실을 깨달았어야 한다. 참회하는 기도는 지은 죄에 대해 진심으로 괴로워하는 회개와 그 회개에 합당한 열매가 삶에서 동반되어야 했다.

남 왕국 유다는 이미 심판을 받아 망한 북 왕국보다 더 악하다고 할 수 있다. 북 왕국 이스라엘에게는 앞서가는 영적 모델이나 경고가 없었다. 반면 유다에게는 자매 국가의 운명을 지켜보며 근신하고 회개할 수 있는 기회가 지난 100여 년 동안 있었다. 그러므로 유다의 강퍅함은 더욱더 하나님과 선지자의 마음을 아프게 한다.

하나님은 지난 역사를 되돌아보면 유다가 때로는 하나님께 돌아오는 척했지만, 결코 진실한 마음으로 돌아온 적은 없었다고 탄식하신다(10절). 참회하는 마음을 동반하지 않는 회개는 하나님이 받지 않으시기 때문이다. 유다의 이러한 방종과 위선은 어디서 비롯되었을까? 아마도 예루살렘 성전, 다윗 언약 등에 대한 왜곡된 신학에서 비롯되었을 것이다. 예루살렘 성전은 하나님이 거하시는 곳이다. 그러므로 무슨 일이 있어도 성전이 있는 예루살렘은 망하지 않을 것이라는(일명 '시온 불가침설') 착각이 당시 만연했다. 게다가 다윗 언약(cf. 삼하 7장)의 영원 불변성이 그들에게 거짓 평안을 주었다. 다윗 언약의 중심에는 다윗 왕조가 주의 백성을 영원히 다스릴 것이라는 약속이 있다. 이 약속이 실현되려면 어느 때에든지 다윗의 후손이 다스리는 백성이 있어야 하며, 그 백성이 삶의 터전으로 삼을 영토가 있어야 한다. 즉 하나님이 다윗과 맺은 이 약속을 지키려면, 아무리 유다가 형편없고 하나님을 분노케 하더라도 하나님은 결코 유다를 멸망시키실 수 없다는 논리가 예레미야의 시대를 지배했다. 이처럼 잘못된 신학은 사람을 살리기는 커녕 오히려 멸망으로 이끈다.

II. 유다와 예루살렘에 대한 경고(2:1–6:30)
B. 선지자의 호소: 돌아오라!(3:1–4:4)

3. 첫 번째 호소: 돌아오라!(3:11–13)

11 여호와께서 내게 이르시되 배역한 이스라엘은 반역한 유다보다 자신이 더 의로움
이 나타났나니 12 너는 가서 북을 향하여 이 말을 선포하여 이르라 여호와께서 이르
시되

배역한 이스라엘아 돌아오라
나의 노한 얼굴을 너희에게로 향하지 아니하리라
나는 긍휼이 있는 자라 노를 한없이 품지 아니하느니라
여호와의 말씀이니라
13 너는 오직 네 죄를 자복하라
이는 네 하나님 여호와를 배반하고
네 길로 달려 이방인들에게로 나아가
모든 푸른 나무 아래로 가서
내 목소리를 듣지 아니하였음이라
여호와의 말씀이니라

선지자는 이 짧은 본문에서 자신이 전하는 메시지가 하나님의 말씀이라는 사실을 네 차례나 언급하며 강조한다: (1) "여호와께서 내게 이르시되"(וַיֹּאמֶר יְהוָה; 11절); (2) "여호와께서 이르시되"(נְאֻם־יְהוָה; 12절); (3) "여호와의 말씀이니라"(נְאֻם־יְהוָה; 12절); (4) "여호와의 말씀이니라"(נְאֻם־יְהוָה; 13절). 예레미야는 이 문구를 네 차례나 반복하면서 자기가 선포하는 말씀의 권위가 어디서 비롯되었는지 강조할 뿐만 아니라, 이 문장들로 말씀을 시작(וַיֹּאמֶר יְהוָה)하고 마무리(נְאֻם־יְהוָה)함으로써 그와 이스라엘에게 말씀하신 하나님은 어떤 분이신가를 선언한다(Fretheim): (1) 하나님은 자비로우신 분이다(12절); (2) 하나님은 오랫동안 분노하시는 분이 아니다(12절); (3) 하

나님은 회개하는 사람을 용서하시는 분이다(13절). 선지자의 연설은 모든 초점이 하나님의 성품에 맞추어져 있다. 유다가 다시 회복될 수 있는 유일한 소망은 그들의 행실이 아니라(유다는 무능해서 하나님이 그들을 용서하실 만한 일을 할 수 없다), 하나님의 자비로운 성품에 있기 때문이다.

선지자는 유다와 이스라엘을 대조한 다음(11절) 다시 본론으로 돌아온다. 그는 유다에게 여호와께 돌아오라고 호소한다. 만일 하나님이 유다보다 상대적으로 죄를 덜 지은 이스라엘을 오래전에 심판하셨다면, 유다에 대한 여호와의 오래 참으심도 머지않아 한계를 드러낼 것이며, 그 다음에는 하나님의 진노와 심판밖에는 남지 않을 것이기 때문이다. 만일 유다가 지금이라도 회개하고 하나님께 돌아오면, 아직도 그들에게는 살 기회가 있다.

이 신탁을 통해 선지자는 이미 망해버린 북 왕국에게도 하나님께로 돌아오기를 호소한다. 그래서 하나님은 예레미야에게 "북을 향하여" 메시지를 선포하라고 하신다(12절). 일부 주석가들이 주장하는 것처럼, 이 말씀은 이미 오래전에 망해버린 북 왕국 이스라엘의 영토나 이스라엘 백성이 100여 년 전에 끌려간 옛 아시리아 영토에 가서 그 후손들에게 돌아오라는 메시지를 실제로 선포하라는 것이 아니다. 다만 주의 백성은 언제든지 회개하면 하나님께 돌아올 수 있다는 상징적인 의미를 강조할 뿐이다.

일부 주석가들은 이 말씀이 또한 "바빌론으로 끌려간 주의 백성"을 대상으로 하고 있다고 주장한다(Fretheim). 예레미야의 메시지를 듣는 사람들이 예루살렘뿐만 아니라 바빌론에도 있다는 점을 감안할 때(cf. 1:3) 이 메시지는 포로민들에게도 의미가 있었을 것이다. 그러나 본문에서 말하는 '북쪽'은 단순히 북 왕국이거나 북 왕국 사람들이 끌려간 아시리아 땅을 의미한다(Lundbom). 그러므로 이 말씀의 대상은 이미 망해버린 북 왕국의 후손들이다. 선지자가 이미 망해버린 '북쪽'(이스라엘)과 '남쪽'(유다)을 비교하는 것을 이 연설의 주요 주제로 언급하고 있기 때문에, 북 왕국의 후손들이 이 말씀을 듣거나, 듣지 않는가는 중요하지 않다.

여호와께서 북 왕국에게 다시 한 번 기회를 주시는 것에 대한 타당성은 유다와 이스라엘을 비교할 때 드러난다. 북 왕국도 주께 많은 죄를 지었지만, 상대적으로 남 왕국보다 더 의롭기 때문이다(11절). 그러므로 더 악한 유다가 아직 심판을 받지 않고 생존해 있다는 것은 이미 망해버린 이스라엘이 사실상 불공평한 대우를 받았다고 말할 수 있다. 그러므로 하나님이 이미 망해버린 북 왕국에게 다시 한 번 기회를 주시는 것은 당연하다(12절).

요시야 왕 시대(cf. 6절)에 예레미야의 메시지를 듣고 있던 유다 청중에게는 참으로 충격적인 말씀이었을 것이다(Fretheim). 유다 사람들은 북 왕국이 망한 이후 지금까지 지난 100여 년 동안 이스라엘이 망한 이유는 그들이 자신들(viz., 유다)보다 하나님께 더 많은 죄를 지었기 때문이라고 단정했다. 자신들은 북 왕국에 비해 상대적으로 의롭고 하나님을 잘 섬기고 있기 때문에 여호와께서 그들을 멸망하지 않으셨다고 스스로를 위로했다. 예레미야와 동시대에 사역하던 에스겔 선지자는 남 왕국과 북 왕국이 전혀 구분이 안 가는 자매라고 말했는데(cf. 겔 23장), 예레미야는 아예 전에 멸망한 이스라엘이 유다보다 더 의롭다고 말한다! 일부 주석가들은 이 말씀을 하나님이 이미 망해버린 북 왕국을 용서하셨다는 뜻으로 간주한다(McKane). 그러나 하나님이 이미 망해버린 북 왕국에 대해 어떻게 하실 것인가는 이 말씀의 핵심이 아니다. 단지 이미 망해버린 북 왕국이 유다보다 더 나았다는 사실을 강조할 뿐이다. 그러니 이 말씀이 유다 사람들에게 얼마나 충격적으로 들렸겠는가!

남편 하나님은 간음한 아내 유다의 회심을 무작정 받아들이지는 않으실 것이다. 만일 아내 유다가 남편에게 돌아오기를 원한다면, 자신의 잘못된 행위를 인정하고 회개하며 남편의 용서를 구해야 한다(13절). 예레미야는 갈등하는 남편 하나님의 마음을 잘 묘사하고 있다. 하나님은 한편으로는 아내 이스라엘과의 관계를 계속 지속하고 싶지만, 다른 한편으로는 남자의 모든 자존심까지 버리면서 그렇게 하고 싶지 않다. 하나님의 마음은 아내 이스라엘 때문에 갈기갈기 찢겨져 있다. 하나님은 아내 이스라엘을 다시 받아들이고 사랑하기를 원하신다. 그러나 남편은 회개하기는커녕 아무런 잘못이 없다며 마치 개선장군처럼 당당하게 돌아오는 아내 이스라엘을 그대로 맞이할 생각은 없다.

II. 유다와 예루살렘에 대한 경고(2:1–6:30)
B. 선지자의 호소: 돌아오라!(3:1–4:4)

4. 두 번째 호소: 돌아오라!(3:14–20)

14 여호와의 말씀이니라
배역한 자식들아 돌아오라
나는 너희 남편임이라
내가 너희를 성읍에서 하나와 족속 중에서 둘을 택하여
너희를 시온으로 데려오겠고
15 내가 또 내 마음에 합한 목자들을 너희에게 주리니
그들이 지식과 명철로 너희를 양육하리라
16 여호와의 말씀이니라
너희가 이 땅에서 번성하여 많아질 때에는
사람들이 여호와의 언약궤를
다시는 말하지 아니할 것이요
생각하지 아니할 것이요
기억하지 아니할 것이요
찾지 아니할 것이요
다시는 만들지 아니할 것이며

[17] 그때에 예루살렘이 그들에게 여호와의 보좌라 일컬음이 되며
모든 백성이 그리로 모이리니
곧 여호와의 이름으로 말미암아 예루살렘에 모이고
다시는 그들의 악한 마음의 완악한 대로
그들이 행하지 아니할 것이며
[18] 그때에 유다 족속이 이스라엘 족속과 동행하여
북에서부터 나와서
내가 너희 조상들에게 기업으로 준 땅에 그들이 함께 이르리라
[19] 내가 말하기를 내가 어떻게 하든지
너를 자녀들 중에 두며 허다한
나라들 중에 아름다운 기업인
이 귀한 땅을 네게 주리라 하였고
내가 다시 말하기를 너희가 나를 나의 아버지라 하고
나를 떠나지 말 것이니라 하였노라
[20] 그런데 이스라엘 족속아
마치 아내가 그의 남편을 속이고 떠나감같이
너희가 확실히 나를 속였느니라
여호와의 말씀이니라

남편 하나님은 방탕한 아내 이스라엘을 너무 사랑해서 그대로 내버려 두실 수 없다. 그래서 다시 이스라엘에게 돌아오라고 호소하신다. 남편은 아내가 돌아올 수 있도록 여건도 마련해주실 것이다. 그러나 이 배려는 결코 즐겁고 기쁜 마음에서 비롯된 대안은 아니다. 돌아오라는 하나님의 이 두 번째 외침의 배경에는 아내의 방탕으로 인해 실망과 상처를 받은 남편의 몸부림이 있다(cf. 19-20절). 때로는 우리에게 임하는 구원은 이처럼 하나님의 많은 아픔과 번민을 대가로 요구할 수 있다.

여호와께서는 거부당한 부모(cf. 호 11:1-9)와 배반당한 남편으로서 배

신한 자식을, 배반한 아내를 부른다(14절). 이스라엘은 그동안 바알(בַּעַל)을 찾아다녔다. 그러나 하나님은 자신이 바로 그들의 남편(בַּעַל)임을 강조하신다. 그들은 진정한 '바알'(남편)을 놓아두고 엉뚱한 '바알'(우상)을 찾았던 것이다(cf. Feinberg, Keil). 일종의 언어유희가 사용되고 있다. 이스라엘이 '바알'(우상)을 찾은 것은 그들의 진정한 '바알'(남편)을 버리는 행위였다.

만일 이스라엘이 지금이라도 돌이키고 돌아오기만 한다면, 하나님은 그들에게 목자를 주실 것이다(15절). 이때까지 선포되었던 심판과 절망적인 미래에 대한 메시지와 매우 강력한 대조를 이루는 희소식이다. 목자들은 그들을 인도할 만하고 하나님의 성품을 닮은 훌륭한 리더들을 의미한다(cf. 겔 34장). 또한 사무엘상 13:14, 에스겔 34:23, 사도행전 13:22 등을 감안하면, 이 말씀이 다윗 계열의 왕을 뜻한다는 것을 쉽게 알 수 있다(McKane). 이 다윗 계열의 왕은 주의 백성을 지혜롭고 공정하게 통치할 것이다.

본문이 예고하고 있는 메시아의 통치는 곧바로 실현되지는 않는다. '그때'에 일어날 일이기 때문이다(17절). 그때가 되면 유다와 이스라엘은 하나님이 허락하시는 땅에서 다시 번성할 것이다(16, 18절). 솔로몬의 죄로 인해 남과 북으로 나뉜 후 끊임없이 갈등을 빚으며 경쟁하던 자매 나라들이 더 이상 싸우지 않고 함께 번성할 것이다.

성경 저자들은 언젠가는 여호와께서 유다와 이스라엘을 통일시켜 주실 것이라는 '통일 신학'을 염원했는데, 예레미야도 예외는 아니다(Weinfeld, cf. 왕상 18:30-32; 사 11:12-13; 겔 37:15-27; 렘 31:31-40). 예레미야는 먼 훗날 하나님이 계획하신 때가 되면 포로가 되어 북쪽으로 끌려간 이스라엘과 유다가 다시 약속의 땅으로 돌아와 더 이상 차별도, 갈등도 없이 주님의 축복을 함께 누리며 한마음으로 여호와를 섬기는 날이 올 거라고 노래한다. 아직도 분단된 나라에서 살고 있는 우리에게도 이것은 소망의 말씀이다.

그때가 되면 주의 백성은 언약궤를 "다시는 말하지 아니할 것이요 생각하지 아니할 것이요 기억하지 아니할 것이요 찾지 아니할 것이요 만들지 아니할 것"이다(16절). 언약궤가 상징하는 하나님이 바로 그들 중에 함께하실 것이기 때문이다(17절; cf. 계 21:22-23). 예전에는 예루살렘에 있는 법궤가 하나님의 임재를 상징했지만, 그때가 되면 법궤가 더 이상 예루살렘에 있을 필요가 없다. 하나님이 직접 예루살렘에 거하실 것이기 때문이다. 선지자의 말씀은 앞으로 이스라엘에 임할 하나님의 영광이 과거 법궤를 통해 이스라엘에 임했던 하나님의 영광보다 훨씬 더 위대할 것을 암시한다(Brown).

선지자는 "예루살렘이 여호와의 보좌"라 칭함을 받음으로 이것이 실현될 것이라고 한다(17절). 이 말씀은 그때(viz., 하나님의 영광이 주의 백성 중에 거할 때)가 되면 예루살렘도 변화된 모습을 갖추게 될 것을 전제한다. 옛 예루살렘에도 성전은 있었지만, 하나님의 보좌가 있는 곳으로는 부정과 악이 너무 많았다. 또한 예루살렘은 이방인들의 습격의 표적이 되기 일쑤였다. 그런데 예레미야가 17절에서 묘사하는 예루살렘의 모습은 전혀 새롭다.

하나님의 보좌가 될 예루살렘으로 이방인들이 모여드는데, 이번에는 약탈하러 오는 것이 아니라, 하나님의 통치에 복종하고 주님을 찬양하기 위해서 모인다(cf. 사 2:1-5; 미 4:1-5). 앞에서 예레미야는 북쪽에서 온 왕들이 예루살렘 성문 앞에 자리를 잡고 유다를 괴롭힐 것이라고 했다(1:15). 이번에는 열방이 하나님께 회개하고 경배하기 위해 모인다! 전혀 상상하지 못했던 반전이다. 또한 전에 예루살렘에 입성한 이방인들은 온갖 악을 행했는데, 다시는 "그들의 악한 마음의 강퍅한 대로 행하지 않을 것"이다(17절). 열방이 예루살렘을 대하는 자세가 완전히 변한 것이다. 예루살렘이 여호와의 보좌가 되었기 때문이다. 예언자는 말일에 실현될 새로운 시온(예루살렘)의 모습을 노래한다. 예레미야는 시온 사상의 새로운 면모를 선포하고 있다. 주의 백성의 궁극적인 회복이 새 예루살렘에서 이루어진다고 말하는 계시록의 말씀도 구약 선지자들의 이 같은 예언과 무관하지 않다(cf. 계 22장).

그런데 "다시는 그들의 악한 마음의 강퍅한 대로 행하지 않을 것"(17절)이라는 말씀이 다른 곳에서는 유다와 이스라엘의 죄를 묘사하며 사용되기도 한다(7:14). 그러므로 이 말씀은 예루살렘을 방문하는 이방인들뿐만 아니라, 예루살렘에 거하게 될 유다와 이스라엘 귀향민들에게도 적용된다. 주의 백성들의 죄로 가득 찬 마음도 치료를 받게 될 것을 암시한다. 이러한 차원에서 이 말씀은 "내가 나의 법을 그들의 속에 두며 그들의 마음에 기록하여 나는 그들의 하나님이 되고 그들은 내 백성이 될 것이라"(31:33)는 예레미야의 선포를 벌써부터 기대하게 한다.

II. 유다와 예루살렘에 대한 경고(2:1–6:30)
B. 선지자의 호소: 돌아오라!(3:1–4:4)

5. 세 번째 호소: 돌아오라!(3:21–25)

21 소리가 헐벗은 산 위에서 들리니
곧 이스라엘 자손이 애곡하며 간구하는 것이라
그들이 그들의 길을 굽게 하며
자기 하나님 여호와를 잊어버렸음이로다
22 배역한 자식들아 돌아오라
내가 너희의 배역함을 고치리라 하시니라
보소서 우리가 주께 왔사오니
주는 우리 하나님 여호와이심이니이다
23 작은 산들과 큰 산 위에서 떠드는 것은 참으로 헛된 일이라
이스라엘의 구원은 진실로 우리 하나님 여호와께 있나이다
24 부끄러운 그것이 우리가 청년의 때로부터
우리 조상들의 산업인 양 떼와 소 떼와

아들들과 딸들을 삼켰사온즉
25 우리는 수치 중에 눕겠고
우리의 치욕이 우리를 덮을 것이니
이는 우리와 우리 조상들이 청년의 때로부터
오늘까지 우리 하나님 여호와께 범죄하여
우리 하나님 여호와의 목소리에 순종하지 아니하였음이니이다

일부 주석가들은 헐벗은 산 위에서 들리는 소리(21절)가 하나님의 탄식이라고 주장하지만(Fretheim), 분명 이스라엘의 목소리다(cf. 새번역; 공동; 아가페; TNK, NIV, NRS). 이스라엘은 민둥산 위, 곧 그들이 우상숭배를 하는 곳에서 부르짖고 있다(21절). 이스라엘은 잇속을 챙기기 위해 우상을 숭배했지만, 무능한 우상은 어떠한 능력도 발휘하지 못한다는 사실을 깨달았다. 그 사실을 깨닫자 이스라엘은 자신들이 우상을 숭배하던 장소인 민둥산 위에서 마지못해 하나님을 찾았다.

모두 다 하나님을 잊은 결과다(21절). 그래도 하나님은 이스라엘을 포기하지 않으시고 다시 "돌아오라"고 하신다(22절). 지금이라도 돌아오기만 한다면 그들을 받아주시겠다는 의지의 표현이다. 그들이 "돌아오기만 하면" 하나님의 의지를 강조하기 위해 선지자는 22절에서 "돌아오다"(שׁוב)에서 비롯된 단어를 세 차례나 사용한다: "돌아오라"(שׁוּב); "배역한 [자식들아]"(שׁוֹבָבִים); "너희의 배역함[을 고치리라]"(מְשׁוּבֹתֵיכֶם). 그러므로 22절은 이스라엘의 회개를 간절하게 염원하는 하나님의 마음을 표현하고 있다(Brown).

이스라엘이 지금이라도 주님께 돌아오면 하나님은 그들의 배역함을 "고치리라"(רפא)라고 약속하신다. '배역함'(מְשׁוּבָה)은 반복적인 행위를 뜻하는 단어다(cf. HALOT). 이스라엘의 가장 큰 문제는 계속 옛길(죄의 길)로 되돌아가는 것이다. 그들은 때로 은혜를 받았다며 하나님을 사랑하고 섬기겠노라고 다짐해 보지만, 얼마 지나지 않아 다시 옛길로 돌아간

다. 하나님은 그들의 반역과 이 잘못된 습관을 모두 '치료'(רפא)하겠다고 말씀하신다(22절). 이것은 육체적, 심적 치유를 뜻하며(6:14; 8:22; 15:18; 17:14; 애 2:13; 창 20:17; 레 13:18), 때로는 물건을 고치는 것을 의미하기도 한다(19:11; 왕상 18:30). 이 단어는 마실 수 없는 물을 생수로 변화시킨 일을 묘사한다(왕하 2:22). 또한 죄를 용서하는 것을 의미하기도 한다(30:17; 33:6; 사 53:5).

하나님은 본문에서도 마지막 개념(죄를 용서하는 일)을 약속하신다. 죄는 치유를 받아야 할 질병이라는 것이다. 이스라엘의 우상숭배와 온갖 범죄가 그들이 앓고 있는 질병 때문이라면, 인간은 결코 죄 문제를 스스로 해결할 수 없다. 외부에서 처방이 와야 치료가 가능하다. 하나님이 이 처방을 약속하신다: "내가 너를 치료하겠다(רפא)." 많은 선지자들이 이 사실을 지적한다(cf. 사 57:15-18).

이스라엘은 황무해진 그들의 땅을 보며 그들이 엉뚱한 신들을 좇았다는 사실을 깨달았다(21절). 그들은 하나님께 돌아와 잘못을 고백한다(23절). 이방 신들을 섬기며 풍요로운 들과 산을 기대했건만 실제적으로는 "언덕에서 드리는 이교 제사가 쓸데없고, 산 위에서 드리는 축제의 제사가 우리를 구원하지 못한다"(새번역)는 사실을 깨달은 것이다(23절). 그들은 역사를 돌아보며 그들이 조상 때부터 하나님을 멀리하고 우상들을 좇아왔음을 인정한다(24절).

개역개정이 '헛된 일', 공동번역이 '쓸데없음'으로 번역하고 있는 히브리 단어(שֶׁקֶר)의 가장 기본적인 의미는 속임수다(cf. HALOT). 이스라엘은 자신들이 우상들에게 속았다고 고백하고 있는 것이다(Overholt). 그리므로 그들은 하나님 앞에 "수치를 요로 깔고, 부끄러움을 이불로 덮겠습니다"(새번역)라고 고백한다(25절). 이스라엘은 자신들이 두 번 버림받은 신세가 되었음을 의식한다. 먼저 하나님께 버림받았고, 그다음 그들이 좇던 정부들에게도 버림받았음을 깨달은 것이다. 이스라엘은 자신들이 민족으로 출범한 이래 줄곧 이렇게 해왔다며 자신들의 역사를 잘 요약하고 있다(Bright, McKane, cf. 25절).

문제는 이스라엘의 고백을 진실로 받아들이느냐, 아니면 마치 주문을 외우는 듯한 형식적인 고백으로 받아들이느냐는 것이다. 학자들은 형식적인 것으로 받아들이기도 하고(Huey, Fretheim), 진실로 받아들이기도 한다(Bruggemann, Miller). 만일 진실이라면 왜 하나님의 심판 선언이 계속되고 있는가, 라는 질문이 제기된다. 반면에 형식적으로 보기에는 내용이 너무 진실하고 하나님도 이들의 고백을 인정하시는 듯한 느낌을 준다. 특히 이들은 22-25절에서 여호와를 "우리의 하나님"(אֱלֹהֵינוּ)이라고 네 차례나 부른다. 상당한 진실성이 느껴진다.

책의 전체적인 성향을 고려할 때, 본문은 이스라엘의 형식적인 고백이라고 해석하는 것이 바람직하다. 그들은 아름답고 진솔한 단어들로 자신들의 죄를 고백하지만, 하나님의 진노는 계속된다. 그것은 그들이 아직 회개하지 않고 있다는 것을 암시한다. 비록 이들이 이처럼 훌륭한 기도문으로 하나님 앞에 무릎을 꿇지만, 아직 그들의 마음에는 자신들의 죄에 대한 애통함이 없다. 이 고백은 일종의 립서비스(lip service)에 불과하다. 성경은 회개할 때 죄에 대한 고백을 동반해야 함을 분명히 한다. 또한 죄에 대한 애통함(cf. 시 51:17)과 그것으로부터 완전히 돌이키는 삶이 함께해야 한다(약 2:4). 그러므로 설령 이 말씀이 이스라엘의 진솔한 고백이라 할지라도 예레미야 시대에 이렇게 고백할 사람은 그리 많지 않았을 것이다(Brown).

II. 유다와 예루살렘에 대한 경고(2:1-6:30)
B. 선지자의 호소: 돌아오라!(3:1-4:4)

6. 네 번째 호소: 돌아오라!(4:1-4)

[1] 여호와께서 이르시되 이스라엘아
네가 돌아오려거든 내게로 돌아오라

네가 만일 나의 목전에서 가증한 것을 버리고
네가 흔들리지 아니하며
2 진실과 정의와 공의로 여호와의 삶을 두고 맹세하면
나라들이 나로 말미암아 스스로 복을 빌며
나로 말미암아 자랑하리라
3 여호와께서 유다와 예루살렘 사람에게 이와 같이 이르노라
너희 묵은 땅을 갈고
가시덤불에 파종하지 말라
4 유다인과 예루살렘 주민들아
너희는 스스로 할례를 행하여
너희 마음 가죽을 베고 나 여호와께 속하라
그리하지 아니하면 너희 악행으로 말미암아
나의 분노가 불같이 일어나 사르리니
그것을 끌 자가 없으리라

만일 입술로 하는 죄의 고백이 여호와를 기쁘시게 하지 못한다면, 주님은 백성에게서 어떤 반응을 기대하시는가? 예레미야는 이 네 번째 호소에서 하나님이 백성들에게 기대하는 반응이 어떤 것인지를 확실하게 밝힌다. 주의 백성이 하나님의 권면을 듣고 회개한다면, 그 증거로 말씀에 순종하는 삶을 보여달라는 것이다. 회개는 절대 입술로 고백하는 것으로 끝나지 않고 변화된 행동과 마음이 동반되어야 한다. 진정한 회개가 어떤 것인가를 설명하는 선지자의 메시지는 아직 포로가 되어 바빌론으로 끌려가지 않은 사람들에게 하나님의 심판을 피하는 방법을 알려준다(Fretheim). 반면에 이미 포로가 되어 바빌론으로 끌려간 사람들에게는 다시 조국으로 돌아갈 수 있는 조건을 알려준다(Brueggemann). 예레미야의 메시지는 양면성을 지닌 것이다.

저자는 1절에서 '만일'(אִם)이란 조건적인 단어를 두 차례 사용한다: "만

일 네가 돌아온다면…만일 네가 나에게 돌아온다면(하나가 두 문구에 적용되고 있다)…만일 네가 내 목전에서 가증한 것들을 버리고 마음이 요동치 않는다면(לֹא תָנוּד)….” 요동하는 것은 목적 없이 방황하는 것을 의미하기도 하고(창 4:14), 개울가에 심긴 갈대가 바람에 흔들리는 것을 의미하기도 한다(왕상 14:15). 참 회개는 우상을 바라보던 사람이 드디어 하나님을 바라보는 것을 뜻하는 것이 아니라, 지난날의 잘못을 청산하고 다시는 그쪽(viz., 우상 쪽)에 마음을 주지 않겠다는 각오와 의지가 동반되는 것이라고 선지자는 말한다. 그러므로 본문의 회개하라는 신탁은 3:21-25에 기록된 이스라엘의 피상적이고 마음이 따르지 않은 형식적인 회개와는 큰 차이가 있다(Brown).

이들이 하나님께 돌아와 지난 일을 모두 회개하고 정리한 다음에는 무엇을 해야 하는가? 저자는 “여호와의 삶을 두고” 진실과 정의와 공의로 맹세해야 한다고 한다(2절). 동사 ‘맹세하다’(שׁבע)는 매우 강력한 언어다. 여호와의 삶을 두고 맹세한다는 것은 하나님이 실제로 존재하신다는 것과 맹세한 내용에 하나님을 개입시킨다는 의미다(cf. HALOT). 만일 맹세한 내용이 사실이 아니면 하나님이 맹세한 사람을 벌하실 수도 있다. 함부로 맹세하지 말라고 성경이 말하는 것도 그 때문이다.

‘진실’(אֱמֶת)은 믿고 신뢰할 만한 것을 뜻한다. ‘정의’(מִשְׁפָּט)는 공평함을 강조하는 개념이다. ‘공의’(צְדָקָה)는 진실함을 가장 중요하게 여기는 개념이며 공동체에 속한 사람들은 이런 자세로 다른 멤버들을 대해야 한다(cf. HALOT). 이 세 가지는 하나님의 가장 기본적이고 중요한 성품이기도 하다. 회개한 사람들은 모든 면에서 하나님을 닮아가려고 노력해야 하는데, 특별히 이 세 가지 성품을 더욱 닮아가려고 노력해야 한다는 의미다. 여호와는 진실과 정의와 공의를 사랑하고 몸소 실천하시는 분이기 때문이다. 이 땅에서 하나님의 백성으로 살아간다는 것은 삶에서 주님의 성품을 닮아가려고 노력한다는 뜻이다. 그러므로 주의 백성들은 자신들의 삶에 진실, 정의, 공의가 깊이 뿌리내리도록 노력해야 한다.

정의와 공의는 선지자들이 자주 사용하는 쌍(pair)이기도 하다(cf. 암 5:7, 24; 6:12; 사 5:7; 9:7; 렘 22:3, 15). 하나님은 백성과의 관계가 회복되기를 간절히 바라신다. 그러나 깨어진 관계가 회복되려면 한때 그들이 가졌던 신실하고 진실된 마음을 회복해야 한다. 이스라엘이 이러한 마음 자세로 돌아온다면 "세계 만민이 주의 복을 받고, 그들도 주를 자랑할 것"이다(2절; 새번역). 이 말씀은 주의 백성이 회개하면 온 세상이 어떻게 달라질 것인지에 대해 증언한다. 회개는 회개하는 사람 개인에게만 효과를 발휘하는 것이 아니라, 온 세상에 긍정적인 영향을 미친다. 즉 주의 백성의 회개는 온 열방이 하나님의 복을 받게 하는 축복의 통로가 된다. 이 말씀은 하나님이 아브라함에게 주신 축복을 재확인하고 있다(cf. 창 12:1-3; 18:18; 22:18; 26:4; 28:14).

또한 그리스도인의 삶은 개인적인 차원의 행복을 추구하는 것에 그쳐서는 안 되고 온 세상에 복을 가져다줄 수 있는 복의 근원이 되어야 함을 강조한다. 우리는 결코 우리 자신만을 위해 신앙생활을 하는 것이 아니다. 우리가 하나님께 신실하게 살면 온 세상이 우리의 순종으로 인해 하나님의 복을 누린다.

선지자는 회개가 진리, 공의, 정의를 추구하는 삶을 갈망하는 것이라고 선포했다(2절). 이제 그는 이 일을 위해 이스라엘이 먼저 취해야 할 행동을 세 개의 명령문을 통해 제시한다(3-4절): "[밭을] 갈라(נִירוּ)! 파종하지 말라(אַל־תִּזְרְעוּ)! 할례를 행하라(הִמֹּלוּ)!" 이 말씀을 통해 예레미야는 회개는 외향적인 면(겉으로 드러나는 것)과 내향적인 면(오직 자신만이 아는 것) 두 가지를 겸비해야 한다고 가르친다(Fretheim).

첫째, 갈고 파종하라. 이것은 농사에서 비롯된 이미지로 호세아서 10:12을 연상시킨다. 농부가 곡식을 파종하려면 먼저 묵은 땅을 갈아엎어 가시덤불과 잡초들을 제거해야 한다(3절). 이스라엘이 하나님께 돌아오려면 먼저 죄에 둔해진 마음(viz., 묵은 땅)을 갈아엎고 자신들의 삶에서 가시덤불(viz., 우상들)을 제거해야 한다(Thompson). 하나님께 다가가는 것을 막고 있는 모든 올무와 걸림돌이 되고 있는 우상들을 제거하라는 뜻이다(Keil). 우상을 제거하지 않는 한 절대 하나님을 섬길 수 없다. 이러한 일(땅을 갈아 엎고 가시덤불을 제거하는 일)은 주변 사람들이 모두 볼 수 있는 외향적인 일이다.

둘째, 마음에 할례를 행해야 한다(4절). 하나님은 아브라함에게 남자 아이가 태어나면 8일째 되는 날 할례를 행하라고 명령하셨다. 그 이후로 할례는 이스라엘에서 매우 중요한 예식으로 자리 잡았다(cf. 창 17:1-14). 그러나 육체의 할례만으로는 하나님을 기쁘시게 할 수 없다는 것을 성경은 가르치고 있다. 그래서 예레미야는 마음의 할례의 필요성을 강조한다. 마음의 할례는 신명기 10:16; 30:6 등에서 비롯되었다(cf. 렘 9:26; 31:33; 롬 2:25-28). 마음의 할례를 행한다는 것은 사람이 자신의 사고와 가치관과 우선권 등 행동을 지배하는 모든 것을 하나님 중심으로 세운다는 뜻이다. 물론 쉽지 않다. 그래서 저자는 이러한 일을 살을 찢고 피를 흘리는 육체적 할례에 비교한다(Fretheim). 마음의 할례는 개인만이 알 수 있는 내향적인 일이다.

이스라엘은 그들에게 아무런 도움이 안 되는 가시덤불(viz., 우상)이 무성한 땅에 씨를 뿌리지 말고 그동안 묵혀두었던 옥토(viz., 하나님과의 관계)를 갈아 그곳에 씨앗을 파종해야 한다(cf. 3절). 그들의 마음(사고, 의지의 상징)도 할례를 받아야 한다. 그렇다면 회개는 주의 백성이 입으로만 고백하는 것이 아니라 그들의 삶에 획기적인 변화가 동반되어야 한다고 요구한다. 만일 하나님의 요구를 받아들이지 않을 경우 그들의 삶에는 오직 죽음과 파괴만이 있게 될 것이다(4절). 하나님의 분노가 불같이 일어나 그들을 사를 것이기 때문이다. 그렇다면 그들에게는 선택의 여지가 없다. 무슨 일이 있어도 삶이 변해야 한다. 그러나 그들의 삶은 끝내 변하지 않았다. 결국 그들은 하나님의 심판을 받아 바빌론으로 끌려갔다. 사람이 무엇을 해야 하는 것을 깨닫는 것과 그것을 실천에 옮기는 것은 별개의 문제다.

II. 유다와 예루살렘에 대한 경고(2:1-6:30)

C. 북쪽 침략자 경고(4:5-31)

이 메시지가 정확히 어느 시대에 선포된 것인가는 확실하지 않다. 이때까지 예레미야는 유다에 임할 심판에 대한 신학적 이유를 제시했다. 반면에 이곳에서부터 6:30까지는 심판이 임하게 된 이유가 아니라, 그들이 경험하게 될 구체적인 심판에 대해 말씀을 선포한다(Allen). 이 본문의 초점이 하나님께 반역한 백성이 경험할 환란에 맞추어져 있는 것이다.

유다가 망하기 전에 예루살렘에서 들었던 사람들에게 이 말씀은 앞으로 임할 재앙에 대한 경고다. 동시에 훗날 바빌론에 끌려가서 이 메시지를 회상할 사람들에게는 "우리 하나님 여호와께서 어찌하여 이 모든 일을 우리에게 행하셨느냐?"(5:19)라는 질문에 대한 답이다. 주의 백성이 이처럼 혹독한 심판을 받게 된 이유가 곳곳에 있기 때문이다. 그러므로 이 본문은 바빌론으로 끌려간 사람들이 경험했던 예루살렘 멸망, 성전 파괴, 왕권 붕괴, 포로 생활에 대해 설명하는 역할도 한다(Fretheim). 하나님이 주의 백성을 이토록 혹독하게 심판하신 이유는 무엇보다도 그들이 지속적인 우상숭배로 하나님을 배신했기 때문이다.

앞부분(1-3장)에서는 남편 하나님이 아내 이스라엘의 간음 때문에 온갖 상처를 받았음에도 불구하고 아내가 돌아오기를 학수고대하는 처량한 남편으로 묘사되었다. 이제 예레미야는 분위기를 바꿔서 남편의 이러한 바람이 허무한 것이었다는 사실을 강조한다. 심지어 "하나님께는 더 이상 이스라엘을 용서하실 자유가 없다. 설령 하나님이 이들을 용서하기를 간절히 원하신다 하더라도 결코 용서할 수 없는 상황"(Calvin)이 전개되고 있음을 회고한다. 저자는 유다에 임박한 심판을 매우 드라마틱하고 생생하게 묘사한다.

이 섹션을 전체적으로 아우르는 주제는 하나님의 심판과 그로 인한 세상의 파괴와 절망이다. 선지자는 이 중심 주제를 다음과 같은 주제의 반복을 통해 제시한다: (1) 하나님이 심판의 도구로 보내신 침략군에 대한 절망감; (2) 예레미야의 개인적인 탄식과 슬픔과 체념; (3) 인류 역사의 종말에 대한 비전; (4) 죄에 대한 비난과 다가오는 심판. 이스라엘에 대한 하나님의 심판은 단순히 그들만의 비극으로 끝나지 않는다. 온 세상이 파괴되고 혼돈이 지배하는 세상을 초래한다. 이스라엘의 회개와 순종이 온 세상에 복을 끼치는 일(cf. 2절)의 반대가 벌어지는 것이다. 그래서 일부 학자들은 이 본문을 '혼돈 전승'(chaos tradition)의 일부라고 한다(Perdue).

그러나 이 본문이 하나님의 심판을 중심 주제로 전개하고 있다고 해서 하나님의 분노만 보아서는 안 된다. 하나님의 분노 뒤에는 아픔과 상처, 주의 백성에 대한 사랑과 관심이 서려 있기 때문이다(Heschel). 그러므로 하나님의 분노보다는 주님의 백성을 향한 애증이 강조되어야 한다. 본문은 다음과 같이 세분화될 수 있다.

A. 몰려오는 침략군(4:5-8)
  B. 침략군의 신학적 의미(4:9-10)
    C. 심판의 파괴력(4:11-18)
    C′. 선지자의 고통(4:19-22)
  B′. 여호와의 날(4:23-28)
A′. 임박한 전쟁(4:29-31)

II. 유다와 예루살렘에 대한 경고(2:1-6:30)
C. 북쪽 침략자 경고(4:5-31)

1. 몰려오는 침략군(4:5-8)

5 너희는 유다에 선포하며
예루살렘에 공포하여 이르기를 이

땅에서 나팔을 불라 하며
또 크게 외쳐 이르기를 너희는 모이라
우리가 견고한 성으로 들어가자 하고
6 시온을 향하여 깃발을 세우라, 도피하라, 지체하지 말라,
내가 북방에서 재난과 큰 멸망을 가져오리라
7 사자가 그 수풀에서 올라왔으며
나라들을 멸하는 자가 나아왔으되
네 땅을 황폐하게 하려고 이미 그의 처소를 떠났은즉
네 성읍들이 황폐하여 주민이 없게 되리니
8 이로 말미암아 너희는 굵은 베를 두르고 애곡하라
이는 여호와의 맹렬한 노가
아직 너희에게서 돌이키지 아니하였음이라

예레미야는 온 이스라엘에게 적군의 침략을 알리는 나팔(שׁוֹפָר)을 울릴 것을 권고한다(cf. 삿 3:27; 겔 33:3-4; 호 5:14; 욜 3:16). 파수꾼은 높은 탑에 올라가 지평선을 바라보다가 위협적인 움직임을 감지했을 때 사람들에게 위험을 알리기 위해 나팔을 울린다. 파수꾼의 소리를 들은 사람들은 신속하게 성 안으로 대피해야 한다. 요즘 전쟁에서는 적군의 폭격을 미리 알리는 공습경보와 비슷하다(Fretheim). 선지자는 유다의 파수꾼들에게 북쪽에서 무시무시한 군대가 쳐들어오고 있음을 알리라고 한다(6절).

파수꾼들이 경고한다고 해서 아무 성읍에나 들어갈 수는 없다. 안전하게 보호받을 수 있는 견고한 성읍으로 가야 한다(5절). 적들로부터 사람들을 보호할 수 있는 견고한 성읍들 중 시온이 단연 으뜸이다. 그래서 하나님은 시온을 향해 깃발을 세우라 하신다(6절). 어느 성읍으로 도망해야 살 수 있는지를 표시해 알려주라는 것이다. 파수꾼의 경고음을 들으면 절대 지체해서는 안 된다. 신속하게 그곳으로 가야 한다. 저자는 매우 긴박한 상황을 긴장감 있게 묘사하고 있다. 그래서 예레미야는 극

에 달한 긴박감을 조성하기 위해 5-6절에서 다음 같이 다급함과 연관된 명령문들을 사용한다: "선포하라…공표하라…이르라…나팔을 불라…외쳐 이르라…모이라…들어가라…기호를 세우라…도피하라…지체하지 말라."

유다 사람들이 긴장해야 하는 것은 적들의 침략 때문이 아니라, 하나님이 북방에서 오는 침략자들을 사용해 자기 백성에게 "재앙과 큰 멸망"을 내리실 것이기 때문이다(6절). '재앙'(רָעָה)은 하나님이 예레미야에게 북쪽에서 남쪽으로 기울어진 끓는 솥 환상을 보여주면서 이 환상이 북쪽에서 재앙이 올 것을 예고하는 것이라고 설명하실 때 사용한 단어다(cf. 1:14). 그러므로 본문은 하나님이 1장에서 경고하신 재앙이 임박해 있음을 암시한다. '큰 멸망'(שֶׁבֶר גָּדוֹל)은 예레미야서에서 6차례 사용된 표현으로 이곳에서 처음 나온다. 일부 학자들은 스바냐 선지자의 표현을 예레미야가 인용한 것이라고 주장하기도 한다(Holladay). 그러나 어느 선지자가 먼저 이 표현을 사용하기 시작했느냐는 문제는 별로 중요하지 않다.

4:6; 6:1; 14:17; 48:3에 나오는 '큰 멸망'은 유다가 멸망을 당할 것을 예고한다. 선지자는 같은 표현을 바빌론의 미래에 대해 설명하면서 사용한다(50:22; 51:54). '큰 멸망'은 회생이 불가능할 정도로 완전히 파괴된 상황을 전제한다.[8] 하나님이 파괴하셨기 때문이다. 그렇다고 모든 것이 절망적인 것만은 아니다. 하나님은 찢기도 하지만, 꿰매기도 하시는 분이기 때문이다(호 6:1). 오늘은 유다를 파괴하지만, 훗날 다시 회복해주실 수도 있다.

예레미야는 유다 백성이 당면한 상황을 '멸망'(שֶׁבֶר)으로 자주 표현한다. 이 단어는 포로가 되어 바빌론에게 끌려갈 주의 백성에게 임박한 상

8 예레미야는 세 가지 이미지를 병행해 이 단어를 사용한다: (1) 부러진 뼈(6:14; 8:21; 10:19; cf. 레 21:19); (2) 깨어진 항아리(cf. 사 30:14); (3) 무너진 벽(cf. 사 30:13; Holladay).

황을 잘 묘사하기 때문이다. 그래서 예레미야는 구약에서 이 단어가 사용되는 빈도수의 1/3(총 44회 중 15차례)을 자신의 책에서 사용하고 있다(Brown). 주의 백성의 멸망에 예레미야의 모든 관심이 쏠려 있다는 것을 의미한다.

북쪽에서 유다를 향해 오는 적들(바빌론)은 여호와께서 자기 백성을 벌하기 위해 불러들이신 자들이다. 한때는 이스라엘을 보호하던 전사(Warrior) 하나님이(출 15:3) 어느덧 유다를 치는 전사가 되셨다(Dearman). 예레미야는 북쪽에서 몰려올 침략자들을, 먹이를 덮치기 위해 "수풀에서 뛰쳐나온 사자"로 묘사한다(7절). 유다는 먹이를 덮치기 위해 점프한 사자와 같은 적들을 상대로 싸울 수 없으며, 사자가 먹잇감을 물어뜯듯이 적들이 그들을 일방적으로 물어뜯을 것이라는 사실을 강조하는 이미지다. 더욱이 이 물어뜯는 사자 같은 적들을 보내신 분이 이스라엘의 왕 여호와라는 사실은 유다의 운명은 죽음일 뿐이라는 것을 암시한다(8절). 그러므로 나팔 소리를 들은 사람들은 즉시 피해야 한다. 선지자는 야산이든, 어디든 자신의 몸을 숨길 수 있는 곳으로 곧바로 피해야 하는 긴급한 상황을 조성하고 있다. 그들을 죽이러 오는 자들이 이미 자기 처소를 떠나 유다를 향해 오고 있기 때문이다(7절).

대체적으로 학자들은 북쪽에서 진군해오는 이 군대를 주전 598년에 유다를 침략했던 바빌론 군으로 해석한다(Fretheim). 예레미야 시대의 정황을 고려할 때 당연하고 합당한 해석이다. 그러나 선지자는 더 나아가 어떤 역사적 사건을 염두에 두고 이 메시지를 선포한다기보다는 청중 사이에 팽배한 '예루살렘은 평안하리라'는 안일한 생각을 무너뜨리는 것에 초점을 맞추어 메시지를 선포하는 듯하다(cf. 9-10절; Allen). 시대와 장소를 막론하고 회개하지 않거나 신앙에 대해 방심하는 주의 백성에게 이 경고는 언제든 유효하다. 하나님의 부르심을 받은 바빌론 군대는 유다에게 본문이 묘사하는 '큰 멸망'을 안겨주었다. 고고학적 발굴은, 본문이 묘사하는 예루살렘과 유다가 경험한 파괴가 결코 과장이 아니었음을 보여준다(Bright).

II. 유다와 예루살렘에 대한 경고(2:1-6:30)
C. 북쪽 침략자 경고(4:5-31)

2. 침략군의 신학적 의미(4:9-10)

9 여호와의 말씀이니라
그 날에 왕과 지도자들은 낙심할 것이며
제사장들은 놀랄 것이며
선지자들은 깜짝 놀라리라
10 내가 이르되 슬프도소이다 주 여호와여 주께서 진실로 이 백성과 예루살렘을 크
게 속이셨나이다 이르시기를 너희에게 평강이 있으리라 하시더니 칼이 생명에 이르
렀나이다

이방 군대의 이스라엘 침략이 초래한 심리적 결과는 무엇인가? 혼란과 당혹이다. 정치적 지도자들인 왕과 지도자들뿐만 아니라, 종교적 지도자들인 제사장들과 선지자들도 바빌론의 침략이 당혹스럽기는 마찬가지다(9절). 그동안 이스라엘의 모든 리더들은 평안(שָׁלוֹם)을 외쳐왔다(10절). 그러나 평안을 말하던 그들의 외침이 허위였음을 이방인들이 드러냈기 때문이다. 그러므로 이방인들이 침략하자 "왕과 지도자들은 낙심할 것이며 제사장들은 놀랄 것이며 선지자들은 깜짝 놀라리라"(9절). 그들이 전혀 예측하지 못했던, 아니 의도적으로 믿지 않으려고 했던 일이 벌어진 것이다. 뿐만 아니라 그들 중 그 누구도 바빌론 침략에 대한 해결책을 제시하지 못한다. 정치적, 종교적 리더십이 해결할 수 없는 범국가적인 위기가 임한 것이다.

10절이 정확히 누구의 말인가는 해석적인 난제로 남아 있다. 여러 가지 해석이 가능하다. 첫 번째 해석은 예레미야의 말로 간주하는 것이다.

대부분의 번역본들이 이 해석을 따르고 있다(NIV, NAS, NRS, TNK). 그렇다면 예레미야는 하나님을 속이는 자라고 탄식하고 있다. 물론 예레미야는 하나님이 백성들을 속였다는 원망을 자주 한다(cf. 29:8; 37:9; 49:16). 그러나 본문의 문맥을 감안하면 선지자의 원망은 적절하지 않다. 두 번째 가능성은 선지자가 이스라엘 리더들의 말을 그대로 옮긴 것으로 취급하는 것이다(LXX, Brueggemann). 9절에 언급된 정치적 지도자들은 그동안 제사장들과 [거짓] 선지자들로부터 유다에 '평안'이 지속될 것이라는 신탁을 받았다. 그들은 이 평안 약속이 하나님께로부터 온 것이라고 굳게 믿었다. 그런데 바빌론의 침략이 이 모든 것을 혼란에 빠뜨린 것이다. 세 번째 해석은 바빌론으로 끌려간 사람들의 질문을 예레미야가 대변한 것이라는 견해다(Fretheim, cf. Feinberg). 어떻게 하나님이 [거짓] 선지자들을 용납하고 그들을 통해 하나님의 이름으로 '평안' 신탁을 지속적으로 선포하도록 내버려두셨냐는 원망이다(Holladay). 이 해석들 중 세 번째가 가장 설득력이 있어 보인다. 한 가지 확실한 것은 자신이 전혀 예측하지 못했던 일이 일어나자 누군가가 하나님을 원망하고 있다는 사실이다.

II. 유다와 예루살렘에 대한 경고(2:1–6:30)
C. 북쪽 침략자 경고(4:5–31)

3. 심판의 파괴력(4:11–18)

11 그때에 이 백성과 예루살렘에 전할 자가 있어서
뜨거운 바람이 광야에 있는 헐벗은 산에서
내 딸 백성에게 불어온다 하리라
이는 키질하기 위함도 아니요 정결하게 하려 함도 아니며
12 이보다 더 강한 바람이 나를 위해 오리니
이제 내가 그들에게 심판을 행할 것이라

13 보라 그가 구름같이 올라오나니
그의 병거는 회오리바람 같고 그의 말들은 독수리보다 빠르도다
우리에게 화 있도다 우리는 멸망하도다 하리라
14 예루살렘아 네 마음의 악을 씻어버리라
그리하면 구원을 얻으리라
네 악한 생각이 네 속에 얼마나 오래 머물겠느냐
15 단에서 소리를 선포하며
에브라임 산에서 재앙을 공포하는도다
16 너희는 여러 나라에 전하며 또 예루살렘에 알리기를
에워싸고 치는 자들이 먼 땅에서부터 와서
유다 성읍들을 향하여 소리를 지른다 하라
17 그들이 밭을 지키는 자같이 예루살렘을 에워싸나니
이는 그가 나를 거역했기 때문이니라 여호와의 말씀이니라
18 네 길과 행위가 이 일들을 부르게 하였나니
이는 네가 악함이라 그 고통이 네 마음에까지 미치느니라

선지자는 이미 먹이를 덮치는 사자 이미지를 통해 북쪽에서 쳐들어올 바빌론의 위력을 강조했다(9-10절). 예레미야는 본문에서 뜨거운 바람, 구름, 회오리바람, 독수리보다 빠른 말 등의 이미지를 사용해 유다를 치기 위해 북쪽에서 내려오는 침략자들의 파괴력과 그들이 초래할 혼란과 혼돈을 강조한다. 특히 백성들의 탄식(13절), 선지자의 권면(14-15절), 보초/파수꾼들의 경고(15절), 하나님의 말씀(16-17절) 등 다양한 음성들이 섞여 이 같은 혼돈을 더 가중시킨다(Miller).

'뜨거운 바람'(רוּחַ צַח; 11절)은 무척 뜨겁고 건조해서 모든 것을 말려버리는 사막 바람(sirocco)을 의미한다(cf. HALOT). 유다를 치기 위해 달려오는 이방 군대가 이 같은 파괴력을 지닌 바람으로 묘사되는 것은, 침략자들 앞에서 유다가 속수무책으로 당해 사회의 모든 기반이 파괴되고 혼

란과 두려움만이 남을 것이라는 경고다. 이스라엘을 파괴하는 바람 이미지는 이스라엘이 바람을 심었다가 광풍을 거두게 되었다는 호세아 8:7 말씀을 연상시킨다.

무섭게 돌진하는 적군 앞에 이스라엘은 한없이 무기력하다(13절; cf. 사 5:26-30). 그 무엇도 안전을 보장해주지 못하는 절박한 상황이다. 그들은 침략자들에게 대항하기는커녕 마냥 넋을 잃고 괴로워할 뿐이다. 상황이 얼마나 절망스러운지 예레미야는 책이 시작한 이후 이곳(13절)에서 "이제 모두 죽었구나!"(אוֹי לָנוּ; 공동)라는 절망적인 표현을 처음으로 사용한다(cf. 31절).

바로 그때, 선지자는 이스라엘에게 살길이 있다고 한다: "예루살렘아, 살고 싶거든 못된 그 마음을 깨끗이 씻어라"(14절; 공동). 일부 주석가들은 하나님의 돌이킬 수 없는 심판이 이미 12절에서 시작되었기 때문에 14절에서 회개를 권한다고 해서 구원에 이를 수 있는 상황은 아니라고 한다(Miller). 이 섹션의 전체 말씀 중 14절의 회개 권면을 제외하고는 모두 재앙과 절망을 이야기하고 있는 것도 이러한 해석에 힘을 더한다(McKane). 그러나 이스라엘이 죄로 말미암아 돌이킬 수 없는 운명에 치달은 것이 사실이지만, 돌이키는 자들에게는 아직도 기회가 있다.

사실 이스라엘은 국가로서 사형선고를 받은 지 오래다. 자신의 이름으로 책을 남긴 첫 선지자인 아모스는 이미 주전 760년대에 이스라엘은 멸망할 것이라고 선포했다. 그럼에도 불구하고 아모스 이후의 선지자들은 예레미야와 에스겔 시대에 이르기까지 끊임없이 회개를 외쳤다. 비록 국가(공동체)는 망하더라도 개인의 구원은 언제든지 가능하기 때문이다. 예레미야는 이곳에서 다시 한 번 이러한 사실을 강조한다. 유다는 머지않아 심판을 받아 망할 것이다. 그러나 지금이라도 회개하고 주님께 돌아오는 사람들은 살 것이다. 어떠한 환난이 닥쳐와도 회개하는 사람들에게는 하나님이 살길을 주실 것이다. 안타깝게도 주의 백성의 회개를 간절히 소망하는 선지자와 하나님께 유다 백성은 실망만을 안겨준다.

선지자는 원수들이 단 지파의 땅을 지나 남쪽으로 진군하고 있다고 한다(15절). 단 지파의 땅은 이스라엘 영토의 가장 북쪽에 해당한다. 침략자들이 북쪽으로부터 이스라엘을 점령하기 시작했다는 뜻이다. 침략해오는 적들에게 제일 먼저 정복당한 단 사람들이 예루살렘에게 이 침략자들을 대비하라고 경고한다(15절).

침략자들은 별 어려움 없이 에브라임 산악 지대도 정복했다(15절). 이 추세라면 머지않아 예루살렘에 도착할 것이다(16절). 안타깝게도 그 누구도 그들의 앞길을 막을 수 없다. 그들은 순식간에 유다를 점령하고 포위해버린다(16-17절). 본문에서 사용되는 이미지는 목자들이 양들을 먹일 만한 풀밭을 찾으면, 주변에 치는 여러 개의 텐트를 떠올린다. 텐트를 테두리로 의식한 양들이 그 안에 거하면서 방황하지 않게 하는 동시에 역시 텐트를 테두리로 생각한 맹수들이 접근하지 못하도록 하는 것이 텐트의 목적이었다. 이처럼 유다 주변으로 막/테두리가 형성되고 있다. 그러나 이 막은 보호막이 아니고 포위막이다. 예루살렘이 주의 깊게 지켜보던 침략자들은 포위된 예루살렘을 주의 깊게 지켜보게 된 것이다(Fretheim).

왜 이런 일이 일어났는가? 하나님은 분명히 그 이유를 밝히신다: "예루살렘은 나를 거역하다가 이 꼴이 되었다"(17절; 공동). 이스라엘은 무능한 정치, 어려운 경제 상황 등이 나라를 망쳤다고 변명할 수 없다(Miller). 나라가 망한 것은 그들이 하나님을 거역했기 때문이다. 그들의 멸망은 정치적인 혹은 경제적인 이유에서 비롯된 것이 아니라, 신학적인 이유에서 비롯되었다. 실제로 많은 경제적, 정치적 이슈 뒤에는 신학적 이유가 숨어 있다.

예루살렘이 어떻게 하나님을 거역했는가? 18절이 보충설명을 해준다: "너의 모든 길과 행실이 너에게 이러한 재앙을 불러왔다. 바로 너의 죄악이 너에게 아픔을 주었고, 그 아픔이 너의 마음속에까지 파고들었다"(새번역). 이스라엘은 자신의 잘못된 행실에 대한 대가를 치르고 있을 뿐이며 그들의 근본적인 문제는 영적 문제라는 사실이 강조되고 있다. 악한 행실은 악한 운명을 초래한다(Allen). 또한 경건하지 않고 거룩하지 못한 마음이 모든 죄악의 근본이자 시작이다. 주의 백성은 이러한 마음을 지니지 못한 것에 대한 결과(consequence)와 벌(punishment)을 받아야 한다(Miller).

II. 유다와 예루살렘에 대한 경고(2:1-6:30)
C. 북쪽 침략자 경고(4:5-31)

4. 선지자의 고통(4:19-22)

19 슬프고 아프다 내 마음속이 아프고
내 마음이 답답하여 잠잠할 수 없으니
이는 나의 심령이 나팔 소리와 전쟁의 경보를 들음이로다
20 패망에 패망이 연속하여 온 땅이 탈취를 당하니
나의 장막과 휘장은 갑자기 파멸되도다
21 내가 저 깃발을 보며
나팔 소리 듣기를 어느 때까지 할꼬
22 내 백성은 나를 알지 못하는 어리석은 자요
지각이 없는 미련한 자식이라
악을 행하기에는 지각이 있으나
선을 행하기에는 무지하도다

학자들은 이 본문에 '예레미야의 십자가'(Jeremiah's Cross)라는 별명을 붙여 주기도 했다(Huey). 본문이 주의 백성에게 임하는 심판에 대해 선지자 혹은 하나님이 느끼시는 고통을 잘 표현하고 있기 때문이다(Fretheim). 일부 학자들은 이 본문에서 어떤 부분이 하나님의 말씀이고

어떤 부분이 선지자의 말씀인가에 대해 깊은 관심을 가지고 분리하려 하지만(cf. Lundbom), 하나님과 선지자는 같은 아픔과 고통을 느낀다. 즉 본문에서 선지자와 하나님은 하나가 되었다(Brown).

간혹 사람들은 선지자들을 "증오에 불타오르는 감정으로 하나님의 심판을 선포한 사람들"로 오해한다. 그러나 선지자들은 그런 사람들이 아니었다. 하나님의 명령과 계시에 의하여 심판과 진노의 메시지를 전하기는 하지만, 그들은 자신들이 전하는 메시지 때문에 항상 그들이 먼저 아파하고 눈물지었다(Heschel). 선지자들이 전한 말씀은 그들의 탄식과 괴로움으로 얼룩지고 눈물과 안타까움으로 범벅이 된 '눈물 젖은 메시지'였다. 그래서 예레미야를 '눈물의 선지자'(일명 울보)라 하지 않는가!

선지자는 자신이 경험하고 있는 매우 혹독한 아픔을 토로한다. "아이고, 배야. 창자가 뒤틀려서 견딜 수 없구나. 아이고, 가슴이야. 심장이 몹시 뛰어서, 잠자코 있을 수가 없구나"(19절; 새번역). 주의 백성들이 사는 성에서 나팔 소리와 전쟁의 함성이 들려오기 때문이다(19절). 안타까운 것은 이 전쟁은 이스라엘이 어떻게 싸워볼 수 있는 전쟁이 아니라는 것이다. 결국 유다는 순식간에 황폐해진다. 선지자 역시 주의 백성에게 재난에 재난이 꼬리를 물고 일어나는 것을 무기력하게 지켜보아야만 한다(20절). 울려 퍼지는 잔인한 나팔 소리도 계속 들어야 한다(21절). 선지자의 고충을 상상해 보라. 이것이 때로는 하나님의 종들에게 요구되는 희생이요 고난이다. 하나님은 자기 종들에게 장밋빛 인생을 약속하지 않으셨다.

하나님이 이스라엘에게 내리신 재앙으로 나라가 황폐해지고 주의 백성은 고통을 당하지만, 예레미야는 이 고통에 대한 책임이 하나님이 아니라 백성에게 있다고 단언한다. 이 모든 일이 일어나는 것은 그들의 어리석음과 완고함 때문이라는 것이다: "내 백성은 참으로 어리석구나. 이렇게도 나의 속을 모르다니. 미련한 자식들. 철없는 것들. 나쁜 일 하는 데는 명석한데 좋은 일은 할 생각조차 없구나."(22절; 공동). 이스라엘은 천성적으로 악할 뿐만 아니라, 악한 일을 생각해내고 실천하는 것에서도 '고수/선수'라는 뜻이다.

이스라엘은 죄짓는 일에는 일가견이 있지만, 하나님을 알아가는 일과 선지자의 메시지를 분별하는 일에는 어리석은 자들이다. 이스라엘은 세상에 대해 많은 것을 알고 있었다. 그들은 외교, 정치, 군사, 종교 등에 대해 많은 정보를 가지고 있었다. 그러나 선지자는 그들이 하나님의 백성으로서 가장 중요한 여호와를 아는 지식은 턱없이 부족하다고 탄식한다. 그들은 여호와에 대해 아는 것이 많지 않기 때문에 머지않아 선지자가 경고하는 모든 재앙이 닥쳐올 것이라는 사실을 깨닫지 못한다. 여호와를 안다고 자부하는 사람들이 사실은 하나님에 대해 무지해서 벌을 받아 "죽을 만하다"는 것이 선지자의 탄식이다(cf. 사 5:13). "아는 것(viz., 하나님을 아는 것)이 힘이다"라는 말이 의미심장하게 다가온다.

II. 유다와 예루살렘에 대한 경고(2:1-6:30)
C. 북쪽 침략자 경고(4:5-31)

5. 여호와의 날(4:23-28)

주의 백성이 하나님께 신실하면 온 세상이 복을 받는 것처럼, 백성이 죄를 지으면 범 우주적인 파괴를 가져온다. 백성들의 죄로 인하여 온 세상에 임한 파괴의 위력과 범위에 충격을 입은 선지자는 "내가 본즉"(רָאִיתִי)을 네 차례나 반복한다(23, 24, 25, 26절). 선지자의 눈앞에 펼쳐지는 광경은 창세기 1장의 질서와 균형에 의한 창조를 완전히 파괴하는 '역창조'(de-creation) 과정이다(Holladay). 다행히 선지자의 비전은 창조된 세계의 몰락으로 끝나지 않는다. 파멸 뒤에 회복이 오기 때문이다. 본문은 다음과 같이 두 부분으로 구분된다.

A. 창조의 몰락(4:23-26)

B. 서광의 빛(4:27-28)

II. 유다와 예루살렘에 대한 경고(2:1-6:30)
C. 북쪽 침략자 경고(4:5-31)
5. 여호와의 날(4:23-28)

(1) 창조의 몰락(4:23-26)

23 보라 내가 땅을 본즉
혼돈하고 공허하며
하늘에는 빛이 없으며
24 내가 산들을 본즉 다 진동하며
작은 산들도 요동하며
25 내가 본즉 사람이 없으며
공중의 새가 다 날아갔으며
26 보라 내가 본즉 좋은 땅이 황무지가 되었으며
그 모든 성읍이 여호와의 앞
그의 맹렬한 진노 앞에 무너졌으니

한 학자는 이 본문을 선지서들에서 발견할 수 있는 여호와에 날에 대한 말씀 중 가장 강렬한 말씀으로 평가한다(Epstien). 앞으로 세상에 임할 파괴가 천지창조 이전의 혼란을 연상시키기 때문이다(cf. 창1:2). 예레미야는 이 말씀을 선포하면서 창세기 1장을 염두에 두고 있다. 그것은 창세기 1:2에서 사용이 되었던 "혼돈과 공허"(תֹהוּ וָבֹהוּ)라는 표현을 23절에서 그대로 인용하고 있다는 사실에서 알 수 있다. 뿐만 아니라 선지자가 선언하고 있는 파괴의 순서 역시 창세기 1장의 순서를 반복하고 있다.

날	창세기 1:1-2:3	예레미야 4:23-26
창조 전	תֹהוּ וָבֹהוּ	תֹהוּ וָבֹהוּ
1	빛	빛
2	하늘	하늘
3	땅	산과 언덕
4	빛	빛
5	새들	새들
6	인간	인간
7	안식	하나님의 진노

본문은 창조의 순서에 따라 진행되는 혼돈으로의 반전(反轉) 혹은 역창조를 의미한다(Fishbane, cf. 다음 도표). 선지자가 선포하는 메시지는 명백하다. 하나님이 천지를 창조하셨을 때 모든 것이 "보시기에 좋았다." 그러나 인간의 죄로 인해 이제는 모든 것이 "보시기에 악하고 나쁘다." 하나님은 오래 참으시는 분이시지만, 주님의 오래 참음에는 분명한 한계가 있다(cf. 벧후 3:9). 하나님의 경고가 반복적으로 무시될 때, 주의 백성에게는 심판만이 있을 뿐이다(cf. 암 4:11-12).

사람의 죄가 범우주적인 파괴를 초래했다. 물론 이 같은 표현은 과장법이지만(Fretheim), 인간의 죄가 온 세상에 얼마나 큰 영향을 미치는가를 잘 묘사하고 있다. 예레미야의 탄식은 혹독한 심판을 받은 사람들의 처절함을 잘 묘사한다. 한때 온 세상을 아름답게 창조하셨던 창조주께서 인간의 죄로 인해 그 아름다운 세상을 스스로 파괴하는 파괴자가 되셨다(26절)는 사실에 우리는 가슴 아파해야 한다. 인간의 죄는 하나님의 아름다운 세상을 파괴하는 '능력'을 지녔다.

땅	공허와 혼돈(תֹהוּ וָבֹהוּ)
하늘	빛이 없음
산들	진동과 요동
인간	사람이 없음
새들	다 날아갔음
풍성한 땅	황무지로 변함
도시들	무너짐

II. 유다와 예루살렘에 대한 경고(2:1–6:30)
C. 북쪽 침략자 경고(4:5–31)
5. 여호와의 날(4:23–28)

(2) 서광의 빛(4:27–28)

27 여호와께서 이와 같이 말씀하시길
이 온 땅이 황폐할 것이나 내가 진멸하지는 아니할 것이며
28 이로 말미암아 땅이 슬퍼할 것이며
위의 하늘이 어두울 것이라
내가 이미 말하였으며 작정하였고 후회하지 아니하였은즉
또한 거기서 돌이키지 아니하리라 하셨음이로다

선지자는 지금까지 모든 것을 절망적으로 묘사해왔다. 온 세상에 종말이 임박했다. 심지어 창조된 세상이 모두 역창조될 위기에 놓여 있다. 바로 그 순간, 예레미야는 하나님으로부터 새로운 사실을 듣는다: "이 온 땅이 황폐할 것이나 내가 진멸하지는 아니할 것이다"(27절). 절망적인 분위기를 순식간에 반전시키며 조그만 소망을 꿈꾸게 하는 말씀이다. 그러나 문맥을 감안할 때 "내가 진멸하지는 아니할 것이다"(כָלָה לֹא אֶעֱשֶׂה)라는 말씀은 매우 부자연스럽다(McKane). 선지자는 이때까지 심판만을 선포했고, 앞으로도 당분간 그렇게 할 것이기 때문이다. 이러한 상황에서 하나님이 벌을 내리지만 완전히 진멸하지는 않으실 것이라는 선언이 나오니 문맥과 전혀 어울리지 않게 느껴진다. 그래서 이 말씀을 어떻게 해석해야 하는가에 대해 학자들은 견해차를 보인다. 어떤 학자들은 훗날 누군가 이 문구를 삽입한 것이므로 본문에서 삭제해야 한다고 주장한다(Carroll). 그다지 설득력이 있는 제안은 아니다.

이 말씀을 "내가 기필코 모든 것을 끝장내리라"라는 확신을 강조하는 것으로 해석하는 주석가들도 있다(Calvin, cf. 공동번역의 "나는 세상을 멸망시키기로 하였다"). 그러나 예레미야는 이곳뿐만 아니라, 다른 곳에서도 같은 내용의 메시지를 반복한다(5:10, 18; 30:11; 46:28). 그러므로 이 문구의 정확한 의미를 파악하기 위해서는 이 말씀이 다른 곳에서 어떻게 사용되고 있는가를 살펴야 한다. 선지자는 이 말씀("내가 진멸하지는 아니할 것이다")을 하나님이 이스라엘을 심판하기로 작정했지만, 주님의 심경에 변화가 생겨 심판을 점점 주저하시고 있다는 사실을 묘사하는 데 사용한다(cf. NIV, NAS, ESV, TNK). 모든 것을 끝내시려는 순간 그들에게 다시 한 번 자비를 베푸시는 것이다(Brueggemann, Allen). 훗날 바빌론으로 끌려가 예레미야의 메시지를 듣고 있는 포로민들이 바로 이 사실에 대한 증인들이다(Fretheim).

선지자들에 의하면 하나님의 거룩한 '주저하심'은 주의 백성에게 소망의 근거가 된다. 하나님이 이스라엘을 완전히 멸하기로 작정했지만 마지막 순간에 주저하시는 것에 주의 백성의 미래가 있다. 선지자들은 또한 남은 자들이 있을 것을 선포한다. 예레미야도 다가오는 혹독한 심판 속에서도 살아남아 주의 백성을 재건할 사람들이 있을 것을 선언한다.

그러나 희망도 잠시, 다시 온 우주가 슬퍼한다(28절). "땅은 통곡할 것이며"(Dearman) "하늘은 어두움으로 자신을 감쌀 것"(Keil)이다. 주님께서 심판을 거두지는 않으실 것이기 때문이다. 하나님이 한 번 결정하신 일은 번복될 수 없다. 실제로 유다의 관점에서는 주전 586년에 예루살렘이 함락되고 생존자들이 바빌론으로 끌려간 것이 온 세상이 슬퍼할 일이다. 주의 백성의 멸망이 세상에는 비극이 되고 있다.

II. 유다와 예루살렘에 대한 경고(2:1–6:30)
C. 북쪽 침략자 경고(4:5–31)

6. 임박한 전쟁(4:29–31)

29 기병과 활 쏘는 자의 함성으로 말미암아
모든 성읍 사람들이 도망하여 수풀에 들어가고 바위에 기어오르며
각 성읍이 버림을 당하여 거기 사는 사람이 없나니
30 멸망을 당한 자여 네가 어떻게 하려느냐
네가 붉은 옷을 입고 금장식으로 단장하고
눈을 그려 꾸밀지라도 네가 화장한 것이 헛된 일이라
연인들이 너를 멸시하여 네 생명을 찾느니라
31 내가 소리를 들은즉 여인의 해산하는 소리 같고
초산하는 자의 고통하는 소리 같으니
이는 시온의 딸의 소리라
그가 헐떡이며 그의 손을 펴고 이르기를
내게 화가 있도다
죽이는 자로 말미암아 나의 심령이 피곤하도다 하는도다

선지자는 다시 무서운 환상으로 주제를 돌린다. 앞에 묘사된 여호와의 날은 과연 어떻게 주의 백성에게 임할 것인가? 전쟁을 통해서 온다. 무시무시한 군대가 쳐들어오면 모든 백성이 혼비백산한다. 아무것도 돌아보지 않고 오직 자기 생명을 구하기 위해 우왕좌왕한다. 선지자는 사람이 무슨 노력을 해도 전쟁의 재앙을 결코 피할 수 없다며 경고한다. 예레미야는 구체적으로 세 가지 이미지를 사용해 절박한 상황을 설명한다.

첫째, 선지자는 유다가 처할 상황을 매우 다급한 탈출로 묘사한다(29절). 침략군이 온다는 소식을 들은 주민들은 싸울 생각은 엄두도 내지 못하고 순식간에 도시(성읍)를 버리고 뿔뿔이 흩어질 것이다. 모두 숲이나 굴 등에 숨어 목숨을 연명하려고 안간힘을 쓴다. 그러므로 도시는 텅텅 비게 된다. 한때는 사람들로 북적이던 거리가 두려움과 공포에 질려 있다. 하나님을 인정하지 않으려는 인간의 의지가 빚어낸 결과다.

둘째, 예레미야는 유다를 일거리가 없는 창녀로 묘사한다(4:30). 적들이 쳐들어온 다급한 상황에서 유다는 무엇을 하고 있는가? 온갖 몸치장을 하고 거리로 나선다! 침략군에게 미인계를 쓰려는 것이 아니다. 유다는 손님을 맞이하기 위해 준비하는 창녀다(cf. 겔 16:26-29). 혹시라도 창녀가 되어 적군의 마음을 빼앗겠다고 생각했다면 오산이다. 그녀의 '섹시함'은 아무런 효과를 발휘하지 못하기 때문이다. 유다는 적들을 유혹할 만큼 매력적이지 못하다. 오히려 그녀가 유혹하고자 하는 남자들이 그녀의 생명을 노린다! 선지자가 경고하는 전쟁이 임하면 유다의 모든 정치적, 외교적 노력이 수포로 돌아갈 것을 경고하는 비유다(Fretheim).

셋째, 선지자는 유다를 진통하는 산모로 묘사한다(31절). 해산의 고통은 생명을 창소하기 때문에 고통을 동반하지만 선하다. 그러나 선지자가 언급하고 있는 해산의 고통은 선하지 않고, 소망적이지도 않으며 절망스럽기만 하다. 이 해산은 생명이 아니라 죽음을 낳고 있기 때문이다. 일부 주석가들은 본문이 임신한 여자가 침략자에게 강간을 당하는 상황을 묘사하는 것으로 풀이하지만(Dearman), 이 비유의 핵심은 임신한 여자가 아니라, 산통을 겪는 산모, 곧 아이를 낳고 있는 여자다. 침략자들이 얼마나 심하게 유다를 짓밟는지 유다는 마치 해산하는 산모가 당하는 고통에 버금가는 아픔을 경험하게 될 것이라는 뜻이다. 예로부터 여자가 경험할 수 있는 가장 큰 고통은 해산의 고통이라고 한다. 산통으로 몸을 비트는 유다의 모습을 어느 정도 상상할 수 있다. 가장 아프다는 초산의 고통을 겪는 여자처럼 괴로워하고 있다. 안타까운 것은 아무도 산통으로 괴로워하는 유다를 도와줄 수 없다는 것이다.

생명을 노리고 달려드는 원수들 앞에서 이 산모는 "손가락 하나 까닥할 힘이 없다"(공동). 생명을 탄생시키기 위해 산통을 겪는 산모가 생명은 출산하지 못하고 오히려 죽어가고 있다(Holladay). 매우 비극적이고 절망적인 상황이다. 다행히 희미하나마 한 가닥 소망의 빛이 있는 것은 하나님이 신음하는 이스라엘을 시온의 '딸'(בַּת)이라고 부르신다는 사실이다(31절). 그것은 이스라엘이 아직도 하나님의 백성이라는 사실을 암시하는 표현이다. 그렇다면 상황이 아무리 절망스럽다 할지라도 회복에 대한 기대가 결코 헛된 꿈만은 아니다. 하나님이 이스라엘을 다시 사랑하고 회복시키시는 날이 분명히 있을 것이다.

II. 유다와 예루살렘에 대한 경고(2:1-6:30)

D. 영적으로 몰락해 듣지 못하는 유다(5:1-31)

예레미야는 예루살렘을 향해 진군해오고 있는 적에 대한 예언을 잠시 멈추고(5:14에서 다시 시작한다) 유다의 부패와 타락을 지적한다. 앞 섹션에서 온 세상이 파괴되는 비전을 제시했다면, 이 본문은 왜 온 세상이 파괴되었는가를 설명하고 있다. 선지자는 주의 백성이 죄를 지으며 스스로를 하나님의 품으로부터 완전히 괴리시키고 있으며 멸망의 길로 몰아가고 있다고 말한다. 하나님의 심판은 매우 혹독하다. 그러나 이미 4:27에서 선언한 것처럼 완전히 멸하는 심판은 아니다(5:10). 희미하게나마 아직 소망은 있다. 유다의 죄를 고발하고 비난하는 5장 본문은 다음과 같이 구분할 수 있다.

A. 의인이 없는 예루살렘(5:1-6)
B. 심판의 정당성(5:7-13)

C. 진군해오는 침략자들(5:14-19)

D. 완악한 백성을 향한 경고(5:20-31)

II. 유다와 예루살렘에 대한 경고(2:1–6:30)
D. 영적으로 몰락해 듣지 못하는 유다(5:1–31)

1. 의인이 없는 예루살렘(5:1–6)

1 너희는 예루살렘 거리로 빨리 다니며
그 넓은 거리에서 찾아보고 알라
너희가 만일 정의를 행하며 진리를 구하는 자를
한 사람이라도 찾으면 내가 이 성읍을 용서하리라
2 그들이 여호와께서 살아 계심을 두고 맹세할지라도
실상은 거짓 맹세니라
3 여호와여 주의 눈이 진리를 찾지 아니하시나이까
주께서 그들을 치셨을지라도 그들이 아픈 줄을 알지 못하며
그들을 멸하셨을지라도 그들이 징계를 받지 아니하고
그들의 얼굴을 바위보다 굳게 하여 돌아오기를 싫어하므로
4 내가 말하기를 이 무리는 비천하고 어리석은 것뿐이라
여호와의 길, 자기 하나님의 법을 알지 못하니
5 내가 지도자들에게 가서 그들에게 말하리라
그들은 여호와의 길, 자기 하나님의 법을 안다 하였더니
그들도 일제히 멍에를 꺾고 결박을 끊은지라
6 그러므로 수풀에서 나오는 사자가 그들을 죽이며
사막의 이리가 그들을 멸하며
표범이 성읍들을 엿본즉 그리로 나오는 자마다 찢기리니
이는 그들의 허물이 많고 반역이 심함이니이다

본문은 법정 소송(lawsuit speech) 양식을 취하고 있으며, 가난한 자들에 대한 비난(2-4절)과 권세가들에 대한 비난(5절) 그리고 최종적인 심판 선언(6절) 등으로 구성되어 있다. 예레미야는 이 책에 기록된 첫 '상징적 행동'(symbolic act, 선지자가 메시지의 의미나 사실성을 강조하기 위해 취하는 행동)을[9] 통해 예루살렘에 거주하고 있는 의인, 즉 여호와의 공의와 신실함에 대한 기대를 저버리지 않은 자를 찾아 나선다. 선지자의 모습은 이스라엘처럼 어리석은 나라가 있는지 세상을 두루 다니며 살펴보라는 2:10을 상기시키기도 한다. 또한 아테네에서 대낮에 등을 밝히고 의인을 찾아 나섰던 고대 그리스 철학자 디오게네스(Diogenes, 금욕주의를 지향했던 키니크 학파의 대부로 주전 320년쯤에 죽은 것으로 알려졌다)를 연상시키는 모습이다(cf. 습 1:12).

예레미야가 이 같은 상징적인 행동을 취하는 것은 하나님이 만일 예루살렘에 의인이 한 명이라도 있다면 이 도시를 멸망시키지 않고 용서하겠다고 말씀하셨기 때문이다(1절). 예레미야가 찾아야 하는 의인은 '정의'(מִשְׁפָּט)를 행하며 '진리'(אֱמוּנָה)를 구하는 사람이다. 이 두 단어는 선지자가 이미 4:2에서 이스라엘이 지향해야 할 삶을 정의하면서 사용한 것들이다. 하나님이 주의 백성에게 기대하시는 것은 결코 새로운 것이 아니라, 옛적에 주께서 주셨던 말씀의 기준에 따라 사는 것이다.

구약에서 '용서하다'(סלח)라는 단어는 자주 사용되지만, 예레미야서에서는 겨우 여섯 차례밖에 사용되지 않는다(HALOT). 책의 메시지 중 하나가 용서의 때는 이미 지났다는 것이기 때문이다(cf. 1:3). 그래서 선지자가 '용서하다'라는 동사를 사용할 때에 반은 하나님이 이스라엘과 새 언약을 세우실 때를 전제한다(31:34; 33:8; 50:20). 상당히 미래 지향적으로 사용되고 있는 것이다. 나머지 반은 36:3과 본문(1절) 그리고 다음 섹션

9 행동적 예언(acting prophecy)이라고 하기도 한다. 예레미야서가 언급하는 다른 상징적 행동들에 대해는 13:1-11; 16:1-9; 18:1-12; 19:1-15; 25:15-29; 27-28; 32:1-15; 35:1-19; 43:8-13; 51:59-64 등을 참고하라.

(7절)에서 선지자가 사역하던 시대를 묘사하는 데 사용되고 있다. 선지자는 이때에라도 백성이 회개하고 돌아왔다면 용서를 받아 바빌론으로 끌려가지 않았을 거라고 증언하는 듯하다.

소돔과 고모라가 의인 10명이 없어서 멸망한 것에 비하면(cf. 창 18장), 예레미야 시대 예루살렘은 파격적인 제안을 받고 있다(Keil). 당시 예루살렘에는 예레미야와 바룩을 포함해 아직도 하나님을 경외하는 사람들이 어느 정도는 남아 있었을 것이기 때문에 이 말씀은 과장법이다. 그러나 예레미야는 의인이 단 한 명만이라도 있으면 화를 면할 수 있다는 신념을 가지고 의인을 찾아 나섰다. 선지자의 노력에도 불구하고 예루살렘이 결국 멸망했다는 사실은 당시 이 도시에 의인이 단 한 명(예루살렘 공동체에 임할 심판을 취소하거나 보류하게 할 정도의 규모)도 없었다는 슬픈 현실을 증명한다. 이스라엘이 부패하고 타락한 줄은 알았지만, 설마 이 정도일 줄이야! 그러므로 이스라엘은 자신들에게 임한 재앙에 대해 누구를 탓할 수 없다. 모두 자처한 것이기 때문이다.

옛적에 엘리야 선지자가 세상에서 여호와를 사랑하고 섬기는 의로운 사람은 오직 자기 혼자밖에 남지 않았다고 탄식한 적이 있다(왕상 19:18). 그때 하나님은 엘리야에게 혼자가 아니며 그의 주변에는 "바알에게 무릎 꿇지 않은 7000명"이 있다고 말씀하셨다. 예레미야는 왜 자기 시대에는 이 '7000명'이 없는가에 대해 참으로 의아해했을 것이다. 또한 선지자의 안타까움은 의인 10명이 없어서 멸망한 소돔과 고모라를 지켜보아야 했던 아브라함의 안타까움보다(cf. 창 18장) 더했다.

백성은 평소에 여호와를 자주 언급하고 주님의 이름으로 맹세하기도 하지만, 정작 그들의 삶에서 여호와께서 그들에게 바라시는 공의와 정의는 찾아볼 수 없다. 모두 거짓으로 맹세하며 하나님의 이름을 망령되게 일컫기 때문이다(2절). 그렇다면 삶으로 공의와 정의를 실현하지 않으면서 하나님의 이름으로 맹세하는 이스라엘은 '위증 죄'(perjury)를 범하고 있다(Brown).

하나님은 위선적인 삶을 사는 백성을 선한 길로 인도하려고, 그들에게 신실함을 요구하셨다. 때로는 징계도 해보셨지만 효력을 발휘하지 못했다. 마음이 강퍅해질 대로 강퍅해진 주의 백성을 돌이킬 수 있는 것은 아무것도 없었다: "주님, 주님께서는 몸소 진실을 찾고 계셨습니다. 주님께서 그들을 때리셨어도 그들은 정신을 차리지 않으며, 주님께서 그들을 멸망시키신 것인데도 그들은 교훈받기를 거절합니다. 그들은 얼굴을 바윗돌보다도 더 굳게 하고, 주님께로 돌아오기를 거절합니다."(3절; 새번역).

선지자가 성읍을 두루 돌아다녀보지만 의인을 찾을 수 없자 생각해 본다: "혹시 내가 지금 엉뚱한 곳에서 찾고 있기 때문에 찾지 못하는 것일까? 내가 지금 가난하고 무식한 백성들 사이에서 찾고 있기 때문인가 보다!" 그래서 예레미야는 스스로를 위로하며 가난하고 무식한 사람들은 하나님이나 하나님의 율법에 대해 아는 바가 별로 없기 때문에 저렇게 행동하는 것이라고 생각한다(4절).

가난하고 무식한 사람들이 하나님과 율법에 대해 알지 못하여 의롭게 살지 못한다면, 부유하고 유식한 지도자들은 어떨까? 부자들은 가난한 사람들보다 더 많은 교육을 받았으며, 노동은 훨씬 적게 했다. 게다가 여호와의 백성을 다스리는 지도자들이라면 하나님을 더욱 깊이 알아야 한다. 그래서 예레미야는 지도자들 중에서 분명 의인을 찾을 수 있을 것으로 기대했다(5절). 그러나 선지자는 다시 한 번 실망을 경험한다. 예레미야는 탄식하기를 "그들도 한결같이 고삐 풀린 망아지들이다. 멍에를 부러뜨리고, 결박한 끈을 끊어버린 자들이다"(5절; 새번역)며 실망감을 감추지 못한다. 이스라엘의 타락과 부패는 특정한 경제적 계층이나 교육 수준에 제한된 일이 아니다. 무식한 사람들과 박식한 사람들이 함께 범죄했다. 권력자들이나 그들의 지배를 받는 사람들이나 하나님께 등을 돌리기는 마찬가지였다. 가난하고 어리석은 사람들은 하나님과 주님의 말씀에 대한 무지가 문제였다. 상류층과 지도층은 말씀을 알면서도 말씀대로 살지 않는 불순종과 교만이 문제였다.

그러므로 하나님은 백성에게 들짐승을 보내서 심판하시기로 했다. 사자, 늑대, 표범이 닥치는 대로 주민을 물어뜯어 죽인다(6절): "사자가 숲 속에서 뛰쳐나와서, 그들을 물어뜯을 것이다. 사막의 늑대가 그들을 찢어 죽일 것이다. 표범이 성읍마다 엿보고 있으니, 성 바깥으로 나오는 자마다 모두 찢겨 죽을 것이다"(새번역). 들짐승들은 이스라엘이 언약을 파괴했을 때 하나님이 그들을 징계하기 위해 사용하시는 언약의 저주와 관련된 하나님의 도구다(cf. 레 26:22; 왕하 2:24; 17:25; 호 5:14-15; 겔 14:15). 그러나 본문의 짐승들은 앞으로 이스라엘을 침략하고 파괴할 열방을 상징하지(cf. 2:15; 4:7; 호 13:7-8; 합 1:8), 진짜 들짐승은 아니다. 선지자가 짐승들의 습격 이미지를 언약의 저주에서 도입해 장차 유다를 삼킬 바빌론 군에 적용하고 있는 것이다. 표범은 성을 엿보고 있다가 성 바깥으로 나오는 자마다 찢어 죽인다. 짐승들을 피하는 이스라엘 사람들은 포로로 끌려가지만, 짐승들을 피하지 못하는 사람에게는 오로지 죽음뿐이다.

II. 유다와 예루살렘에 대한 경고(2:1-6:30)
D. 영적으로 몰락해 듣지 못하는 유다(5:1-31)

2. 심판의 정당성(5:7-13)

7 내가 어찌 너를 용서하겠느냐

네 자녀가 나를 버리고 신이 아닌 것들로 맹세하였으며

내가 그들을 배불리 먹인즉

그들이 간음하며 창기의 집에 허다히 모이며

8 그들은 두루 다니는 살진 수말같이

각기 이웃의 아내를 따르며 소리지르는도다

9 여호와의 말씀이니라

내가 어찌 이 일들에 대해 벌하지 아니하겠으며
내 마음이 이런 나라에 보복하지 않겠느냐
10 너희는 그 성벽에 올라가 무너뜨리되
다 무너뜨리지 말고 그 가지만 꺾어버리라
여호와의 것이 아님이니라
11 여호와의 말씀이니라
이스라엘의 집과 유다의 집이 내게 심히 반역하였느니라
12 그들이 여호와를 인정하지 아니하며 말하기를
여호와께서는 계시지 아니하니
재앙이 우리에게 임하지 아니할 것이요
우리가 칼과 기근을 보지 아니할 것이며
13 선지자들은 바람이라
말씀이 그들의 속에 있지 아니한즉
그같이 그들이 당하리라 하느니라

하나님은 앞 섹션의 마지막 말씀(6절)에서 이스라엘에게 들짐승(바빌론)을 보내 그들을 찢겠다고 선포하셨다. 본문은 하나님의 잔혹한 심판의 정당함을 선포한다. 이스라엘은 하나님이 결코 자비롭게 대하실 수 없는 가증스러운 범죄자들이기 때문이다. 구체적으로 유다의 잘못은 무엇일까? 주의 백성은 하나님의 존재는 인정하되, 하나님의 능력은 인정하지 않는 일종의 실용적 무신론자(practical atheist)가 되어 있다(Hyatt). 저자는 반역하는 주의 백성을 다음과 같이 두 가지로 비난한다.

첫째, 주의 백성은 배은망덕(背恩忘德)한 민족이다(7-9절). 이스라엘의 첫 번째 문제는 그들에게 은혜와 자비를 베푸시는 하나님을 인정하지 않는 것이다. 하나님의 복을 누리며 힘을 키운 그들이 하나님께 감사하기는커녕 발정기를 맞은 야생마들처럼 닥치는 대로 간음하고(우상들을 찾고) 있다. 예레미야는 이스라엘 백성의 성적(性的)인 문란이 육체적인 것인지, 아니면 영적인 의미를 지닌 상징적인 것인지 확실하게 말하지 않는다. 성경이 나라/민족이 간음했다고 할 때에는 항상 우상숭배와 연관이 있다는 사실을 고려하고, 이스라엘이 지향했던 다산(多産) 종교들이 성적인 문란과 연관되었다는 점을 생각하면 두 가지(실제적인 성적 문란과 영적 문란)를 뜻하는 듯하다.

하나님은 자신이 선물로 준 값지고 고귀한 복을 값싼 싸구려로 만들어버린 이 민족을 용서할 수 없다고 말씀하신다. 하나님은 이스라엘이 주님의 땅에서 편안하게 살 수 있도록 해주셨는데, 이 백성은 그 복을 하나님이 미워하는 우상을 숭배하는 데 사용하고 있다! 하나님이 그들을 용서하실 수 없는 것은 당연하다. 우리도 혹시 하나님께 받은 복을 엉뚱한 일에 혹은 하나님이 기뻐하시지 않는 일에 허비하고 있지는 않은가.

둘째, 이스라엘은 하나님을 인정하지 않는 백성이다(10-13절). 바로 앞에서(7-9절) 예레미야는 주의 백성의 배은망덕함을 지적하며 그들에게 임할 심판에 대한 정당성을 강조했다. 이제 하나님은 원수들인 외국 군대에게 배은망덕한 자기 백성을 파괴할 것을 명령하신다(10절). 이 과정에서 가장 슬프고 두려운 일은 하나님이 자기 백성을 마치 자신과 전혀 상관없는 민족처럼 취급하신다는 사실이다: "그것들은 이미 나 주의 것이 아니다"(10절; 새번역). 이스라엘이 심판을 받는 이유는 그들이 하나님을 배반했으며(11절), 자신들에게는 결코 어떠한 환란이나 기근도 오지 않을 것이라고 태만해 있었기 때문이다(12절). 영적인 방심은 이처럼 영육 간의 몰락으로 이어진다.

심판이 임하면 제일 당혹스럽고 체면을 잃을 사람들이 바로 거짓 메시지를 통해 백성들을 현혹한 이스라엘의 선지자들이다(13절). 그들이 선포해온 메시지가 허풍이었음이 드러나기 때문이다. 이 말씀은 선지자들의 허위성을 드러낼 뿐만 아니라 하나의 언어유희를 형성하고 있다(Hyatt). 히브리어로 '영'과 '바람'은 같은 단어(רוח)다. 선지자들은 자신들이 하나님의 영으로부터 받은 계시라며 백성들에게 신탁을 선포했는데, 그것은 하나님의 영에서 비롯된 것이 아니라, 그들이 스스로 만들어낸 '[허]풍'이었다는 것이다.

다행히 모든 것이 절망적이지만은 않다. 하나님이 침략하는 이방 군대에게 이스라엘을 완전히 멸망시키지 못하도록 명령하셨기 때문이다: "훼파하되 다 훼파하지 말고 그 가지만 꺾어버리라"(10절). 본문이 사용하고 있는 이미지는 적들이 포도원(이스라엘)에 들어가 포도나무의 가지를 꺾는 것이다(cf. NRS, NAS, NIV). 그러나 뿌리째 뽑지는 않는다. 옛적에 하나님이 사탄에게 욥을 괴롭힐 수 있도록 허락하되, 그의 몸에는 손을 대지 못하도록 하신 일을 연상시킨다(욥 1:12; cf. 욥 2:6). 하나님이 자기 백성을 징계하실 때에는 한계를 정하고 징계하신다. 징계의 근본 목적이 자기 백성을 죽이고자 하는 것이 아니라, 고난을 통해 바른 길로 돌아오게 하시기 위해서이기 때문이다. 또한 하나님이 이스라엘을 완전히 파멸시키지는 못하도록 하신 것은 시내 산에서 이스라엘과 결혼한 남편 하나님이 아내인 이스라엘의 방황을 생각할 때마다 마음속으로 갈등하고 있다는 사실을 암시한다. 그대로 두기에는 문제가 너무 심각하고, 완전히 멸하기에는 하나님은 자기 백성을 너무 사랑하신다.

II. 유다와 예루살렘에 대한 경고(2:1-6:30)
D. 영적으로 몰락해 듣지 못하는 유다(5:1-31)

3. 진군해오는 침략자들(5:14-19)

14 그러므로 만군의 하나님 여호와께서 이와 같이 말씀하시니라
너희가 이 말을 하였은즉 볼지어다
내가 네 입에 있는 나의 말을 불이 되게 하고
이 백성을 나무가 되게 하여 불사르리라
15 여호와의 말씀이니라

이스라엘 집이여 보라
내가 한 나라를 먼 곳에서 너희에게로 오게 하리니
곧 강하고 오랜 민족이라
그 나라 말을 네가 알지 못하며 그 말을 네가 깨닫지 못하느니라
16 그 화살통은 열린 무덤이요 그 사람들은 다 용사라
17 그들이 네 자녀들이 먹을 추수 곡물과 양식을 먹으며
네 양 떼와 소 떼를 먹으며 네 포도나무와 무화과나무 열매를 먹으며
네가 믿는 견고한 성들을 칼로 파멸하리라
18 여호와의 말씀이니라 그때에도 내가 너희를 진멸하지는 아니하리라 19 그들이 만
일 이르기를 우리 하나님 여호와께서 어찌하여 이 모든 일을 우리에게 행하셨느냐
하거든 너는 그들에게 이르기를
너희가 여호와를 버리고 너희 땅에서 이방 신들을 섬겼은즉
이와 같이 너희 것이 아닌 땅에서 이방인들을 섬기리라 하라

이스라엘은 하나님의 경고를 무시하고 오히려 거짓 선지자들의 메시지에 놀아났다. 그것이 주님을 진노하게 했다. 하나님은 거짓 선지자들이 여호와의 이름으로 선포한 메시지가 사실이 아니라는 것을 드러내실 것이다. 여호와께서는 참 선지자 예레미야를 통해 선포하신 말씀을 마치 강렬하게 타오르는 불꽃처럼 만들어 착각에 빠진 백성들을 장작 태우듯이 태워버리실 것이다(14절). 그렇다면 예레미야가 이스라엘을 태우기 위해 뱉어낼 불꽃은 무엇인가? 무시무시한 외국 군대가 예루살렘을 향해 오는데 그들의 공격이 얼마나 맹렬하고 무서운지 모든 것을 태우는 불꽃으로 묘사되고 있다(15절).

선지자는 15절에서 불꽃이 되어 예루살렘을 불사르기 위해 진군해오는 침략군에 대해 세 가지 정보를 제공한다. 첫째, 그들은 매우 막강한 나라의 군대다. 둘째, 그들은 전통과 역사가 깊은 국가다. 셋째, 그들은 이스라엘이 알지 못하는 언어를 사용하는 민족이다. 반면에 유다는 국

가의 명분만 유지할 뿐, 아무런 능력도 없는 보잘것없는 나라다. 이 세 가지 사실은 예레미야의 메시지를 듣고 있는 모든 사람의 불안과 공포를 극대화시켰을 것이다.

그렇다면 이 오랜 전통과 역사를 소유한 나라가 보낸 막강한 군대의 파괴력은 어느 정도일까? 하나님은 그들의 파괴력을 이렇게 표현하신다: "그 화살통은 열린 무덤이요(אַשְׁפָּתוֹ כְּקֶבֶר פָּתוּחַ), 그 사람들은 다 용사라(כֻּלָּם גִּבּוֹרִים)"(16절). "화살통은 모두 열린 무덤과 같고(כְּקֶבֶר פָּתוּחַ)"라는 표현이 "화살통이 마치 시체를 받으려고 만반의 준비를 한 묘와 같이 주검을 기다리고 있다"는 말로 해석된다(Holladay). 침략자들은 이스라엘이 싸워볼 생각조차 할 수 없는 무시무시한 군대이므로 그들의 앞길에는 오직 죽음과 폐허만 있을 거라고 경고한다. 그리고 그 군대에 속한 모든 군인들은 한결같이 '장군들'(גִּבּוֹרִים)이다. 군인 한 사람 한 사람이 엄청난 파괴력을 지녔다는 뜻이다.

선지자는 17절에서 이 군대가 초래할 파괴에 대해 설명한다: "네가 거둔 곡식과 너의 양식을 그들이 먹어 치우고(אָכַל), 너의 아들과 딸들도 그들이 죽이고(יֹאכְלוּ), 너의 양 떼와 소 떼도 그들이 잡아먹고(יֹאכַל), 너의 포도와 무화과도 그들이 모두 먹어 치울 것이다(יֹאכַל). 네가 의지하고 있는 견고한 성들도 그들이 모두 칼로 무너뜨릴 것이다"(새번역). 선지자는 같은 동사 '해치우다/먹다'(אכל)를 네 차례 사용해 침략하는 군대는 유다에게 감당하기 어려울 정도로 엄청난 공포를 조성할 거라고 말한다. 그들은 닥치는 대로 먹어 치울 것이며, 아무리 먹어도 만족하지 못하는, 메뚜기 떼를 연상시키는 군대다. 예레미야는 이 군대가 누구인지를 구체적으로 밝히지 않지만, 지금까지의 정황을 고려할 때 바빌론 군이 분명하다.

주의 백성에게 과연 미래가 있을까? 없다! 모든 것이 절망적이다! 미래에 대한 소망이 전혀 보이지 않는다. 그러나 바로 그 순간 자그마한 소망의 싹이 돋아난다: "그때에도 내가 너희를 진멸하지는 아니하리라"(18절; cf. 10절). 선지자는 다시 한 번 하나님이 이스라엘을 완전히 멸망시키는 심판을 계획하시지는 않는다는 사실을 강조함으로써 희미한 한 가닥 소망을 살려놓는다. 하나님의 심판이 구원의 첫 단계가 될 수 있다는 사실을 항상 기억해야 할 것이다.

하나님의 심판을 경험한 이스라엘은 당혹스러워하며 무엇 때문에 하나님이 그들에게 이런 일을 하셨는가를 묻는다(19절). 예레미야는 자신의 책에서 질문—대답 형식의 스피치를 자주 한다(9:12-16; 12:12-14; 15:1-4; 16:10-13; 22:8-9; 23:33). 먼저 질문을 던지고, 그 질문에 대한 답을 제시함으로써 메시지를 선포하는 양식이다. 이러한 형식의 스피치는 어떤 사건을 제시해 교훈을 줄 기회로 삼는 특징이 있다(Long).

예레미야는 주의 백성 이스라엘이 왜 타국에 끌려가 이방인들을 섬겨야 하는지 그 이유를 밝힌다. 그들이 하나님이 허락하신 땅에서 하나님께 등을 돌리고 우상들을 숭배했기 때문이다(19절). 이스라엘은 심은 대로 거둘 것이다. 이 재앙은 이스라엘이 하나님과 맺은 언약에 근거한다(Miller).

이스라엘은 그들을 이집트의 노예 생활에서 구원하셨던 하나님께 버림받고 이방 나라로 끌려가 그곳에서 다시 노예 생활을 해야 한다. 타국으로 끌려간 이스라엘은 그들이 그렇게 사모하고 좋아하던 우상들을 실컷 숭배하게 될 것이다. 그러고 나서야 후회하며 여호와 하나님만이 참 신이라는 사실을 깨닫게 될 것이다. 이스라엘은 타국의 노예로 비루한 삶을 경험한 후에야 비로소 하나님의 선하심을 깨닫는다.

II. 유다와 예루살렘에 대한 경고(2:1-6:30)
D. 영적으로 몰락해 듣지 못하는 유다(5:1-31)

4. 완악한 백성을 향한 경고(5:20-31)

선지자는 계속 이스라엘을 향한 말씀을 선포하면서 하나님을 무시하거나 그의 가르침을 거역하는 행위가 어떤 결과를 초래하는지를 경고한다. 그러나 문제는 이스라엘은 들을 귀도, 깨달을 마음도, 보는 눈도 상실해 버렸다는 것이다. 오랜 세월 동안 죄 짓기를 밥 먹듯 하더니 이제는 모든 인지 기능이 마비된 사람처럼 되어 버렸다. 본문은 다음과 같이 구분할 수 있다.

A. 지각이 없는 백성(5:20-21)
B. 이스라엘이 거부한 여호와(5:22-24)
C. 종교적인 부패와 사회(5:25-28)
D. 피할 수 없는 심판(5:29-31)

> II. 유다와 예루살렘에 대한 경고(2:1-6:30)
> D. 영적으로 몰락해 듣지 못하는 유다(5:1-31)
> 4. 완악한 백성을 향한 경고(5:20-31)

(1) 지각이 없는 백성(5:20-21)

20 너는 이를 야곱 집에 선포하며
유다에 공포하여 이르기를
21 어리석고 지각이 없으며
눈이 있어도 보지 못하며
귀가 있어도 듣지 못하는
백성이여 이를 들을지어다

이스라엘의 가장 큰 문제는 모든 감각이 마비되어 아무것도 깨닫지 못한다는 사실이다: "이 어리석고 깨달을 줄 모르는 백성아, 눈이 있어도 볼 수가 없고, 귀가 있어도 들을 수가 없는 백성아!"(21절; 새번역). 이사야 선지자의 소명(사 6:9-10; cf. 마 13:14-15)을 연상시키는 일들이 예레미야 시대에 현실로 드러나고 있다. 선지자는 21절을 "들으라!(שִׁמְעוּ)"로 시작해서 "그러나 너희들은 듣지 못한다(וְלֹא יִשְׁמָעוּ)"로 끝맺는다. 살기 위해서는 하나님의 말씀에 귀를 기울이는 것이 필수적인데, 듣지 못하고 있는 그들을 보며 선지자는 안타까워하고 있다. 이스라엘의 죄는 '듣는 귀'와 '깨닫는 마음'이 없는 것에서 비롯되었다. 사람은 그가 숭배하는 신(들)을 닮아간다. 그처럼 우상을 숭배하더니 어느덧 이스라엘은 듣지도 못하고 깨닫지도 못하는 우상들처럼 되었다(cf. 시 115:4-7).

이스라엘이 하나님께 등을 돌리고 우상을 숭배한 죄가 그들의 참 신에 대한 무지에서만 비롯된 것은 아니다. 더 큰 문제는 그들의 조상 때부터 그들을 인도하고 축복하신 여호와를 모르는 데 있다. 21절이 전략적으로 사용하고 있는 '듣다/순종하다'(שׁמע)는 언약적 책임에 대한 설명에서 가장 기본적인 개념이다. 이 동사의 가장 중요한 의미는 관계적인 것이다(cf. HALOT). 그러므로 이스라엘이 하나님의 말씀을 듣지 않는다는 것은 곧 그들이 하나님과의 관계를 거부하거나, 그 관계가 깨어졌다는 뜻이다(Fretheim). 예레미야는 백성에게 시내 산에서 그들과 언약을 맺으신 여호와 하나님과의 관계를 회복하라고 호소하고 있다. 그러나 선지자는 그러기에는 이스라엘이 너무 멀리 떠났다는 사실도 알고 있다. 참으로 답답하고 안타까운 상황이다. 너무 멀리 하나님을 떠나 회개하고 돌아오기 힘든 지경에 처하지 않도록 우리도 항상 조심해야 한다.

II. 유다와 예루살렘에 대한 경고(2:1-6:30)
D. 영적으로 몰락해 듣지 못하는 유다(5:1-31)
4. 완악한 백성을 향한 경고(5:20-31)

(2) 이스라엘이 거부한 여호와(5:22-24)

22 여호와의 말씀이니라
너희가 나를 두려워하지 아니하느냐
내 앞에서 떨지 아니하겠느냐
내가 모래를 두어 바다의 한계를 삼되

그것으로 영원한 한계를 삼고
지나치지 못하게 하였으므로
파도가 거세게 이나 그것을 이기지 못하며
뛰노나 그것을 넘지 못하느니라
23 그러나 너희 백성은 배반하며
반역하는 마음이 있어서 이미 배반하고 갔으며
24 또 너희 마음으로
우리에게 이른 비와 늦은 비를 때를 따라 주시며
우리를 위해 추수 기한을 정하시는
우리 하나님 여호와를 경외하자 말하지도 아니하니

예레미야는 여호와 하나님의 위대하심에 대한 송영(doxology)과 이스라엘의 반역을 대조해 가며 노래한다. 이스라엘이 그동안 저지른 죄가 얼마나 비합리적이고 어리석은지 강조하기 위해서다. 여호와는 바다와 그곳에 있는 모든 물을 다스리시는 분이라고 선지자는 선포한다(22절). 우상숭배에 빠진 일부 이스라엘 사람들은 오직 우상 바알만이 비를 내리게 할 수 있다고 주장했다. 이 말씀을 선포하는 것은 아마도 그 때문일 것이다(cf. Brown). 하늘에 있는 비(구름)를 다스리는 하나님은 제때 비가 오게 하여 그들에게 풍요로움을 주시는 분이다(24절; cf 호 2:8-11; 6:3). 여호와는 세상의 가장 낮은 곳에서부터 가장 높은 곳까지 다스리는 분이며, 특별히 가나안 지역에서 가장 소중한 자원이었던 물을 다스리시는 전능자다. 오직 여호와만이 이른 비와 늦은 비를 주실 수 있는 분이라고 성경은 가르친다(신 11:14; cf. 욜 2:23).

그런데도 이스라엘이 이렇게 놀라운 능력을 소유하신 하나님을 몰라보는 이유는 무엇일까? 비를 내리시는 하나님의 능력을 경험한 이스라엘은 스스로 나서서 주변 백성들에게 여호와를 경배하자고 권면하는 제사장 나라가 되어야 함에도 전혀 그럴 생각이 없다(24절). 그러므로 하나님은 그들에게 물으신다: "내가 두렵지도 않느냐? 내 앞에서 떨리지도 않느냐?"(22절; 새번역). 세상의 모든 것을 다스리고 주관하는 하나님이 정작 자기 백성은 다스리시지 못한다. 하나님은 강압적으로 자기 백성을 다스리실 수도 있다. 그러나 그분은 자기 백성의 인격과 선택을 존중하신다. 하나님의 요구 때문이 아니라, 자원해서 자신의 삶을 주님께 드려 다스리시게 하는 사람은 복이 있고 행복하다.

예레미야는 이스라엘의 가장 큰 문제는 그들의 마음 자세임을 여러 차례 지적한다. 그들은 '속없는'(אֵין לֵב; 21절; 공동; lit. 마음이 없는); '고집이 세고 반역하는'(לֵב סוֹרֵר וּמוֹרֶה; 23절; 새번역; lit., 고집불통의 마음과 반역하는 마음); "너희는 마음 속으로라도…말한 적이 없다"(לֹא־אָמְרוּ בִלְבָבָם; 24절; 새번역). '고집불통의 마음과 반역하는 마음'(לֵב סוֹרֵר וּמוֹרֶה)은 본문을 포함해 구약에서 딱 세 차례 사용되는 표현이다. 신명기 21:18, 20의 율법에서는 이 같은 자세로 부모를 대하는 아들은 재판에 회부해서 처형하라고 명하고 있고, 시편 78:8에서는 이스라엘 선조들의 끈질긴 반역을 회고하면서 사용된다. 세 용례 모두 회개할 줄 모르고 계속 죄를 짓는 상황을 묘사한다. 예레미야가 이 같은 표현을 사용하는 것은 비록 그가 최선을 다해 이스라엘을 설득하지만, 그들은 결코 회개하지 않을 것을 알고 있기 때문이다(Brown). 선지자는 이스라엘이 하나님께 돌아오기에는 고집이 너무 세고 마음이 완악하다고 생각한다. 그래서 예레미야는 이스라엘의 완악함과 고집불통 성향을 자신의 책에서 주요 테마로 전개한다(3:17; 5:23; 6:28; 7:24; 9:14; 11:8; 13:10; 16:12; 18:12; 23:17).

예레미야는 백성의 반역은 근본적으로 그들의 마음(לֵב)에서 비롯되었다고 말한다. 마음(심장)은 의지의 중심이자 하나님과 맺은 언약을 준수하는 데 가장 중요한 기관이기도 하다. 이스라엘은 하나님이 그들의 조상 때부터 내려 주신 온갖 은혜를 경험하고서도 더 이상 여호와를 섬기지 않겠다는 의지를 다졌다. 결과적으로 그들은 선조들이 시내산에서 하나님과 맺은 언약을 이행하지 않을 정도로 타락해 버린 것이다. 이스라엘의 죄 문제가 해결되려면 먼저 마음에 변화가 있어야 한다. 선지자는 하나님이 백성과 새 언약을 체결하는 때가 되면, 율법이 더 이상 돌에 새겨지지 않고 주의 백성의 마음에 새겨질 것이라고 말한다(31:31-34).

II. 유다와 예루살렘에 대한 경고(2:1–6:30) D. 영적으로 몰락해 듣지 못하는 유다(5:1–31) 4. 완악한 백성을 향한 경고(5:20–31)

(3) 종교적인 부패와 사회(5:25–28)

25 너희 허물이 이러한 일들을 물리쳤고
너희 죄가 너희로부터 좋은 것을 막았느니라
26 내 백성 가운데 악인이 있어서
새 사냥꾼이 매복함같이 지키며
덫을 놓아 사람을 잡으며
27 새장에 새들이 가득함같이
너희 집들에 속임이 가득하도다
그러므로 너희가 번창하고 거부가 되어
28 살지고 윤택하며 또 행위가 심히 악하여
자기 이익을 얻으려고 송사
곧 고아의 송사를 공정하게 하지 아니하며
빈민의 재판을 공정하게 판결하지 아니하니

예레미야는 이스라엘 사회가 겪고 있는 여러 가지 문제들이 종교적인 타락에서 비롯되었다고 주장했다. 그렇다면 백성들의 종교적인 타락이 사회에 어떠한 영향을 미쳤는가? 선지자는 영적인 타락으로 이스라엘 사회에 궁핍이 찾아들었고, 도덕적인 몰락이 임했다고 선언한다. 영적인 몰락이 단순히 신앙적인 문제를 야기하는 것에 그치지 않고 온 사회를 병들게 한 것이다. 당연한 일이다. 사람도 영적으로 건강하지 못하면, 여러 가지 육체적인 증세로 나타나기 일쑤다.

선지자는 앞 섹션에서 이스라엘 온 땅에 비가 오지 않아 기근과 흉작이 임했음에도 불구하고 이스라엘이 비와 풍요를 허락하시는 여호와 하나님을 찾지 않는다고 비난했다(24절). 이제 그는 이스라엘에 왜 비가 오지 않는지를 설명한다. 이스라엘의 죄가 비가 내리지 못하도록 방해했고 좋은 것들(추수)을 가로막았다고 한다(25절). 이스라엘에게 이른 비와 늦은 비를 주시는 하나님이 그들의 죄로 인해 비를 주시지 않아 빚어진 결과라는 뜻이다.

이스라엘이 어떤 죄를 얼마나 많이 지었기에 하나님은 그들을 기근과 흉년으로 심판하셨는가? 예레미야의 말에 따르면 이스라엘 사회는 악인들이 어떠한 제재도 받지 않고 판을 치는 세상이 되어 버렸다. 이스라엘은 고아와 빈민들의 탄식에 귀를 막은 사회가 된 지 오래였다(28절). 권세가들은 마치 사냥꾼들이 덫을 놓아 새를 잡듯이 선량한 백성들을 잡았다(26-27절). 사냥꾼의 이미지가 유다의 지도자들에게 적용되는 것은 그들이 가난한 사람과 사회적 약자들을 보호하기는커녕 오히려 착취하기 위해 많은 수고와 노력을 아끼지 않았음을 비난하기 위해서다. "조롱에 새를 가득히 잡아넣듯이, 그들은 남을 속여서 빼앗은 재물로 자기들의 집을 가득 채워놓았다"(27절; 새번역).

잡혀온 새들로 바글거리는 조롱을 생각해보라. 그 조롱 안에서 부르짖는 새들을 상상해보라. 즐거운 노래 소리가 아니라 탄식과 슬픔의 울부짖음이다. 이스라엘을 다스리는 지도자들은 백성을 착취해 '평안'과 '축복'을 누리고 있다. 그러나 하나님의 눈에는 이스라엘의 지도자들이 누리는 평안과 축복의 도구가 한결같이 울부짖는 백성들의 탄식과 신음 뿐이다. 백성을 보살피고 치료해야 할 이스라엘의 목자들은 어느덧 하나님이 그들에게 맡겨 주신 양들을 잡아먹는 포식자들이 되었다(cf. 겔 34:1-3). 하나님은 더 이상 이러한 상황을 잠잠히 바라보고만 계실 수 없다. 하나님은 악한 목자들이 학대하는 양들의 주인이며, 그들이 착취하는 사람들의 아버지이시기 때문이다. 이러한 사실을 아는지 모르는지, 그들은 힘없는 백성들을 착취해 "벼락부자가 되고 세력을 휘두른다"(27절; 공동).

예레미야는 본문에서 다른 선지자들처럼 이스라엘의 사회적 몰락을 영적 부패에 결부시키고 있다. 주의 백성들이 하나님과 건강한 관계를 유지하지 못하니(22-24절), 자신들의 오만불손한 행동에 스스로 만족하게 되었다(27-28절). 그러다 사회의 정의와 공의가 완전히 무너져 내렸다는 것이다(28절). 사람이 하나님의 권위를 인정하지 않는다는 것은 스스로 하나님 행세를 하겠다는 뜻이다. 사람이 하나님처럼 행세하면, 자신의 이익을 추구하기 위해 온갖 불의와 착취를 행하게 된다. 거룩하신 하나님과 달리 사람은 태어날 때부터 악을 향한 죄성을 지니고 있기 때문이다. 그러므로 하나님을 의식하지 못하는 인간은 자기 잇속이나 챙기는 죄인으로 몰락할 수밖에 없다.

> II. 유다와 예루살렘에 대한 경고(2:1–6:30)
> D. 영적으로 몰락해 듣지 못하는 유다(5:1–31)
> 4. 완악한 백성을 향한 경고(5:20–31)

(4) 피할 수 없는 심판(5:29–31)

29 내가 이 일들에 대해 벌하지 아니하겠으며
내 마음이 이 같은 나라에 보복하지 아니하겠느냐
여호와의 말씀이니라
30 이 땅에 무섭고 놀라운 일이 있도다
31 선지자들은 거짓을 예언하며
제사장들은 자기 권력으로 다스리며
내 백성은 그것을 좋게 여기니
마지막에는 너희가 어찌하려느냐

이스라엘의 부패함을 강조한 선지자는 두 개의 수사학적인 질문을 사용해 피할 수 없는 심판이 임박했음을 알리고 있다: "이런 짓을 보고도 나더러 벌하지 말라고 하느냐? 이 따위 족속에게 어찌 내가 분풀이를 하지 않겠느냐?"(29절; 공동). 예레미야는 세상에 어떤 신이 이처럼 타락한 자기 백성을 살려둘 수 있냐는 논리를 펼친다. 사회의 전반적인 도덕적 부패도 심각한 문제이지만 그들이 심판을 피할 수 없는 또 다른 이유가 있다. 바로 종교적인 지도자들(제사장들과 선지자들)도 부패했기 때문이다(31절). 그동안 선지자는 종교적인 지도자들의 타락을 몇 차례 암시한 적은 있지만, 그들을 공개적으로 비난한 것은 처음이다. 종교적인 분별력이 없는 백성은 하나님의 말씀을 선포하고 하나님을 대신한다는 종교적 지도자들의 위선적 행위와 거짓 가르침을 좋아했다(31절). 그러므로 거짓을 전한 사람들과 그 거짓을 기뻐한 사람들이 함께 멸망할 것이다. 손바닥도 부딪쳐야 소리가 난다고, 지도자들은 백성들의 무지와 위선적인 삶에 일조했으며, 백성들은 지도자들의 거짓과 왜곡에 동참했다.

비록 사회가 부패했어도 종교 지도자들이 양심을 지키고 하나님의 뜻을 가르친다면 회복의 가능성은 있다. 그러나 종교 지도자들도 권세가들처럼 타락했다. 이스라엘은 갈 데까지 간 세상, 더 이상 개혁을 기대할 수 없는 사회가 되어버렸다. 뿐만 아니라 백성들도 이러한 타락과 부패를 즐기고 있다! 신앙적 양심은 하나님이 그 백성에게 요구하시는 가장 기본적인 것이며 동시에 최종적인 요구사항이다. 신앙적 양심이 부재하다면 그 사회의 미래는 절망으로 표현될 수밖에 없다.

II. 유다와 예루살렘에 대한 경고(2:1–6:30)

E. 다가오는 예루살렘 멸망(6:1–30)

예레미야는 자신의 책 여러 곳에서 선포한 심판 메시지 중 가장 강렬하고 확실한 메시지를 이곳에 기록하고 있다. 그래서 이 섹션을 유다의 '최종 결말'(final outcome)이라고 부르는 학자도 있다(Allen). 선지자는 유다가 처한 상황을 매우 긴박하게 묘사한다. 하나님의 도구가 되어 유다를 칠 군대가 예루살렘 성문 앞에 도달했기 때문이다. 그래서 이 장을 4-5장에 장엄하게 전개된 심판 메시지의 요약이라고 말하는 이도 있다(Dearman).

메시지의 내용과 임박한 심판을 강조하는 예레미야의 메시지를 듣는 사람들은 충격과 공포를 느껴야 한다. 그러나 유다 사람들에게는 들을 귀가 없고, 볼 눈이 없으며, 깨달을 마음이 없다. 결국 애타게 외치는 선지자의 경고는 어떠한 효과도 발휘하지 못하는 '쇠 귀에 경 읽기'가 된다. 본문은 다음과 같이 구분된다.

A. 예루살렘에서 피하라!(6:1-8)
B. 하나님을 거부하는 백성(6:9-15)
C. 경고를 무시하는 백성(6:16-21)
D. 침략군에 대한 공포(6:22-26)
E. 하나님께 버림받은 백성(6:27-30)

II. 유다와 예루살렘에 대한 경고(2:1–6:30)
E. 다가오는 예루살렘 멸망(6:1–30)

1. 예루살렘에서 피하라!(6:1–8)

1 베냐민 자손들아 예루살렘 가운데로부터 피난하라

드고아에서 나팔을 불고 벧학게렘에서 깃발을 들라
재앙과 큰 파멸이 북방에서 엿보아 옴이니라
2 아름답고 우아한 시온의 딸을 내가 멸절하리니
3 목자들이 그 양 떼를 몰고 와서
주위에 자기 장막을 치고 각기 그 처소에서 먹이리로다
4 너희는 그를 칠 준비를 하라
일어나라 우리가 정오에 올라가자
아하 아깝다 날이 기울어 저녁 그늘이 길었구나
5 일어나라 우리가 밤에 올라가서 그 요새들을 헐자 하도다
6 만군의 여호와께서 이와 같이 말하노라
너희는 나무를 베어서 예루살렘을 향하여 목책을 만들라
이는 벌 받을 성이라 그중에는 오직 포학한 것뿐이니라
7 샘이 그 물을 솟구쳐냄같이 그가 그 악을 드러내니
폭력과 탈취가 거기에서 들리며
질병과 살상이 내 앞에 계속하느니라
8 예루살렘아 너는 훈계를 받으라
그리하지 아니하면 내 마음이 너를 싫어하고
너를 황폐하게 하여 주민이 없는 땅으로 만들리라

선지자는 다시 북쪽에서 침략해올 외국군에 대해 경고하면서(1-6a절), 그 이유를 설명한다(6b-7절). 외국군의 침략은 이스라엘이 저지른 죄에 대한 하나님의 징계라는 것이다. 예레미야는 이 군대가 어느 나라 군대인지 밝히지 않지만, 그들의 기세와 파괴력이 얼마나 대단한지 유다가 가장 자랑스럽게 여겼던 방어벽인 예루살렘 성벽도 그들을 보호하지 못할 것이라 단언한다. 그러므로 예레미야는 그들에게 "베냐민 사람들아, 도망쳐라. 예루살렘에서 빠져 나가거라. 드고아에서 나팔을 불어라. 벳하께림에 깃발을 올려라. 북녘에서 재앙이 밀어닥친다. 대살육이 임박

하였다"(1절; 공동)라고 외친다. 침략자들에게 대응하기는커녕 그들이 도달하기 전에 예루살렘을 탈출하지 못하면 죽을 것이라는 경고다.

1절에 언급된 드고아는 예루살렘에서 남쪽으로 약 20킬로미터 떨어진 곳에 위치한 곳으로 요단 계곡을 내려다보는 성읍이었다. "드고아(תְּקוֹעַ)에서 나팔을 불어라(תִּקְעוּ)"라는 말은 언어유희를 형성한다(cf. Allen). 소리를 바탕으로 재구성해보면 마치 "테코아에서 티쿠하라"로 들린다. 벧학게렘(בֵּית הַכֶּרֶם)은 '포도원의 집'이란 의미를 지녔으며 아직까지 정확한 위치는 밝혀지지 않았지만 문맥을 고려할 때 예루살렘 남쪽으로 그리 멀지 않은 곳에 위치했을 것이다(cf. Fretheim).

침략군이 오면 전에는 주변 백성의 피난처가 되었던 예루살렘은 완전히 파괴될 것이다(2절). 선지자는 이어 3절에서 이 아름다운 예루살렘이 어떻게 파괴될 것인가를 하나의 이미지로 설명한다. 수많은 목자들이 자신들의 짐승 떼를 끌고 와서 예루살렘 주변을 에워싸며 풀을 뜯도록 한다. 예레미야는 너무나 많은 짐승들이 한꺼번에 몰려들어 순식간에 파괴된 텅 빈 땅의 이미지를 사용하고 있다. 물론 목자들과 양 떼는 이방인 침략자들에 대한 비유다.

하나님은 또한 이 도시의 운명이 어떻게 변할 것인가를 설명하기 위해 "아름답고 우아한 시온의 딸"(2절)이 짐승들을 몰고 온 목자들의 몫이 될 것이라고 하신다(cf. 3절). 한때는 귀티가 나고 아름다운 여인들로 가득했던 도시가 피를 접해, 노동자들 중에서도 가장 천대를 받았던 목자들의 몫이 되며, 예루살렘 주변 땅은 짐승들이 배회하는 빈 들판으로 변할 것을 강조한다. '아름답고 우아한'이라는 표현에 예루살렘에 대한 하나님의 감정(애정과 사랑)이 서려 있다(Fretheim, Dearman). 그러나 예루살렘은 하나님의 기대와 애정을 많이 받은 만큼이나 큰 실망을 안겨주었다.

예루살렘을 칠 적들이 북쪽에서 오지만, 이 전쟁은 분명 여호와께서 자기 백성을 상대로 하시는 성전(聖殿)이다. 그래서 선지자는 침략자들에게 "너희는 그를 칠 준비를 하라"(קַדְּשׁוּ עָלֶיהָ מִלְחָמָה; 4절)고 하는데, 이 말씀의 문자적 의미는 “그를 칠 전쟁을 거룩하게 하라”이다. 하나님이 함께 하시는 성전(聖殿)을 준비하라는 뜻이다(Miller). 옛적에 이스라엘은 성전을 통해 가나안을 차지했다. 그러나 이제 그들은 그들을 대적하시는 하나님의 성전을 통해 멸망하게 될 것이다.

북쪽에서부터 오는 침략군은 어떤 의지와 속도로 예루살렘을 공략할 것인가? 4-5절을 보면 적들은 낮과 밤을 구분하지 않고 예루살렘을 공격할 것이다. 당시에는 전쟁을 하다가 날이 저물면 쌍방이 다음 날에 싸움을 이어가기로 약속하고 밤에는 휴식을 취하는 것이 일반적이었다. 반면에 이 군대는 낮의 여세를 몰아 성이 함락될 때까지 밤에도 공격을 멈추지 않을 것이다. 침략자들이 밤에도 예루살렘을 공격한다는 것은 이 전쟁에 대한 그들의 자신감을 보여준다(Miller). 여호와께서 침략자들의 편에 서서 공격하고 있으니 예루살렘은 곧 무너질 것이다.

유다는 이 침략군의 상대가 되지 못할 뿐만 아니라, 침략자들은 예루살렘의 신속한 멸망을 위해 최선을 다하고 있다. 그러나 주의 백성이 두려워해야 할 적은 침략군이 아니다. 그들은 이스라엘을 치시는 분의 도구에 불과하다. 이스라엘을 치시는 분이 다름 아닌 시내 산에서 그들과 언약을 맺으신 여호와라는 사실을 그들은 두려워해야 한다(6절). 여호와께서 직접 침략군을 지휘하고 예루살렘을 파괴하신다. 심지어 예루살렘 성벽을 파괴하기 위해 ‘목책’(סֹלְלָה)을 만들라고 하신다. 목책은 성을 공격할 때 흔히 사용되던 무기다. 때로 흙과 돌로 만들기도 하지만, 본문에서 말하는 것은 나무를 베어 만든 무기다(Brown). 하나님이 침략자들을 선두 지휘하여 유다를 공격하시고 있다.

이스라엘의 보호자였던 하나님이 그들을 공격하는 적이 되신 것은 샘에서 샘물이 솟아나듯 예루살렘에서 죄악이 솟아나고 있기 때문이다(7절). 샘에서 하루 24시간, 1년 365일 물이 솟아나듯 주의 백성은 그동안 끊임없이 악을 행해왔다. 악에 악이 쌓인 것이다(Keil). 예루살렘에는 이제 거짓과 속임수밖에 없다(6절). 선지자는 6-7절에서 여섯 가지 단어를 사용해 이스라엘의 부패를 고발한다: '포학한 것'(עֹשֶׁק); '악'(רָעָה); '폭력'(חָמָס); '탈취'(שֹׁד); '질병'(חֳלִי); '살상'(מַכָּה). 이 여섯 단어들 중 마지막 두 개는 처음 네 개념의 결과를 설명한다. 예루살렘 성에서는 온갖 포악, 악, 폭력, 탈취가 성행하고 있기 때문에 하나님의 눈에는 오직 "병들고 상처 입은 사람들"만 보인다. 병들고 상처 입은 사람들은 착취와 폭력이 빚어내는 희생자들이다. 훗날 하나님은 주의 백성이 앓는 질병(חֳלִי)과 살상(מַכָּה)을 치유하신다(30:12, 17).

예루살렘 사람들이 회개하여 심판을 당하지 않을 수 있는 가능성은 아직도 남아 있다. 만일 그들이 하나님의 경고를 받아들여 회개하면 하나님은 성을 떠나지 않으시고 그들과 함께하실 것을 약속하신다(8절). 그러나 만일 그들이 하나님의 경고를 무시하면 하나님은 원래 계획하신 대로 예루살렘 성을 황무지로 만들어 아무도 살 수 없게 하실 것이다. 백성이 망하면 그들이 거하던 땅도 함께 황폐해지고, 백성이 회복되면 그들이 거할 땅도 함께 회복된다는 것이 성경의 가르침이다. 그러므로 예루살렘이 황무지로 변한다는 것은 성 주민들이 멸망하여 타국으로 끌려가게 될 것이라는 뜻이다.

아직도 여호와께서 백성들에게 기회를 주실 수 있을 뿐만 아니라 그들을 진심으로 염려하신다. 본문이 지적하는 대로 하나님이 그들과 함께하시는 한, 그들은 심판을 피할 수 있는 가능성이 얼마든지 있다. 그러나 여호와께서 그들을 떠나시는 순간 그 누구도 더 이상 심판을 피할 수 없게 된다. 회개의 기회는 항상 있는 것이 아니다. 그래서 성경은 종종 여호와를 찾을 만할 때 찾으라고 한다. 때가 지나면 더 이상 회개가 불가능하기 때문이다.

II. 유다와 예루살렘에 대한 경고(2:1–6:30)
E. 다가오는 예루살렘 멸망(6:1–30)

2. 하나님을 거부하는 백성(6:9–15)

9 만군의 여호와께서 이와 같이 말씀하시되
포도를 따듯이 그들이 이스라엘의 남은 자를 말갛게 주우리라
너는 포도 따는 자처럼 네 손을 광주리에 자주자주 놀리라 하시나니
10 내가 누구에게 말하며
누구에게 경책하여 듣게 할꼬
보라 그 귀가 할례를 받지 못하였으므로 듣지 못하는도다
보라 여호와의 말씀을 그들이 자신들에게 욕으로 여기고
이를 즐겨 하지 아니하니
11 그러므로 여호와의 분노가 내게 가득하여 참기 어렵도다
그것을 거리에 있는 아이들과 모인 청년들에게 부으리니
남편과 아내와 나이 든 사람과 늙은이가 다 잡히리로다
12 내가 그 땅 주민에게 내 손을 펼 것인즉
그들의 집과 밭과 아내가 타인의 소유로 이전되리라
여호와의 말씀이니라
13 이는 그들이 가장 작은 자로부터 큰 자까지 다 탐욕을 부리며
선지자로부터 제사장까지 다 거짓을 행함이라
14 그들이 내 백성의 상처를 가볍게 여기면서 말하기를
평강하다 평강하다 하나 평강이 없도다
15 그들이 가증한 일을 행할 때에 부끄러워하였느냐
아니라 조금도 부끄러워하지 않을 뿐 아니라
얼굴도 붉어지지 않았느니라
그러므로 그들이 엎드러지는 자와 함께 엎드러질 것이라
내가 그들을 벌하리니 그때에 그들이 거꾸러지리라

여호와의 말씀이니라

선지자는 본문에서 다시 심판을 선언한다. 이스라엘 백성은 자신들의 행위에 대한 대가를 치러야 하며 남녀노소 가릴 것 없이 온 백성이 함께 멸망의 길을 걷게 될 것이다(11절). 이스라엘이 이러한 운명을 맞이한 것은 여호와께서 아무런 감정도 없이 반역하는 백성들에게 기계적으로 형량을 정해 주는 재판관이 아니시기 때문이다. 하나님은 이스라엘과 언약을 맺었고 여전히 그들에게 애정과 연민을 갖고 계신다. 하나님은 백성들의 언약 불이행과 언약 거부에 깊이 상처받아 심판을 내리신다.

누군가가 포도나무를 샅샅이 훑는 농부처럼 이스라엘을 훑는다(9절). 추수 후 떨어진 이삭을 줍듯이 포도나무 잎사귀 뒤에 숨겨진 남은 것들을 샅샅이 뒤져 따내는 이미지다. 그러나 이 말씀이 이방인 침략자들이 아무도 남기지 않고 모두 '수확'한다는 뜻인지(Dearman), 아니면 선지자가 많지는 않지만 남은 자들을 '수확'한다는 뜻인지는 확실하지 않다. 이러한 혼란이 빚어지는 것은 무엇보다도 9절이 3인칭 복수와 2인칭 단수 동사들을 동시에 사용하고 있기 때문이다.

해석적인 차이는 한국말 번역본들에서도 역력히 드러난다. 개역개정은 이방인들이 포도를 수확하듯이 이스라엘을 멸할 것으로 번역해 놓았는데, 새번역은 이 구절을 "농부가 포도나무에서 포도송이를 다 따내듯이, 적군이 이스라엘의 남은 자들을 샅샅이 뒤져서 끌어갈 것이다. 그러니 예레미야야, 아직 시간이 있을 때에, 포도 따는 사람이 포도덩굴을 들추어보는 것처럼, 네가 구할 수 있는 사람들을 구해야 한다"로 기록하고 있다. 예레미야가 남은 자들을 특별히 분류해 보호하는 소명을 받았다는 것이다.

반면에 공동번역은 "예루살렘에 살아남은 자들을 포도 이삭 거두듯이 샅샅이 쓸어 없애버려라. 너는 포도 거두는 사람이 하듯이 덩굴을 다시 훑어 없애버려라"고 기록한다. 하나님이 이방인들이 아닌 선지자에게 예루살렘 사람들을 하나도 남김없이 완전히 제거하라고 명령하신 것으로 해석한다(cf. Holladay). 그러나 선지자가 무슨 힘(무력)이 있어서 이런 일을 할 수 있단 말인가? 물론 하나님이 홧김에 선지자에게 이런 말씀을 하셨을 가능성을 완전히 배제할 수는 없다. 그러나 공동번역의 해석은 설득력이 없어 보인다. 또한 지금까지 하나님은 주의 백성을 멸망시키되 완전히 멸망시키지는 않겠다고 하셨다(5:18; cf. 3:12). 이러한 맥락에서 새번역처럼 이 말씀을 남은 자들(생존자들)을 살리시겠다는 하나님의 의지를 표현한 것으로 해석하는 것이 바람직하다(cf. NAS, TNK).

이스라엘이 심판을 받게 된 이유는 "그들의 귀가 할례를 받지 못했기 때문"(עֲרֵלָה אָזְנָם)이다(10절; cf. 행 7:51). 선지자가 메시지를 선포하고 있는 백성들에게는 하나님의 말씀을 들을 의지나 능력이 없다. 그들은 하나님 말씀을 비웃으며 순종할 마음도 전혀 없다(10절). 예레미야는 이미 이스라엘은 '할례 받지 못한 마음/심장'을 지닌 자들이라고 비난한 적이 있다(4:4). 성경은 할례 받지 못한 입술에 대해 언급하기도 한다(출 6:30). 하나님이 원하시는 것은 육체적인 할례보다 마음과 의지의 할례다. 성경은 마음의 할례를 받은 사람은 생각과 말이 세상 사람들과 다르다고 가르친다.

영적인 할례를 받지 못한 그들은 하나님의 심판을 받아야 한다. 선지자는 그동안 여러 차례 이스라엘 사회의 지도자들을 비난했다. 본문 또한 지도자들을 비난한다. 한 가지 특이한 점은 지도자들뿐만 아니라 사회의 모든 부류를 비난한다. 아이들, 청년들, 남편들, 아내들, 노인들이 함께 비난을 받는다(11절). 이스라엘 사회에서 가장 보잘것없는 자로부터 가장 높은 지위에 있는 자들까지 모두 한통속이 되어 하나님을 거역했다는 뜻이다(13절). 그들은 집, 밭, 가족 등을 모두 빼앗기게 될 것이다. 그동안 그들은 이러한 것들을 얻고 쌓으려고 안간힘을 썼다. 그러나 심판이 시작되면 이 모든 것을 빼앗기게 된다. 안간힘을 써서 지키려 했던 것을 한순간에 모두 잃었으니 얼마나 허탈할까? 혹시 우리도 하나님의 심판이 임하면 한순간에 없어질 것들을 쌓기 위해 노력하고 있는지 돌아보아야 한다. 그날이 오면 오직 하나님과 하나님이 세우신 것만이 남을 것이며, 인간이 세운 모든 것은 무너진다(cf. 사 2장).

예레미야는 구체적인 비난의 대상으로 선지자들과 제사장들을 지목한다(13절). 이 종교적 지도자들은 "평안이 없는데도 평안을 말한다"(שָׁלוֹם שָׁלוֹם וְאֵין שָׁלוֹם; 14절). 하나님의 이름을 빙자해 거짓 메시지를 선포하고 있는 것이다. 마치 맹장수술이 필요한 사람들에게 반창고를 붙여주고 "괜찮다. 곧 회복될 것이다!"라고 말하는 돌팔이 의사들처럼 말이다. 예레미야는 앞으로도 선지자들이 백성들에게 거짓 '평강'(שָׁלוֹם)을 빌어준 일을 여러 차례 비난할 것이다(8:11; 14:13; 23:17; cf. 4:10). 그들은 거짓 메시지를 전하고 여러 가지 부도덕적인 행위를 하면서도 전혀 거리낌이 없다. "하늘을 우러러 한 점 부끄러움이 없다!"고 외쳤다. 이처럼 뻔뻔한 종교적 지도자들의 행위는 개인적인 윤리 문제로 그치지 않는다. 그들의 사회적 지위와 위치는 온 사회에 영향을 미친다.

어느 사회에서든 종교인들은 그 사회의 최종적인 양심이 되어야 하며 사회를 평가할 수 있는 기준을 제시해야 한다. 이러한 사명을 완수해야 할 종교인들이 썩어 있다면, 그 사회는 갈 바를 모르고 방황하는 사회 내지는 화인 맞은 양심이란 것을 아예 생각하지도 못하는 사회가 될 것이다. 그러므로 목회자들이 사회뿐만 아니라 자신에 대한 비판 능력을 상실할 때, 그들이 인도하는 공동체는 커다란 위기를 맞는다. 우리는 하나님의 말씀으로 세상뿐만 아니라, 자신의 삶도 살펴야 할 의무를 안고 있다.

II. 유다와 예루살렘에 대한 경고(2:1–6:30)
E. 다가오는 예루살렘 멸망(6:1–30)

3. 경고를 무시하는 백성(6:16–21)

16 여호와께서 이와 같이 말씀하시되
너희는 길에 서서 보며 옛적 길
곧 선한 길이 어디인지 알아보고 그리로 가라
너희 심령이 평강을 얻으리라 하나
그들의 대답이 우리는 그리로 가지 않겠노라 하였으며
17 내가 또 너희 위에 파수꾼을 세웠으니 나팔 소리를 들으라 하나
그들의 대답이 우리는 듣지 않겠노라 하였도다
18 그러므로 너희 나라들아 들으라
무리들아 그들이 당할 일을 알라
19 땅이여 들으라 내가 이 백성에게 재앙을 내리리니
이것이 그들의 생각의 결과라
그들이 내 말을 듣지 아니하며 내 율법을 거절하였음이니라
20 시바에서 유향과 먼 곳에서 향품을 내게로 가져옴은 어찌함이냐
나는 그들의 번제를 받지 아니하며
그들의 희생제물을 달게 여기지 않노라
21 그러므로 여호와께서 이와 같이 말씀하시니라
보라 내가 이 백성 앞에 장애물을 두리니
아버지와 아들들이 함께 거기에 걸려 넘어지며
이웃과 그의 친구가 함께 멸망하리라

시내 산에서 맺은 언약 관계 때문에 하나님은 종교적인 리더들까지 양심을 팔아먹은 이스라엘 사회를 포기하지 않으셨다. 하나님은 여러 가지 방법으로 그들을 권유하셨다.

첫째, "너희는 길에 서서 보며 옛적 길 곧 선한 길이 어디인지 알아보고 그리로 행하라"(16절). 하나님은 말씀을 통해 가르쳐주신 의를 행하기를 거부하고 악행을 일삼는 백성을 방향을 잃고 길을 헤매는 사람들에 비유하신다. 그러므로 방황하는 그들에게 '길이 나뉘는 곳'까지 뒤로 돌아가서 처음부터 다시 시작하라고 권하신다. 죽음의 길을 걷고 있는 그들에게 죽음의 길과 생명의 길이 나뉘는 곳으로 돌아가라는 권면이다(cf. 신 30:15). 하나님의 백성이 소유하고 추구해야 할 생명의 길은 곧 온 공동체에게 윤리, 순종, 거룩, 자비 등을 제시해준 모세 율법(cf. 19절)으로 해석되었다(Huey). 그리고 거기에는 전통적인 가르침, 지혜 사상에 의한 교훈까지 포함된다(Habel). 모든 진리와 경건은 하나님께 속한 것이라는 점을 생각하면 가장 넓은 범위로 이해하는 것이 바람직하다.

이스라엘이 잊고 있는 '옛적 길'로 행하라는 것은 결코 '옛날, 좋은 시절'(good old days)의 향수(nostalgia)를 자극하는 말이 아니다. 오히려 착각과 거짓 평안에 젖어 진리와 현실을 왜곡하며 살아가는 그들에게 정신 차리고 현실을 직시하라는 경고다. 그것은 그동안 그들이 누렸던 거짓 평안을 버리고 위험한 삶을 추구하는, 별로 인기 없고 잊힌 길을 다시 찾으라는 권고다(Brueggemann). 그렇다면 주의 백성들이 어떻게 이 '길'을 다시 걸을 수 있을까? 선지자는 16절에서 네 개의 명령문을 사용하여 이 과정을 묘사한다: "서라!(עִמְדוּ)…보라!(וּרְאוּ)…물으라!(שַׁאֲלוּ)…그 안에 행하라!(לְכוּ־בָהּ)" 백성이 진심으로 반성하고 적극적으로 노력하지 않으면 이 길은 결코 찾을 수 없다는 의미다. 회개는 결코 입술을 통한 고백에서 끝나지 않는다. 더 실천적인 것을 요구한다. 잘못 가고 있는 길을 떠나 옛길로 돌아가는 일의 최종적인 목적은 바로 잘못된 행동을 바로잡는 데 있다. 그러나 그들은 "우리가 그리로 행치 않겠노라"(לֹא נֵלֵךְ)고 잘라 말한다(16절). 회개하고 삶을 개혁할 의지가 없다. 스스로 살 수 있는 기회를 거부한 것이다.

둘째, 하나님은 백성들에게 가야 할 길을 가르쳐주기 위해 여러 차례

'파수꾼들'(צֹפִים)을 세워 나팔을 불게 하셨다(18절). 주께서 이스라엘에게 선지자들을 보내 그들이 가야 할 길을 끊임없이 제시해주셨다는 뜻이다. 하나님은 어떻게 해서든 주의 백성을 돌이키게 하려고 온갖 노력을 다하셨다. 그러나 이스라엘의 반응은 "우리는 듣지 않겠노라"였다(17절). 이스라엘이 스스로 자신들의 미래를 결정한 것이다. 역사를 살펴보면 이스라엘은 하나님이 보내신 선지자들을 죽이기까지 했다.

동사 '듣다'(קשׁב)라는 개념이 17-19절의 중심을 이루고 있다. 하나님은 파수꾼들을 보내 백성들에게 "나팔 소리를 들으라"(הַקְשִׁיבוּ)고 권면하셨지만 그들은 "듣지 않겠노라"(לֹא נַקְשִׁיב)고 거부했다(17절). 이제 하나님은 말을 듣지 않는(לֹא הִקְשִׁיבוּ) 백성들을 처벌하실 수밖에 없다(19절). 이 '듣다'라는 동사는 하나님의 들으라는 초청—백성의 거부—반역하는 백성에 대한 심판으로 진행되는 본문의 흐름에서 중추적인 역할을 하고 있다. 이스라엘은 '듣지 않았기' 때문에 하나님의 진노를 샀다. 그들이 듣지 않았다는 것은 이스라엘 사회에 하나님의 말씀이 없었다는 의미다. 말씀이 부재한 사회는 결국 방황과 혼란으로 가득해졌다. 이스라엘 사회에서 순종은 찾아볼 수 없었다.

예레미야는 본문에서 두 개의 운명을 대조적으로 사용하여 메시지를 전한다. "옛적 길, 곧 선한 길"(16절)과 진정한 순종(17-19절)은 생명으로 인도한다. 그러나 종교 예식과 제물에 중점을 둔 삶(20절)과 걸림돌(21절)은 죽음에 이르게 한다. 결국 모든 사람은 자신이 심는 대로 거두게 될 것이다. 생명을 심으면 생명을 거둘 것이요, 죽음을 심으면 죽음을 거두게 될 것이다(cf. 신 30:19). '길'은 생명에 이르게 하고, '걸림돌'은 죽음에 이르게 한다는 것은 매우 당연하고 인상적인 대조를 이루고 있다.

II. 유다와 예루살렘에 대한 경고(2:1–6:30)
E. 다가오는 예루살렘 멸망(6:1–30)

4. 침략군에 대한 공포(6:22–26)

22 여호와께서 이와 같이 말씀하시되
보라 한 민족이 북방에서 오며
큰 나라가 땅 끝에서부터 떨쳐 일어나나니
23 그들은 활과 창을 잡았고 잔인하여 사랑이 없으며
그 목소리는 바다처럼 포효하는 소리라
그들이 말을 타고 전사같이 다 대열을 벌이고
시온의 딸인 너를 치려 하느니라 하시도다
24 우리가 그 소문을 들었으므로 손이 약하여졌고
고통이 우리를 잡았으므로 그 아픔이 해산하는 여인 같도다
25 너희는 밭에도 나가지 말라 길로도 다니지 말라
원수의 칼이 있고 사방에 두려움이 있음이라
26 딸 내 백성이 굵은 베를 두르고 재에서 구르며
독자를 잃음같이 슬퍼하며 통곡할지어다
멸망시킬 자가 갑자기 우리에게 올 것임이라

이스라엘은 하나님의 끊임없는 경고를 계속 무시했기 때문에 드디어 대가를 치르게 되었다. 이미 선지자가 경고한 대로 북쪽에서 적이 쳐들어올 것이다. 예레미야는 이 군대가 누구인지는 밝히지 않는다. 대단한 위력을 가진 군대인 것은 확실하다(22-23절). 그들은 매우 잔인한 군대이기도 하다. 모든 정황을 고려할 때 이 침략자들은 분명히 바빌론 군대다(McKane). 고대 근동 역사에서 아시리아와 바빌론 군대의 잔인성은 널리 알려져 있다. 그들은 포로들의 손과 코 등을 베는 것을 예사롭게 생각했고 눈알도 뽑아냈다(cf. 39:7). 아시리아 군들은 창을 세워놓고 그 위

에 사람을 매달아 내려 항문부터 목까지 창이 관통하도록 했다. 아주 느리게 고통을 최대한 많이 느끼며 죽어가게 하기 위해서였다. 또한 산 사람의 가죽을 벗기기도 했다. 얼마나 사람 죽이는 것을 쉽게 생각했는지 가는 곳마다 처형당한 사람들의 머리가 산더미를 이루었다는 기록이 남아 있을 정도다.

그러므로 약소국가인 이스라엘은 그들을 대적할 생각은 아예 하지도 못하고 그들의 진군 소식을 듣자 두려움에 떤다(24-25절). 사방에 두려움과 공포만 가득하다(25절). 더 두려운 사실은 바빌론 군대를 바로 여호와께서 보내셨다는 것이다. 하나님을 거역한 백성들에게 그들이 배신한 여호와로부터 공포와 두려움이 임한 것이다. 그러므로 백성들이 유일하게 할 수 있는 일은 머리에 재를 뿌리고 베옷을 입고 슬프게 우는 것뿐이다(26절). 예레미야는 반역한 백성들에게 내일 임할 심판을 생각하며 오늘 하나님 앞에서 베옷을 입고 슬피 울라고 제안한다(Brown). 혹시 하나님이 이 마지막 순간에라도 회개하고 근신하는 사람들에게 자비를 베푸실 줄 누가 알겠는가!

II. 유다와 예루살렘에 대한 경고(2:1–6:30)
E. 다가오는 예루살렘 멸망(6:1–30)

5. 하나님께 버림받은 백성(6:27–30)

27 내가 이미 너를 내 백성 중에 망대와 요새로 삼아
그들이 길을 알고 살피게 하였노라
28 그들은 다 심히 반역한 자며
비방하며 돌아다니는 자며
그들은 놋과 철이며 다 사악한 자라
29 풀무불을 맹렬히 불면 그 불에 납이 살라져서
단련하는 자의 일이 헛되게 되느니라

이와 같이 악한 자가 제거되지 아니하나니
30 사람들이 그들을 내버린 은이라 부르게 될 것은
여호와께서 그들을 버렸음이라

이 말씀은 하나님이 예레미야에게 주신 소명을 재확인해준다: "예레미야야, 내가 너를 내 백성을 감독하는 사람으로 삼았다. 너는 내 백성 가운데 요새와 같이 살피는 자가 될 것이다. 너는 내 백성의 행동과 생활을 살피고 쇠붙이를 검사하듯 그들을 자세히 조사해야 한다"(27절; 아가페; cf. 1:5). 선지자는 하나님이 주의 백성을 감독하시는 분이라고 말한다(9:16; 17:10). 그러므로 예레미야는 하나님의 권위를 위임받아 이런 일을 하고 있다는 전제가 깔려 있다. 동사 '감독하다'(בחן)의 이미지는 용광로를 통한 제련 과정을 떠올린다(HALOT). 그러나 문제는 아무리 용광로의 온도를 높여도 이스라엘의 불순물을 결코 제거할 수 없다는 사실이다(cf. 겔 22:18-22). 결국 제련의 노력은 허사로 끝이 난다(29절). 부패와 타락이 이스라엘의 전반적인 성향이 되어버렸다(28절): "하나같이 말을 듣지 않는 것들, 남을 모함이나 하며 돌아다니는 철면피들이다. 모두들 썩었다"(공동). 아무리 제련해도 그들 사이에 섞여 있는 불순물(악)이 제거되지 않는다. 이스라엘 사회에 악이 창궐하고 만연해 있기 때문이다(29절).

용광로를 통한 제련으로도 정결해질 수 없는 이스라엘은 어떻게 될 것인가? 그들은 '내버린 은' 취급을 당하며 버림받을 것이다(30절). 이스라엘이 한 나라로 출범할 때, 하나님은 그들을 귀한 보물(소유)로 여기셨다(cf. 출 19:5). 그런데 이제는 너무나 타락해서 더 이상 보물로 여길 수 없을 뿐만 아니라 어떤 제련을 하든 옛 순수성을 회복할 수 없을 정도로 오염되어 있다. 결국 이스라엘은 내다버리기에 딱 맞은 천덕꾸러기가 되었다. 짧다면 짧은 시간(불과 800여 년)에 이처럼 타락했다. 그러나 이러한 현실이 결코 옛날 이야기만은 아닐 것이다. 하나님의 반복되는 경고와 권면에도 불구하고 어느 시대, 어느 곳에든지 끝까지 회개하기를 거부하는 완고한 사람들이 있다. 이런 사람들을 기다리고 있는 유일한 것은 용광로의 찌꺼기를 태우는 강렬한 심판의 불이다.

III. 성전 설교 및 경고
(7:1-10:25)

이 섹션은 예레미야가 성전에서 선포한 말씀을 포함해 여러 개의 경고 메시지를 담고 있다. 학자들은 이 메시지가 여호야김 왕(주전 609-598년)의 통치 초기 시대에 선포되었다고 추정한다(cf. 비슷한 내용이 26장이 선포된 시기). 예레미야 선지자가 선포한 메시지의 성향과 내용을 이해하는 데 이 섹션은 중요한 증거로 간주된다. 선지자가 성전 마당에서 선포하는 메시지는 당시 유다 정계 및 종교계와 정면충돌을 할 수밖에 없는 매우 강하고 확고한 말씀이다. 정치, 종교 지도자들은 이 말씀을 매우 싫어할 것이다. 예레미야의 메시지는 당시 정치인들과 종교인들의 권력과 신학적 밑바탕을 완전히 흔들어놓을 것이기 때문이다.

신정 통치를 지향하던 예루살렘의 권력 체제인 정치인과 종교인의 신학적 밑바탕은 어떤 문제가 있었을까? 무엇이 참 선지자인 예레미야가 선포한 하나님의 말씀과 갈등을 빚었을까? 크게 두 가지를 예로 들 수 있다. 첫째, 시온(예루살렘)은 하나님의 처소인 성전이 있는 곳이므로 어떤 상황에서도 결코 무너지지 않는다는 '시온 불가침'(inviolability of Zion) 설이다. 둘째, 하나님이 다윗과 그의 후손들이 이스라엘을 영원히 통치할 것을 무조건적으로 보장하셨다는 다윗 언약이다. 당시 예루살렘의 안전을 주장하던 정치인들과 종교 지도자들에게는 이 두 가지 신학적인 이유가 있었다. 그들은 그 때문에라도 결코 예루살렘이 적의 손에 망하는 것을 하나님이 지켜만 보시지 않을 것이라고 확신했다.

시온 불가침설과 다윗 언약의 영원성을 신봉하는 사람들에게 예루살렘 주민들이 어떤 가치관과 방식으로 살아가는가 하는 점은 이 성읍의 운명에 아무런 영향도 미치지 않는다. 주의 백성의 신앙이나 삶과 상관없이 하나님이 이 약속들을 지키기 위해서라도 예루살렘을 침략자들의 손에서 보호하실 것이기 때문이다. 그러나 선지자들에 의하면 이 모든 것은 착각에 불과할 뿐만 아니라 '조직화된 위선'(organized hypocrisy)에 불과하다(Skinner). 텍스트는 다음과 같이 두 섹션으로 구분될 수 있다.

A. 성전에서 선포한 말씀(7:1-8:3)
B. 치유가 불가능한 유다(8:4-10:25)

Ⅲ. 성전 설교 및 경고(7:1–10:25)

A. 성전에서 선포한 말씀(7:1–8:3)

이 본문은 책이 시작된 이후 가장 긴 산문체 담화를 형성하고 있다. 만일 이 메시지가 내용이 비슷한 26장 메시지와 같은 신탁과 설교를 바탕으로 한다면, 메시지의 시대적 배경은 여호야김 왕의 통치 초기 시대인 주전 609-608년경으로 생각된다(cf. Lundbom). 물론 예레미야가 비슷한 내용의 메시지를 여러 차례 선포했을 가능성을 배제할 필요는 없다. 대체적으로 선지자들은 자신들의 고유하고 핵심적인 메시지를 여러 차례 반복하는 성향을 보이기 때문이다. 그러나 요시야 왕이 이룩한 모든 종교개혁이 순식간에 무너져 내리는 아픔을 지켜보는 선지자의 탄식이 포함되어 있다는 점에서 여호야김 초기 시대를 유력한 시대로 볼 수 있다.

예레미야서의 흐름에서 1-6장은 서론 역할을 했다. 선지자는 7장에서부터 본론을 제시한다(Brown). 일부 학자들은 7:1-15이 예레미야의 가장 핵심 메시지라고 주장한다(Miller). 7장에서 하나님은 예레미야에게 말씀을 선포할 것을 세 차례 명령하신다(2, 16, 27-28절). 그래서 말씀 선포와 연관된 동사 '듣다'(שמע)도 본문에서 여덟 차례나 사용된다(Fretheim). 하나님의 백성은 선지자를 통해 선포된 하나님의 말씀을 귀담아들어야 한다는 것을 암시한다. 또한 하나님은 아직도 주의 백성이 말씀을 듣고 회개하고 돌아오기를 바라신다는 의미다. 그러나 마음이 강퍅해질 대로 강퍅해진 이스라엘은 하나님의 말씀을 들으려 하지 않는다. 결국 하나님도 이스라엘의 말을 듣지 않을 뿐만 아니라, 예레미야에게 이스라엘을 위해 더 이상 기도하지 말라고 명령하신다(16절). 하나님을 거부한 백성이 하나님께 거부당하고 있는 것이다. 본문은 다음과 같이 세분화될 수 있다.

A. 성전 설교(7:1-15)
B. '하늘의 여왕' 숭배(7:16-20)
C. 반역하는 나라(7:21-28)
D. 인간 번제에 대한 심판(7:29-34)
E. 원수들에 의해 파헤쳐진 무덤(8:1-3)

III. 성전 설교 및 경고(7:1–10:25)
A. 성전에서 선포한 말씀(7:1–8:3)

1. 성전 설교(7:1–15)

[1] 여호와께로부터 예레미야에게 말씀이 임하니라 이르시되 [2] 너는 여호와의 집 문
에 서서 이 말을 선포하여 이르기를 여호와께 예배하러 이 문으로 들어가는 유다

사람들아 여호와의 말씀을 들으라 [3] 만군의 여호와 이스라엘의 하나님이 이와 같
이 말씀하시되 너희 길과 행위를 바르게 하라 그리하면 내가 너희로 이곳에 살게
하리라 [4] 너희는 이것이 여호와의 성전이라, 여호와의 성전이라, 여호와의 성전이라
하는 거짓말을 믿지 말라 [5] 너희가 만일 길과 행위를 참으로 바르게 하여 이웃들 사
이에 정의를 행하며 [6] 이방인과 고아와 과부를 압제하지 아니하며 무죄한 자의 피
를 이곳에서 흘리지 아니하며 다른 신들 뒤를 따라 화를 자초하지 아니하면 [7] 내가
너희를 이곳에 살게 하리니 곧 너희 조상에게 영원무궁토록 준 땅에니라 [8] 보라 너
희가 무익한 거짓말을 의존하는도다 [9] 너희가 도둑질하며 살인하며 간음하며 거짓
맹세하며 바알에게 분향하며 너희가 알지 못하는 다른 신들을 따르면서 [10] 내 이름
으로 일컬음을 받는 이 집에 들어와서 내 앞에 서서 말하기를 우리가 구원을 얻었
나이다 하느냐 이는 이 모든 가증한 일을 행하려 함이로다 [11] 내 이름으로 일컬음을
받는 이 집이 너희 눈에는 도둑의 소굴로 보이느냐 보라 나 곧 내가 그것을 보았노
라 여호와의 말씀이니라 [12] 너희는 내가 처음으로 내 이름을 둔 처소 실로에 가서
내 백성 이스라엘의 악에 대하여 내가 어떻게 행하였는지를 보라 [13] 여호와의 말씀
이니라 이제 너희가 그 모든 일을 행하였으며 내가 너희에게 말하되 새벽부터 부지
런히 말하여도 듣지 아니하였고 너희를 불러도 대답하지 아니하였느니라 [14] 그러므
로 내가 실로에 행함같이 너희가 신뢰하는 바 내 이름으로 일컬음을 받는 이 집 곧
너희와 너희 조상들에게 준 이곳에 행하겠고 [15] 내가 너희 모든 형제 곧 에브라임
온 자손을 쫓아낸 것같이 내 앞에서 너희를 쫓아내리라 하셨다 할지니라

하나님의 명령에 따라 예레미야가 성전에 가서 예배하기 위해 성전을 찾은 이스라엘 사람들에게 메시지를 전한다. 그래서 어떤 학자들은 이 말씀을 '성전 설교'(the temple sermon)라고 부른다(Lundbom, McKane). 비록 이 섹션이 선지자의 설교로 취급되지만, 예레미야는 한마디도 말하지 않는다. 처음부터 끝까지 하나님이 선지자를 통해 자기 백성에게 하신 말씀이다(Fretheim). 본문과 비슷하지만 더 간단하게 정리된 메시지가 26:1-6에 기록되어 있다. 26:1에 의하면 이 메시지는 여호야김 왕이 유

다를 다스리기 시작한 때(viz., 주전 609년) 선포된 것이다. 그래서 학자들은 본문에 기록된 메시지도 같은 시기에 선포한 것으로 여긴다. 그러나 이 두 메시지는 내용이 비슷할 뿐 서로 다른 메시지였다고 주장하는 학자들도 있다(Janzen, Allen).

메시지의 효과를 고려하면 예레미야는 많은 사람이 성전을 찾은 종교 절기에 이 메시지를 선포했을 것이다. 가을 추수가 끝날 무렵에 사람들이 성전을 찾았던 장막절(Feast of Tabernacle)이 유력하다(Fretheim). 장막절에는 이스라엘의 모든 성인 남자들이 성전을 찾는다. 유다 사람들은 예루살렘 성전이 그 어떤 불상사도 유다에게 일어나지 않게 할 보증수표나 되는 것처럼 생각했다. 예레미야는 그런 예배자들에게 당시 제사장들과 선지자들이 선포하던 메시지와 전혀 다른 말씀을 선포한다. 예레미야의 메시지는 성전을 하나님의 임재와 동일시했던 사람들의 관념에 큰 충격을 주었다. 그렇다면 예레미야 시대를 살아가던 사람들은 성전을 어떤 곳으로 여겼던 것일까? 선지자의 메시지에 그토록 큰 충격을 받은 이유는 무엇일까?

주전 609년에 이 메시지가 선포되었다면, 불안한 국제 정세와 바로 몇 달 전 요시야의 죽음을 경험했던 유다의 긴박한 정황을 고려해야 한다. 건국 이래 최고의 위기를 맞이한 유다는 그 어느 때보다도 하나님의 함께하심에 대한 확신이 필요했다. 주전 8세기 중반부터 근동을 통치해왔던 아시리아의 위치가 이미 흔들리고 있었고, 조만간(viz., 4년 후) 완전히 뿌리가 뽑힐 것이다. 요시야는 아시리아 패잔병을 돕는다는 명분을 앞세우고 북쪽으로 진군하던 이집트 왕 느고의 앞길을 막았다가 므깃도 전투에서 전사했다. 요시야의 뒤를 이어 여호아하스가 왕이 되었지만, 느고는 그를 인질 삼아 이집트로 데려가고, 그 자리에 여호야김을 세웠다. 이후 이집트가 세운 꼭두각시 왕 여호야김의 통치 아래서 유다는 바빌론의 왕 느부갓네살이 가나안 원정을 나서는 주전 605년까지 친(親) 이집트 정책을 펴야 했다.

예레미야는 여호야김이 왕이 되고 얼마 지나지 않았을 때 이 메시지를 선포했다. 이때는 정말 시국이 불안했다. 사실 주전 609년 요시아의 죽음 이후 유다는 자치권을 잃어버렸다 해도 과언이 아니다. 왜냐하면 이때부터 이집트와 바빌론이 번갈아가면서 누가 유다의 왕이 될 것인가를 결정했기 때문이다. 또한 아시리아가 몰락한 후 이집트와 바빌론은 아시리아의 자리를 차지하기 위해 치열한 경쟁을 시작한 상황이었다. 이때만 해도 앞으로 근동을 주도하게 될 군주가 어느 나라가 될지 아무도 장담할 수 없었다. 이집트와 바빌론은 근동의 통치권을 놓고 이 메시지가 선포된 때로부터 그리 멀지 않은 주전 605년에 갈그미스에서 대격전을 벌여야 한다.

요동 치는 국제 정세에서 생존을 위해 몸을 낮추고 기다려야 하는 약소국가 유다는 아직도 요시야의 죽음이 안겨준 충격에서 헤어나오지 못하고 있다. 그러므로 백성들은 여호와께서 하시는 말씀을 듣기 위해 제사장과 선지자에게 귀를 기울였다. 그러나 제사장들과 선지자들은 시온(예루살렘) 불가침설과 다윗 언약의 영원성을 지적하며 거짓 평안을 선포했다. 시온 불가침설에서는 성전이 매우 중요한 비중을 차지하고 있다. 예레미야는 당시 제사장들이나 선지자들이 성전에 대해 백성들에게 말한 것과는 전혀 상반된 말씀을 선포한다.

예레미야가 성전에서 진행되던 프로그램의 순서에 따라 맞아서 이 말씀을 선포하고 있는지, 아니면 성전 문 모퉁이에 서서 입장하는 사람들을 향해 이 메시지를 전했는지 확실하지는 않지만, 후자일 가능성이 높다: "너는 여호와의 집 문에 서서 이 말을 선포하라"(2절). 중세기 랍비 킴키(Kimchi)에 의하면 성전에는 총 일곱 개의 문이 있었다. 성전의 북쪽에 세 개, 남쪽에 세 개 그리고 동쪽에 한 개가 있었다. 그래서 예레미야가 특별한 문에서 설교했다는 것을 강조하고 싶었던 킴키는 예레미야가 동쪽 문에서 설교했다고 주장한다(Brown). 그러나 예레미야가 어떤 문곁에 서 있었는지는 알 수 없다. 다만 분명한 건 예배자들이 가장 많이 출입한 문이었을 것이다(cf. Keil).

예레미야가 문턱에 서서 선포한 메시지의 중심 내용이 3-4절에 요약되어 있다: “너희의 모든 생활과 행실을 고쳐라. 그러면 내가 이곳에서 너희와 함께 머물러 살겠다. ‘이것이 주님의 성전이다, 주님의 성전이다, 주님의 성전이다’ 하고 속이는 말을, 너희는 의지하지 말아라”(새번역). 한 주석가는 3절과 8절의 내용을 바탕으로 예레미야의 메시지를 다음과 같이 요약한다(Miller).

변화에 대한 권면	생활과 행실을 고치라(3, 5절)
변화의 결과	하나님이 그들과 함께하실 것이다(3, 7절)
금지 사항	속이는 말을 믿지 말라(3, 8절)

이 말씀에서 선지자는 주의 백성에게 두 가지 선택을 제시하고 있다. 그들이 지금까지 살아온 삶의 방식을 고쳐 하나님과 함께하든지, 아니면 무의미한 미신과도 같은 ‘시온(성전) 불가침설’을 의지하라는 것이다. 그러나 선지자는 시온(성전) 불가침설은 “속이는 말”(דִּבְרֵי הַשֶּׁקֶר)이라고 단언함으로써(4절; cf. 8절) 이스라엘의 선택지를 하나로 줄이고 있다. 예레미야는 성전 자체에 마치 어떤 신비로운 힘(magical power)이 있다는 생각을 어리석다고 말한다. 이러한 처사는 성전을 마치 액땜이나 하는 부적(符籍)처럼 취급하는 것과 별반 다를 바가 없다. 반면에 주의 백성이 삶과 행실을 고치면, ‘속이는 말’이 되어버린 성전의 ‘부적 기능’이 진실로 바뀔 것이다.

예레미야는 이스라엘이 성전 터전을 포함해 모든 땅을 소유하는 것은 무조건적이거나 특정한 규례와 예식을 행하기 때문에 유지되는 것이 아니라 하나님 말씀을 온전히 순종함으로써만 가능하다고 단호하게 선언한다. 주문을 외우듯이 하나님의 성전을 들먹거려도 아무런 도움이 되지 않을 것이다: “여호와의 성전이라, 여호와의 성전이라, 여호와의 성전이라"(4절). 하나님의 처소는 결코 인간이 자기 잇속을 챙기기 위해 이용할 수 있는 부적이 아니다. 이스라엘은 성전을 마치 액땜을 하기 위한 수단 정도로 생각하고 있었다. 그들의 미신적인 소망과 확신이 서려 있는 "여호와의 성전이라"는 세 차례의 외침 속에서 그 사실이 역력하게 드러난다. 교회도 마찬가지다. 만일 교인들이 하나님의 뜻대로 살기를 거부한다면, 그들이 교회에 속했다는 것 자체는 어떤 안전도 보장해 주지 못한다. 교회는 주님께서 피 값을 치르고 세우신 신앙의 터전이지 불행을 면제받게 하는 도구가 아니기 때문이다.

선지자는 이스라엘을 이 땅에서 거주할 수 있게 만들어 주는 것은 결코 어떤 예식이나 자신들의 능력 덕분이 아니라는 사실을 강조한다. 오직 정의를 지향하고 순종을 추구할 때 하나님이 약속하신 삶을 살 수 있다. 이스라엘의 문제는 하나님보다는 성전을 더 신뢰한 것에 있었다. 하나님을 경배하는 처소인 성전이 하나님을 대체한 것이다. 성전에 머물고 있는 그들은 기억을 더듬어 성전의 주인이신 하나님께 돌아가야 한다. 오늘날 그리스도인도 비슷한 위험을 안고 살아가고 있다. 자칫 잘못하면 똑같은 과오, 즉 예식적이고 외형적인 것이 결코 대체할 수 없는 하나님을 대체하는 과오를 범할 수 있다.

"만일…그러면…"(if-then; 3절)의 테마가 5-7절에서 더 구체적으로 전개되고 있다. 저자는 5-6절에서 구체적으로 다섯 개의 '만일' 조건을 제시한다: "(1) 만일 너희가 모든 생활과 행실을 참으로 고치면…; (2) 만일 너희가 정직하게 서로에게 행하면…; (3) 만일 너희가 이방인과 고아와 과부들을 억압하지 않으면…; (4) 만일 너희가 이곳에서 무고한 피를 흘리지 않으면…; (5) 만일 너희가 다른 신들을 섬겨 스스로 재앙을 불러들이지 않으면…." 이스라엘이 이러한 조건을 충족시키면 하나님은 "너희 조상에게 영원무궁하도록 준 이 땅, 바로 이곳에서 너희가 머물러 살도록 하겠다"라고 약속하신다(7절; 새번역). 이미 유다가 바빌론으로 끌려가는 것을 전제하는 듯한 정황에서 이 말씀은 매우 파격적이다. 여호야김 왕 통치가 시작된 때만 해도 유다가 회개하면 바빌론으로 끌려가지 않아도 되는 상황이었다. 어떻게 해서든 자기 백성을 타국으로 내치기를 원하지 않는 하나님이 유다에게 마지막 은혜를 베푸신 것이다. 그러나 예루살렘에서 선지자의 이 권면을 들었던 사람들은 불순종으로 결국 하나님이 그들의 조상에게 "영원무궁하도록 준 땅"(לְמִן־עוֹלָם וְעַד־עוֹלָם)에서 쫓겨났다.

이 말씀이 훗날 바빌론에 끌려간 사람들에게는 어떻게 들렸을까? 이 말씀은 이미 일어난 일(주의 백성이 바빌론으로 끌려온 일)에 대한 사전 경고로 여겨졌을 것이다. 또한 바빌론으로 끌려와 이 메시지를 듣는 포로민들에게는 미래에 대해 실낱 같은 소망을 갖게 했을 것이다. 왜냐하면 그들은 범죄로 약속의 땅에서 쫓겨나 바빌론까지 끌려왔지만, 그 땅은 하나님이 그들의 조상에게 '영원무궁하도록 주신 땅'이다. 그러므로 언젠가는 그들이나 그들의 후손들이 다시 약속의 땅으로 돌아가게 될 소망의 근거가 될 수 있다.

유다 사람들은 성전을 어떻게 생각했는가? 저자는 8-11절에서 그들이 성전을 어떻게 취급했는가를 지적하고 있다. 그들은 성전을 마치 액운이나 때우는 부적, 혹은 행운을 가져다주는 부적(charm) 정도로 생각했다(10절). 선지자가 9절에서 고발하고 있는 이스라엘의 범죄는 십계명을 배경으로 한다: "너희는 모두 도둑질을 하고, 사람을 죽이고, 음행을 하고, 거짓으로 맹세를 하고, 바알에게 분향을 하고, 너희가 알지 못하는 다른 신들을 섬긴다"(새번역). 예레미야는 주의 백성들이 구체적으로 8, 6, 7, 9, 1, 2 여섯 개의 계명을 어겼다고 비난한다(cf. Holladay, Lundbom). 이처럼 십계명을 반영하는 목록이 호세아 4:2("오직 저주와 속임과 살인과 도둑질과 간음뿐이요 포악하여 피가 피를 뒤이음이라")에서도 사용되었다. 십계명이 율법의 골자라는 점에서, 유다는 율법이란 율법은 모두 어기고 있다고 선지자들은 비난한다. 이스라엘 사람들은 이처럼 갖은 우상숭배와 악행을 서슴지 않고 행하면서도 가끔 여호와의 성전에 나와 예배를 드리면 '평안'을 느꼈다(10절). 물론 하나님이 주신 참 평안이 아니라, 거짓 선지자들과 제사장들이 처방한 거짓 평안이었다. 결국 유다 사람들에게 성전은 그들이 세상에서 열심히 행했던 온갖 악행으로부터 잠시 '휴식'을 취하는 곳이 되었다. 또한 헌금과 예배를 통해 그동안 그들이 경험했던 불행과 앞으로 경험할 액운이 모두 사라지게 하는 신비로운 장소일 뿐 하나님을 만나서 교제하고 말씀을 배우는 곳은 아니었다.

이스라엘은 자신들의 종교 생활과 일상생활의 괴리감에 대해 아무런 문제의식도 없었다. 오히려 그들은 종종 성전에 오기만 하면 세상에서 자신들의 죄악으로부터 숨을 수 있거나 자유로워질 수 있다고 생각했다. 그래서 그들은 성전을 찾을 때마다 '거짓 평안'을 누렸다. 이런 상황에 대해 하나님은 어떻게 생각하시는가? 이스라엘이 아무리 큰 제물을 가지고 여호와 앞에 서도 그들에 대한 하나님의 평가에는 변함이 없다: "도둑놈들!"(11절) 제물은 결코 공의와 정의 실현을 대신할 수 없다는 것이다. 예레미야는 이 '도둑들'이 서성거리는 한, 하나님의 성전 역시 '도둑의 소굴'에 불과하지 않다고 말한다(11절). 훗날 예수님은 이 말씀을 근거로 성전에서 장사꾼들을 몰아내신다(마 21:13; 막 11:17; 눅 19:46).

우리에게 성전은 피난처다. 그래서 죄인들이 성전을 장악하면 하나님은 그곳을 떠나신다는 사실을 깨달아야 한다(Kidner). 뿐만 아니라 의를 추구하는 삶이 함께하지 않는 예배와 경배 그리고 성전에 대한 확신은 결국 '무익한 거짓말'(דִּבְרֵי הַשֶּׁקֶר לְבִלְתִּי הוֹעִיל)에 불과하다(8절; cf. 4절). 성전은 주의 백성의 부도덕한 삶을 덮어줄 수 있는 덮개가 아니다. 하나님은 자기 백성의 일거수일투족을 지켜보고 계신다(11절). 하나님은 그들의 행실에 따라 그들을 판단하지, 그들이 드리는 예물이나 기도로 그들을 판단하시는 일은 없다는 뜻이다.

선지자의 메시지는 12-15절에서 충격적인 결론에 이른다(Brueggemann). 예레미야가 예루살렘의 운명을 이미 심판을 받아 망해버린 실로의 운명과 똑같이 취급하고 있기 때문이다(cf. 시 78:56-64). 실로는 예루살렘으로부터 북쪽으로 약 27킬로미터 떨어진 곳으로 이스라엘이 가나안에 정착한 후 처음으로 성막을 세운 곳이었다(ABD, cf. 수 21:1-2; 삼상 1:1-9). 이스라엘은 정복한 땅을 이곳에서 분배했으며(수 18:8-10; 19:51), 엘리가 제사장이었을 때도 하나님의 성막이 이곳에 있었다(삼상 1:3). 사무엘은 실로에서 여호와의 선지자로 부르심을 받았다(삼상 3:1, 21). 실로는 주전 1050년경에 블레셋과의 전쟁으로 파괴된 것으로 추정된다(Holladay, cf. 삼상 4장). 예레미야 선지자 시대로부터 약 500년 전에 있었던 일이다. 아시리아의 사르곤이 주전 8세기에 사마리아를 쳤을 때 실로가 멸망했다고 주장하는 학자도 있다(Overholt). 그러나 대부분의 학자들은 실로의 멸망이 사무엘서에 기록된 주전 11세기에 일어났으며, 그 후 실로는 다시는 그 중요성을 회복하지 못했다고 생각한다(Lundbom, McKane).

유다 사람들은 예루살렘의 운명과 실로의 운명이 극적인 대조를 이룬다고 생각했다. 실로는 하나님께 버림받아 멸망했지만, 하나님의 성전이 있는 예루살렘은 시온 불가침설과 다윗 언약으로 하나님의 특별한 보호를 받는 안전한 도성이라고 생각했다. 그러나 예레미야는 유다 사람들의 주장에 이의를 제기하고 있다. 예루살렘 주민들이 삶을 돌이키지 않는 한 그들이 살고 있는 도성의 운명은 실로와 같을 것이라고 경고한다. 예루살렘에 임박한 심판은 여러 면에서 옛날에 실로 사람들(viz., 제사장 엘리의 집안 사람들)을 덮쳤던 심판과 비슷하다는 것이다. 특히 그들이 절대 망하지 않을 거라고 자랑하는 예루살렘 성전은 머지않아 실로에 있었던 성막과 같은 운명에 처하게 될 것이라고 경고한다.

원래 성전은 하나님이 이스라엘 중에 거하시는 임재의 상징이었다. 그런데 어느덧 '도적의 굴혈'이 되어버렸다(11절). 예수님도 성전이 이처럼 변질된 것에 대해 분노하셨다(마 21:13; 막 11:17; 눅 19:46). 또한 오늘날 일부 한국 교회를 두고 하시는 말씀처럼 들린다. 역사는 반복된다는데 우리가 성경에서 아무런 교훈을 얻지 못하면 우리 역시 이스라엘과 비슷한 결말을 맞게 될 것이다. 선지자가 제시하는 해결책은 분명하고 간단하다. 만일 주의 백성이 자신들의 삶과 행실을 경건하고 의롭게 바꾸면 그들의 예배 처소는 다시 하나님의 임재를 체험하는 곳이 될 것이다. 교회에서 예배와 찬양만으로는 하나님의 임재를 경험할 수 없다. 경건하고 거룩하게 살려고 노력하는 사람들의 예배와 찬양 속에 하나님이 함께하시기 때문이다.

성전이 파괴되면 하나님도 '거처'를 잃으실 것이다. 그렇다고 해서 하나님의 신변에 어떤 변화가 생기지는 않는다. 하나님은 뻔뻔하게 죄를 짓는 백성들 중에 거하기보다 차라리 노숙자의 삶에 거하는 것을 선호하신다(Fretheim). 이스라엘을 상대로 이처럼 충격적인 말씀을 선포하고 있는 예레미야의 마음은 착잡했을 것이다. 이미 서론에서 언급한 것처럼(cf. 1:1-3 주해) 실로에서 하나님의 심판을 받은 사람들이 다름 아닌 선지자 자신의 집안 조상들이었기 때문이다. 하나님이 직접 벌을 내려 죽인 엘리 제사장과 관련 짓지 않고 그의 후손인 예레미야를 선지자로 불러 사용하셨다는 것은 하나님의 심판은 잠시이며, 축복은 영원하다는 사실을 다시 한 번 확인해 준다(cf. 출 20:4-5). 그러나 신앙생활에서 방심이나 자만은 용납될 수 없다.

종교적인 절기를 기념하기 위해 성전을 찾았다가 예레미야의 메시지를 들은 사람들은 어떻게 반응했을까? 선지자가 매우 교만하고 불손하다고 생각했을 것이다. 예레미야는 그들이 그동안 수많은 선지자들과 제사장들로부터 들었던 메시지와 전혀 다른 메시지, 그것도 유다와 예루살렘에 대해 매우 부정적인 메시지를 전하기 때문이다. 그들은 예레미야를 마치 자기 혼자 하나님을 알고, 자기 홀로 하나님의 말씀을 전한다고 주장하는 매우 독선적인 선지자라고 간주했다. 혹은 정신이 나간 사람으로 취급했을 수도 있다. 확실한 것은 예레미야의 메시지에 동조하는 사람은 거의 없었다는 사실이다. 하나님의 말씀을 선포하는 일은 이래서 힘이 든다. 홀로 온 세상을 상대해야 한다는 생각이 들기 때문이다. 온갖 거짓과 위선으로 가득 찬 공동체에 하나님의 참 말씀을 선포하는 일은 더욱더 힘들다. 그러나 그들 중에 거하는 소수의 남은 자들을 위해서라도 하나님의 말씀은 계속 선포되어야 한다.

III. 성전 설교 및 경고(7:1-10:25)
A. 성전에서 선포한 말씀(7:1-8:3)

2. '하늘의 여왕' 숭배(7:16-20)

16 그런즉 너는 이 백성을 위해 기도하지 말라 그들을 위해 부르짖어 구하지 말라 내
게 간구하지 말라 내가 네게서 듣지 아니하리라 17 너는 그들이 유다 성읍들과 예루
살렘 거리에서 행하는 일을 보지 못하느냐 18 자식들은 나무를 줍고 아버지들은 불
을 피우며 부녀들은 가루를 반죽하여 하늘의 여왕을 위해 과자를 만들며 그들이
또 다른 신들에게 전제를 부음으로 나의 노를 일으키느니라 19 여호와의 말씀이니
라 그들이 나를 격노하게 함이냐 자기 얼굴에 부끄러움을 자취함이 아니냐 20 그러
므로 주 여호와께서 이와 같이 말씀하시니라 보라 나의 진노와 분노를 이곳과 사람
과 짐승과 들나무와 땅의 소산에 부으리니 불같이 살라지고 꺼지지 아니하리라 하
시니라

이스라엘의 교만과 방종을 비난하신 하나님이 이스라엘을 용서하지 않겠다는 의지를 강조하기 위해 "듣지 아니하리라"(16절)고 단호하게 선언하신다. 뿐만 아니라 하나님은 예레미야가 그들을 위해 기도하는 것을 말리며 세 차례나 말씀하신다: "기도하지 말라…부르짖어 구하지 말라…간구하지 말라"(16절). 하나님의 이 같은 말씀은 이스라엘이 회개하기에는 이미 늦어도 너무 늦었기 때문에(cf. 15:1-3) 어떤 조치도 효력을 발휘하지 못할 것을 의미한다. 그렇다면 예레미야는 하나님이 명령하신 대로 백성들을 용서해달라는 기도를 멈추어야 하는가? 아니다. 예레미야는 선지자로서 계속 기도해야 한다. 우리는 하나님의 명령은 모두 준수해야 하지만, 다른 사람들을 위해 더 이상 기도하지 말라는 명령만큼은 어겨야 한다.

하나님이 분노하시는 이유가 한 폭의 그림을 통해 설명되고 있다(17-18절). 아이들은 장작으로 쓸 나무를 줍기에 바쁘고, 아버지는 아이들이 주워온 장작개비로 불을 지피는 일에 분주하다. 아이들의 어머니는 남편이 불을 지펴준 화덕에서 빵을 굽기 위해 쉴 새 없이 움직인다. 참으로 일사불란하게 움직이는 일치된 가정이다. 그런데 이 빵은 누구를 위한 것인가? 바로 '하늘의 여왕'(מְלֶכֶת הַשָּׁמַיִם)에게 바칠 빵이다(18절). '하늘의 여왕'이란 표현은 44:17-25에서 다시 사용되며 대체적으로 아시리아와 바빌론 사람들이 숭배했던 이슈타르(Ishtar) 혹은 가나안의 아슈타르테(Ashtarte)로 추정된다(Allen). 이 여신은 주로 여자들이 숭배하는 신이었다(Ackerman).

예레미야가 '하늘의 여왕'을 언급하면서 구체적으로 어떤 여신을 지목하고 있는가에는 다소 논란이 있을 수 있지만, 우상을 염두에 두고 있는 것은 확실하다. 조상 대대로 숭배해온 여호와를 섬기기를 거부하던 이스라엘의 가정이 이처럼 우상숭배에는 하나되어 열심을 내고 있다! 참으로 안타까운 일이다. '하늘의 여왕'을 숭배해 하나님을 분노케 한 것으로 모자라 이스라엘 가정들은 더 많은 신들을 숭배한다: "또 다른 신들에게 전제를 부음으로 나의 노를 일으키느니라"(18절). 유다 가정들이 온갖 우상과 잡신을 몽땅 숭배하고 있다!

예레미야는 이 이야기를 통해 남녀노소 가릴 것 없이 온 이스라엘 가정들이 합심해 우상을 숭배하고 있는 것을 비난한다. 이러한 행동은 당연히 그들의 하나님 여호와를 격노케 하는 일이다(18절). 그러나 그들의 행동은 하나님을 격노케 하는 일로 그치지 않고 오히려 자신들로 하여금 스스로 낯 뜨거운 수치를 당하게 하는 행위라고 선지자는 주장한다(19절). 백성이 여호와를 격노케 하면 하나님은 자신의 분노를 부메랑 삼아 백성에게 수치로 갚아 주신다(Allen). 그러므로 하나님이 무서운 분노를 사람과 짐승과 들의 나무와 땅의 열매 위에 쏟으실 것이며 그 누구도 이러한 여호와의 분노를 끌 수 없을 것이다(20절). 이스라엘은 우상들에게 전제(액체 제물)을 부었다(18절). 이제 하나님이 그들과 그들이 사는 땅 위에 진노의 불을 내리신다(20절). 하나님의 심판의 불이 임하면, 그들이 우상들에게 부었던 전제(액체 제물)를 모두 타버릴 것이다. 우상과 우상 숭배자들이 함께 벌을 받는 것이다. 하나님의 오래 참음에는 한계가 있다는 사실을 마음속 깊이 새겨야 한다.

III. 성전 설교 및 경고(7:1–10:25)
A. 성전에서 선포한 말씀(7:1–8:3)

3. 반역하는 나라(7:21–28)

21 만군의 여호와 이스라엘의 하나님이 이와 같이 말씀하시되 너희 희생제물과 번
제물의 고기를 아울러 먹으라 22 사실은 내가 너희 조상들을 애굽 땅에서 인도하여
낸 날에 번제나 희생에 대해 말하지 아니하며 명령하지 아니하고 23 오직 내가 이것
을 그들에게 명령하여 이르기를 너희는 내 목소리를 들으라 그리하면 나는 너희 하
나님이 되겠고 너희는 내 백성이 되리라 너희는 내가 명령한 모든 길로 걸어가라 그
리하면 복을 받으리라 하였으나 24 그들이 순종하지 아니하며 귀를 기울이지도 아
니하고 자신들의 악한 마음의 꾀와 완악한 대로 행하여 그 등을 내게로 돌리고 그
얼굴을 향하지 아니하였으며 25 너희 조상들이 애굽 땅에서 나온 날부터 오늘까지
내가 내 종 선지자들을 너희에게 보내되 끊임없이 보내었으나 26 너희가 나에게 순
종하지 아니하며 귀를 기울이지 아니하고 목을 굳게 하여 너희 조상들보다 악을 더
행하였느니라 27 네가 그들에게 이 모든 말을 할지라도 그들이 너에게 순종하지 아
니할 것이요 네가 그들을 불러도 그들이 네게 대답하지 아니하리니 28 너는 그들에
게 말하기를 너희는 너희 하나님 여호와의 목소리를 순종하지 아니하며 교훈을 받
지 아니하는 민족이라 진실이 없어져 너희 입에서 끊어졌다 할지니라

이 말씀은 이미 7:3-4을 통해 비교된 언약적 순종과 종교 예식 남용

을 다시 대조하고 있다. 제사장들은 자신들이 중심이 되어 성전에서 행하는 갖가지 종교 예식들로 하나님의 언약적 요구 사항을 충족시킬 수 있는 것처럼 가르치지만 선지자는 결코 그렇지 않다고 가르친다. 하나님은 정말 어이가 없다는 말투로 그들에게 "내가 너희에게 받고 싶은 것은 제사가 아니다. 너희가 번제는 다 태워 내게 바치고 다른 제물은 너희가 먹는다고 하지만, 내가 허락할 터이니, 번제든 무슨 제사든 고기는 다 너희들이나 먹어라"(21절; 새번역). 이스라엘은 시내 산 언약의 본질과 정신은 모두 망각한 채 외형적이고 예식적인 것들로 언약적 충성을 표현하려 했다. 하나님은 더 나아가 "너희 조상들을 이집트에서 데려내올 때, 내가 번제와 친교제를 바치라고 한 번이라도 시킨 일이 있더냐?"라고 반문하신다(22절; 공동; cf. 암 4:4-5). 하나님은 이스라엘과 언약을 맺을 때부터 그들이 바치는 제물이나 예식적인 절차를 그다지 중요하게 여기지 않으셨다는 뜻이다. 이 말씀은 선지서에서 위선적인 예배와 예식을 가장 강력하게 비난하는 텍스트 중 하나다(Brown).

이스라엘이 이집트에서 나올 때 하나님이 그들에게 제물을 바치라고 하신 적이 한 번도 없다는 본문의 의도를 이해하는 것이 쉬운 일은 아니다. 그래서 이 말씀의 취지에 대해 학자들은 서로 견해를 달리한다.

첫째, 대부분의 유대인 주석가들은 이 말씀이 여호와께서 시내 산에서 십계명을 주시기 이전 시대를 뜻한다고 본다(Rashi, Kimchi, Ibn Ezra, cf. Brown). 출애굽기를 보면 십계명이 먼저 선포되고(20장), 그 이후로 온갖 제사법이 선포된다. 이것은 이스라엘이 이집트를 떠나서 시내 산에 이르기까지의 시대를 염두에 둔 말씀이라는 것이다. 그러나 출애굽기 12장에서 이스라엘은 이집트를 떠나기 전에 이미 유월절 양에 대한 규례를 받았다. 물론 각 가정마다 잡아온 유월절 양을 한 마리씩 온 가족이 함께 먹는 것으로, 그 양을 하나님께 드리지는 않는다. 그러나 훗날 유월절을 기념하기 위해 온 이스라엘이 성전에 모여 예배를 드렸던 점을 생각해보면 그다지 설득력 있는 해석은 아니다(cf. 대하 30장). 이스라엘은 이집트를 떠나기 전부터 율법을 지키고 있었기 때문이다.

둘째, 하나님은 시내 산에서 제사법뿐만 아니라 도덕법 등도 주셨는데, 이스라엘은 하나님이 오직 제사법만 주신 것처럼 착각하고 있음을 강조하기 위한 표현이라고 한다(NIV, cf. 롬 2:28). 이스라엘의 '영적 편식'을 지적하고 있다는 것이다. 어느 정도 설득력이 있는 해석이다.

셋째, 이 말씀은 선지자들이 어떤 사실을 강조하기 위해 자주 사용하는 과장법(overstatement)의 전형적인 예다(Brown). 그 경우 원래의 의도와 본질은 잃어버리고 위선적이거나 형식적으로 예배와 제사를 드리는 이스라엘의 잘못을 지적하는 말씀이 된다. 충분히 설득력이 있는 해석이다.

넷째, 이 말씀은 하나님께 제물을 드리는 것을 특권으로 생각하지 않고 율법이 요구하는 의무로 생각한 사람들을 비난하는 것이라는 주장이다(Milgrom, Holladay). 하나님은 모든 사람에게 주님을 예배할 수 있는 권리를 준 것이 아니라, 오직 소수에게만 이 특권을 주셨는데, 일부 사람들이 이것을 특권으로 생각하지 않고 의무나 부담으로 생각한다는 해석이다. 그래서 선지자는 "번제든 무슨 제사든 고기는 다 너희들이나 먹어라"(21절; 새번역)고 하며 그들의 잘못된 생각을 비난하고 있다. 이 해석 역시 어느 정도 설득력을 지닌 것으로 간주된다.

이 말씀은 율법에 기록된 각종 예식에 대한 규례가 하나님께 비롯된 것이 아니라는 주장을 펼치기 위함이 아니다. 다만 이스라엘 사람들은 하나님이 명령하고 요구하는 대로 살지 못하고 있기 때문에 그들이 어떤 예물을 드린다 해도 하나님이 받지 않으실 것이라는 경고를 하고 있다. 짐승을 온전히 태워서 하나님께 드리는 번제(עֹלָה)는 제사장도 먹을 수 없는 가장 거룩하고 기본적인 제사다. 그런데 선지자는 예배자들이 번제를 먹는다 해도 하나님은 상관하지 않으실 것이라고 한다. 하나님과 백성 사이에 제물은 부수적인 것이지 결코 결정적인 요인이 될 수 없다는 것을 강조한다. 그러므로 세 번째 해석이 본문에 가장 잘 어울린다. 어떤 제물이라도 순종을 대신할 수는 없다는 뜻이다(cf. 삼상 15:22; 잠

15:8; 사 1:11-13; 호 6:6; 암 4:4-5; 5:21-22; 미 6:6-8). 이스라엘이 상습적으로 하나님을 거역하는 한 그들이 하나님께 바치는 어떤 제물도 하나님과 그들 사이를 원만하게 만들 수는 없다(Fretheim). 예식을 앞세우거나 예식 자체에서 의미를 찾는 종교의 한계를 잘 지적하고 있다. 이스라엘이 시내 산에서 하나님과 맺은 언약은 계약 조건(율법)을 이행하는 것(순종)을 전제한다. 그렇기 때문에 순종이 없는 한 하나님은 어떤 예물이나 예배도 거부하신다.

선지자는 순종의 중요성을 23절에서 거듭 강조한다: "너희는 내 목소리를 들으라 그리하면 나는 너희 하나님이 되겠고 너희는 내 백성이 되리라 너희는 내가 명령한 모든 길로 걸어가라 그리하면 복을 받으리라." 이 말씀의 핵심은 '들으라/순종하라'(שִׁמְעוּ)다. 하나님께 순종한다는 것은 삶의 모든 영역에서 하나님이 제시하신 기준과 가치를 추구하며 산다는 뜻이다(cf. 11:4). 만일 유다가 하나님의 율법에 순종하면 그때에야 그들은 비로소 하나님의 백성이 되고 여호와는 그들의 하나님이 되시는 것이다(30:22; cf. 레 26:3, 12). 그러나 이스라엘은 하나님께 순종하지 않았다. 그래서 예레미야는 탄식하며 "그들은 듣지 않았다"(לֹא שָׁמְעוּ)고 네 차례나 회고한다(7:24, 26, 27, 28).[10]

이스라엘이 하나님과 언약적 관계를 지속하기 위해서는 '듣는 것'이 가장 중요했다. 하나님은 '듣지 않는' 이스라엘을 돌이키려고 선지자들을 보내셨다(25절). 그러나 그들은 이미 듣는 능력을 상실한 지 오래였다. 하나님의 백성이라고 자부한 사람들에게 정작 하나님의 음성을 '들을 귀'는 없었던 것이다. 이스라엘은 문서화된 하나님의 말씀(율법)을 어겼을 뿐만 아니라, 선포된 하나님의 말씀(선지자들의 신탁)도 거부했다. 하나님이 어떤 심판을 내리신다 해도 그들은 할 말이 없다.

10 LXX에는 27절이 없다.

III. 성전 설교 및 경고(7:1–10:25)
A. 성전에서 선포한 말씀(7:1–8:3)

4. 인간 번제에 대한 심판(7:29–34)

29 너의 머리털을 베어버리고
벗은 산 위에서 통곡할지어다
여호와께서 그 노하신 바
이 세대를 끊어버리셨음이라

30 여호와께서 말씀하시되 유다 자손이 나의 눈앞에 악을 행하여 내 이름으로 일컬
음을 받는 집에 그들의 가증한 것을 두어 집을 더럽혔으며 31 힌놈의 아들 골짜기에
도벳 사당을 건축하고 그들의 자녀들을 불에 살랐나니 내가 명령하지 아니하였고
내 마음에 생각하지도 아니한 일이니라 32 그러므로 여호와께서 말씀하시니라 날이
이르면 이곳을 도벳이라 하거나 힌놈의 아들의 골짜기라 말하지 아니하고 죽임의
골짜기라 말하리니 이는 도벳에 자리가 없을 만큼 매장했기 때문이니라 33 이 백성
의 시체가 공중의 새와 땅의 짐승의 밥이 될 것이나 그것을 쫓을 자가 없을 것이라
34 그때에 내가 유다 성읍들과 예루살렘 거리에 기뻐하는 소리, 즐거워하는 소리, 신
랑의 소리, 신부의 소리가 끊어지게 하리니 땅이 황폐하리라

선지자는 이 섹션을 "너의 머리털을 베어버리라"는 명령으로 시작한다(29절). 그런데 누구의 머리털을 두고 하는 말씀인가? 본문에서 '너'는 예루살렘이다(cf. 새번역; 아가페). 사용되는 명령형이 여성 단수이기 때문이다. '머리털'로 번역된 히브리 단어(נֵזֶר)는 모든 영광의 상징인 '왕관'을 뜻하기도 한다(HALOT). 그러므로 예레미야는 이 말씀을 통해 예루살렘 사람들에게 시온의 영광과 존귀함은 모두 내려놓고 수치의 상징인 민둥산에서 통곡하라고 한다(29절; cf. 3:2, 21; 4:11; 12:12; 14:6). 선지자는 예루살렘 사람들에게 지금은 존귀함과 위엄을 과시할 때가 아니라, 곧 임할 재앙을 생각하면서 근신하고 애가(קִינָה)를 불러야 할 때임을 분명히 하고

있다. 하나님이 유다를 버렸으니 예루살렘은 곡을 하며 슬퍼해야 한다.

불행 중 다행인 것은 하나님이 이스라엘을 영원히 거부하시는 것이 아니라, '이 세대'(אֶת־דּוֹר)만을 버리셨다는 사실이다(29절). 예레미야는 '이 세대'는 곧 '그의 진노의 세대'(אֶת־דּוֹר עֶבְרָתוֹ; viz.; 하나님의 진노를 받을 세대)라고 한다(29절). 성경에서 이러한 표현이 사용되는 곳은 본문이 유일하다. 예레미야가 사역의 대상으로 삼고 있는 세대가 이스라엘의 여러 세대들 중 하나님의 심판을 받도록 특별히 지정된 세대라는 뜻이다(Brown). 예레미야는 하나님의 진노를 선포하는 선지자(prophet of wrath)로 알려졌지만, 또한 하나님의 진노 시대(age of wrath)를 살았던 사람이다(Heschel). 그렇다고 모든 것이 절망적인 것은 아니다. 비록 죄를 지은 선지자의 세대는 벌을 받아 죽임을 당하고 나머지 사람들은 타국으로 끌려가겠지만, 하나님이 이스라엘을 통째로 버리지는 않고 이 세대만 버리셨기 때문이다(Fretheim). 희미하게 나마 다음 세대에 대한 소망의 씨앗이 보존되어 있는 말씀이다.

주의 백성은 여호와의 성전에 가증한 것들(우상들)을 세우고, 그것들을 숭배하는 것으로 모자라 힌놈의 아들 골짜기에서 자기 자식들까지 우상들에게 번제로 바쳤다(30-31절). 힌놈의 아들 골짜기(גֵיא בֶן־הִנֹּם)는 아마도 이 지역을 소유했던 사람의 이름에서 유래했다고 추정되며, 예루살렘의 성 밖, 남서쪽에 위치했다고 알려졌다(ABD). 오늘날 와디 에르 라바비(Wadi er Rababi)로 알려진 이곳에서 인간 번제가 바쳐졌다(Dearman). 훗날 이 지역은 예루살렘에서 배출된 쓰레기를 태우는 장소가 되었으며, 신약에서는 '게헤나'라는 이름으로 불린다(Carroll). 신약에서는 이 골짜기가 상징하고 있는 가증스러움과 꺼지지 않는 불 때문에 지옥으로 비유되기도 했다(cf. 느 11:30; 마 18:9; 막 9:47-48).

명사 '도벳'(תֹּפֶת)은 아람어로 '화로'(fireplace)라는 뜻을 지닌 단어에서 유래했다(HALOT). 이 단어의 자음들은 히브리어 בֹּשֶׁת(부끄러움/수치) 혹은 תֹּפֶת(침/가래 viz., 멸시를 상징하는 행동)의 모음들과 합성된 단어로 추정된다(cf. Huey, Miller). 여호와를 섬긴다는 유다 사람들이 이 도벳에서 모압과 암몬 사람들의 우상인 몰렉에게 사람을 번제로 바쳤다(cf. 왕하 16:3; 21:6). 요시야는 종교개혁을 감행하면서 온 이스라엘에서 이런 악행을 제거하고 금했다(왕하 23:10). 그러나 그가 죽자 불과 몇 년 사이에 이같이 흉측한 행위가 다시 성행하게 되었다. 인간의 우상 중독성은 결코 쉽게 해결될 수 있는 문제가 아니다.

율법은 아이 번제를 금한다(레 18:21; 20:2-6). 아이들은 하나님이 허락하신 축복이자 선물이기 때문이다(시 127:3-4). 이 땅에 생명을 주기 원하시는 하나님이 생명을 죽이는 이런 방식의 번제를 허락하실 리 없다. 하나님과 율법을 거역한 이스라엘 사람들은 아이들을 죽이던 장소에서 처형당하게 될 것이다(32절). 물론 바빌론 군을 통해 이 일이 성취될 것이다. 그날이 되면 힌놈 골짜기에서 얼마나 많은 사람들이 죽어갈 것인지 그 골짜기는 '살육의 골짜기'(גֵּיא הַהֲרֵגָה)라 불릴 것이다(32절).

한꺼번에 많은 사람이 죽을 것이기 때문에 그들의 주검은 제때 묻힐 수도 없다. 결국 방치된 시체들이 나뒹굴며 새와 들짐승의 먹이가 될 것이다. 생존자들이 시체를 훼손하는 짐승들을 쫓아보지만 역부족이다(33절). 죽은 사람들에 비해 생존자들이 많지 않을 것을 암시한다. 올바른 장례식을 치르지 않는 것은 망자에 대한 도리가 아니라고 생각했던 사회적 정서를 감안할 때, 이 예언은 최악의 수치와 공포를 자아냈을 것이다(Fretheim).

온 나라가 이렇게 황폐해지니 당연히 즐거움과 기쁨이 사라질 수밖에 없다(34절). 결혼식의 즐거움도, 삶의 환호하는 소리도 모두 사라졌다. 정상적인 삶에서 있어야 하는 행복한 일들(결혼, 잔치 등)이 모두 멈추었다. 방탕과 범죄의 소리로 가득하던 예루살렘 거리에 오로지 공포의 침묵만이 있다. 하나님을 떠나 즐거워하는 사람들에게는 공포와 두려움을 자아내는 침묵이 기다리고 있다.

III. 성전 설교 및 경고(7:1-10:25)
A. 성전에서 선포한 말씀(7:1-8:3)

5. 원수들에 의해 파헤쳐진 무덤(8:1-3)

8:1 여호와의 말씀이니라 그때에 사람들이 유다 왕들의 뼈와 그의 지도자들의 뼈와
제사장들의 뼈와 선지자들의 뼈와 예루살렘 주민의 뼈를 그 무덤에서 끌어내어 2
그들이 사랑하며 섬기며 뒤따르며 구하며 경배하던 해와 달과 하늘의 뭇별 아래에
서 펼쳐지게 하리니 그 뼈가 거두이거나 묻히지 못하여 지면에서 분토 같을 것이며
3 이 악한 민족의 남아 있는 자, 무릇 내게 쫓겨나서 각처에 남아 있는 자들이 사는
것보다 죽는 것을 원하리라 만군의 여호와의 말씀이니라

선지자는 죽음에 연관된 이미지를 통해 하나님의 분노에서 비롯된 심판의 수위를 새로운 차원으로 끌어올리고 있다. 살아 있는 사람들만 죽임을 당하는 것이 아니라, 이미 죽은 사람들도 다시 심판을 받게 될 것이다(1절). 심판이 임하는 날, 이미 죽은 이스라엘 리더들의 무덤이 파헤쳐져서 그들의 뼈가 쓰레기처럼 버려질 것이다. 왕들, 통치자들, 선지자들, 제사장들을 포함한 모든 리더들의 뼈가 무덤에서 끌려 나온다. 그들이 살아생전에 신으로 숭배하던 별들과 행성들, 즉 그 우상들 앞에서 보란 듯이 사람들의 뼈가 내팽개쳐진다(2절). 하나님이 창조하신 피조물에 불과한 별들과 행성들을 신으로 숭배한 사람들에 대한 창조주의 보복이다. 이스라엘 역사에서 별을 우상으로 숭배하는 일은 므낫세가 시작했다(왕하 21:1-16; cf. 왕하 17:16). 율법은 별을 신으로 숭배하는 것을 금했나(신 4:19; 17:3). 그 사실을 볼 때 이스라엘은 오래전부터 주변 국가들처럼 행성을 숭배했을 수도 있다. 그러나 성경에 기록된 공식적인 사례로는 므낫세 왕이 처음이다. 이 행성들(우상들)은 그들 앞에 펼쳐진 숭배자들의 뼈를 보면서도 어떤 반응도 보일 수 없다. 모두 생명이 없는 거짓 신들이기 때문이다.

요시야 왕은 개혁을 단행할 때 여로보암이 벧엘에 세운 제단 위에 해골과 뼈를 가져다 불살라 더럽혔다(왕하 23:15-20). 그러나 예레미야가 이 말씀을 선포할 때 요시야의 개혁은 이미 옛일이 되었다. 요시야 왕은 이미 죽었기 때문에 이스라엘이 우상으로 숭배하던 행성들 앞에 이미 죽은 우상숭배자들의 뼈들을 뿌릴 것이라는 이 예언이 언제쯤 성취되었는지는 알 수 없다. 그러나 당시의 전쟁 풍습을 감안하면 주전 586년에 예루살렘이 함락되었을 때 이런 일이 실현되었을 가능성도 충분하다. 정복한 사람들은 종종 정복당한 자들이 존경하고 소중히 여겼던 사람들의 무덤을 파헤쳤기 때문이다(cf. 암 2:1). 바빌론 군이 실제로 이스라엘에게 이러한 일을 행했는지는 알 수 없다. 예레미야가 이 같은 상황을 묘사하는 목적은 유다의 불확실하고 잔혹한 미래에 대해 공포감을 조성하는 것이다. 그러므로 이 일이 실제로 성취되었는지는 별로 중요하지 않다. 선지자는 이처럼 충격적인 그림을 제시함으로써 여호와 하나님이 자기 백성에게 얼마나 분노하고 있으신가를 강조한 것이다.

III. 성전 설교 및 경고(7:1-10:25)

B. 치유가 불가능한 유다(8:4-10:25)

선지자는 다시 시가체를 사용해 메시지를 전한다.[11] 이 섹션에 수록되어 있는 시들이 구상하고 있는 이미지들은 예레미야서에서 가장 강한(자극적인) 것들에 속하며 대부분 예레미야의 사역이 시작된 지 얼마 되지 않은 시점에 선포된 것들을 모은 것으로 추정된다(Brueggemann). 이미 선지자가 2-6장에서 선포한 메시지를 대부분 반복하고 있으며 성전 설교

11 9:12-16, 23-26을 내러티브로 간주하는 학자들도 있지만(Fretheim), 새번역은 9:13-16, 25-26만을 내러티브로 취급한다. 이 주석 시리즈에서는 새번역의 구분을 따라가고 있다. 또한 이 섹션의 특이한 것 한 가지는 10:11이 아람어로 기록되어 있다는 사실이다.

(7:1-8:3)로 잠시 멈추었던 흐름이 재개되고 있다(McKane). 본문에서는 선지자가 이미 여러 차례 강조한 바 있는 "북쪽에서 오는 침략자들"이 유다에게 어떤 재앙이 될 것인가가 중심 주제다. 북쪽에서 오는 침략자들이 조성하는 공포감은 "크게 떠드는 풍성이 온다"(10:22)는 말씀에서 절정에 이른다(Fretheim). 여호와와의 언약을 무시하고 하나님께 신실하기를 거부한 유다와 예루살렘은 마치 형 집행을 위해 형장을 향해 가고 있는 사형수와 같다고 선지자는 외친다.

선지자는 유다의 사형 집행은 외국군의 침략과 도성의 파괴와 주민들의 죽음이나 포로 생활을 통해 역사적 사실로 드러날 것이라고 선포한다. 본문은 유다가 더 이상 젖과 꿀이 흐르는 축복의 땅에 머물 수 없고 타국으로 끌려가야 하는 이유를 설명한다. 이스라엘은 그동안 경험하지 못했던 큰 비극과 슬픔을 경험할 것이다. 이 모든 재앙은 여호와께서 내리신 것이다. 비록 지금은 심판주가 되셨지만, 한때 여호와는 그들의 언약적 파트너이셨다. 그런 하나님이 이스라엘의 비극을 지켜보시는 심경은 어떠할까?

예레미야는 자신의 탄식과 고통을 통해 하나님의 괴로움을 표현한다. 하나님은 그들의 멸망을 묵묵히 지켜보신 것이 아니라, 신음과 고통 속에서 그들의 멸망 때문에 눈물 지으신다. 그래서 이 섹션은 지금까지의 텍스트에 비해 하나님과 선지자의 애가를 가장 많이 담고 있다(8:4-7, 18-22; 9:1-2, 10, 17-21; 10:19-21). 책이 진행될수록 하나님과 선지자의 통곡 소리도 커져가고 있다(Miller). 본문의 흐름이 매끄럽지 않은 것도 하나님과 선지자의 슬픔과 아픔으로 가득 찬 마음을 표현하는 하나의 방법일 것이다(cf. Fretheim). 너무 슬퍼서 이성적이고 논리적인 메시지 전개가 어려운 상황이며, 하나님과 선지자의 급변하는 감정을 매끄럽지 못한 흐름으로 묘사하는 듯하다. 하나님과 선지자의 심경 변화와 고통을 중심으로 이루어진 이 본문은 다음과 같이 구분될 수 있다.

A. 돌아오지 않는 유다(8:4-17)
B. 백성에 대한 애가(8:18-9:3)
C. 신뢰를 상실한 사회(9:4-26)
D. 우상들과 여호와(10:1-25)

1. 돌아오지 않는 유다(8:4-17)

이스라엘은 이미 '듣는 귀'를 상실한 지 오래다. 그래서 선지자가 아무리 강력한 경고와 확고한 메시지를 선포해도 회개하고 돌아오려 하지 않는다. 유다에게 선지자의 외침은 허공에 메아리 치는 듣기 싫은 소리일 뿐 어떤 효과도 발휘하지 못한다. 이러한 현실을 잘 알면서도 하나님은 왜 선지자에게 계속 외치라고 하시는 것일까? 두 가지 이유 때문이다. 훗날 하나님이 이스라엘을 심판하는 날 선지자의 메시지를 그들에게 충분히 경고했음을 증명하는 자료로 사용하시기 위해서다(cf. 겔 2:5). 또한 아직도 '듣는 귀'가 있는 남은 자들을 구원하시기 위해서다. 마치 수확이 끝난 포도원에서 잎새 하나 하나를 제치며 숨어 있는 포도를 찾는 심정으로 말이다(cf. 6:9 주해). 이 본문은 다음과 같이 구분될 수 있다.

A. 유다의 비(非)상식적 반역(8:4-7)
B. 말씀에 근거하지 않은 지혜(8:8-9)
C. 거짓을 외치는 사회의 종말(8:10-13)
D. 침략에 대한 무방비(8:14-17)

III. 성전 설교 및 경고(7:1-10:25)
B. 치유가 불가능한 유다(8:4-10:25)
1. 돌아오지 않는 유다(8:4-17)

(1) 유다의 비(非)상식적 반역(8:4-7)

4 너는 또 그들에게 말하기를 여호와의 말씀에
사람이 엎드러지면 어찌 일어나지 아니하겠으며
사람이 떠나갔으면 어찌 돌아오지 아니하겠느냐
5 이 예루살렘 백성이 항상 나를 떠나 물러감은 어찌함이냐
그들이 거짓을 고집하고 돌아오기를 거절하도다
6 내가 귀를 기울여 들은즉 그들이 정직을 말하지 아니하며
그들의 악을 뉘우쳐서 내가 행한 것이 무엇인고 말하는 자가 없고
전쟁터로 향하여 달리는 말같이 각각 그 길로 행하도다
7 공중의 학은 그 정한 시기를 알고
산비둘기와 제비와 두루미는 그들이 올 때를 지키거늘
내 백성은 여호와의 규례를 알지 못하도다

주의 백성이 여호와께 반역하는 것도 문제지만, 더 심각한 문제는 그 반역에서 돌이키려 하는 기미가 전혀 보이지 않는다는 사실이다. 예레미야는 이런 이스라엘의 모습은 세상의 이치에도 맞지 않다고 주장한다. 선지자는 4-6절에서 '돌아오다'(שוב)라는 단어를 여섯 차례나 사용해 세상의 이치를 어기면서까지 하나님께 돌아오지 않는 이스라엘을 비난하고 있다. 선지자는 또한 이 점을 다음과 같은 구조를 통해 강조한다.

A. 인간의 이치를 저버린 행위(4절)
  B. 반역한 이스라엘의 모습(5-6절)
A′. 자연의 이치를 저버린 행위(7절)

선지자는 몇 가지 세상의 이치를 예로 들며 이스라엘이 상식 밖의 짓을 하면서까지 하나님께 돌아오기를 거부하고 있다고 비난한다.

첫째, 유다의 반역은 인간의 이치를 저버린 행위다(4절). 하나님은 한 쌍의 수사학적인 질문을 통해 아주 간단한 예를 드신다: "사람이 엎드러지면 어찌 일어나지 아니하겠으며, 사람이 떠나갔으면 어찌 돌아오지 아니하겠느냐?"(4절). 사람이 넘어지면 일어날 것이요, 누가 잘못된 길로 접어들면 원점으로 되돌아올 것은 당연한 이치다. 그런데 이스라엘에게는 이러한 논리가 전혀 통하지 않는다. 그들은 죄를 짓고 회개하지 않으며, 하나님께 돌아와 용서를 구할 생각은 더더욱 하지 않는다(Fretheim). 유다 사람들은 넘어진 사람이 일어날 생각을 하지 않고 땅에 엎드러져 있는 것처럼 행동한다. 도대체 납득이 가지 않는 기이한 행동이라고 선지자는 탄식한다. 하나님의 백성이라고 자부하던 유다에게 상식적인 논리가 통하지 않는다는 사실은 충격적이다. 그러나 우리의 삶에서도 이런 일은 반복되고 있다. 교회 안에서 믿음을 빙자해 온갖 비상식적이고 비논리적인 일을 저지르는 사람들이 상당히 있다.

둘째, 반역한 이스라엘의 모습을 보면 참으로 어이가 없다(5-6절). 이스라엘은 마치 넘어진 사람이 절대 일어나지 않겠다며 바위나 나무 등 땅에 고정된 것을 붙잡는 것처럼 행동하고 있다(5절). 또한 길을 잘못 든 사람이 끝까지 바른 길로 돌아가지 않겠다며 이를 악물고 앞으로만 가는 사람처럼 반역의 길에서 돌아오기를 거부하고 있다(5절). 주의 백성이라고 자부하는 이스라엘이 잘못을 돌이키기는커녕 자신들의 행동을 끝까지 정당화하고 합리화하려고 갖은 노력을 아끼지 않는다. 이런 열심으로 회개하고 하나님을 섬겼으면 세상이 달라졌을 텐데 말이다. 유다 사람들 중 자신의 잘못을 뉘우치고 자책하는 사람은 아무도 없다(Brown). 모두들 전쟁을 향해 달리는 군마들처럼 잘못된 길을 질주하고 있다(6절). 그들은 하나님께 돌아올 생각은 아예 하지 않는다.

셋째, 유다의 반역은 자연의 이치를 저버린 행위이기도 하다(7절). 선지자는 자연의 이치를 언급함으로써 이런 유다의 행동이 얼마나 황당하고 어리석은 일인가를 강조한다: "하늘을 나는 학도 제철을 알고, 비둘기와 제비와 두루미도 저마다 돌아올 때를 지키는데, 내 백성은 주의 법규를 알지 못한다"(7절; 새번역). 철새들도 언제 떠나고 언제 돌아와야 하는 줄을 본능적으로 알지만 어리석은 이스라엘은 돌아올 줄 모르니 철새들보다도 못하다는 것이다. 이스라엘의 뻔뻔함은 자연의 질서에 역행할 뿐만 아니라 더 나아가 자연의 질서를 파괴하는 행위라는 의미다(Fretheim). 선지자는 이 비유를 통해 이스라엘이 하나님의 법규를 알지 못한다고 탄식한다. 예레미야는 주변 환경이 주의 백성을 이처럼 자연의 이치에 역행하게 만든 것이 아니라, 이스라엘이 스스로 자연의 이치를 거스르고 있다는 사실을 강조한다(Brueggemann). 하나님은 모든 죄인이 회개하고 하나님께 돌이오기를 원하신다. 또한 예레미야는 주님의 말씀은 죄인이 돌이킬 수 있는 길을 제시하고 있다는 것을 전제하며 이 말씀을 선포하고 있다. 문제는 이스라엘이 세상의 이치까지 어기면서 돌아오기를 거부하고 있다는 사실이다.

III. 성전 설교 및 경고(7:1–10:25)
B. 치유가 불가능한 유다(8:4–10:25)
1. 돌아오지 않는 유다(8:4–17)

(2) 말씀에 근거하지 않은 지혜(8:8–9)

8 너희가 어찌 우리는 지혜가 있고
우리에게는 여호와의 율법이 있다 말하겠느냐
참으로 서기관의 거짓의 붓이 거짓되게 하였나니
9 지혜롭다 하는 자들은 부끄러움을 당하며
두려워 떨다가 잡히리라
보라 그들이 여호와의 말을 버렸으니
그들에게 무슨 지혜가 있으랴

주의 백성들은 여호와의 율법을 소유했기 때문에 자신들은 지혜롭다고 자신만만해 한다(8절; cf. 신 4:6-8). 그러나 이것은 자신감이 아니라 허세며 스스로를 속이는 행위다. 이스라엘의 '지혜자들'이 백성들을 속이고 있다. 그들을 속이는 지혜자들은 바로 '서기관들'(סֹפְרִים)이다(8절). 서기관들의 활동은 이미 오래전부터 알려져 왔지만(cf. 대상 2:55; 잠 25:1; 대하 34:13), 성경 안에서 한 전문가 집단으로 언급되기는 이번이 처음이다.

본문은 서기관들이 문서만 정리하는 것이 아니라 여호와의 율법도 해석하는 역할을 감당했음을 전제한다. 이스라엘 사회의 지혜자들이 여호와의 율법을 잘못 해석하고 가르치고 있으니 그 잘못된 가르침을 받는 사람들도 당연히 잘못될 수밖에 없다. 그러므로 이스라엘 사람들이 자부하는 것처럼 그들은 세상 민족들 중 유일하게 여호와의 율법을 가지고 있지만, 잘못된 율법 해석과 적용은 그들의 영적 생활에 어떤 도움도 되지 않는다.

서기관들이 당시 사회의 지혜자로 군림하고 있었지만, 정작 그들에게 하나님을 바르게 아는 지혜와 지식은 없다. 또한 그들의 잘못된 해석과 가르침은 여호와의 말씀을 거역하는 죄에 해당한다. 하나님이 자기 백성에게만 주신 고귀한 진리를 거짓으로 만들어 버렸기 때문이다. 그러므로 지혜자들의 '지혜'는 이스라엘의 영적 생황에 별 도움이 되지 못하며, 오히려 해가 된다(9절). 성경은 참 지혜는 하나님의 말씀으로부터 시작된다는 사실을 거듭 강조한다. 본문은 설령 말씀을 가지고 있더라도 그것을 제대로 해석하고 적용하지 않으면 오히려 죄가 된다는 사실을 강조한다. 하나님의 말씀을 듣고 배운다고 해서 반드시 순종으로 연결되는 것은 아니기 때문이다(Brown).

Ⅲ. 성전 설교 및 경고(7:1-10:25)
B. 치유가 불가능한 유다(8:4-10:25)
1. 돌아오지 않는 유다(8:4-17)

(3) 거짓을 외치는 사회의 종말(8:10-13)

10 그러므로 내가 그들의 아내를 타인에게 주겠고
그들의 밭을 그 차지할 자들에게 주리니
그들은 가장 작은 자로부터 큰 자까지 다 욕심내며
선지자로부터 제사장까지 다 거짓을 행함이라
11 그들이 딸 내 백성의 상처를 가볍게 여기면서 말하기를
평강하다, 평강하다 하나 평강이 없도다
12 그들이 가증한 일을 행할 때에 부끄러워하였느냐
아니라 조금도 부끄러워하지 않을 뿐 아니라
얼굴도 붉어지지 아니하였느니라
그러므로 그들이 엎드러질 자와 함께 엎드러질 것이라
내가 그들을 벌할 때에 그들이 거꾸러지리라 여호와의 말씀이니라
13 여호와의 말씀이니라 내가 그들을 진멸하리니
포도나무에 포도가 없을 것이며
무화과나무에 무화과가 없을 것이며
그 잎사귀가 마를 것이라
내가 그들에게 준 것이 없어지리라 하셨나니

거짓을 가르치고 거짓을 여호와로부터 온 참 지혜로 착각하며 살아가는 사람들에게 심판이 임한다. 본문, 특히 10-12절은 6:12-15을 거의 그대로 반복하고 있다. 이스라엘에게 임하는 재앙은 그들의 주인인 하나님이 직접 하시는 일이다. 하나님이 그동안 이스라엘에게 축복으로 내려주신 모든 것과 그들의 아내들을 침략자들에게 내주신다(10절). 이스라엘 여자들을 적들에게 넘겨주실 것이라는 의미다. 실제로 예루살렘

이 함락되었을 때 이런 일이 비일비재했다(Fretheim). 하나님이 유다를 끝장내기로 작정하셨기 때문이다(13절). 하나님이 유다를 멸망시키기로 결정하신 데에는 몇 가지 이유가 있다.

첫째, 이스라엘은 속이는 자들이기 때문이다(10절). 선지자는 이스라엘을 "힘 있는 자든 힘 없는 자든, 모두가 자기 잇속만을 채우며, 사기를 쳐서 재산을 모았다. 예언자와 제사장까지도 모두 한결같이 백성을 속였다"고 비난한다(새번역). 이스라엘 사람들은 남녀노소 할 것 없이 모두 자신의 이익을 위해서는 어떤 일도 하겠다는 각오가 선 사람들이며 실제로 자기 잇속을 챙기기 위해 온갖 악한 일을 주저하지 않고 있다. 자기중심적인 사고 체계와 삶을 추구하는 것은 인류 역사상 가장 오래된 죄다(cf. 창 3장). 사람은 원래 하나님을 중심으로 이웃과 함께 더불어 살도록 창조되었다. 그러므로 사람이 이러한 창조적 원리를 무시하고 자기중심적인 삶을 추구하는 것은 인간의 가장 타락한 모습을 단면적으로 보여준다. 예레미야 시대의 가장 자기중심적인 사람들에 제사장들과 선지자들도 포함되어 있다. 가장 순수해야 할 종교 지도자들이 죄를 짓는 백성들과 별반 다를 바가 없었던 것이다.

둘째, 리더들이 거짓을 말하고 있기 때문이다(11절). 예레미야는 제사장들과 선지자들을 비난한다. 그들은 평안이 없는데도 평안을 외치고, 치유가 없는데도 치유를 외친다. 종교 지도자들이 앞장서서 거짓으로 사람들을 현혹시키고 있는 것이다(cf. 6:14). 교회가 심각한 위기와 하나님의 심판에 봉착해 있는데도 평안하다고 외치고 있는 오늘날 한국 교회의 실정과 많이 닮았다. 이러한 행위는 사람들이 그들의 병든 현실을 제대로 깨닫지 못하게 한다. 현실을 제대로 파악하지 못하고 있는 백성들은 당연히 회개하거나 근신할 수 없다. 지도자들이 모든 것이 잘되고 있다며 현실을 왜곡하는 메시지를 외치고 있기 때문이다. 예레미야 시대에 종교 지도자들이 이렇게 외친 것은 그들의 파트너인 정치 지도자들의 입지를 돕기 위해서였을 것이다. 소수 지도층의 이권을 위해 제사장들과 선지자들이 온 나라를 죽음의 길로 인도하고 있다.

셋째, 이스라엘은 수치를 모르는 뻔뻔한 백성이기 때문이다(12절). 하나님은 그들에 대해 이렇게 말씀하신다: "그들이 그렇게 역겨운 일들을 하고도, 부끄러워하기라도 하였느냐? 천만에! 그들은 부끄러워하지도 않았고, 얼굴을 붉히지도 않았다"(새번역). 하나님이 백성들의 뻔뻔함에 분노하실 뿐만 아니라 많은 상처를 받으셨다. 주의 백성이라면 누구든 하나님 앞에서 얼굴을 붉힐 수밖에 없다. 자신들의 의와 신실함이 하나님의 신실하심과 의로우심에 비하면 너무나 보잘것없기 때문이다. 주의 백성이 수치심을 잃는다는 것은 교만하다는 것을 의미할 뿐만 아니라 아예 인간성을 잃었다는 뜻이다(Heschel).

넷째, 주의 백성들이 삶에서 열매를 맺지 못하기 때문이다(13절). 선지자는 이스라엘을 열매를 맺지 못하는 포도나무(cf. 사 5:1-7; 호 9:10, 16; 막 11:12-14)와 무화과나무에 비유하고 있다. 사람이 포도나무와 무화과나무를 키우는 이유는 열매를 얻기 위함이다. 그런데 유다는 열매는커녕 잎사귀까지 말라버린 나무와 같다. 그래서 과일을 수확하기 위해 포도밭을 찾은 농부처럼 이스라엘을 찾아온 하나님은 즐길 만한 과일을 얻지 못하셨다(Fretheim, cf. 사 5:1-7; 눅 13:6-9). 이스라엘에 과일이 없다는 것은 하나님이 그들에게 허락하신 모든 축복이 사라진 지 오래되었다는 뜻이다. 그러므로 열매를 맺지 못하는 과수원의 운명은 뻔한 것이다. 농부는 스스로 포도원을 파괴할 것이다(cf. 사 5:5-6).

본문을 읽으면서 가장 마음 아프고 안타까운 것은 지도자들의 무능함과 현실 왜곡이다. 상황이 아무리 암울하다 할지라도 지도자들의 생각이 바르고 백성에게 하나님의 뜻을 정확하게 전했다면 이런 일은 없었을 것이다. 특히 제사장들과 선지자들의 책임이 크다. 그들은 분명 하나님의 음성을 대변하도록 부르심을 받았는데 제대로 전달하지 않은 직무유기의 죄를 범하고 있다. 문제는 이러한 상황은 기독교 역사 속에서 여러 차례 반복되었고, 오늘날 한국 교회에서도 재현되고 있다는 것이다. 근신하는 목회자, 양심을 속이지 않는 목회자, 하나님의 뜻을 정확히 전하는 목회자가 매우 귀한 시대가 되어 버렸다.

III. 성전 설교 및 경고(7:1–10:25)
B. 치유가 불가능한 유다(8:4–10:25)
1. 돌아오지 않는 유다(8:4–17)

(4) 침략에 대한 무방비(8:14–17)

14 우리가 어찌 가만히 앉았으랴
모일지어다 우리가 견고한 성읍들로 들어가서
거기에서 멸망하자
우리가 여호와께 범죄하였으므로
우리 하나님 여호와께서 우리를 멸하시며
우리에게 독한 물을 마시게 하심이니라
15 우리가 평강을 바라나 좋은 것이 없으며
고침을 입을 때를 바라나 놀라움뿐이로다
16 그 말의 부르짖음이 단에서부터 들리고
그 준마들이 우는 소리에 온 땅이 진동하며
그들이 이르러 이 땅과 그 소유와
성읍과 그중의 주민을 삼켰도다
17 여호와의 말씀이니라
내가 술법으로도 제어할 수 없는 뱀과 독사를
너희 가운데 보내리니 그것들이 너희를 물리라 하시도다

하나님은 북쪽에서 몰려오는 침략자들을 통해 자기 백성 유다를 칠 것이라고 하셨다. 적의 공격은 시작되었지만 이스라엘은 무방비 상태다. 침략자들이 어찌나 강한지 유다는 싸워볼 엄두를 내지 못한다. 유다는 원수들의 말발굽 소리가 이스라엘의 최북단에 위치한 단 지파의 땅에서 들려오는 소리를 듣자 그들과 싸울 대책을 강구하기보다는 모든 것을 포기하고 자기 성 안에서 죽음을 기다린다(16절). 완전히 자포자기한 사람의 모습이다.

침략자들과 전혀 싸울 생각이 없는 이스라엘은 "성으로 들어가서 죽자"라며 서로를 권면한다(14절). 마치 간음한 아내를 시험할 때처럼(민 5:11-31) 여호와께서 그의 아내 이스라엘에게 '독물'을 마시게 했기 때문에(cf. 25:15-16) 자신들은 죽을 수밖에 없다는 것이다(Duhm). 심판의 날이 엄습하면 이스라엘은 자신들이 기대했던 것과는 전혀 다른 일들이 벌어지는 것을 목격하게 될 것이며 실망과 탄식만 연거푸 내뿜을 것이다(13절).

예레미야는 이미지를 전속력으로 달려오는 말(16절)에서 슬며시 다가오는 독사(17절)로 변화시킴으로써 이스라엘이 당면하고 있는 재앙은 결코 피할 수 없음을 강조한다(Fretheim). 아모스 5:19은 사람이 사자를 피하려다 곰을 만나고, 곰을 피하려다 뱀에 물려 죽는 일을 비유로 사용한다. 아마도 예레미야도 같은 목적으로 뱀에 대한 비유를 본문에서 사용하는 듯하다(Miller). 오직 피할 수 없는 공포와 절망감만이 그날을 채울 것이다. 전에는 이스라엘이 하나님을 거부했지만, 그날이 되면 하나님이 그들을 버리실 것이기 때문이다.

III. 성전 설교 및 경고(7:1-10:25)
B. 치유가 불가능한 유다(8:4-10:25)

2. 백성에 대한 애가(8:18-9:3)

본문은 예레미야의 감정을 가장 잘 묘사하고 있는 텍스트 중 하나다. 아마도 이 노래 때문에 예레미야는 '눈물의 선지자'라는 별명을 얻었을 것이다(Huey). 우리는 예레미야의 눈물을 통해 이스라엘의 마지막 순간을 지켜보시는 하나님의 심정을 헤아려야 한다. 이 노래에 묘사된 선지자의 슬픔은 하나님의 감정이 육신화된(enfleshment) 것이기 때문이다(Fretheim). 저자가 강조하는 주제는 더 이상 이스라엘에 대한 경고와 협박이 아니다. 이제는 공포와 두려움, 아픔과 슬픔이 선지자가 부르는 노래의 주제가 되었다. 물론 자기 백성에 대한 하나님의 분노가 아직도 서려 있지만, 예레미야의 슬픔과 탄식 뒤에 감추어져 있다. 이 애가에서 '나의 백성'이 반복되는 것은 이러한 하나님의 감정을 극대화하기 위해서다. 본문은 다음과 같이 두 부분으로 구분된다.

A. 걷잡을 수 없는 슬픔(8:18-21)
B. 약으로 치료할 수 없는 병(8:22-9:3[9:2])

III. 성전 설교 및 경고(7:1-10:25)
B. 치유가 불가능한 유다(8:4-10:25)
2. 백성에 대한 애가(8:18-9:3)

(1) 걷잡을 수 없는 슬픔(8:18-21)

18 슬프다 나의 근심이여
어떻게 위로를 받을 수 있을까
내 마음이 병들었도다
19 딸 내 백성의 심히 먼 땅에서 부르짖는 소리로다
여호와께서 시온에 계시지 아니한가,
그의 왕이 그 가운데 계시지 아니한가
그들이 어찌하여 그 조각한 신상과
이방의 헛된 것들로 나를 격노하게 하였는고 하시니
20 추수할 때가 지나고 여름이 다하였으나
우리는 구원을 얻지 못한다 하는도다
21 딸 내 백성이 상하였으므로
나도 상하여 슬퍼하며 놀라움에 잡혔도다

본문은 심판을 당하고 있는 백성의 두려움에 떠는 목소리와 어쩔 수 없이 심판을 선언한 후에 그 심판으로 고통당하는 자기 백성을 안쓰럽게 바라보며 탄식하시는 하나님의 목소리로 범벅이 되어 있다. 여호와께서는 도대체 왜 유다가 자기 하나님께 등을 돌렸는지 이해하지 못하겠다며 아픔과 혼란을 토로하신다(Fretheim). 본문은 다음과 같은 구조를 지니고 있으며 특별히 하나님의 감정에 초점을 맞추어 살펴보아야 한다(Brueggemann).

A. 애수(pathos; 18-19a절)
  B. 하나님의 임재에 대한 백성들의 질문(19b절)
    C. 분개하신 하나님의 질문(19c절)
  B′. 때/시기에 대한 백성들의 질문(20절)
A′. 애수(pathos; 21절)

선지자와 하나님의 상한 마음이 18절에서 절정에 달한다: "나의 기쁨이 사라졌다. 나의 슬픔은 나을 길이 없고, 이 가슴은 멍들었다"(새번역). 일부 학자들은 이 말씀이 예레미야의 상한 심령을 회고하는 것인지, 아니면 하나님의 마음을 묘사하는 것인지에 매우 많은 관심을 쏟는다(McKane, Lundbom). 그러나 선지자와 하나님의 음성은 쉽게 구분이 되지 않으며, 구분할 필요도 없다. 선지서에서 하나님은 선지자들의 감정을 통해 자주 자신의 감정을 표현하시기 때문이다(cf. Brown). 선지자의 아픔은 곧 하나님의 아픔이다. 특히 예레미야서에서는 더욱더 그렇다.

이스라엘의 고통은 하나님의 마음을 찢는다: "나의 백성, 나의 딸이, 채찍을 맞아 상하였기 때문에, 내 마음도 상처를 입는구나. 슬픔과 공포가 나를 사로잡는구나"(21절; 새번역). 이 탄식은 떠나간 자식을 그리워하는 부모의 울음 소리다. 물론 주의 백성은 징계를 받을 만한 행동을 했다. 그들이 여호와를 버리고 우상을 따랐기 때문이다(19절). 이스라엘의 부패가 하나님의 심판을 초래한 것은 사실이지만, 심판을 받고 괴로워하는 백성을 바라보는 하나님의 눈에는 눈물이 가득하다. 하나님은 자기 백성이 고통당하는 것을 기뻐하시는 분이 아니다. 심지어 하나님 자신이 그들을 벌할 때도 기뻐하시지 않는다. 주의 백성이 죄를 지어 징계를 받게 되면 즐거워할 자는 오직 사탄뿐이다. 하나님의 심판이 그분의 백성에게 임하면 벌을 받는 죄인과 벌을 내리는 재판관 모두 괴롭다.

벌을 내리시는 하나님은 괴로워하시는데, 그 벌을 받는 백성들은 오히려 당당하며 이렇다 할 감정 변화를 보이지 않는다. 그들은 여호와께서 당연히 시온에 계셔야 한다고 주장한다(19절). 이스라엘은 성전이 여호와의 거처가 될 수 없다는 것을 인정하지 않는다(Brueggemann). 그들은 하나님이 항상 성전에 계신다고 생각한다. 하나님이 성전에 계시는 한, 주의 백성은 절대 망하지 않을 거라고 확신한다. 간혹 여호와의 징계는 있을 수 있지만, 하나님이 스스로 유다의 생명을 끊는 일은 없을 거라고 믿는다. 그래서 유다 사람들은 여호와의 징계가 빨리 끝나고 구원이 임해야 한다고 주장한다(20절). 마치 여름이 지나면 추수 시즌이 꼭 오는 것처럼 지금까지 그들이 경험했던 하나님의 징계도 끝날 때가 멀지 않았다는 것이다. 일부 학자들은 20절 말씀을 예루살렘이 포위된 상황에서 성을 포위하고 있는 적들이 예루살렘 주민들이 추수할 곡식을 거두어다가 먹는 것으로 해석한다. 어느 정도 설득력이 있는 해석이다. 그러나 이 비유의 포인트는 곡식을 빼앗아 먹는 것이 아니라, 적절한 '때/철'에 관한 것이다. 또한 원래 추수는 풍요와 행복을 상징하는 비유인데, 본문에서는 심판 때(죄인들을 '추수할' 때)를 상기시키는 부정적인 이미지로 사용되고 있다(Fretheim).

III. 성전 설교 및 경고(7:1-10:25)
B. 치유가 불가능한 유다(8:4-10:25)
2. 백성에 대한 애가(8:18-9:3)

(2) 약으로 치료할 수 없는 병(8:22-9:3[9:2])

22 길르앗에는 유향이 있지 아니한가
그곳에는 의사가 있지 아니한가
딸 내 백성이 치료를 받지 못함은 어찌 됨인고
9:1 어찌하면 내 머리는 물이 되고
내 눈은 눈물 근원이 될꼬
죽임을 당한 딸 내 백성을 위하여 주야로 울리로다
2 내가 광야에서 나그네가 머무를 곳을 얻는다면
내 백성을 떠나가리니 그들은 다 간음하는 자요
반역한 자의 무리가 됨이로다
3 여호와의 말씀이니라
그들이 활을 당김같이 그들의 혀를 놀려 거짓을 말하며
그들이 이 땅에서 강성하나 진실하지 아니하고
악에서 악으로 진행하며 또 나를 알지 못하느니라

길르앗(22절)은 요단 강의 동쪽, 모압의 북쪽에 위치한 산악 지대였다. 길르앗은 나무에서 채취한 송진으로 만든 유향이 유명한 곳이다(창 37:25; 렘 46:11). 이 나무가 정확히 어떤 나무였는가에 대해서는 알려진 바 없다(Lundbom). 그러나 예레미야의 메시지를 듣고 있던 청중은 이 말씀이 어떤 유향에 관한 것인지 정확히 알고 있었을 것이다. 사람들이 피부병을 앓게 되면 길르앗의 유향을 바르고, 아프면 의사를 찾아가면 된다(22절). 그러면 완쾌될 수 있다. 피부병을 앓는 사람이 길르앗의 유향을 바르고 완쾌될 수 있는 것처럼, 이스라엘이 회개하면 완쾌될 수 있다. 병을 앓는 사람이 의사에게 치료를 받으면 나을 수 있는 것처럼, 주의 백성이 하나님을 찾아 치료를 받으면 완쾌될 수 있다. 그러나 그들은 여호와를 찾기를 거부한다.

치료받기를 거부하는 백성은 치유자인 하나님을 괴롭게 한다(9:1-2a). 병든 백성들 때문에 의사인 하나님은 하염없이 눈물을 흘리며 괴로워하신다: "살해된 나의 백성, 나의 딸을 생각하면서, 내가 낮이나 밤이나 울 수 있도록, 누가 나의 머리를 물로 채워주고, 나의 두 눈을 눈물 샘이 되게 하여주면 좋으련만!"(1절; 새번역) 더 나아가 하나님은 심판을 받아 죽어가는 자기 백성을 차마 지켜볼 수가 없어서 "누군가가 저 사막에다가 내가 쉴 나그네의 휴식처를 마련하여, 내가 이 백성을 버리고 백성에게서 멀리 떠나, 그리로 가서 머물 수 있게 하여주면 좋으련만!" 하고 탄식하신다(2절; 새번역). 하나님은 사랑하는 백성에 대한 심판이 진행되는 장소에 머물고 싶지 않으신 것이다. 자기 백성이 고통당하는 모습을 지켜보기가 너무 힘들기 때문이다. 그래서 하나님은 광야에 세워진 휴식처로 떠나기 원하신다. 그곳에서 끌려가는 자기 백성을 생각하며 실컷 울고 싶어 하신다.

선지자는 하나님이 이스라엘을 버릴 수밖에 없었던 이유들을 나열한다(2b-3절): "참으로 이 백성은 모두 간음하는 자들이요, 배신자의 무리이다. 내 백성이라는 것들은 활을 당기듯 혀를 놀려 거짓을 일삼는다. 진실은 없고, 그들의 폭력만이 이 땅에서 판을 친다. 참으로 그들은 악에 악을 더하려고 돌아다닐 뿐, 내가 그들의 하나님인 줄은 알지 못한다"(새번역). 첫 번째 죄를 지적하면서 하나님이 이스라엘 사람들의 성적(性的) 문란을 비난하는 것인지, 아니면 우상숭배를 간음이라고 하시는 것인지 확실하지 않다. 그러나 이미 언급했듯이 가나안 종교는 성적으로 문란했기 때문에 본문은 두 가지 의미를 모두 포함한다고 보는 것이 바람직하다.

두 번째 죄로 지적되는 '혀 놀림'에 대한 이미지가 인상적이다. 언어로 죄를 짓는 일은 활 쏘기에 비유되고 있다. 활이 심장을 관통해 사람을 죽이듯 사람이 내뱉는 말이 사람을 죽인다는 뜻이다. 예레미야는 하나님과 맺은 언약을 무시하고 막무가내로 살아가는 이스라엘 사회의 가장 기본적인 특징은 진실이 없고(לֹא לֶאֱמוּנָה) 그 자리에 거짓(שֶׁקֶר)만 성행하는 것이라고 말한다. 그러므로 진실을 상실해버린 사회가 그 어떤 '믿음 행위'를 지향한다 하더라도 모두 위선이고 거짓이다.

결국 주의 백성은 "악에서 악으로 진행한다"(3절). 마치 먹이를 찾아 이곳저곳을 헤매는 하이에나처럼 이스라엘이 악에 악을 더하기 위해 이곳저곳을 헤매고 있다. 하나님의 선민이라고 자부하던 이스라엘이 어떻게 이렇게까지 타락했는가? 하나님은 이스라엘의 가장 근본적인 죄이자 타락의 이유를 그들이 "내가 그들의 하나님인 줄은 알지 못한다(אֹתִי לֹא־יָדְעוּ)"로 말씀하신다(3절). 타락과 부패는 하나님을 모를 때 비롯된다. 선지자들은 하나님에 대한 지식이 없는 것을 죄의 가장 근본적인 문제로 지적한다.

III. 성전 설교 및 경고(7:1-10:25)
B. 치유가 불가능한 유다(8:4-10:25)

3. 신뢰를 상실한 사회(9:4-26)

예레미야는 이미 2b-3절에서 유다가 왜 하나님의 진노를 사고 있는가를 말해주었다. 이제 그는 더 구체적이고 자세하게 이스라엘의 죄를 지적한다. 선지자는 죄에 도취된 백성들에게 하나님의 심판은 불가피한 것이라며 심판의 정당성을 주장한다. 본문은 13-16절과 25-26절에 두 개의 짤막한 내러티브를 포함하고 있다. 이중 첫 번째 내러티브(13-16절)는 과거를 회상하면서 이스라엘이 왜 심판을 받게 되었는가를 설명하는 역할을 한다. 두 번째 내러티브(25-26절)는 하나님께 신실한 사람들은 환란을 면할 것이지만, 그렇지 않은 사람들은 심판을 피할 수 없을 것이라며 미래에 있을 일을 예고한다. 본문은 다음과 같이 구분될 수 있다.

A. 속고 속이는 사회(9:4-6)
B. 연단이 필요한 사회(9:7-9)
C. 절제할 수 없는 슬픔(9:10-11)
D. 심판의 정당성(9:12-16)
E. 예루살렘에 대한 애가(9:17-22[61-21])
F. 의미 있는 삶(9:23-26[22-25])

III. 성전 설교 및 경고(7:1–10:25)
B. 치유가 불가능한 유다(8:4–10:25)
3. 신뢰를 상실한 사회(9:4–26)

(1) 속고 속이는 사회(9:4–6)

4 너희는 각기 이웃을 조심하며
어떤 형제든지 믿지 말라
형제마다 완전히 속이며
이웃마다 다니며 비방함이라
5 그들은 각기 이웃을 속이며
진실을 말하지 아니하며
그들의 혀로 거짓말하기를 가르치며
악을 행하기에 지치거늘
6 네가 사는 곳이 속이는 일 가운데 있도다
그들은 속이는 일로 말미암아
나를 알기를 싫어하느니라
여호와의 말씀이니라

엎친 데 덮친 격이라고 바빌론의 공격으로 쑥대밭이 되어 엄청난 혼란을 겪고 있는 유다에, 사람들이 얼마나 부패하고 악해졌는지 그 누구도 믿을 수 없고, 믿어서도 안 되는 상황이 되었다. 심지어 가장 믿을 수 있는 형제들과 이웃들도 속이는 자들로 전락했기 때문에 절대 믿어서는 안 된다(4절). 예레미야는 '형제'와 '이웃'을 여러 차례 사용해 이스라엘 공동체가 그 누구도 믿을 수 없는 사회가 되었음을 강조한다. '속이다'(יַעְקֹב)는 그들의 조상 야곱(יַעֲקֹב)의 이름을 상기시키는 일종의 언어유희다(cf. 창 27:36). 선지자의 비난을 받고 있는 이스라엘 공동체는 옛적에 야곱이 에서를 속였던 것처럼 서로를 속이고 있다(Bright). 그들은 야곱의 자손들답게 '야곱질'을 하고 있다. 또한 서로를 속이는 것을 자손 대대로 가르쳐왔다(Holladay). '야곱질'은 결코 우연히 일어난 일이 아니다. 그들은 서로 신뢰할 수 없는 사회를 만들기 위해 갖은 노력을 아끼지 않았다(5절).

그런데 선지자는 4절에서 누구에게 속이는 친지들과 이웃들을 조심하라고 하는가? 예레미야 시대를 살아가는 모든 사람에게 하는 말인가? 많은 주석가들이 이 말씀이 선지자가 예루살렘에 남아 있는 '의로운 소수'(viz., 남은 자들)에게 주는 경고라고 생각한다. 더 나아가 이 말씀은 훗날 조국에서 끌려온 사람들에게서 선지자의 말씀을 듣게 된 바빌론 포로민들에게 주는 권면이기도 하다(Fretheim). 이미 심판을 받아 바빌론으로 끌려와 혼란에 빠져 있는 유다 공동체에 속한 사람들 중 하나님이 구원하실 소수에게 하시는 말씀이라는 것이다.

기회만 주어지면 남을 속이고 악을 밥 먹듯이 행하는 것은 하나님의 형상대로, 모양대로 만들어진 인간의 본성은 아니다. 창세기 3장 사건 이후 죄 속에서 태어난 인간이 자라면서 습득하거나 배우고 훈련한 결과다. 경건을 배우고 진실되게 살아가기도 버거운 인생인데, 하나님의 말씀을 멀리하면 꼭 이런 일이 생긴다. 경건과 진실은 하나님을 아는 지식과 밀접하게 연관되어 있다. 그러므로 삶에서 하나님을 배제하면 당연히 경건과 진실은 사라지고 그 자리를 거짓과 위선이 차지한다.

예레미야는 모든 사람이 거짓을 추구하는 예루살렘에 살고 있다. 사람들은 거짓 속에 거하며 하나님 알기를 거부한다(6절). 그들은 실수로 하나님을 모르게 된 것이 아니라, 의도적으로 하나님 알기를 '거부한다/싫어한다'(מאן). 이 말씀에 서린 거부당하신 하나님의 분노와 상처를 생각해보라. 진리와 진실의 하나님의 백성이라는 사람들이 서로를 속이고, 억압하는 일에 바빠서 진실을 추구할 시간도, 서로 속이는 것을 회개할 겨를도 없다. 3절은 그들이 하나님을 모른다고 말하는데 이제 6절은 그들이 하나님 알기를 싫어한다고 한다. 선지자는 그들의 죄가 단순한 무지(無知)에서 비롯된 것이 아니라 강력한 의지와 결정에서 비롯되었다며 죄의 심각성을 강조한다.

Ⅲ. 성전 설교 및 경고(7:1–10:25) B. 치유가 불가능한 유다(8:4–10:25) 3. 신뢰를 상실한 사회(9:4–26)

(2) 연단이 필요한 사회(9:7–9)

7 그러므로 만군의 여호와께서 이와 같이 말씀하시되
보라 내가 내 딸 백성을 어떻게 처치할꼬
그들을 녹이고 연단하리라
8 그들의 혀는 죽이는 화살이라
거짓을 말하며
입으로는 그 이웃에게 평화를 말하나
마음으로는 해를 꾸미는도다
9 내가 이 일들로 말미암아
그들에게 벌하지 아니하겠으며
내 마음이 이런 나라에 보복하지 않겠느냐
여호와의 말씀이니라

온갖 악행과 부패로 가득한 사회의 유일한 미래는 그들에게 공평과 정의를 요구하신 하나님의 심판이다(9절). 하나님은 시내 산에서 이스라엘과 언약을 맺을 때 선행에는 축복을, 악행에는 징계를 약속하셨다. 이제 그 언약에 따라 바르게 살지 않은 주의 백성을 심판하실 것이다. 하나님의 이 같은 결정은 당연한 결과라는 점을 강조하기 위해 선지자는 이스라엘 공동체의 죄를 지적한 앞 섹션(4-6절)에 대한 하나님의 대응을 선포하는 이 섹션을 "그러므로 여호와께서 말씀하신다"(לָכֵן כֹּה אָמַר יְהוָה; 7절)로 시작하고 있다. 본문에서 선포되는 하나님의 심판은 앞 섹션에 묘사된 죄가 초래한 결과라는 것이다.

하나님이 심판을 내리신다 해서 그 누구도 하나님이 정의롭지 못하다거나 가혹하다고 말할 수 없다. 주의 백성이 개혁적인 노력을 통해 스스로 정결해지고 거룩해질 수 있는 때는 이미 지났기 때문이다(Brown). 그러므로 예레미야의 소명에 포함되었던 뽑고, 허물며, 멸망시키고, 파괴하는 고통과 아픔만이 이스라엘을 기다린다(cf. 1:10). 하나님도 자기 백성에게 이 같은 극단적인 처방을 내리면서 무척 괴로워하신다(Heschel). 다행인 것은 유다를 완전히 뒤집어엎는 심판이 결코 그들의 멸망을 염두에 둔 파멸은 아니라는 사실이다. 하나님은 심판을 받는 이스라엘을 '내 딸 백성'(בַּת־עַמִּי)이라 부르며 애정을 표현하실 뿐만 아니라, 자기 백성을 "금속 단련하듯 단련하며, 시험하여 보겠다"(צוֹרְפָם וּבְחַנְתִּים)고 말씀하면서(7절) 제련(refining) 이미지를 사용하신다(HALOT). 마치 철물에서 불순물과 찌끼를 제거하기 위해 용광로의 뜨거운 불로 달구는 것처럼 이스라엘의 부정함과 불순물을 제거하기 위해 심판이 그들에게 임하게 하신다(cf. 6:27-30).

때로는 마지막 수단으로 하나님은 어쩔 수 없이 자기 백성을 '환란의 용광로'에 넣으신다: "내 백성이 악을 저질렀으니, 죄 많은, 이 가련한 백성을, 내가 달리 어떤 방법으로 다룰 수 있겠느냐?"(7절; 새번역). 그러나 이 정제 과정이 끝나면 주의 백성은 다시 순수성을 회복할 것이며 정금같이 빛나게 될 것이다. 그래서 성경은 용광로 이미지를 주의 백성을 연단하여 순수성을 회복시키는 수단으로 사용한다. 용광로 이미지가 심판의 이미지이기는 하지만, 회복의 소망이 있는 심판 이미지다. 하나님이 자기 백성을 정결케 하기 위해 용광로에 넣으신다면, 그 어느 순간에도 그들은 하나님께 버림받아 더 이상 '하나님의 백성이 아닌' 사람들이 될 수는 없다. 주의 백성이 하나님의 심판을 받아 괴로워하는 과정 중에도 하나님은 결코 우리를 포기하지 않으시기 때문이다.

그렇다면 용광로 경험이 태워야 할 이스라엘의 불순물은 무엇인가? 삶에 진실이 없다는 사실이다(8절). 그들의 말은 독이 묻은 화살이 되어 사람들을 죽인다. "독 묻은 화살"과 "해칠 생각을 품고 있다"(8절)는 표현은 그들의 잔악성을 잘 드러내고 있다. 이 백성이 다시 진실하고 신실하게 될 때까지 하나님은 그들을 용광로에 넣어서 깨끗하게 하실 것이다. 하나님은 자기 백성이 자신을 닮아가기를 원하신다. 하나님 자신이 진실하고 신실하신 분이기 때문이다.

III. 성전 설교 및 경고(7:1-10:25)
B. 치유가 불가능한 유다(8:4-10:25)
3. 신뢰를 상실한 사회(9:4-26)

(3) 절제할 수 없는 슬픔(9:10-11)

10 내가 산들을 위해 울며 부르짖으며
광야 목장을 위해 슬퍼하나니
이는 그것들이 불에 탔으므로 지나는 자가 없으며
거기서 가축의 소리가 들리지 아니하며
공중의 새도 짐승도 다 도망하여 없어졌음이라
11 내가 예루살렘을 무더기로 만들며
승냥이 굴이 되게 하겠고
유다의 성읍들을 황폐하게 하여 주민이 없게 하리라

하나님은 이스라엘에게 임할 심판이 연단의 과정이고 이 일이 끝나면 그들의 불순물이 모두 제거될 것이라며 스스로를 위로해보시지만, 이스라엘의 주인으로서 그들의 파멸을 지켜보는 데는 별 도움이 되지 않는다. 하나님은 다시 아픔과 신음으로 가득 찬 탄식 소리를 연발하신다. 본문은 심판을 받아 황폐해진 약속의 땅을 바라보며 우시는 하나님의 모습을 묘사한다(10절; cf. 8:18-9:3; 9:17-19; 3:19-20). 한때는 사람들과 생기로 북적거리던 예루살렘과 유다의 모든 땅이 사람은 물론이고 새도, 짐승도 살지 않는 황폐한 땅으로 변할 것이다(10b-11절). 심판이 휩쓸고 간 유다는 마치 하나님이 창조하신 모든 것이 역창조(de-creation)되어버린 장소로 변한 것 같은 느낌을 준다. 젖과 꿀이 흐르던 풍요로운 땅이 오로지 혼돈과 공허(창 1:2)만이 남은 폐허가 되었다.

다행히 모든 것이 절망적인 것은 아니다. 하나님이 주의 백성을 회복시켜주시는 날, 그들이 거할 땅도 다시 온갖 생명으로 가득할 것이기 때문이다. 하나님은 백성을 회복시킬 때 그들이 살 땅도 꼭 회복시켜 주신다고 선지자들은 가르친다. 그러나 지금은 주의 백성이 그들의 하나님과 함께 슬퍼해야 하고 아파해야 한다. 이것이 바로 죄의 대가다. 그러나 죄를 짓고 아파하지 않는 사람들은 진정한 회개가 무엇인지 알지 못한다.

III. 성전 설교 및 경고(7:1-10:25)
B. 치유가 불가능한 유다(8:4-10:25)
3. 신뢰를 상실한 사회(9:4-26)

(4) 심판의 정당성(9:12-16)

12 지혜가 있어서 이 일을 깨달을 만한 자가 누구며
여호와의 입의 말씀을 받아서
선포할 자가 누구인고
이 땅이 어찌하여 멸망하여 광야같이 불타서
지나가는 자가 없게 되었느냐

[13] 여호와께서 말씀하시되 이는 그들이 내가 그들의 앞에 세운 나의 율법을 버리고
내 목소리를 순종하지 아니하며 그대로 행하지 아니하고 [14] 그 마음의 완악함을 따
라 그 조상들이 자기에게 가르친 바알들을 따랐음이라 [15] 그러므로 만군의 여호와
이스라엘의 하나님께서 이와 같이 말씀하시니라 보라 내가 그들 곧 이 백성에게 쑥
을 먹이며 독한 물을 마시게 하고 [16] 그들과 그들의 조상이 알지 못하던 여러 나라
가운데에 그들을 흩어버리고 진멸되기까지 그 뒤로 칼을 보내리라 하셨느니라

시로 구성된 12절을 제외한(cf. 새번역) 나머지는 내러티브로 구성되어 있다. 이 말씀은 지금까지 앞 섹션에서 시를 통해 언급된 하나님의 심판의 정당성과 이스라엘에게 꼭 심판을 내리실 것이라는 하나님의 강력한 의지를 표현한다. 예레미야는 먼저 주의 백성이 왜 이처럼 비참한 종말을 맞이했는가에 대해 아는 사람이 있는지 질문한다(12절). 그러고는 13-16절에서 유다에 재앙이 임한 이유를 스스로 답한다. 선지자는 이처럼 먼저 질문하고, 그다음 스스로 답을 하는 형태로 자주 메시지를 선포한다. 이 메시지 전달 방법은 예레미야가 하나님의 심판의 정당성을 주장하는 데 주로 사용된다(Miller).

여호와께서 자기 백성을 심판하기로 결정하신 이유를 이해하는 것은 결코 어려운 일이 아니라고 선지자는 주장한다(13-14절). 그들이 하나님을 따르지 않고 마음 내키는 대로 행했고 바알을 따랐기 때문이다. 저자는 이스라엘의 반역을 다섯 가지로 구분하고 있다. 구체적으로 그들은 율법을 버리고, 하나님의 목소리(말씀)를 순종하지 않았으며, 말씀대로 살지도 않았다(13절). 이스라엘은 이 세 가지에서 하나님의 기대에 미치지 못한 것이다. 뿐만 아니라 "오히려 자기들의 고집대로 살고, 조상이 섬기라고 가르쳐준 바알 신들을 따라다녔다"(14절; 새번역). 즉 두 가지 면에서 하나님을 의도적으로 거역했다는 것이다. 그렇다면 이 다섯 가지는 하나님의 기대에 미치지 못한 부정적인(negative) 면 세 가지와, 이스라엘이 스스로 행한 긍정적인(positive) 면 두 가지로 구성되어 있다. 이

스라엘은 하나님의 말씀대로 사는 일에는 매우 소극적이었으나, 우상을 따르고 악을 행하는 일에는 매우 적극적이었다는 뜻이다. 그들이 소극적인 자세로 임했던 일들과 적극적인 자세로 대했던 일들이 서로 바뀌었다면 참으로 좋았을 것이고, 하나님이 기뻐하셨을 텐데!

이스라엘이 다섯 가지로 하나님께 범죄한 것처럼 하나님도 그들에게 벌을 내리면서 다섯 가지를 행하실 것이다(15-16절). 하나님은 벌로 자기 백성에게 "[쓴 쑥을] 먹이시며(מַאֲכִילָם)…[독을 탄 물을] 마시게 하시며(הִשְׁקִיתִים)…[그들도 모르고 그들의 조상도 알지 못하던 이방 민족 가운데 그들을] 흩어놓으시며(הֲפִצוֹתִים)…[그들을 전멸시킬] 칼을 보내시며(שִׁלַּחְתִּי)…[그들을] 끝장내실 것이다(כַּלּוֹתִי)." 이스라엘이 '쓴 쑥'(לַעֲנָה)을 먹는다는 것은 그들이 처한 혹독한 고통을 상징한다(Brown). 또한 그들은 '독을 탄 물'(מֵי־רֹאשׁ)을 마실 것이라고 하는데, '독'(רֹאשׁ)은 '머리'(רֹאשׁ)와 소리와 표기법이 같은 단어다(HALOT). 하나님은 9:1에서 끌려가는 주의 백성을 생각하면서 슬피 울겠다며 머리(רֹאשׁ)를 물(מַיִם)로 채워달라고 하셨다. 이제 이스라엘은 '독을 탄 물'(מֵי־רֹאשׁ)을 마셔야 한다. 하나님은 멸망하는 주의 백성을 생각하며 눈물 지으셨는데, 이스라엘에게는 하나님의 심판으로 인한 전쟁이 죽이는 물이 된 것이다.

III. 성전 설교 및 경고(7:1-10:25)
B. 치유가 불가능한 유다(8:4-10:25)
3. 신뢰를 상실한 사회(9:4-26)

(5) 예루살렘에 대한 애가(9:17-22[61-21])

17 만군의 여호와께서 이와 같이 말씀하시되
너희는 잘 생각해보고 곡하는 부녀를 불러오며
또 사람을 보내 지혜로운 부녀를 불러오되
18 그들로 빨리 와서 우리를 위하여 애곡하여
우리의 눈에서 눈물이 떨어지게 하며

우리 눈꺼풀에서 물이 쏟아지게 하라
19 이는 시온에서 통곡하는 소리가 들리기를
우리가 아주 망하였구나
우리가 크게 부끄러움을 당하였구나
우리가 그 땅을 떠난 것은
그들이 우리 거처를 헐었음이로다 함이로다
20 부녀들이여 여호와의 말씀을 들으라
너희 귀에 그 입의 말씀을 받으라
너희 딸들에게 애곡하게 하고
각기 이웃에게 슬픈 노래를 가르치라
21 무릇 사망이 우리 창문을 통하여
넘어 들어오며 우리 궁실에 들어오며
밖에서는 자녀들을 거리에서는 청년들을 멸절하려 하느니라
22 너는 이같이 말하라 여호와의 말씀에
사람의 시체가 분토같이 들에 떨어질 것이며
추수하는 자의 뒤에 버려져
거두지 못한 곡식단같이 되리라 하셨느니라

하나님의 심판이 예루살렘에 임하니 "곡하는 부녀들"(מְקוֹנְנוֹת)이 부름을 받는다(17절). 이들은 '통곡 전문가'(professional lamenter)들이다(Brown). 고대 근동에서는 아주 슬픈 일이 있을 때 자신의 옷을 찢고 재를 뒤집어썼을 뿐만 아니라, 곡을 하며 슬픈 분위기를 만들어주는 전문가 여인들을 고용했다(Olyan). 특히 장례식에는 죽은 자를 위해 온 공동체가 슬퍼하는 예식이 있었는데, 이때 이 통곡 전문가들의 활약이 돋보였다. 온 공동체가 죽은 자를 기념하며 슬피 울도록 이 여인들이 분위기를 조성해 주었기 때문이다.

하나님이 곡하는 여인들을 부르라고 하신 것은 나라가 망해 슬퍼하는

예루살렘 사람들을 위한 것이 아니다. 하나님은 자신을 위해 곡하는 여인들을 부르라고 하신다! 예루살렘의 멸망이 하나님께 얼마나 큰 슬픔을 가져다주는지 이런 일을 하는 여인들 중에서도 가장 통곡 실력이 좋은 자들을 불러들이라고 하신다(17절). 그러나 아무리 많은 곡하는 여자들이 부름을 받고 와서 슬퍼해도 결코 하나님의 슬픔을 대신할 수 없다. 그러므로 하나님은 이 여인들에게 그들의 딸들도 곡을 하도록 가르치라 하신다(20절). 범죄한 자기 백성을 어쩔 수 없이 심판하시는 하나님이 자기 백성의 고통에 대해 어떤 감정인지를 엿볼 수 있는 대목이다.

예루살렘의 환난이 과연 어느 정도인가? 저자는 이렇게 표현하고 있다: "죽음이 우리의 창문을 넘어서 들어왔고, 우리의 왕궁에까지 들어왔으며, 거리에서는 어린아이들이 사정없이 죽어가고, 장터에서는 젊은이들이 죽어간다"(21절; 새번역). 죽음이 엄습한 거리에는 시체가 산더미처럼 쌓여 있다. 선지자는 두 가지 비유를 사용해 예루살렘의 참혹한 상황을 묘사한다(22절). 첫째, 사람의 시체가 마치 농부가 농사를 짓기 위해 밭에 퇴비를 뿌려놓은 것처럼 널려 있다(Fretheim). 시체들이 온 도시를 덮고 있다는 의미다. 둘째, 추수 때 농부들이 미처 거두어들이지 못한 곡식이 들에 널려 있듯이, 시체가 도시 곳곳에 널려 있다. 이스라엘에서는 곡식을 추수할 때 낫을 가진 사람이 앞서가며 곡식을 베어놓으면, 다른 사람이 뒤따르며 그 곡식을 단으로 묶는다(Feinberg). 예레미야는 추수꾼이 낫으로 곡식을 베어 널어놓는데 뒤따르며 묶는 자가 없어서 곡식이 온 밭에 널려 있는 것처럼, 이스라엘 사람들의 시체가 널려 있을 것이라고 한다. 아무도 이들의 시체를 거두어들일 엄두를 내지 못하기 때문이기도 하지만, 대부분의 사람들이 죽어서 시체를 치울 사람이 별로 남지 않았다는 의미다(Brown). 참으로 두렵고 비참한 이미지다. 이것이 하나님을 거역한 백성의 종말이다.

III. 성전 설교 및 경고(7:1-10:25)
B. 치유가 불가능한 유다(8:4-10:25)
3. 신뢰를 상실한 사회(9:4-26)

(6) 의미 있는 삶(9:23-26[22-25])

23 여호와께서 이와 같이 말씀하시되
지혜로운 자는 그의 지혜를 자랑하지 말라
용사는 그의 용맹을 자랑하지 말라
부자는 그의 부함을 자랑하지 말라
24 자랑하는 자는 이것으로 자랑할지니
곧 명철하여 나를 아는 것과
나 여호와는 사랑과 정의와 공의를
땅에 행하는 자인 줄 깨닫는 것이라
나는 이 일을 기뻐하노라 여호와의 말씀이니라
25 여호와의 말씀이니라 보라 날이 이르면 할례받은 자와 할례받지 못한 자를 내가
다 벌하리니 26 곧 애굽과 유다와 에돔과 암몬 자손과 모압과 및 광야에 살면서 살
쩍을 깎은 자들에게라 무릇 모든 민족은 할례를 받지 못하였고 이스라엘은 마음에
할례를 받지 못하였느니라 하셨느니라

저자는 이 섹션에서 두 세트의 가치관들을 대조하고 있다. 첫째는 이스라엘이 스스로 귀하게 여기고 자랑스럽게 여기는 것과 그들이 자랑해야 할 것을 비교하고 있다. 둘째는 이스라엘 사람들이 자신들의 종교적인 신분을 정의할 때 할례를 자랑하는데, 하나님이 원하시는 진정한 할례(viz., 마음의 할례)가 무엇인가를 말한다. 육체적인 할례와 영적인(마음의) 할례를 대조하는 것이다. 이 말씀은 이미 바빌론으로 끌려가 그곳에 사는 사람들을 주 대상으로 삼고 있다(Fretheim). 그들이 바빌론으로 끌려간 가장 큰 이유는 육체적인 할례는 지녔지만, 마음의 할례는 받지 못했기 때문이라는 것이다.

그날이 되면 이스라엘의 지도자들과 일반인들이 함께 심판을 받는다. 지식인들과 무지한 사람의 구분도 없다. 또한 신분의 구분도 없다. 모두 함께 망한다. 그날이 되면 그 누구도 심판하시는 하나님 앞에서 자랑하며 내놓을 만한 것이 없다. 그러므로 하나님이 말씀하신다: "지혜 있는 사람은 자기의 지혜를 자랑하지 말아라. 용사는 자기의 힘을 자랑하지 말아라. 부자는 자기의 재산을 자랑하지 말아라"(23절; 새번역). 인간이 소유하고 있는 그 무엇도, 즉 재산도, 명예도, 힘도 하나님의 심판이 임하는 날에는 도움이 되지 않을 것이기 때문이다.

그렇다면 그날에 무엇이 심판받는 자에게 도움을 줄 수 있을 것인가? 오직 여호와를 아는 것과 하나님은 사랑(חֶסֶד)과 정의(מִשְׁפָּט)와 공의(צְדָקָה)를 이 땅에 행하는 분이라는 사실을 깨닫고 있음을 자랑하라고 말씀하신다(24절). 그날이 임하면 오직 여호와를 아는 것만이 사람의 운명에 영향을 미친다. 마치 언젠가 우리가 심판하시는 하나님 앞에 섰을 때 주께서 우리가 예수님을 아는지 모르는지를 가장 중요하고 유일한 기준으로 삼아 우리를 판단하실 것처럼 말이다(cf. 고전 1:31; 고후 10:17; O'Day). 또한 예레미야는 이 말씀을 통해 여호와를 아는 것은 삶에서 사랑/자비와 공평과 공의를 행하는 일이라는 사실을 전제한다. 하나님을 아는 지식은 삶에서 주님에 대한 지식을 실천한다는 것을 의미한다(cf. 사 1:16-17; 호 6:6; 암 5:14-15, 24; 미 6:8). 그러므로 아무리 하나님을 지식적으로 안다고 할지라도 그 지식을 삶에 적절하게 적용하지 못하면 별 의미가 없다.

그날이 오면 하나님은 할례를 받은 사람들이나 할례를 받지 못한 사람들을 모두 벌하실 것이다(25절). 사실 25절을 번역하고 해석하는 것은 매우 어렵다. 마소라 사본 자체가 상당히 훼손되어 정확한 의미를 전달하지 못하기 때문이다(cf. Lundbom, Holladay, McKane). 그래서 우리말 번역본들도 두 가지로 나뉘어 있다: (1) "나 주의 말이다. 그날이 이르면, 몸에만 할례를 받은 사람들에게, 내가 모두 벌을 내리겠다"(새번역; cf. 공동; 아가페; 현대인); (2) "여호와의 말씀이니라 보라 날이 이르면 할례받은 자와 할례받지 못한 자를 내가 다 벌하리니"(개역개정; cf. 새번역 각주). 거의 모든 영어 번역본들은 이 두 가지 중 첫 번째를 선호하고 있으며, 첫 번째 번역이 마소라 사본을 더 정확하게 반영하고 있다(cf. NIV, NAS, NRS, TNK). 그러나 이 말씀은 26절의 "모든 민족은 할례를 받지 못했다"는 말씀과 잘 어울리지 않는다. 할례를 받지 않은 열방은 심판을 받지 않는다는 의미가 되기 때문이다. 그러므로 할례받은 자와 할례받지 못한 자를 모두 벌하신다는 두 번째 해석을 따르는 것이 바람직하다. 하나님이 심판하시는 날, 육체적인 할례는 이슈가 되지 않을 것이라는 뜻이다.

선지자가 26절에서 언급하고 있는 이집트와 에돔과 암몬 자손과 모압과 광야에 사는 부족들은 종교적 예식(religious rite)의 일환으로 관자놀이의 털을 모두 깎았다(Lundbom). 율법은 이스라엘 남자들이 이렇게 머리를 깎는 것을 금한다(레 19:27). 또한 지금까지 발굴된 역사적 자료들에 의하면 본문이 언급하고 있는 모든 족속은 할례를 행했다(Fretheim).[12] 그래서 하나님은 할례를 받은 민족들과 할례를 받지 않은 민족들을 심판하는 날, 유다도 함께 심판할 것이라고 말씀하신다(cf. 25절). 이 이방 족속들에게 할례가 별 의미가 없는 종교적인 예식으로 전락했던 것처럼, 유다에게도 별 의미가 없는 예식이 되어버렸기 때문이다. 원래 할례는 하나님과 아브라함의 자손들 사이에 맺어진 특별한 관계를 상징했다. 그런데 이스라엘이 하나님께 범죄함으로써 그 관계가 무의미해졌다. 이러한 상황에서 이스라엘 사람들이 행했던 육체적인 할례는 '살갗 깊이의 성례'(a sacrament skin deep)에 불과했다(Kidner). 만일 이스라엘이 할례가 상징하는 바를 마음에 새기고 하나님의 말씀에 순종하고 살아왔다면, 환난 날에 할례는 온갖 재앙으로부터 그들을 보호했을 것이다(Fretheim).

비록 유다가 육체적인 할례를 행해왔지만, 마음의 할례는 행하지 않았기 때문에 벌을 받아야 한다(26절). 그러므로 하나님이 할례를 받은 이

12 이집트 사람들과 에돔 사람들은 표피를 완전히 자르지 않아 일부가 성기에 매달려 있도록 한 부분적 할례를 행하기도 했다고 한다(Steiner).

방인들을 심판하실 때 유다도 심판을 받아야 할 민족들의 대열에 끼여 있다. 마음의 할례는 하나님이 자기 백성들로부터 원하시는 진정한 할례다(4:4; 신 10:16; 시 51:17; 겔 44:7,9; 갈 6:15). 예레미야는 마음의 할례가 없는 한 이스라엘은 열방과 다를 바가 없다는 사실을 강조한다. 이 말씀이 우리 그리스도인들에게는 어떤 의미로 다가오는가에 대해 고민해보아야 한다.

III. 성전 설교 및 경고(7:1–10:25)
B. 치유가 불가능한 유다(8:4–10:25)

4. 우상들과 여호와(10:1–25)

구약에서 가장 심한 비난을 받는 죄는 단연 우상숭배다. 그래서 선지자들은 모두 우상숭배를 매우 강력하게 비난하지만, 그들 중에서도 예레미야와 이사야는 특별하다. 이 두 선지자는 주의 백성의 노골적인 우상숭배뿐만 아니라, 종교적 복합주의(여호와를 섬기면서 동시에 다른 신들을 숭배하는 일)도 문제 삼는다. 그들은 이스라엘의 우상숭배에 대해 가장 많은 비난을 한 선지자들이다. 모세의 율법은 분명히 우상숭배를 금하고 있다(출 20:4-6).

우상을 숭배하는 것이 얼마나 나쁜 일인가를 알았던 이스라엘은(cf. 출 20:3-5) 율법이 제시하는 기준은 아랑곳하지 않고 시내 산에서 국가로 출범할 때부터 마치 마약중독자가 끊임없이 마약을 찾는 것처럼 우상중독자가 되어 계속 우상을 찾았다(cf. 출 32장; 민 25:1-3). 여호와의 땅에서도 절제할 수 없는 우상중독 증세를 보이는 이스라엘이 우상들의 원산지인 타국으로 끌려가면 어떻게 반응할까? 아마도 우상을 숭배하려는 그들의 열망이 더 커질 것이므로 우상숭배의 유혹을 뿌리치는 일은 결코 쉽지 않을 것이다. 그러므로 예레미야는 우상들의 나라로 끌려가야 하는 유다 사람들에게 우상은 과연 무엇이며, 우상을 그들의 하나님 여호와께 비교하는 것이 얼마나 어리석은 일인가를 생각해보게 한다. 선지자가 이 말씀을 선포할 때에는 이스라엘에게 임할 재앙(예루살렘이 함락되고 생존자들은 바빌론으로 끌려가는 것)을 되돌리기에는 너무 늦었다. 그러나 그들은 바빌론으로 끌려가면서 우상숭배가 얼마나 어리석은 일인지 반성할 수 있을 것이다. 본문은 다음과 같이 구분될 수 있다.

A. 비교할 수 없는 여호와(10:1-16)
B. 귀양 선언(10:17-22)
C. 예레미야의 기도(10:23-25)

III. 성전 설교 및 경고(7:1–10:25) B. 치유가 불가능한 유다(8:4–10:25) 4. 우상들과 여호와(10:1–25)

(1) 비교할 수 없는 여호와(10:1–16)

예레미야는 이 본문에서 우상숭배의 어리석음을 강력하게 비난한다. 그러나 선지자는 우상을 직설적으로 비난하지 않고 우상의 무능함을 풍자적으로 비꼬는(satirical) 방법을 통해 우스개로 만든다(Fretheim). 열심히 우상들을 숭배하는 이스라엘은 그 우상들에게서 어떤 도움도 받을 수 없다. 우상들은 초인적인 능력을 지닌 존재가 아니라, 사람들이 손으로 만드는 생명이 없는 돌과 나무 덩어리에 불과하기 때문이다. 동시에 선지자는 여호와 하나님의 능력에 대한 가르침을 우상들에 대한 비아냥 사이사이에 언급함으로써 우상들의 무능함과 여호와의 능력을 대조하며 말씀을 진행한다(cf. 6, 7, 16절). 그러므로 하나님의 능력에 대한 본문의 가르침은 "오직 하나님만을 자랑하라"던 9:24을 확대 설명하는 것(viz., 어떤 하나님을 자랑할 것인가?)으로 생각할 수 있다(Fretheim). 본문은 다음과 같이 세분화된다.

A. 우상은 사람이 만든 것(10:1-5)
B. 여호와 같으신 신은 없음(10:6-11)
C. 하나님의 능력과 우상의 무능력(10:12-16)

III. 성전 설교 및 경고(7:1-10:25) B. 치유가 불가능한 유다(8:4-10:25) 4. 우상들과 여호와(10:1-25) (1) 비교할 수 없는 여호와(10:1-16)

a. 우상은 사람이 만든 것(10:1-5)

1 이스라엘 집이여
여호와께서 너희에게 이르시는 말씀을 들을지어다
2 여호와께서 이와 같이 말씀하시되
여러 나라의 길을 배우지 말라
이방 사람들은 하늘의 징조를 두려워하거니와
너희는 그것을 두려워하지 말라
3 여러 나라의 풍습은 헛된 것이니
삼림에서 벤 나무요
기술공의 두 손이 도끼로 만든 것이라
4 그들이 은과 금으로 그것에 꾸미고
못과 장도리로 그것을 든든히 하여
흔들리지 않게 하나니
5 그것이 둥근 기둥 같아서 말도 못하며
걸어다니지도 못하므로 사람이 메어야 하느니라
그것이 그들에게 화를 주거나 복을 주지 못하나니
너희는 두려워하지 말라 하셨느니라

예레미야는 1-2절에서 "여호와께서 말씀하셨다"는 사실을 두 차례 강조함으로써 지금부터 선포되는 말씀에 귀를 기울일 것을 당부한다. 매우 중요한 말씀(가르침)이 선포되고 있음을 암시한다. 무엇이 그토록 중요한가? 선지자는 이스라엘 사람들은 결코 이방인들처럼 살거나 생각해서는 안 되며, 이방인들처럼 미신적인 징조를 두려워하지 말라고 한다(2절). 하나님의 백성은 세상 사람들과 전적으로 다른 가치관과 세계관을 추구하며 살아야 한다는 것을 강조한다.

"여러 나라의 길"(דֶּרֶךְ הַגּוֹיִם; 2절)에는 많은 것이 함축되어 있다. 이것은 이방 나라들이 지향하고 추구하는 모든 것을 포괄하는 표현이다. 이방 민족들이 지향하는 "여러 나라의 길" 중에서 예레미야가 가장 심각한 죄로 여기는 요소는 우상숭배다. 선지자는 이스라엘에게 열방처럼 우상숭배를 하면 안 된다고 경고한다. 더 나아가 우상숭배와 연관된 여러 가지 징조들을 두려워해서도 안 된다고 한다. 예레미야는 우상숭배자들이 "하늘의 징조들"(אֹתוֹת הַשָּׁמַיִם)을 두려워한다고 하는데, 이 "하늘의 징조"는 이스라엘의 이웃들이 해와 달과 별 등 천체를 신으로 숭배했던 일을 말한다. 그들은 천체의 이동, 별자리 등을 앞으로 다가올 일들에 대한 징조로 간주하고 점을 쳤다. 그러므로 2절은 천체와 연관된 우상숭배를 금하는 말씀으로 이해할 수 있다.

이스라엘의 이웃들은 천체를 신으로 숭배하며 별의 움직임이나 변화를 그 신들이 주는 징조로 여겼다. 그래서 부정적으로 해석되는 징조는 두려워하고 긍정적으로 해석되는 징조는 기쁘게 받아들였다. 예레미야는 이스라엘에게 그들의 이웃이 두려워하는 것을 두려워하지 말라고 한다. 주의 백성은 그들의 이웃들과는 다른 세계관과 가치관으로 살아야 하기 때문이다. 실제로 성경은 열방이 신으로 숭배하는 천체도 하나님이 넷째 날 창조하신 피조물에 불과하다고 선언한다(창 1:14-19).

예레미야는 천체와 연관된 우상숭배를 금한 다음 이스라엘이 주변 나라들에서 수입한 우상들에게 관심을 돌린다(3-5절). 개역개정이 "여러 나라의 풍습"(cf. NIV, NRS, NAS)으로 번역하고 있는 3절의 히브리어 문구(חֻקּוֹת הָעַמִּים)를 개역은 "열방의 규례"로(cf. TNK), 새번역은 "열방이 숭배하는 우상"(cf. 공동)으로 번역했다. 3절의 흐름과 문맥을 비교하면 이 문구는 분명히 "열방의 우상"을 뜻한다. 동시에 이 우상들을 숭배하는 것과 연관된 다양한 풍습들을 포괄적으로 칭한다고 여기는 것이 바람직하다.

우상은 어떻게 해서 생겨난 것일까? 스스로 존재하는 신들의 현현인가? 선지자는 전혀 그렇지 않다고 단호하게 선언한다. 예레미야는 우상은 인간이 만들어낸 조각품에 불과하다고 한다. 사람들은 때로는 산에서 나무를 베어다가 그 나무에 이미지를 새겨(조각하여) 우상을 만들기도 하고(3절), 때로는 그들이 만든 나무 이미지를 금과 은으로 장식해 우상을 만들기도 한다(4절). 우상이 스스로 서 있을 수 없으면 망치로 못을 박아 고정시켜야 한다! 우상의 무능함을 가장 확실하게 보여주는 대목이다.

우상은 재료에 따라 다양한 크기로 생산된다(cf. 사 44:9-18). 그래서 선지자들은 끊임없이 외친다: "우상이 인간을 타락시키는 것이 아니라, 타락한 인간이 우상을 만든다!" 우상은 신이 아니라, 타락한 인간의 손이 생산해 낸 제품이다. 더 어이없는 사실은 창조주 하나님이 창조하신 재료들로 우상을 만들어 낸다는 것이다(Fretheim). 그렇다 보니 생명으로 가득한 창조주 하나님과는 대조적으로 우상들에게는 생명이 없다. 사람은 물건을 만들어 그것에 생명을 불어넣어 줄 수 있는 능력을 지니지 않았기 때문이다. 이것은 오직 하나님만이 하실 수 있다(cf. 창 2:7).

만일 우상들이 실제로 존재하는 신들의 형상이 아니라면, 우상들은 어떻게 사람들을 현혹하는 것일까? 예레미야는 우상들이 사람들을 현혹하는 것이 아니라, 사람들이 스스로 자신들을 속인 결과라고 말한다. 우상들은 둥근 기둥과 다를 바가 없어 말도 못하며 걷지도 못한다(5절). 개역개정이 "둥근 기둥"이라고 번역한 히브리어 문구(תֹּמֶר)는 새를 쫓기 위해 논이나 밭에 세워두는 허수아비를 뜻한다(HALOT, cf. 새번역; 공동; NIV, NAS). 우리말 번역본들은 이 허수아비가 논이나 밭에 세워진 것이라고 하지만(새번역; 아가페; 현대인) 본문은 이 허수아비가 "참외밭"(מִקְשָׁה)

에 세워졌다고 한다(5절; cf. 공동; NIV, NAS, NRS, TNK, HALOT). 참외밭을 지키는 허수아비는 새들에게 두려움을 심어줄지는 몰라도 사람들에게 신에 대한 두려움을 심어주기에는 충분하지 않다(Fretheim). 그래서 예레미야는 이 우상들이 행하는 징조라고 하는 것들을 두려워하지 말라고 말한다. 설령 그 징조가 실현된다 해도 그것은 우연이지, 이 우상들에게 능력이 있어서 일어나는 일은 아니기 때문이다.

우상들이 이동을 하려면 사람들이 그것들을 메어야 한다(5절). 이처럼 남을 돕는 것은 고사하고 자기 몸 하나 추스를 수 없는 무능한 것이 우상인데, 이 우상들이 어떻게 사람들을 유혹할 수 있겠는가? 우상숭배는 인간이 스스로를 속이는 일이다. 예레미야는 백성들에게 우상이 화(재앙)를 내린다는 숭배자들의 말을 믿지 말라고 한다. 우상에게는 사람들에게 화나 복을 주는 능력이 없다. 그러므로 우상을 두려워하는 것은 어리석은 일이다.

III. 성전 설교 및 경고(7:1–10:25)
  B. 치유가 불가능한 유다(8:4–10:25)
    4. 우상들과 여호와(10:1–25)
      (1) 비교할 수 없는 여호와(10:1–16)

b. 여호와 같으신 신은 없음(10:6–11)

6 여호와여 주와 같은 이 없나이다
주는 크시니
주의 이름이 그 권능으로 말미암아 크시니이다
7 이방 사람들의 왕이시여
주를 경외하지 아니할 자가 누구리이까
이는 주께 당연한 일이라
여러 나라와 여러 왕국들의 지혜로운 자들 가운데
주와 같은 이가 없음이니이다
8 그들은 다 무지하고 어리석은 것이니

우상의 가르침은 나무뿐이라
9 다시스에서 가져온 은박과
우바스에서 가져온 금으로 꾸미되
기술공과 은장색의 손으로 만들었고
청색 자색 옷을 입었나니
이는 정교한 솜씨로 만든 것이거니와
10 오직 여호와는 참 하나님이시요
살아 계신 하나님이시요 영원한 왕이시라
그 진노하심에 땅이 진동하며
그 분노하심을 이방이 능히 당하지 못하느니라
11 너희는 이같이 그들에게 이르기를
천지를 짓지 아니한 신들은 땅 위에서,
이 하늘 아래에서 망하리라 하라

예레미야는 앞 섹션에서 우상은 인간이 만든 것이기 때문에 아무런 능력을 지니지 않았으니 우상의 능력을 두려워하지 말라고 사람들을 권면했다. 이제 선지자는 본문에서 하나님과 우상을 대조한다. 예레미야는 세상에 하나님 같은 분이 없다는 찬양으로 시작한다(6절). 6-8절은 예레미야서에서 처음으로 등장하는 고백시다(confessional psalm, Brown). 선지자가 '하나님은 이런 분이다'라며 자신의 신앙을 찬양과 고백으로 표현한 것이다. 하나님이 우상들과 다른 가장 기본적인 차이점은 우상들은 말을 할 수 없고 움직일 수도 없지만(5절), 여호와는 능력으로 자신의 이름을 드러내신다는 사실이다(6절). 뿐만 아니라, 여호와는 이스라엘의 편협한 수호신이 아니라, 온 세상 사람들을 다스리시는 왕이다(7절). 성경에서 하나님을 "이방 사람들의 왕"(מֶלֶךְ הַגּוֹיִם; 7절)이라고 부르는 것이 흔한 일은 아니다. 하나님의 이 성호(聖號)는 자신들이 "여호와를 독점하고 있다"고 생각하던 이스라엘 사람들에게는 신선한 도전이었을 것이다.

이 말씀은 또한 앞으로 바빌론으로 끌려갈 사람들 그리고 이미 바빌론으로 끌려간 사람들에게 시사하는 바가 크다. 자신들은 여호와의 백성이기 때문에 항상 하나님이 보호해주실 거라고 유다 사람들은 떠들어댔다. 유다 사람들이 바빌론으로 끌려간 것은 그들의 신 여호와가 바빌론의 신 마르두크에게 무릎을 꿇어 어쩔 수 없이 자기 백성들을 내주었기 때문이라는 생각은 주변 민족들의 정서와 생각에 따른 추측일 뿐 매우 비성경적이다. 여호와는 이스라엘의 신인 것처럼 열방의 신이며, 이스라엘을 다스리는 왕인 만큼이나 열방을 다스리는 왕이시다. 그렇다면 주의 백성이라고 자부하던 유다가 바빌론으로 끌려가게 된 이유가 분명해진다. 이스라엘의 하나님이자 세상을 다스리시는 여호와께서 그들을 바빌론으로 내치셨기 때문이다. 그렇다면 유다가 다시 돌아올 수 있는 방법은 오직 한 가지뿐이다. 그들을 내치신 여호와께 회개하고 돌아오는 것이다.

이스라엘의 하나님 여호와는 열방을 다스리시는 왕이기 때문에 이스라엘뿐만 아니라 세상 모든 민족이 그분을 경외한다. 주를 믿든, 믿지 않든 상관없다. 그들이 하나님이 어떤 분이신지를 알고 나면 모두 주님을 경외한다. 열방의 "모든 지혜로운 자들"(כָל־חַכְמֵי הַגּוֹיִם) 가운데 여호와 같으신 이가 없기 때문이다(7절). "지혜로운 자들"(חַכְמֵי הַגּוֹיִם)을 열방이 숭배하는 우상으로 해석할 수 있지만, 본문이 여호와의 왕권(다스림)을 논하고 있다는 점에서 세상 어느 나라에서도 여호와같이 지혜로우신 왕이 없다는 의미로 해석하는 것이 바람직하다(cf. 새번역; 공동; NIV, NAS, TNK).

반면에 우상은 어떤가? 우상들은 허무하고 무능한 것들이지만 그것들을 만들고 섬기는 자들도 어리석고 무능하기는 마찬가지다(8절). 그런데 "우상의 가르침은 나무뿐이라"(מוּסַר הֲבָלִים עֵץ הוּא; 8절)는 말씀의 의미는 무엇인가? 새번역은 "나무로 만든 우상에게서 배운다고 한들, 그들이 무엇을 배우겠습니까?"라며 우상에게는 배울 것이 하나도 없다는 것으로 해석한다(cf. ESV). 공동번역은 "사람들은 하나같이 우둔하고 미련하여 나무로 만든 장승에게 가르침을 받습니다"라며 가르칠 수 없는 우상에게 배우려고 하는 인간의 어리석음을 강조한다(cf. NIV). 아가페성경은 "그들의 교훈은 아무 쓸데도 없는 나무 조각에 불과할 뿐입니다"라며 우상이 가르침을 주기는 하지만 전혀 도움이 되지 않는 가르침이라는 사실을 강조한다(cf. NRS, TNK). 현대인성경은 "그 신이라는 것들 자체가 나무에 불과하다"며 우상의 신성(神性)을 부인한다(cf. NAS). 저자가 우상은 말도 못하고 스스로 움직일 수도 없는 무능한 돌과 나무 덩어리에 불과하다는 점을 강조해온 점을 감안할 때 새번역의 해석("나무로 만든 우상에게서 배운다고 한들, 그들이 무엇을 배우겠습니까?")이 가장 본문에 잘 어울린다. 사람들이 우상에게 아무것도 배울 수 없다는 사실을 깨닫지 못하고 자꾸 우상을 찾는 것을 비난하는 말씀이다. 우상숭배는 여호와를 아는 지식에 근거해 스스로 지혜롭다고 자부하며, 하나님과 독특한 관계를 맺고 있는 언약 백성이 결코 해서는 안 되는 일일 뿐 아니라 아무것도 줄 수 없는 대상에게 좋은 것을 기대하는 무모한 행위에 불과하다.

선지자의 '우상 실체 폭로'는 9절에서도 계속된다. 다시스의 은, 우바스의 금, 청색 비단옷, 자색 비단옷 등 아무리 귀한 것들로 만들거나 치장을 해도, 우상은 사람들이 만들어낸 물건에 불과하다(9절). 구약에서 다시스의 은(사 60:9; 겔 27:12, 25)과 우바스의 금(단 10:5)은 가장 진귀한 것들로 취급되었다. 청색(תְּכֵלֶת)과 자색(אַרְגָּמָן)은 둘 다 왕족(royal)의 색이다(Lundbom). 그러므로 우상들은 세상에서 가장 진귀한 것들로 만들어지고 치장되어 있다. 예레미야는 우상들을 조각하는 일에 반영된 작품성도 인정한다. 우상들은 장인들(기술공과 은장색)의 정교한 솜씨로 만들어졌다(9절). 그러나 우상은 스스로 존재하는 신이 아니라, 인간이 만든 작품에 불과하다. 이미 언급한 것처럼 예레미야는 이 점에서 이사야 선지자와 생각을 같이하고 있다: "우상이 인간을 타락시키는 것이 아니라, 타락한 인간이 우상을 만든다"(cf. 사 2장; 40:18-20; 44:9-20; 46:1-7).

우상은 인간이 만들어낸 조각품에 불과하다는 점을 강조한 선지자가 다시 하나님의 유일하심을 선언한다(10절). 본문은 이스라엘이 하나님에 대한 신앙을 표현하는 고백/신조(creed) 양식을 취한다(Fretheim, cf. 출 34:6-7). 이 고백에서 예레미야는 하나님의 놀라운 성품 중 세 가지를 강조한다: (1) 참 하나님이다(אֱלֹהִים אֱמֶת); (2) 살아 계신 하나님이다(אֱלֹהִים חַיִּים); (3) 영원하신 왕이다(מֶלֶךְ עוֹלָם). '참'(אֱמֶת)은 신실함/꾸준함을 의미한다(HALOT). 여호와는 성실하게 세상을 보살피고 지배하시는 하나님이다. '살아 계심'(חַיִּים)은 여호와가 세상에 생명을 창조하고 모든 생명을 보존하시는 창조주 하나님임을 선언한다. 여호와는 '영원하신 왕'(מֶלֶךְ עוֹלָם)으로 종말까지 이스라엘뿐만 아니라 온 세상을 다스리실 것을 선포한다.

이처럼 모든 면에서 완전하신 하나님이 진노하시면 감히 당할 자가 없는 것은 당연한 일이다(10절). 그러므로 저자는 11절에서 "너희는 우상들에 대해 이렇게 선언하여라. 하늘과 땅을 만들지 않은 신들은 이 땅에서 사라지고, 저 하늘 아래에서도 없어질 것이라"고 한다(새번역). 이 말씀(כִּדְנָה תֵּאמְרוּן לְהוֹם אֱלָהַיָּא דִּי־שְׁמַיָּא וְאַרְקָא לָא עֲבַדוּ יֵאבַדוּ מֵאַרְעָא וּמִן־תְּחוֹת שְׁמַיָּא אֵלֶּה)은 이 본문의 핵심이며(Lundbom) 구약의 히브리어 단락에서 발견되는 유일한 아람어 문장이다(Holladay). 구약에는 아람어 단락들이 제법 있다(스 4:8-6:18; 7;12-26; 단 2:4b-7:28). 그러나 이렇게 히브리어 단락에서 홀로 등장하는 문장으로는 이 본문이 유일하다.

그래서 이 아람어 문장이 어떻게 본문에 삽입되었는가에 대해 학자들 사이에 논란이 많다. 상당수의 학자들은 원래 한 성경 필사자가 이 문장을 자신이 사용하던 사본의 여백에 메모해두었는데 훗날 이것이 본문으로 쓸려 들어간 것으로 추정한다(Harrison, Bright, McKane). 탈굼(Targum)은 이 말씀이 아람어로 우상숭배를 강요하는 바빌론 사람들에게 어떻게 말해야 하는가를 가르치기 위해 삽입된 것이라고 해석했다(cf. Allen). 예레미야 선지자가 그 시대에 유다 사람들 사이에 격언으로 자리 잡은 문장을 히브리어로 번역하지 않고 그대로 도입한 것이라고 추측하는 학자도 있다(Dearman).

정확히 어떻게 해서 이 아람어 문장이 이곳에 삽입되었는가는 알 수 없지만, 이 현상이 초래한 결과는 분명하다. 히브리어로 둘러싸인 이 아람어 문장은 예레미야가 이 단락에서 선포하고 있는 메시지의 핵심을 기억하게 하는 효과를 발휘한다(Fretheim). 하나의 표어나 격언화된 아람어 문장을 사용해, 창조주인 여호와와, 인간들이 제작한 우상들의 대조적인 능력과 운명을 강조하고자 한다(cf. Huey). 아람어는 예레미야 시대 근동에서 이미 상용어였기 때문에 그의 청중은 이 문장의 의미를 별 어려움 없이 이해했을 것이다.

이스라엘의 하나님 여호와는 세상과 그 안에 있는 모든 것을 창조하신 하나님이다. 반면에 우상들은 아무것도 창조하지 못했다(11절). 당연하다. 우상들은 신이 아니라, 사람들이 조각한 돌덩어리일 뿐이기 때문이다. 더 나아가 인간의 손에 의해 만들어진 우상은 아무것도 행할 수 없는 "헛된 것"이다(הֶבֶל; 3, 8, 15절). "헛된 것"(הֶבֶל)은 '안개, 허상, 무'(無) 등을 뜻한다(HALOT). 전도서 기자는 자신의 가르침을 "헛되고 헛되니 모든 것이 헛되도다"(הֲבֵל הֲבָלִים הַכֹּל הָבֶל)라는 말로 시작함으로써 이 단어의 의미를 잘 부각시킨다(전 1:2). 우상들은 결코 그 누구에게도 도움이 될 수 없는 허무한 물건들일 뿐이다.

III. 성전 설교 및 경고(7:1–10:25) B. 치유가 불가능한 유다(8:4–10:25) 4. 우상들과 여호와(10:1–25) (1) 비교할 수 없는 여호와(10:1–16)

c. 하나님의 능력과 우상의 무능력(10:12–16)

12 여호와께서 그의 권능으로 땅을 지으셨고
그의 지혜로 세계를 세우셨고
그의 명철로 하늘을 펴셨으며
13 그가 목소리를 내신즉 하늘에 많은 물이 생기나니

그는 땅 끝에서 구름이 오르게 하시며
비를 위해 번개 치게 하시며
그 곳간에서 바람을 내시거늘
14 사람마다 어리석고 무식하도다
은장이마다 자기의 조각한 신상으로 말미암아 수치를 당하나니
이는 그가 부어 만든 우상은 거짓 것이요
그 속에 생기가 없음이라
15 그것들은 헛것이요
망령되이 만든 것인즉
징벌하실 때에 멸망할 것이나
16 야곱의 분깃은 이같지 아니하시니
그는 만물의 조성자요
이스라엘은 그의 기업의 지파라
그 이름은 만군의 여호와시니라

예레미야는 우상에서 다시 이스라엘의 하나님으로 주제를 바꾼다(12-13절). 이스라엘이 등을 돌린 그들의 하나님 여호와는 어떤 분인가? 선지자는 12-16절에서 창조적인 언어(cf. 창 1장)를 사용해 여호와의 능력을 찬양한다(cf. 12-15절은 51:15-19에서 반복되고 있다). 그분은 "[땅을] 만드시고, [지혜로 땅덩어리를] 고정시키시고, [명철로 하늘을] 펼치신" 분이며(12절), "호령을 하시면 하늘에서 물이 출렁이고, 땅 끝에서 먹구름이 올라오도록 하시는 분, 비가 내리도록 번개를 일으키시며, 바람 창고에서 바람을 내보내시는 분"이다(13절). 이와 같이 여호와 하나님은 '만물을 지으신 분'이기도 하다(16절). 예레미야는 여호와가 온 세상의 창조주이심을 강조한다. 여호와의 능력과 활동성은 우상들의 무능력과 움직이지 못하는 성향과는 매우 큰 대조를 이룬다. 여호와 하나님은 우상의 모든 성향에 완전히 상반되는 분이다. 그러므로 유다를 포함한 세상 모

든 나라들은 이분이 분노하실 때 두려워할 이유가 있다(cf. 7, 10절).

선지자가 이 장에서 여호와께 적용하는 호칭들도 의미심장하다. 선지자는 오직 여호와만이 "참되신 하나님," "살아 계신 하나님," "영원한 임금님"(10절)이시며 "야곱의 분깃," "만군의 주"이시라 한다(16절). 한마디로 여호와 하나님은 생명과 능력이다. 선지자가 하나님을 이처럼 생기와 능력으로 가득 찬 분으로 묘사하는 것은 생기가 전혀 없는 "참외밭의 허수아비"(5절)와 같은 무능하고 생명이 없는 우상들과 극적인 대조를 보여주는 것이 목적이다. 또한 하나님이 자신을 "야곱의 분깃"(חֵלֶק יַעֲקֹב)이라고 부르시는 것에 상징하는 바가 크다(cf. Holladay, Miller). 능력과 의지가 없는 우상들과는 달리 여호와는 자기 자신(생명과 능력)을 이스라엘과의 관계에 약속(commit)하셨다는 뜻이다(Fretheim). 그리고 그 약속은 아직도 유효하기 때문에 바빌론 포로민들에게는 소망이 있다. 언젠가는 하나님이 다시 그들의 '분깃'(생명과 능력)이 되어주실 것이기 때문이다. 하나님이 능력을 발휘하시면 이스라엘의 포로 생활은 끝이 날 것이다.

선지자는 우상과 하나님을 극적으로 대조함으로써 그의 청중에게 결단을 요구하고 있다. 이스라엘은 누구를 의지하고 신뢰할 것인가? 인간이 만들어 세워놓은 대로 움직이지 못하고 그곳에 서 있는 참외밭의 허수아비와 다를 바 없는 우상들을 의지할 것인가, 아니면 자신이 창조한 세상과 인류의 역사를 움직이는 힘으로 가득하신 여호와를 의지할 것인가? 논리적으로 생각하면 별로 어려운 결정이 아니다. 그러나 이스라엘 사람들이 현명한 결단을 내리는 일이 왜 그렇게 어려웠던가! 또한 우상 문제는 단순히 옛날 이스라엘의 문제만은 아니다. 많은 학자들이 주상하는 것처럼 기독교가 당면한 가장 큰 문제는 무신론이 아니라, 교회 내에 잠재한 우상숭배다.

III. 성전 설교 및 경고(7:1–10:25)
B. 치유가 불가능한 유다(8:4–10:25)
4. 우상들과 여호와(10:1–25)

(2) 귀양 선언(10:17–22)

17 에워싸인 가운데에 앉은 자여
네 짐 꾸러미를 이 땅에서 꾸리라
18 여호와께서 이와 같이 말씀하시되
보라 내가 이 땅에 사는 자를 이번에는 내던질 것이라
그들을 괴롭게 하여 깨닫게 하리라 하셨느니라
19 슬프다 내 상처여
내가 중상을 당하였도다
그러나 내가 말하노라
이는 참으로 고난이라 내가 참아야 하리로다
20 내 장막이 무너지고 나의 모든 줄이 끊어졌으며
내 자녀가 나를 떠나가고 있지 아니하니
내 장막을 세울 자와 내 휘장을 칠 자가 다시 없도다
21 목자들은 어리석어
여호와를 찾지 아니하므로 형통하지 못하며
그 모든 양 떼는 흩어졌도다
22 들을지어다 북방에서부터 크게 떠드는 소리가 들리니
유다 성읍들을 황폐하게 하여
승냥이의 거처가 되게 하리로다

선지자에게는 이스라엘이 우상을 버리고 여호와를 좇는 것이 너무나도 당연한 선택이지만, 영안이 어두워진 주의 백성은 여호와를 섬기지 않는다. 이스라엘은 죄의 대가로 포로가 되어 열방으로 끌려가야 한다. 그러므로 예레미야는 바빌론에게 포위된 사람들에게 짐을 꾸리라고 명

령한다(17절; cf. 22절). 포로가 되어 타국으로 끌려갈 것에 대비하라는 것이다. 비록 바빌론 사람들이 그들을 바빌론으로 끌고 가지만, 이 역사적 사건 뒤에서 모든 것을 지휘하시는 분은 바로 이스라엘의 하나님 여호와다. 하나님이 반역한 주의 백성을 먼 곳으로 내치고, 그들이 자신의 죄를 깨닫고 회개할 때까지 직접 그들에게 고통을 주실 것이다(18절). 유다가 재앙을 받는 것이 여호와께서 그들에게 벌을 내리시기 때문이라면, 이스라엘이 바빌론에게 대항하는 것도, 하나님께 도움을 청하는 것도 부질없는 일이다. 그들이 죄를 깨달을 때까지 하나님이 그들에게 고통을 주신다는 것은 만일 그들이 회개하지 않는다면 그들의 고통은 끝나지 않을 것임을 암시한다. 이스라엘이 회복을 기대할 수 있는 유일한 방법은 하나님께 진심으로 회개하는 것뿐이다.

암울하기만 한 현실을 깨달은 선지자는 괴롭다. 그는 주의 백성의 현실에 대해 아주 절망적인 탄식과 애가를 부를 수밖에 없다. 예레미야는 마치 심각한 상처를 입고 고통당하는 사람처럼 괴로워한다(19절). 더 커다란 문제는 어떤 해결책도 보이지 않기 때문에 그저 고통을 껴안고 괴로워할 수밖에 없는 환자의 심정으로 아픔을 이겨내야 한다는 것이다. 또한 선지자는 자신의 고통을 모든 줄이 끊겨 파손된 텐트(장막)로 묘사한다(20절). 줄을 다시 쳐 파손된 텐트를 재건해줄 사람이 없다(20절). 당면한 파괴도 문제지만, 더 큰 문제는 이 장막이 재건될 가능성이 전혀 보이지 않는다는 점이다. 이스라엘의 미래가 송두리째 사라진 것이다. 예루살렘 주민들이 모두 타국으로 끌려갈 것이기 때문이다.

예레미야는 유다 주민들이 하나님의 심판을 받아 거의 멸종 위기를 맞고 있는 절박한 상황을 개인적인 차원에서도 슬퍼한다. 자신이 이스라엘에게 심판과 재앙을 선포한 선지자라고 해서 자기 백성의 고통을 즐기며 지켜보지는 않는다. 실제로 예레미야는 고통을 당하는 예루살렘 사람들보다 더 아파하고, 더 힘들어 한다. 예레미야는 목회자가 성도의 고통을 바라보는 자세가 어때야 하는가를 가르쳐 준다. 목회자는 성도들의 고통에 대해 아파해야 하며, 아픔을 함께 나누는 사람이 되어야 한다.

선지자는 이스라엘 백성들이 이러한 곤경에 처하게 된 책임을 지도자들에게 돌린다. 그는 지도자들이 비난을 받아야 한다고 주장한다(21절). 이스라엘의 지도자들이 어리석어서 하나님을 찾지 않았기 때문에 모든 일이 이렇게 잘못되었다고 말한다. 원래 이스라엘의 목자(지도자)는 하나님이다. 하나님은 인간 지도자들을 세우고 자신의 권력을 위임해 주셨다. 세움을 받은 지도자들이 하나님을 대신해 주의 백성을 잘 다스려 줄 거라고 기대하셨다. 그러나 결과는 완전히 기대를 저버렸다. 지도자들은 하나님이 위임해 주신 권력을 자기들 것으로 생각하고 악용하며 남용했다. 백성들을 섬기고 지도하기는커녕 혹사하고 착취했다. 백성을 하나님께로 인도해야 할 지도자들이 오히려 우상숭배로 사람들을 현혹했다. 이 모든 타락은 이스라엘의 왕들과 지도자들이 여호와를 찾지 않았기 때문에 일어났다. 본문은 리더들이 잘못되면 얼마나 크고 부정적인 효과를 초래하는가를 잘 지적한다. 여호와를 의지하지 않는 왕들의 지배를 받은 백성은 흩어지게 되어 있다(cf. 겔 34:5-6; 슥 10:1-3). 북쪽에서 내려오는 적들이 그들을 온 세상에 흩을 것이다. 거주민이 없이 텅 빈 유다는 승냥이나 사는 광야로 변할 것이다(22절). 주민이 망하면 그들이 살던 땅도 황폐해진다고 성경은 가르친다.

III. 성전 설교 및 경고(7:1–10:25) B. 치유가 불가능한 유다(8:4–10:25) 4. 우상들과 여호와(10:1–25)

(3) 예레미야의 기도(10:23–25)

23 여호와여 내가 알거니와
사람의 길이 자신에게 있지 아니하니
걸음을 지도함이 걷는 자에게 있지 아니하니이다

24 여호와여 나를 징계하옵시되
너그러이 하시고 진노로 하지 마옵소서
주께서 내가 없어지게 하실까 두려워하나이다
25 주를 알지 못하는 이방 사람들과
주의 이름으로 기도하지 아니하는 족속들에게
주의 분노를 부으소서
그들은 야곱을 씹어 삼켜 멸하고
그의 거처를 황폐하게 하였나이다 하니라

잠언에 포함되어 있는 지혜 사상(cf. 잠 16:9-19:21)을 반영하는 듯한 언어로 시작되는 선지자의 기도는 하나님의 심판이 정당하다는 고백을 바탕으로 한다. 그러므로 예레미야는 징계를 받게 된 온 이스라엘을 대표해 개인적인 기도를 드린다: "주님, 형벌로 주님의 백성을 채찍질하여주시되, 주님의 진노대로 하지 마시고, 너그럽게 다스려주십시오. 우리가 죽을까 두렵습니다."(24절; 새번역). 선지자는 이스라엘이 저지른 죄에 따라 벌하지 말고, 자비롭게 징벌을 달라고 부탁한다. 하나님의 진노가 주의 백성에게 그대로 적용되면 이스라엘은 죽음을 피할 수 없기 때문이다.

선지자는 더 나아가 이스라엘을 침략하고 짓밟고 있는 열방에도 하나님의 진노를 퍼부어 달라고 간구한다(25절). 비록 이스라엘이 하나님의 심판을 받아 멸망하기는 하지만, 하나님의 진노의 도구가 되어 이스라엘을 친 열방도 가만히 두지 마시고 꼭 심판해 달라고 간구한다. 그런데 선지자가 이렇게 기도해도 되는가? 하나님은 주의 백성을 치기 위해 경건하지 못한 바빌론과 같은 열방을 사용하셨다. 비록 선지자는 이스라엘이 하나님의 기준에 미치지 못하는 삶을 살았지만, 그래도 열방보다는 더 낫다고 생각한다. 그러므로 이스라엘이 심판을 받는다면 그들도 당연히 심판을 받아야 한다는 예레미야의 논리와 바람은 당연하다(cf.

시 79:6-7). 또한 열방도 심판해달라는 선지자의 기도는 여호와께서 이스라엘뿐만 아니라 열방도 다스리신다는 고백이기도 하다. 선지자의 기도는 열방에 대한 심판 선언(Oracles Against Nations)으로 구성되어 있는 25, 46-51장에서 새로운 경지에 이른다.

IV. 언약 파괴와 선지자의 불평
(11:1-15:21)

이 섹션을 시작하고 있는 11:11-17은 구약의 여러 언약에 관한 본문 중 가장 체계적이고 양식화되어 있다(cf. Lundbom). 예레미야는 이스라엘이 하나님과 맺은 언약이 어떤 것인가를 확실하게 제시한 다음, 주의 백성이 이처럼 놀라운 언약을 위반한 사실에 대해 내내 마음 아파하고 안타까워한다. 이스라엘은 별 생각 없이 너무나도 귀한 것을 버렸다. 선지자는 하나님과의 놀라운 언약을 스스로 포기한 이스라엘에 그들이 맺은 언약 조건에 따라 심판이 임할 것이라고 경고한다.

이 본문의 가장 핵심적인 내용은 예레미야와 여호와의 관계가 빚어내는 갈등과 번뇌다. 선지자는 여호와께서 그를 보호해 주겠다던 약속(cf. 1:18-19)을 이행하지 않으신다며 주님을 우기 때는 범람하지만, 건기 때는 바닥까지 말라버리는 '속이는 시내'에 비교하며 원망한다. 그러나 선지자의 이 같은 하소연은 하나님을 상대로 한 문제 제기가 아니고, 너무나 고통스러운 자신의 삶과 사역에 대한 울부짖음으로 간주해야 한다(cf. O'Connor). 반면에 하나님은 예레미야가 이 같은 생각에서 돌이키지 않는 한 그에게서 선지자의 소명을 빼앗겠다고 엄포를 놓으신다(15:20-21). 주님의 백성의 배신으로 인해 아파하는 하나님과 괴로워하는 선지자가

서로 티격태격하고 있는 것이다. 본문의 중심 주제는 선지자와 하나님의 고통이다. 그래서 하나님과 선지자가 부르는 애가 여러 개가 이 섹션을 수놓는다.

여기서 우리는 예레미야가 하나님을 어떻게 이해하고 있는지를 엿보아야 한다. 대부분 선지자들에게 하나님은 너무 경건하고 거룩하셔서 "가까이 하기에는 무척 두려운 분"이다. 그래서 선지자들은 하나님 앞에서 숨소리도 제대로 내지 못한다. 이사야와 에스겔이 가장 대표적인 예다. 반면에 예레미야는 하나님을 마치 자기와 동행하는 아버지처럼 생각한다. 그래서 힘이 들고 어려울 때면 어렵다고 소리 친다. 예레미야의 투정을 받아주는 하나님도 때로는 자신도 힘들다며 선지자를 야단하신다. 그러면서도 하나님과 예레미야는 계속 동행한다. 하나님과 예레미야의 관계는 친밀한 부자 관계처럼 매우 좋아 보인다. 마치 오늘날 사역자와 하나님 사이의 관계를 보는 듯하다. 둘 사이에 인간적인 면이 보인다. 본문은 다음과 같이 구분된다.

A. 파괴된 언약(11:1-17)
B. 예레미야 암살 음모(11:18-12:6)
C. 기업을 버리신 하나님(12:7-15:21)

IV. 언약 파괴와 선지자의 불평(11:1-15:21)

A. 파괴된 언약(11:1-17)

본문은 예레미야서의 두 번째 주요 내러티브 텍스트를 형성하고 있으며, 지금까지 선지자가 선포한 메시지를 요약하는 동시에 책의 다음 섹션을 소개하는 역할을 한다(Fretheim). 예레미야는 지금까지 언약에 대해 구체적이고 자세하게 언급하지 않았다. 3:16에서 간접적으로 '언약'(בְּרִית)

이라는 단어를 사용한 것이 전부였다. 본문은 구약의 언약에 연관된 중요한 개념을 모두 담고 있다. 본문은 언약에 관하여 크게 두 가지를 강조한다: (1) 이스라엘은 하나님과 맺은 언약을 위반했다; (2) 이스라엘이 언약을 위반했으므로 대가(언약적 저주)를 치러야 한다(Dearman). 예레미야는 이스라엘이 저버린 하나님과의 언약에 대해 집중적인 논의를 시작하고 있다.

하나님은 예레미야에게 이스라엘이 조상 때부터 지금까지 어떻게 주님과의 언약을 파괴해 왔는지를 설명하며 이제 그 대가를 치를 때가 왔음을 선언할 것을 명령하신다. 본문의 핵심 이슈는 이스라엘의 시내 산 언약 파괴와 그에 따르는 대가다(Brown). 유다에게 임할 벌은 결코 새로운 것은 아니다. 그들이 옛적에 시내 산에서 여호와와 맺은 언약의 세부사항(viz., 언약을 지키지 못할 때 내려지는 저주)이 이행되는 것뿐이라고 선지자는 주장한다. 하나님은 이스라엘이 위반한 계약 조항에 따라 그들에게 벌을 내리실 것이다. 본문은 다음과 같이 세분화할 수 있다.

A. 파괴된 관계(11:1-8)
B. 파괴자들에 대한 징계(11:9-13)
C. 기도할 수 없는 선지자(11:14-17)

IV. 언약 파괴와 선지자의 불평(11:1-15:21)
A. 파괴된 언약(11:1-17)

1. 파괴된 관계(11:1-8)

1 여호와께로부터 예레미야에게 임한 말씀이라 이르시되 2 너희는 이 언약의 말을
듣고 유다인과 예루살렘 주민에게 말하라 3 그들에게 이르기를 이스라엘의 하나님
여호와께서 이와 같이 말씀하시되 이 언약의 말을 따르지 않는 자는 저주를 받을
것이니라 4 이 언약은 내가 너희 조상들을 쇠풀무 애굽 땅에서 이끌어내던 날에 그

들에게 명령한 것이라 곧 내가 이르기를 너희는 내 목소리를 순종하고 나의 모든
명령을 따라 행하라 그리하면 너희는 내 백성이 되겠고 나는 너희의 하나님이 되리
라 5 내가 또 너희 조상들에게 한 맹세는 그들에게 젖과 꿀이 흐르는 땅을 주리라
한 언약을 이루리라 한 것인데 오늘이 그것을 증언하느니라 하라 하시기로 내가 대
답하여 이르되 아멘 여호와여 하였노라 6 여호와께서 내게 이르시되 너는 이 모든
말로 유다 성읍들과 예루살렘 거리에서 선포하여 이르기를 너희는 이 언약의 말을
듣고 지키라 7 내가 너희 조상들을 애굽 땅에서 인도하여 낸 날부터 오늘까지 간절
히 경계하며 끊임없이 경계하기를 너희는 내 목소리를 순종하라 하였으나 8 그들이
순종하지 아니하며 귀를 기울이지도 아니하고 각각 그 악한 마음의 완악한 대로 행
하였으므로 내가 그들에게 행하라 명령하였어도 그들이 행하지 아니한 이 언약의
모든 규정대로 그들에게 이루게 하였느니라 하라

여호와께서 먼저 예레미야에게 언약의 내용을 말씀하고 선지자에게 그대로 이스라엘 백성에게 선포하라고 명령하신다(2절). 또한 하나님은 선지자에게 이스라엘을 향해 언약을 준수하지 않는 자는 저주를 받을 것이라고 외치라고 명하신다(3절). 모세 오경은 이스라엘이 하나님과의 언약을 이행하지 않을 경우 그들에게 임할 온갖 재앙들에 대해 경고한다(cf. 레 27장; 신 28-31장). 반면에 예레미야는 복수 '저주들'이 아니라 단수 '저주'(אָרוּר)가 임할 것이라고 말한다(3절). 신명기 27:15-28:18도 다양한 저주들을 논하면서 단수 '저주'를 사용함으로써 하나님과의 언약을 어길 경우 온 공동체보다는 개인에게 임할 벌을 강조했다. 선지자도 본문에서 단수를 사용해 공동체보다는 개인에게 임할 언약적 저주를 부각시키고자 한다(Brown). 하나님이 온 이스라엘과 언약을 맺으신 것은 사실이지만, 언약의 가장 중요한 측면은 그 공동체에 속한 모든 개인의 책임과 의무라는 것을 암시한다. 온 공동체가 심판을 받아 멸망하는 상황에서도 개인적인 구원이 가능한 것도 언약 관계에서 개인적인 측면이 공동체적인 측면보다 더 우선함을 의미한다. 공동체가 죄를 지었다고 해서 의로운 개인들(남은 자들)을 벌하신다면 하나님의 공의에 문제가 제기될 수도 있기 때문이다.

그런데 하나님은 과연 어떤 언약을 염두에 두고 언약적 저주를 말씀하시는가? 직접적으로 언급하고 있지는 않지만 출애굽 때 시내 산에서 세우신 언약, 곧 시내 산 언약을 의미하는 것이 확실하다(cf. 4절). 이스라엘은 시내 산에서 1년간 머물면서 하나님과 언약을 맺어 주의 백성으로 출범했다. 하나님은 그 언약을 마음에 두고 이같이 말씀하신다. 성전에서 발견된 율법 책의 내용을 바탕으로 종교적인 개혁을 단행했던 요시야 왕의 시대에 이 말씀이 선포되었다고 추정되는 것도 이러한 해석을 뒷받침한다(Dearman). 요시야가 성전에서 발견한 율법책은 모세가 시내 산 언약을 갱신하면서 율법에 대해 정리해 놓은 신명기였기 때문이다.

인상적인 것은 이스라엘이 400여 년 동안 살았던 이집트를 "쇠를 녹이는 용광로"(כּוּר הַבַּרְזֶל)와 같은 곳으로 묘사하고 있다는 점이다(4절). 이스라엘은 이집트에서 매우 어렵게 살았으며, 이 시절은 하나님의 백성을 연단시키는 세월이었다는 사실을 강조하고 있다. 하나님의 백성이 되기 전에 용광로의 불에 비교되는 엄청난 고난을 당했던 이스라엘은 여호와의 은혜로 말미암아 그 생활을 벗어날 수 있었고, 시내 산에서 주님의 백성이 된 다음에는 신분 변화뿐만 아니라 삶의 질이 상상을 초월할 정도로 향상되었다. 그러나 개구리 올챙이 시절 기억 못한다고 그들은 하나님의 백성이 되기 전에 겪었던 혹독한 삶을 기억하지 못했다. 이스라엘의 가장 큰 문제는 바로 이 기억상실증이다. 만일 그들이 옛적 일을 기억했더라면 하나님을 배신하지는 않았을 것이다. 예레미야는 이스라엘이 그들의 구원자인 여호와와 맺었던 참 좋은 언약마저도 지키지 못할 정도로 무능했다는 사실을 간접적으로 비난하고 있다.

하나님이 이스라엘과 맺은 언약의 기본 골자는 무엇인가? 저자는 4-5절에서 3단계로 요약한다.

첫째, 이스라엘은 여호와의 목소리를 청종(שָׁמַע)해야 하고 그분의 모든 계명을 좇아 행해야 했다(cf. 출 19:5-9; 신 6:4; 15:5). 여호와의 목소리를 청종한다는 것은 생명은 여호와께로부터 온 선물이라는 것을 인정하는 것이다(Brueggemann). 자신들이 삶에서 누리고 있는 모든 선한 것이 하나님의 은혜로 주어진 것이라는 사실을 고백한다는 뜻이다.

둘째, 첫 번째 조건이 성취될 때(하나님과 맺은 언약 조건을 준수함), 여호와께서는 그들의 하나님(왕)이 되시고, 그들은 여호와의 백성이 된다. 여호와—이스라엘의 왕—백성 관계는 그들이 하나님과 맺은 언약 조항(율법)을 준수할 때만 의미가 있다. 그러므로 이스라엘이 하나님과 아무리 좋은 언약을 맺었다 할지라도 하나님의 통치를 거부하면(언약 조항을 준수하지 않으면), 그들의 왕이신 하나님과의 관계에 자동적으로 문제가 생긴다.

셋째, 이스라엘이 여호와께 순종함으로 두 번째 조건(여호와와 이스라엘의 왕—백성 관계)이 성취될 때, 하나님은 비로소 그들에게 젖과 꿀이 흐르는 땅을 선물로 주신다. 시내 산 언약을 준수하는 것은 창세기에서 이스라엘의 선조들이 약속의 땅을 받게 된 일과 직접적인 연관이 있었다.

예레미야가 언약에 대해 제시하는 세 가지 면모는 하나의 패러다임을 형성하고 있다. 하나님과 언약을 맺는다는 것은 언약 조항을 준수한다는 것을 뜻한다(첫 번째 단계). 하나님과 맺은 언약 조항을 준수하면 하나님—백성 관계가 형성된다(두 번째 단계). 관계가 형성되면 비로소 하나님의 축복을 기대할 수 있다(세 번째 단계). 오늘날 하나님 말씀에 순종하는 것과 하나님과 건강한 관계를 유지하는 데는 별 관심이 없으면서 오로지 하나님의 복을 바라는 일부 그리스도인들에게 이 같은 언약에 대한 이해는 큰 도전이 되어야 한다. 지속적인 순종이 없으면 지속적인 축복도 없다.

예레미야는 이런 내용을 예루살렘의 거리를 두루 돌아다니며 선포해야 한다(6절). 아울러 그는 "너희는 이 언약의 말을 듣고 준행하라"고 경고해야 한다. 예레미야를 포함한 선지자들의 가장 기본적인 사명은 '언약적 순종'을 호소하고 권면하는 것이다. 여호와께서는 출애굽 때부터 그들의 선조들에게 "내 목소리를 청종하라"(שִׁמְעוּ בְּקוֹלִי)고 경고하셨지만, 하나님의 경고는 계속 무시되었다(7-8절). 이스라엘은 하나님께 순종하는 대신 각각 악한 마음의 완악한 대로 행동했다(8절).

하나님과 언약(계약)을 맺는다는 것은 매우 심각한 일이다. 주의 백성에게 축복을 안겨줄 수도 있지만, 저주를 내리게 할 수도 있기 때문이다. 이스라엘과 언약을 맺으신 하나님은 결국 언약 조항을 이행하기를 거부한 이스라엘에게 언약의 규정에 따라 저주를 내리실 수밖에 없었다(8절; cf. 신 27:26). 본문이 말하고 있는 언약적 저주는 선지자가 이 말씀을 선포할 때 이미 이스라엘에 임했던 것들이다(Fretheim). 언약에는 분명 양면성이 존재한다. 주의 백성이 언약 조항을 잘 이행하면 축복을 누리지만, 언약 조항을 준수하지 않으면 저주를 받게 된다. 이스라엘이 시내 산에서 하나님과 맺은 언약도 양면성을 지녔다. 문제는 이스라엘이 언약을 통한 축복은 갈망할지언정 언약을 통한 저주에 대해서는 별로 생각하지 않았다는 사실이다. 마치 오늘을 살아가는 많은 성도들처럼 말이다.

우리가 하나님과의 관계에서 경건과 거룩한 삶을 추구하지는 않으면서 그저 하나님으로부터 받을 복만 바란다면, 하나님은 어느 순간 우리의 삶에는 전혀 관여하지 않으시게 된다. 다만 주문 외우듯 드리는 기도에 따라 복을 내려주시는 일종의 '금복주'로 변한다. 이것은 하나님을 숭배하는 것이 아니라, 하나님을 이용하려 드는 이교도적인 생각이며 하나님을 빙자한 우상숭배에 불과하다. 우리가 성경적으로 하나님을 예배하는 한 우리의 삶을 지배해야 할 윤리적 강령은 피해갈 수 없는 하나님의 기준이다. 하나님의 기준대로 살지 않는 삶은 위선이며 우상숭배다.

언약적 저주는 시내 산 언약뿐만 아니라 고대 근동의 계약 양식에서도 흔히 사용되던 것으로 계약을 체결한 당사자들이 계약을 파괴하거나 계약서를 변조하는 것을 막기 위한 수단이었다. 이스라엘이 그동안 경험했던 모든 재앙은 결국 그들의 하나님 여호와께서 어떻게든지 그들과 맺은 언약을 유지하려고 안간힘을 쓰신 노력의 결과였다. 이러한 관점에서 생각하면 그들이 경험한 온갖 재앙과 환란도 하나님의 은혜였다. 주의 백성에게는 모든 것이 합하여 선을 이룬다는 말씀이 새롭게 들린다.

Ⅳ. 언약 파괴와 선지자의 불평(11:1–15:21)
A. 파괴된 언약(11:1–17)

2. 파괴자들에 대한 징계(11:9–13)

9 여호와께서 또 내게 이르시되 유다인과 예루살렘 주민 중에 반역이 있도다 10 그
들이 내 말 듣기를 거절한 자기들의 선조의 죄악으로 돌아가서 다른 신들을 따라
섬겼은즉 이스라엘 집과 유다 집이 내가 그들의 조상들과 맺은 언약을 깨뜨렸도다
11 그러므로 나 여호와가 이와 같이 말하노라 보라 내가 재앙을 그들에게 내리리니
그들이 피할 수 없을 것이라 그들이 내게 부르짖을지라도 내가 듣지 아니할 것인즉
12 유다 성읍들과 예루살렘 주민이 그 분향하는 신들에게 가서 부르짖을지라도 그
신들이 그 고난 가운데에서 절대로 그들을 구원하지 못하리라 13 유다야 네 신들이
네 성읍의 수와 같도다 너희가 예루살렘 거리의 수대로 그 수치스러운 물건의 제단
곧 바알에게 분향하는 제단을 쌓았도다

여호와께서는 예레미야에게 유다 사람들과 예루살렘 거민들 사이에 반역이 있다고 하신다(9절). '반역'(קֶשֶׁר)은 정치적인 언어다(Brown, cf. 왕상 16:20; 왕하 12:20; 14:19; 15:15, 30). 본문이 지적하고 있는 내부적인 분란은 요시야가 므깃도에서 이집트 왕 느고에게 죽임을 당한 직후의 상황을 언급하는 것일 수 있다(Huey). 이스라엘은 여호와께 '반역하고'(viz., 주님의 통치를 거부하고; NIDOTTE) 옛적 그들의 조상이 숭배했던 우상들을 다시 찾고 있다(10절). 이스라엘의 우상숭배는 그들의 선조들이 시내 산에서 여호와와 맺은 언약을 스스로 파괴하는 행위다(10절). 그러므로 언약의 당사자인 여호와께서는 그들에게 언약의 저주를 내리실 수밖에 없다.

이스라엘은 고통을 당하며 여호와께 부르짖지만 하나님은 더 이상 그들의 부르짖음을 들어주지 않으실 것이다. '부르짖음—응답'은 이스라엘과 여호와 사이에 맺어진 시내 산 언약의 가장 기본적인 틀이다. 그러나 그들이 먼저 여호와께 등을 돌렸으므로, 여호와께서도 등을 돌리고 그들의 울부짖음에 귀를 기울이지 않으신다. 유다 사람들은 자신들의 성읍 수효만큼이나 많은 신들을 숭배하고, 예루살렘의 거리 숫자만큼이나 많은 바알 제단을 가지고 있어도 환난 날에는 전혀 도움이 되지 못한다(13절). 그들이 환란 날에 덕을 보려고 따르던 우상들이 모두 다 무용지물로 드러난 것이다. 이스라엘은 여러 신들(viz., 무능한 우상들)을 숭배하는 것보다, 능력이 있으신 한 신(viz., 여호와)을 섬기는 것이 지혜로운 일이라는 사실을 깨닫지 못했다.

IV. 언약 파괴와 선지자의 불평(11:1–15:21)
A. 파괴된 언약(11:1–17)

3. 기도할 수 없는 선지자(11:14–17)

14 그러므로 너는 이 백성을 위하여 기도하지 말라 그들을 위하여 부르짖거나 구하지 말라 그들이 그 고난으로 말미암아 내게 부르짖을 때에 내가 그들에게서 듣지 아니하리라

15 나의 사랑하는 자가 많은 악한 음모를 꾸미더니
나의 집에서 무엇을 하려느냐
거룩한 제물 고기로 네 재난을 피할 수 있겠느냐
그때에 네가 기뻐하겠느냐
16 여호와께서는 그의 이름을 일컬어
좋은 열매 맺는 아름다운 푸른 감람나무라 하였었으나

큰 소동 중에 그 위에 불을 피웠고
그 가지는 꺾였도다
17 바알에게 분향함으로 나의 노여움을 일으킨 이스라엘 집과 유다 집의 악으로 말
미암아 그를 심은 만군의 여호와께서 그에게 재앙을 선언하셨느니라

선지자는 11장을 통해 지금까지의 여호와—이스라엘 관계를 설명해왔다: (1) 이스라엘과 여호와는 언약을 맺었다(1-5절); (2) 이스라엘의 선조들은 언약을 위반했다(6-8절); (3) 예레미야의 메시지를 듣고 있는 이스라엘의 후손들도 언약을 위반했다(9-13절); (4) 이제 언약 관계를 정리하는 혹독한 심판만이 있을 뿐이다(14-17절). 하나님은 이스라엘에게 심판을 내리기로 결정했기 때문에 예레미야에게 더 이상 백성들을 위해 기도하지 말라고 명령하신다. 하나님은 전에도 예레미야에게 이 백성을 위해 기도하지 말라고 명령하셨다(7:16). 이스라엘을 심판하기로 한 하나님의 결정은 최종적이며 번복하지 않을 것임을 암시한다. 우리는 15절 말씀에서 이스라엘에 대한 하나님의 애틋한 감정을 엿볼 수 있어야 한다(Brown). 하나님은 범죄한 이스라엘에게 온갖 재앙을 심판으로 내리실 무서운 분이다. 이러한 상황에서도 하나님은 이스라엘을 '나의 사랑하는 자'(לִידִידִי)라고 부르신다(15절). 하나님의 심판은 주의 백성을 향한 애증인 것이다.

이스라엘은 한때 하나님의 눈에 잎이 무성하고 열매가 많이 달린 올리브 나무였다(16절). 이 표현에도 자기 백성을 향한 하나님의 애틋함이 배어 있다(Brown). 고대 사회에서 올리브 나무는 생명력과 풍요로움과 실용성을 상징하는 나무였다(Fretheim, cf. 시 52:8; 호 14:6). 한때는 생기로 왕성하던 나무가 이제는 말라빠지고 비틀어진 죽은 나무, 가지가 부러지며 불에 탈 만한, 곧 땔감으로나 적합한 나무로 변해 있다(16절). 이 나무에 불을 붙이는 분은 예전에 이 나무를 심으신 나무의 주인인 여호와다(17절). 얼마나 나무가 형편 없었으면 심은 분이 스스로 파괴한단 말

인가! 아무리 이 나무를 위해 기도해도 나무는 심으신 분의 불길을 피할 수 없다(cf. 사 5:1-7). 그래서 하나님은 선지자에게 불길에 휩싸일 나무 이스라엘을 위해 무의미한 중보 기도를 하느라 힘을 낭비하지 말라고 당부하신다.

이스라엘이 어떤 잘못을 저질렀기에 하나님과의 관계가 이 지경에 이르렀을까? 그들은 선지자들의 끊임없는 경고에도 불구하고 바알에게 제물을 바치며 그를 신으로 따랐다(17절). 이스라엘의 남편인 하나님은 당연히 분노하셨다. 그들은 남편이신 여호와의 심판을 받아야 하는 간음한 여자와 같은 처지가 되었다. 바알 숭배가 이스라엘의 영적, 정치적 몰락을 가져왔다(Feinberg). 예레미야는 이스라엘에게 하나님의 심판을 선언하면서 그들이 심은 대로 거두고 있음을 강조한다. 선지자는 이스라엘과 유다의 '악'(רָעָה)으로 말미암아 여호와께서 그들에게 '재앙'(רָעָה)을 내리셨다고 말한다(17절). 선지자는 '악'과 '재앙'에 같은 히브리 단어(רָעָה)를 사용해 이스라엘이 스스로 심은 대로 거둔 것임을 잘 표현하고 있다(Fretheim). 악(백성들의 죄)이 악(하나님의 심판)을 부른 것이다.

그렇다면 이스라엘이 완전히 여호와를 떠난 것인가? 그렇지 않다. 그들은 아직도 성전에서 여호와께 예배를 드리고 제물을 드리고 있다. 우상을 따르면서 동시에 여호와를 섬기려 한 것이다. 하나님은 이 같은 종교적인 복합주의를 절대 허용하지 않으시지만 유다 사람들은 충분히 가능한 일로 생각했다. 인간적인 논리로는 한 신(여호와)만을 숭배하는 것보다 여러 신들(우상들)을 함께 숭배하는 것이 유리하다. 재앙을 당할 때 신들의 도움을 받을 수 있는 확률이 높아지기 때문이다. 이스라엘이 지향하는 다신주의의 가장 큰 문제는 그들이 우상을 섬기며 어떤 죄를 범해도 종종 여호와의 성전에서 하나님을 예배하고 제물을 드리면 모든 것이 해결된다는 착각을 불러일으킨다는 점이다.

예레미야는 이스라엘이 이런 생각을 품고 행동하는 한, 성전을 찾아와 하나님께 예배와 제물을 드리는 일은 무의미하다고 한다. 더 나아가 그들은 아예 여호와의 성전에 들어올 자격이 없다(cf. 시 15편). 오늘날에도 교회에 가면 모든 문제가 해결되는 것처럼 착각하는 사람들이 있다. 성경은 여호와는 온 세상 여러 신들과 구별된 유일하신 하나님이라는 사실을 지속적으로 강조한다. 그러므로 이스라엘이 여호와를 여러 신들 중 하나로 대하는 것은 성경의 가르침을 전적으로 무시하는 것이며(cf. 출 20:3-5), 하나님의 자존심을 건드리는 일이 된다.

IV. 언약 파괴와 선지자의 불평(11:1-15:21)

B. 예레미야 암살 음모(11:18-12:6)

11-20장은 예레미야뿐만 아니라 구약 선지자들의 전반적인 신학 체계와 소명과 삶이 빚어내는 갈등을 묘사하고 있다(11:18-23; 12:1-6; 15:10-21; 17:12-18; 18:18-23; 20:7-18). 그래서 10-20장은 '예레미야의 고백'(Confessions of Jeremiah)이라 불리기도 한다. 선지자의 고백이 슬픔과 탄식으로 얼룩져 있기 때문에 위에 언급된 텍스트(11:18-23; 12:1-6; 15:10-21; 17:12-18; 18:18-23; 20:7-18)는 탄식시(O'Connor) 혹은 애가(Dearman) 양식을 취하고 있다. 예레미야는 하나님께 그를 괴롭히는 원수들을 징벌해주실 것을 간구한다. 하나님은 선지자의 기도에 대해 응답하기도 하고(11:21-23; 12:5-6; 15:19-21) 침묵하기도 하신다.

본문은 선지자의 첫 번째 탄식이자 고백으로 두 개의 애가로 구성되어 있으며, 선지자가 부르는 두 개의 애가에 대한 하나님의 응답도 수록하고 있다(Allen, Miller). 본문은 다음과 같은 구조를 지녔다.

A. 예레미야의 첫 번째 불평(11:18-20)
  B. 하나님의 대답(11:21-23)
A'. 예레미야의 두 번째 불평(12:1-4)

B′. 하나님의 대답(12:5-6)

1. 예레미야의 첫 번째 불평(11:18-20)

18 여호와께서 내게 알게 하셨으므로
내가 그것을 알았나이다
그때에 주께서 그들의 행위를 내게 보이셨나이다
19 나는 끌려서 도살당하러 가는
순한 어린 양과 같으므로
그들이 나를 해하려고 꾀하기를
우리가 그 나무와 열매를 함께 박멸하자
그를 살아 있는 자의 땅에서 끊어서
그의 이름이 다시 기억되지 못하게 하자 함을
내가 알지 못하였나이다
20 공의로 판단하시며
사람의 마음을 감찰하시는 만군의 여호와여
나의 원통함을 주께 아뢰었사오니
그들에게 대한 주의 보복을 내가 보리이다 하였더니

자신들은 주의 백성이라고 자랑하는 사람들이 정작 하나님이 보내신 선지자를 어떻게 대하는가? 선지자가 그들이 듣고 싶어 하지 않는 메시지를 선포했을 때 그들은 하나님의 대변인인 선지자를 죽이기까지 한다. 선지자 스가랴도 하나님의 말씀을 선포하다가 순교했다(대하 24:21). 본문은 예레미야가 경험한 암살 음모를 회고하고 있다(cf. 19절). 하나님이 그를 선지자로 부르실 때 분명 반대하는 세력이 있을 것을 경고하셨지만(cf. 1:17-19), 예레미야는 백성의 반발이 이 정도일 줄은 전혀 몰랐을 것이다.

본문은 무엇 때문에 사람들이 예레미야의 생명을 노렸는지 밝히지 않는다. 다만 그들은 예레미야가 여호와의 이름으로 예언하는 것을 막으려 하고 있다(cf. 21절). 책 전체의 메시지를 감안할 때 아마도 "바빌론과 싸우려 하지 말고 항복하라"는 선지자의 권면이 백성들에게는 가장 듣기 싫은 소리였을 것이다. 예레미야의 생명을 노리는 사람들은 이스라엘이 듣기 싫어하는 메시지(viz., 바빌론으로 끌려갈 것)를 선포하는 선지자를 매국노로 간주해 이런 일을 꾸몄다. 그러나 그들이 착각하는 것이 있다. 그들은 예레미야를 죽이면 그가 선포하는 메시지도 함께 없어질 것으로 생각했다. 그러나 전하는 자(messenger)를 죽인다고 해서 그가 선포한 메시지(message)가 사라지는 것은 아니다(Brown). 하나님은 자신이 보내신 메신저가 죽임을 당하면 오히려 그의 메시지가 더 널리 선포되도록 하신다. 기독교 역사에서 순교자의 피가 그들이 전한 메시지를 한층 더 증폭시켜 세상에 선포되도록 하는 촉매 역할을 하는 경우를 많이 볼 수 있다. 하나님은 순교자가 흘린 피는 꼭 열매를 맺게 하시는 분이기 때문이다.

예레미야의 마음을 더욱더 아프게 하는 사실은 그의 생명을 노리는 사람들이 다름 아닌 그의 고향 아나돗 사람들이라는 점이다(21절; cf. Miller). 한 집안 사람들로서 어떻게 이런 음모를 꾸밀 수 있는가 질문을 할 수도 있지만, 아나돗 사람들은 예레미야가 예루살렘에서 아나돗과 그곳에 사는 사람들의 명예를 훼손하고 있다고 생각했을 것이다. 그래서 선지자가 더 이상 마을과 자신들의 명예를 더럽히기 전에 그를 제거하는 계획을 세웠다. 선지자는 고향에서 대접을 받지 못한다는 예수님의 말씀의 대표적인 예가 바로 예레미야다.

하나님이 음모에 대해 말씀해주셔서 예레미야는 그 전모를 알게 되었다. 선지자는 고향 사람들의 음모를 알기 전의 자기 모습을 "도살장으로 끌려가는 순한 어린 양"으로 묘사한다(19절). 예레미야를 죽이려고 음모를 꾸민 사람들은 예레미야가 죽어야만 만족할 수 있다고 생각한다. 이 점을 강조하기 위해 그들은 예레미야를 "박멸하자(נַשְׁחִיתָה)…끊자(נִכְרְתֶנּוּ)…기억되지 못하게 하자(לֹא־יִזָּכֵר)"라는 강렬한 단어들을 사용해 음모를 꾸미고 그것을 실행하려 했다(19절).

예레미야는 억울하고 원통하다. 예레미야는 결코 사람들에게—그것도 고향 사람들에게—매 맞아 죽을 일을 한 적이 없다. 침략해올 바빌론에게 대항하지 말고 항복하는 것이 하나님의 뜻이며 유일한 선택이라며 오히려 그들이 살 수 있는 길을 제시해주었다. 고향 사람들이 꾸민 이런 일은 참으로 어처구니 없을 뿐만 아니라 그를 매우 분노하게 하는 일이기도 하다. 선지자는 '의로운 재판관'이자 '사람의 마음을 감찰하시는' 여호와께 암살 음모를 꾸민 자들을 벌해줄 것을 간구한다(20절; 새번역). 공의로운 재판관이신 여호와께서 자신의 억울함을 헤아려달라는 울분의 호소다.

그런데 선지자가 이렇게 기도해도 되는 것일까? 그리스도인들은 원수를 사랑해야 하고 그들을 해하고자 하는 사람들에게 오히려 축복을 빌어주도록 부름받지 않았던가! 이러한 관점에서 바라보면 예레미야의 반응은 문제가 될 수 있다. 그러나 선지자의 생명이 큰 위험에 처했다는 사실을 생각하면 잘못된 반응이라고 할 수 없다. 더 나아가 예레미야는 속으로는 용서하지 못하고 분노하면서 겉으로는 용서를 말하는 사람들보다는 훨씬 더 인간적이다. 선지자가 마음으로부터 우러나는 용서를 하려면 먼저 격앙된 감정을 정리해야 한다. 이 단계를 지나야 진정한 용서가 가능하기 때문이다. 감정이 추슬러질 때까지 예레미야는 자신의 분노를 숨기지 않는다. 이처럼 예레미야는 솔직했다.

Ⅳ. 언약 파괴와 선지자의 불평(11:1–15:21)
B. 예레미야 암살 음모(11:18–12:6)

2. 하나님의 대답(11:21–23)

[21] 여호와께서 아나돗 사람들에 대해 이와 같이 말씀하시되 그들이 네 생명을 빼앗
으려고 찾아 이르기를 너는 여호와의 이름으로 예언하지 말라 두렵건대 우리 손에
죽을까 하노라 하도다 [22] 그러므로 만군의 여호와께서 이와 같이 말씀하시니라 보
라 내가 그들을 벌하리니 청년들은 칼에 죽으며 자녀들은 기근에 죽고 [23] 남는 자가
없으리라 내가 아나돗 사람에게 재앙을 내리리니 곧 그들을 벌할 해에니라

예레미야의 기도를 듣고 하나님은 그를 암살할 음모를 꾸민 아나돗 사람들을 심판하겠다고 약속하신다. 그날이 되면 선지자가 기도한 것처럼 음모에 가담한 사람들의 집안은 남녀노소 할 것 없이 모두 비참한 종말을 맞게 될 것이다. 다만 한 가지 조건이 첨부된다. 예레미야는 당장 음모에 가담한 자들의 집안이 이런 일을 당하는 것을 보고 싶어 하지만, 하나님은 그들을 '벌할 해'에 이런 일이 있을 거라고 하신다(23절). 예루살렘을 벌할 때 아나돗 사람들도 함께 치시겠다는 말씀이다. 하나님은 필요하면 즉결 심판도 내리지만, 때로는 이처럼 심판할 일을 모아 두었다가 한꺼번에 하기도 하신다. 그러므로 주의 백성은 당장 눈에 보이는 현상으로만 모든 것을 판단하는 일을 자제해야 한다. 설령 우리가 원하는 일이 더디게 진행된다 해도 하나님은 한번 작정한 일을 결코 잊지 않으시기 때문이다. 이 예언이 아나돗의 모든 사람에게 해당되는 것은 아니다. 선지자 암살 음모에 가담한 사람들에게 제한된 심판이라는 것은 에스라서에 기록된 귀향민들 중에 아나돗 사람 128명이 포함되어 있다는 사실에서 알 수 있다(스 2:23).

선지자를 해치려 했던 사람들 중 어떤 이들은 칼에, 어떤 이들은 기근에 굶어 죽게 될 것이다. 생존자들이 하나도 없을 것이라는 의미다. 그들의 자녀들이 기근에 죽을 것(22절)이라는 말씀을 문자적으로 풀이해서는 안 된다. 조상의 죄 때문에 후손들이 벌을 받는 것은 성경적인 가르침이 아니며, 예레미야도 나중에 부모의 죄 때문에 자녀가 벌을 받는 일은 결코 없다는 사실을 단호하게 선언하기 때문이다(31:29-30). 그러므로 음모에 가담한 사람들의 자녀들이 고통을 받게 될 것이라는 말씀은 그들의 부모가 범죄해 하나님께 벌을 받은 결과가 직접적으로 혹은 간접적으로 그들에게도 영향을 미칠 것이라는 의미로, 제한된 범위에서 해석되어야 한다(Miller).

음모를 꾸민자들이 멸망한 이유는 무엇보다도 하나님의 뜻을 거역했기 때문이다. 하나님은 예레미야에게 백성에게 선포할 말씀을 주셨다(cf. 1장). 그런데 그들은 예레미야의 신탁이 듣기 싫다며 오히려 그를 죽이려 했다. 하나님의 백성이라는 사람들이 그들에게 하나님의 뜻을 알려준 선지자를 죽이려 했다. 하나님의 대언자를 죽이려 한 그들의 행위는 곧 하나님을 거역하는 행위가 된다.

IV. 언약 파기와 선지자의 불평(11:1–15:21)
B. 예레미야 암살 음모(11:18–12:6)

3. 예레미야의 두 번째 불평(12:1–4)

[1] 여호와여 내가 주와 변론할 때에는
주께서 의로우시니이다
그러나 내가 주께 질문하옵나니
악한 자의 길이 형통하며
반역한 자가 다 평안함은 무슨 까닭이니이까
[2] 주께서 그들을 심으시므로
그들이 뿌리가 박히고 장성하여 열매를 맺었거늘
그들의 입은 주께 가까우나 그들의 마음은 머니이다

3 여호와여 주께서 나를 아시고 나를 보시며
내 마음이 주를 향하여 어떠함을 감찰하시오니
양을 잡으려고 끌어냄과 같이 그들을 끌어내시되
죽일 날을 위해 그들을 구별하옵소서
4 언제까지 이 땅이 슬퍼하며
온 지방의 채소가 마르리이까
짐승과 새들도 멸절하게 되었사오니
이는 이 땅 주민이 악하여 스스로 말하기를
그가 우리의 나중 일을 보지 못하리라 함이니이다

예레미야는 자신을 암살하려던 사람들을 생각하며 악인들이 이 세상에서 성공하고 번영하는 일이 어떻게 가능한지를 세상을 다스리시는 하나님께 질문한다. 선지자뿐 아니라, 공평과 정의의 하나님이 이 세상을 통치하신다는 것을 믿는 사람이라면 누구든지 한 번쯤은 해보는 질문이다(cf. 욥 21:7; 시 37; 49; 73; 합 1:2-4; 말 2:17; 3:14-15). 정의의 하나님이 통치하는 세상에서 악인이 성행하는 것은 하나님의 성품과 능력에 대해 매우 심각한 이의를 제기할 수 있는 중요한 문제이기 때문이다(cf. Stuhlman).

만일 하나님이 정의와 공의를 사랑하는 분이고, 이 세상이 선을 사랑하고 악을 미워하시는 하나님의 통치를 받고 있다면, 이 세상에서 어떻게 악이 성행하고 악인이 번영하는 것을 그냥 지켜만 보실 수 있는가? 예레미야의 질문은 세상에 악이 존재하는 것이 세상을 다스리는 선하신 하나님의 속성에 모순되지 않느냐고 주장하는 신정론(神正論; theodicy)에 관한 것이다. 더 나아가 본문은 신정론에 대한 구약의 문제 제기 중 가장 직접적이고 노골적인 것에 속한다(Brueggemann).

신정론이 주장하는 것처럼 세상에서 악과 선하신 하나님의 의는 갈등을 빚지 않고 공존할 수 있는가? 예레미야가 더 혼란스러운 이유는 다를 아닌 하나님이 악인들을 그분이 다스리는 의로운 세상에 '심으셨기' 때문이다(2절). 선지자들은 종종 이스라엘을 하나님이 심으신 포도나무에 비유한다(cf. 사 5장). 그런데 예레미야는 악인들도 하나님이 포도나무를 심듯 심으셨다고 주장한다. 뿐만 아니라 하나님이 심으신 이 악인들도 세상에 뿌리를 내리고 자라며, 열매도 맺는다(2절). 물론 그들이 맺는 열매는 악한 것들이다. 이사야 선지자는 악인들이 이 세상에서 맺는 열매를 욕심, 왜곡, 방탕, 교만, 부정 등으로 정의한다(cf. 사 5장). 이 악인들은 입으로만 주님과 가까울 뿐, 마음으로는 멀리 떨어져 있다(2절).

한 가지 주목해야 할 것은 예레미야가 문제 삼고 있는 사람들은 '세상의 악인들'이 아니라, '믿음 공동체' 안에 존재하는 악인들이라는 점이다. 선지자는 비록 입으로는 여호와를 사랑한다고 말할지라도(믿음 공동체에 속할지라도) 삶과 행동에서 그 사실을 드러내지 않는 주의 백성을 모두 악인 취급(세상 사람들과 별반 다를 바가 없다)한다. 예레미야를 가장 힘들게 하고 그에게 큰 분노를 안겨주는 사람들은 여호와를 전적으로 부인하는 사람들이 아니다. 그들은 대중 앞에서는 하나님을 사랑한답시고 떠들어대던 거짓 선지자들이요 종교인들이다. 참되고 신실한 믿음보다는 거짓과 위선적인 신앙이 판을 치고 있는 한국 교회의 실정에 대해 예레미야가 알게 된다면 그는 과연 어떤 메시지를 외칠까?

세상에서 성공하는 악인들에 대해 문제를 제기한 예레미야는 자신을 이런 악인들과 비교한다(3절). 선지자는 자신이 비록 세상에서는 인정받지 못하고 오히려 따돌림, 멸시, 천대를 받고 있지만, 여호와께서는 그의 마음이 주를 향하여 있는 것을 감찰하셨다는 사실을 상기시킴으로써 하나님이 그를 인정하셨음을 강조한다. 그러므로 의로우신 하나님은 선하고 공의로운 여호와께서 다스리시는 세상에서 악인들이 성공하고 번영하는 것에 대한 '의인' 예레미야의 문제 제기를 심각하게 받아들이셔야 한다.

그렇다면 예레미야는 하나님의 창조 질서와 공의로운 통치에 문제가 되는 성공하는 악인들이 어떻게 처리되어야 한다고 생각하는가? 선지자는 하나님께 "그들을 도살할 양처럼 끌어내시고, 죽일 날을 정하셔서 따로 갈라내두십시오"라고 간구한다(3절; 새번역). 선지자는 그의 생명을 노리고 음모를 꾸미는 사람들 앞에서 자신이 "도살하러 끌려가는 잠잠한 어린 양" 신세가 되었다고 탄식했다(11:19). 이제 예레미야는 그를 죽이려고 음모를 꾸민 사람들에게 이렇게 해 달라고 하나님께 간구하고 있다.

예레미야는 왜 악인들의 죄를 용서하거나 묵인하지 않고 하나님께 심판을 요구하는가? 그는 4절에서 두 가지 이유를 밝힌다.

첫째, 자연세계가 인간의 죄 때문에 당하고 있는 고통이 속히 끝나야 한다. 일부 주석가들은 이 구절의 논리가 본문과 잘 어울리지 않는다며 잘못 삽입된 것이라고 주장하지만(McKane), 이 말씀은 나머지 텍스트와 구조적으로 잘 어울린다(Allen). 성경은 인간이 죄를 지으면 그뿐 아니라 그가 사는 땅도 저주를 받아 황폐해진다고 말한다(23:10; 호 4:1-3; cf. 신 28:23-24; 암 4:7). 자연은 인간의 지배를 받고 있으며, 만일 지도자가 잘못되면 지도자뿐만 아니라 그가 지배하는 영역까지도 함께 대가를 치러야 한다. 예레미야의 첫 번째 논리는 악인들이 지배하는 창조 세계의 고통을 끝내기 위해서라도 악인들이 속히 심판을 받아야 한다는 것이다. 인간의 죄가 초래한 자연의 불균형(자연의 고통)을 해소하기 위해서는 하나님이 창조적 균형을 잃고 죄를 짓는 악인들을 벌하셔야 한다.

둘째, 악인들이 성행하는 세상이 되면 사람들은 공평과 정의의 하나님이 더 이상 인간의 일에 관심이 없다고 단정하고 각자 자기 마음대로 살아가려고 할 것이다(cf. 4절). 악인들이 심판을 받지 않는다면 하나님이 주신 기준에 따라 나름 경건하고 거룩하게 살려고 노력하는 사람들에게는 참으로 힘이 빠지는 일이다. 또한 우리는 인간이 하나님의 뜻과 기준에 따라 살지 않고 각자 소견에 옳은 대로 살면 어떻게 타락하고 몰락하는지를 사사기를 통해 익히 알고 있다. 그러므로 예레미야는 경건한 사람들의 낙심과 타락을 막기 위해서라도 하나님이 악인들을 심판하셔야 한다는 두 번째 논리를 펼치고 있다.

IV. 언약 파괴와 선지자의 불평(11:1-15:21)
B. 예레미야 암살 음모(11:18-12:6)

4. 하나님의 대답(12:5-6)

5 만일 네가 보행자와 함께 달려도 피곤하면
어찌 능히 말과 경주하겠느냐
네가 평안한 땅에서는 무사하려니와
요단 강 물이 넘칠 때에는 어찌하겠느냐
6 네 형제와 아버지의 집이라도 너를 속이며
네 뒤에서 크게 외치나니
그들이 네게 좋은 말을 할지라도 너는 믿지 말지니라

신정론에 대해 문제를 제기한 예레미야에게 임한 하나님의 대답은 일종의 동문서답이며 내용을 한마디로 요약한다면 "네가 지금까지 경험한 것은 앞으로 경험하게 될 일들에 비하면 아무것도 아니다"이다. 살다 보면 너무나도 기가 막히고 불합리한 일을 당할 때가 있고, 탄식하며 하나님께 울부짖는 것이 유일한 기도일 때가 있는데, 지금은 그때가 아니라는 것이다(Allen). 하나님이 예레미야에게 주시는 말씀은 마치 오래전 엘리야가 호렙 산 어느 동굴에서 하나님께 받은 대답을 연상시킨다(Miller, cf. 왕상 19장). 하나님은 두 가지 비유를 통해 이러한 사실을 말씀하신다(5절).

첫째, "네가 사람과 달리기를 해도 피곤하면, 어떻게 말과 달리기를 하겠느냐?"(새번역) 예레미야는 자신이 악인들의 손에 억울하게 고통을 당하고 있다고 항변했다. 다른 것도 아니고 하나님의 일을 하다가 이렇게 되었다. 하나님이 통치하시는 세상에서 결코 일어나서는 안 될 일이 일어났다고 그는 탄식했다. 선지자의 탄식을 들으신 하나님은 이 수사학적인 질문으로 그에게 응답하신다. 앞으로 예레미야는 지금까지 그가 경험한 일들보다 훨씬 더 혹독하고 잔인한 일들을 겪어야 한다. 그러므로 그가 이때까지 경험한 일에 대해 탄식하는 것은 마치 말과의 경주를 앞둔 사람이 겨우 사람과의 경주를 끝내고 숨을 가누기 위해 헉헉대는 것과 같다고 하신다. 만일 사람과 달려서도 이렇게 힘들어 한다면, 앞으로 말과 달려야 할 때는 얼마나 더 힘이 들겠느냐는 논리다. 예레미야가 이때까지 경험한 일들이 하나님과 세상에 대한 그의 사고방식을 흔들어놓았다면, 앞으로 그가 경험할 일들은 훨씬 더 혹독하고 고통스러울 것이며 선지자의 사고 체계와 신앙을 완전히 흔들어놓을 수도 있다는 뜻이다. 선지자가 하나님의 말씀을 대변하면서 감수해야 하는 고난에 대한 가장 인상적인 말씀이다(Miller).

하나님이 공의와 정의로 통치하시는 세상에서 악인이 어떻게 성행할 수 있냐는 예레미야의 문제 제기에 대해, 하나님의 응답은 "네가 이런 일로 나의 세상 운영 방식에 문제를 제기하느냐?"라는 의미도 담고 있다(Brown). 세상은 그가 이해하지 못하는 신비로운 것들로 가득하기 때문에 그가 보고 경험한 것들로만 판단하고 속단해서는 안 된다는 것이다. 실제로 욥기는 우리가 삶에서 경험하는 불합리와 불화음에 대해 답을 찾으려 하지 말고 창조주의 고유 영역에 속한 신비로 남겨두라고 한다. 선지자는 앞으로 훨씬 더 설명하기 힘든 일들을 경험하게 될 것이다. 이런 일들을 경험할 때 어떡하겠는가? 이해하지 못하는 일이 벌어졌다고 좌절할 것인가? 아니면 하나님이 세상을 운영하는 방식이 때로는 우리의 이해를 초월한다는 사실을 인정하고 겸허히 하나님을 바라볼 것인가? 하나님은 선지자에게 눈에 보이는 것보다 더 크신 창조주를 신뢰할 것을 요구하신다.

둘째, "네가 안전한 땅에서도 비틀거린다면(בּוֹטֵחַ), 요단 강의 창일한 물

속에서는 어찌하겠느냐?"(5절; 새번역 각주). 동사 '넘어지다'(בטח)의 기본적인 의미는 '믿다, 신뢰하다'이지만(cf. HALOT), 이 단어의 어원이 되는 아랍어 단어는 '넘어지다'를 뜻하며 본문에서도 이 의미가 더 적합하다(cf. NIV, NAS, NRSV, NEB). 악인들에게 시달리는 예레미야는 너무 힘들다며 아픔을 토로하고 있지만, 그가 경험하는 고통은 마치 요단 강의 급류와 들짐승들로 득실거리는 강 주변의 숲을 헤치고 나가야 할 일을 앞둔 사람이 조용하고 안전한 땅에서 넘어졌다며 아프다고 소리치는 것과 같다는 것이다(Huey). 그러므로 이 말씀은 아프다고 하소연하는 선지자를 위로하는 말씀이 아니다. 오히려 아프다고 소리치는 예레미야에게 지금보다 얼마나 더 참을 수 있냐고 반문하시는 말씀이다(Miller).

예레미야가 상대하고 달려야 할 '말'과 헤쳐 나가야 할 '창일한 요단 강'은 무엇을 의미하는가? 하나님은 이것들이 무엇인가에 대해 6절에서 말씀하신다. 예레미야는 자기 고향인 아나돗 사람들이 그를 살해하려고 음모를 꾸몄다고 분노하는데 사실 더 큰 문제는 그의 집안 사람들이 이 일에 앞장서고 있다는 것이다: "바로 네 친척, 네 집안 식구가 너를 배신하고, 바로 그들이 네 뒤에서 소리를 질러 너를 욕한다. 그러므로 그들이 너에게 다정하게 말을 걸어와도, 너는 그들을 믿지 말아라"(새번역). 예레미야는 이스라엘 사람들뿐만 아니라, 이웃이라고 믿는 고향 사람들에게, 더 나아가 집안 사람들과 가족들에게까지 따돌림을 받으며 생명에 위협을 느끼고 있다.

이 말씀을 통해 하나님은 선지자에게 철저한 '홀로서기'를 요구하신다. 예레미야가 하나님의 말씀을 신실하게 전한다면, 그는 모든 사람들로부터 고립될 것이다. 심지어는 가족들에게도 외면을 당하게 될 것이다. 예레미야는 온 유다를 향해 그들이 가장 듣기 싫어하는 메시지를 전하고 있기 때문이다. 하나님께 순종한다는 것은 때로 이런 희생을 요구한다. 그렇다면 이 모든 헌신과 희생을 각오해야 하는 예레미야가 하나님께 기대할 수 있는 보상은 무엇인가? 어떤 상황에서도 여호와께 신실함을 유지할 수 있는 믿음이다(Brueggemann). 하나님과의 특별한 관계가 선지자에게 주어지는 가장 큰 상급인 것이다. 그러므로 하나님은 "왜 악인들이 성행합니까?"라고 질문하는 예레미야에게 오히려 더 큰 믿음과 신실함을 요구하는 답을 주셨다.

하나님을 섬기는 일에는 치러야 할 대가가 있으며(cf. 눅 9:62; 14:28-32), 하나님을 섬기려 나선 사람이 신정론과 같은 문제를 원만하게 해결하지 못하면 더 큰 일을 감당하기가 어렵다는 사실을 암시한다. 더 나아가 헌신과 희생을 각오하지 않는 사역자는 다른 사람들을 돕는 데 별 도움이 되지 못할 것이다. 선지자의 체험은 하나님께 소명을 받고 능력까지 받은 종이라 할지라도 고통과 연단이 따른다는 사실을 강조한다. 모든 주님의 백성은 각자 감당해야 할 고난과 고민이 있다. 그래서 예수님은 우리에게 십자가를 지고 그분을 따르라고 하셨다(마 10:38; 16:24).

IV. 언약 파괴와 선지자의 불평(11:1-15:21)

C. 기업을 버리신 하나님(12:7-15:21)

드디어 올 것이 왔다. 시내 산에서 이스라엘과 언약을 맺은 하나님이 그들을 버리신 것이다! 이런 상황은 이미 오래전부터 예견되어 왔으며 하나님은 이를 선지자들을 통해 지속적으로 경고하셨다. 예레미야서 안에도 이미 여러 차례 언급되어왔다. 그러나 우상숭배와 온갖 죄에 흠뻑 젖어 있던 주의 백성에게는 들을 귀가 없었다. 오히려 듣기를 거부하고 주의 선지자들을 핍박하며 그것을 예언하지 못하도록 방해했다. 이제 여호와께서 자기 백성을 버리실 것을 선언하신다. 이러한 심판의 말씀을 선언하시는 하나님의 마음은 결코 기쁘지 않으며, 오히려 무겁기만 하다. 그래서 하나님은 이 섹션을 가장 큰 슬픔을 표현하는 노래 유형인 애가로 시작한다. 텍스트는 다음과 같이 구분될 수 있다.

A. 여호와께서 유다를 버리심(12:7-13)
B. 주변 국가들에 대한 조건적 약속(12:14-17)
C. 부패한 백성과 심판(13:1-27)
D. 가뭄에 바짝 타오르는 땅(14:1-22)
E. 피할 수 없는 네 재앙(15:1-4)
F. 기대할 수 없는 하나님의 긍휼(15:5-9)
G. 선지자의 불평과 하나님의 훈계(15:10-21)

IV. 언약 파괴와 선지자의 불평(11:1–15:21)
C. 기업을 버리신 하나님(12:7–15:21)

1. 여호와께서 유다를 버리심(12:7–13)

하나님은 바로 앞 섹션에서 선하신 창조주께서 공의와 정의로 다스리시는 세상에서 악인들이 성행하는 것에 대해 혼란을 느끼는 예레미야에게 더 혹독한 미래를 대비하라고 명령하셨다. 본문에서 하나님은 한때 자랑스럽게 여기던 기업 이스라엘을 버리기로 결정하셨음을 선언하신다. 여호와께서 자기 백성을 버리시기로 결정하신 일이 확고부동함을 강조하기 위해 예레미야는 7절에서 "내가 버렸다(עָזַבְתִּי)…내가 포기하였다(נָטַשְׁתִּי)…내가 넘겨주었다(נָתַתִּי)" 등 세 번씩이나 하나님이 이스라엘을 버리셨음을 선언한다. 뿐만 아니라 하나님은 8절에서 결정적인 선언을 하신다: "내가 그를 미워하였음이로라"(שְׂנֵאתִיהָ). 하나님의 극에 달한 감정이 본문에서 여러 비유를 통해 묘사된다. 본문은 다음과 같이 두 부분으로 구분될 수 있다.

A. 버림받은 기업 이스라엘(12:7-9)
B. 파괴되는 포도원 이스라엘(12:10-13)

IV. 언약 파괴와 선지자의 불평(11:1-15:21)
C. 기업을 버리신 하나님(12:7-15:21)
1. 여호와께서 유다를 버리심(12:7-13)

(1) 버림받은 기업 이스라엘(12:7-9)

7 내가 내 집을 버리며 내 소유를 내던져
내 마음으로 사랑하는 것을
그 원수의 손에 넘겼나니
8 내 소유가 숲 속의 사자같이 되어서
나를 향하여 그 소리를 내므로
내가 그를 미워하였음이로라
9 내 소유가 내게 대하여는 무늬 있는 매가 아니냐
매들이 그것을 에워싸지 아니하느냐
너희는 가서 들짐승들을 모아다가 그것을 삼키게 하라

이스라엘이 여호와께 버림받기 전에 그들은 과연 하나님께 어떤 존재였는가? 저자는 7-9절에서 '유산/기업'(נַחֲלָה)이란 단어를 세 차례나 반복적으로 사용해 하나님이 이스라엘을 매우 소중한 존재로 생각해오셨음을 강조한다. '기업'이란 소유에 대한 권리를 전제한다. 이스라엘은 한 국가로 탄생할 때부터 여호와의 특별한 소유였다는 의미다(신 32:9). 그러므로 여호와 외에는 그 누구도 이스라엘을 소유할 수 없다. 이러한 사실을 강조하기 위해 하나님은 이스라엘을 지속적으로 '내 소유'(נַחֲלָתִי)라고 부르신다(7, 8, 9절). 그러나 문제는 하나님의 소유인 이스라엘이 주님의 기업으로 남기 싫어한다는 것이다. 그들은 계속해서 여호와께 등을 돌리고 이방 신들을 찾아 나섰다.

이스라엘은 그들의 정당한 소유자이신 하나님께, 마치 숲 속에서 사람을 발견하고 공격하기 위해 포효하는 사자처럼 대들었다(8절). 하나님은 배은망덕한 그들을 아예 버리기로 결정하셨다. 심지어 하나님은 그들을 "미워하셨다"(8절). 동사 '미워하다'(שׂנא)는 이혼과 관련이 있는 단어로, 남편 하나님이 아내 이스라엘이 하는 모든 일과 행동을 거부하신다는 뜻이다(Brown, cf. 신 24:3).

자기 백성을 버리기로 결정하신 하나님의 마음도 편치 않다. 그래서 하나님은 안타까운 마음으로 이스라엘을 버리신다. 예레미야는 하나님의 복잡하고 아픈 심경을 표현하기 위해 하나님이 이스라엘을 버리시는 일을 '자기 집을 버리는 일'에 비교한다(7절). 세상에 어떤 사람이 자기가 사는 집을 버리기를 기뻐하겠는가? 여호와께서 이스라엘을 버리기로 결정하셨을 때, 주님은 마치 자기 집을 버리는 사람처럼 많이 아파하셨다.

하나님은 9절에서 이스라엘을 매와 같은 맹금류(עַיִט; bird of prey)에 비교하신다. TNK와 NRS와 ESV는 이 단어를 '하이에나'로 번역한다(cf. McKane, Holladay, LXX). 이것은 이스라엘 땅이 거주민들에 의해 매우 오염되고 부정해져서 하이에나와 같은 청소 동물(scavenger)의 먹이로나 적합하다는 뜻이다(Fretheim). 그러나 문맥을 감안하면 맹금류가 더 어울린다. 이성을 잃은 이스라엘은 마치 무늬가 있는 매처럼 되었고, 다른 매들이 그 매를 에워싸고 있다는 뜻이다. 다른 매들(viz., 열방)이 무늬가 있는 매(viz., 이스라엘)를 미워해 잡아먹으려고 에워싼 상황을 의미한다고 해석하기도 한다(Rashi, cf. Brown). 이것은 무늬가 있는 매로 묘사되는 이스라엘이 특이하게 생겨서 다른 매들의 눈에 띌 뿐만 아니라 그들과 잘 어울리지 못하는 상황을 뜻한다는 해석도 있다(Calvin, Lundbom). 정확히 어떤 상황을 의미하는지 확실하지 않지만, 이스라엘의 모습이 매우 위태롭고 불쌍한 것은 확실하다. 하나님은 무늬가 있는 매(이스라엘)를 해치우기 위해 다른 매들을 불러들이실 것이다. 주인을 몰라보는 이스라엘을 멸망시키기 위해 이방인들을 유다 땅으로 불러들이겠다고 경고하시는 것이다.

IV. 언약 파괴와 선지자의 불평(11:1–15:21)
C. 기업을 버리신 하나님(12:7–15:21)
1. 여호와께서 유다를 버리심(12:7–13)

(2) 파괴되는 포도원 이스라엘(12:10–13)

10 많은 목자가 내 포도원을 헐며 내 몫을 짓밟아서
내가 기뻐하는 땅을 황무지로 만들었도다
11 그들이 이를 황폐하게 하였으므로
그 황무지가 나를 향하여 슬퍼하는도다
온 땅이 황폐함은 이를 마음에 두는 자가 없음이로다
12 파괴하는 자들이 광야의 모든 벗은 산 위에 이르렀고
여호와의 칼이 땅 이 끝에서 저 끝까지 삼키니
모든 육체가 평안하지 못하도다
13 무리가 밀을 심어도 가시를 거두며
수고하여도 소득이 없은즉
그 소산으로 말미암아 스스로 수치를 당하리니
이는 여호와의 분노로 말미암음이니라

한때는 하나님의 포도원이었던 이스라엘을 많은 목자가 와서 짓밟는다(10절). 고대 근동에서 '목자'는 흔히 왕을 의미했다. 따라서 이 말씀은 이스라엘이 여러 이방 왕들에게 짓밟힐 것을 암시한다. 그들은 여호와의 포도원 이스라엘을 황무지로 만들 것이다(10절). 파괴가 얼마나 심한지 10-11절에서 황무지/황폐가 네 차례나 반복된다(Fretheim). 황무지가 되어버린 포도원이 주인을 향하여 도와달라고 애원하지만(11절), 오히려 더 많은 침략자들과 파괴자들이 몰려와서 포도원을 절단냈다(12절). 처음부터 침략자들은 '여호와의 칼'이었기 때문이다(12절). 하나님이 이방인들을 사용해 그의 백성을 심판하신 것이다. 외부에서 온 파괴자들 앞에서 이스라엘 백성 중 안전한 사람은 아무도 없다.

이방인들의 침략은 결국 이스라엘을 절망적인 상황으로 몰아가고 있다(13절). 그들이 아무리 노력해보아도 좌절과 절망뿐이다: "사람들이 밀을 심어도 가시만을 거두었고, 그들이 수고해도 아무런 소득이 없었다. 그들은 나의 맹렬한 분노 때문에, 아무런 소출도 없이 수치만 당하였다"(새번역). 이스라엘이 먼저 하나님께 등을 돌렸기 때문에 하나님이 그들을 버리셨고(8-11절), 하나님이 그들을 버리시니 이방인들이 침략해왔다. 여호와께서 버리신 민족/땅의 비참한 종말이다. 그들에게는 혼돈과 혼란밖에 없다.

Ⅳ. 언약 파괴와 선지자의 불평(11:1–15:21)
C. 기업을 버리신 하나님(12:7–15:21)

2. 주변 국가들에 대한 조건적 약속(12:14–17)

14 내가 내 백성 이스라엘에게 기업으로 준 소유에 손을 대는 나의 모든 악한 이웃에 대해 여호와께서 이와 같이 말씀하시니라 보라 내가 그들을 그 땅에서 뽑아버리겠고 유다 집을 그들 가운데서 뽑아내리라 15 내가 그들을 뽑아낸 후에 내가 돌이켜 그들을 불쌍히 여겨서 각 사람을 그들의 기업으로, 각 사람을 그 땅으로 다시 인도하리니 16 그들이 내 백성의 도를 부지런히 배우며 살아 있는 여호와라는 내 이름으로 맹세하기를 자기들이 내 백성을 가리켜 바알로 맹세하게 한 것같이 하면 그들이 내 백성 가운데에 세움을 입으려니와 17 그들이 순종하지 아니하면 내가 반드시 그 나라를 뽑으리라 뽑아 멸하리라 여호와의 말씀이니라

시가체로만 말씀을 선포하던 선지자가 12장에 접어들면서 다시 내러티브를 사용해 말씀을 선포한다. 이 신탁의 중심 메시지는 하나님이 이스라엘뿐만 아니라 그들을 괴롭히는 이방인들 중 여호와의 말씀에 순종하는 사람들을 모두 함께 구원하실 것이라는 사실이다. 물론 순종하지 않는 이방인들은 불순종하는 이스라엘 사람들과 함께 멸망한다. 그러므로 이 말씀은 이스라엘의 원수들에게 은혜와 심판을 동시에 제시하며 선택을 강요한다는 독특성을 지니고 있다. 구약에서 하나님이 이방인들을 '불쌍히 여기신다'(רחם)는 표현은 이곳이 유일하다(15절). 이러한 차원에서 본문은 구약에서 매우 독특한 위치에 있다.

여호와께서 정하신 때가 되면 이스라엘과 그들의 원수들이 함께 뿌리가 뽑힐 것이다. 이 말씀은 아시리아와 바빌론이 가나안 지역을 쳤을 때 북 왕국 이스라엘과 남 왕국 유다와 함께 아시리아와 바빌론으로 끌려간 가나안 주변 민족들을 염두에 두고 있다. 때가 되면 유다와 이스라엘이 그들이 강제로 끌려가 뿌리를 내리고 살았던 열방 중에서 다시 뽑혀 자신들의 땅, 곧 조상들의 땅 가나안으로 돌아올 것이다(15절). 타국에서 뽑힌 이스라엘이 다시 고향에 심겨질 때, 그들과 함께 타국으로 끌려갔던 주변 민족들도 여호와의 동일한 은혜를 체험하게 될 것이다. 하나님이 그들도 다시 자기 조상들의 땅으로 돌아오게 하실 것이라는 의미다. 하나님이 회복을 약속하시는 이스라엘의 주변 민족들은 주의 백성을 괴롭히던 자들로 이스라엘의 회복에 어떤 도움도 되지 않을 것이다. 이런 민족들에게 하나님이 자기 백성에게 하시듯 일방적으로 은총을 베푸신다는 것이 매우 인상적이다.

비록 이 이방인들이 과거에는 여호와의 백성들에게 바알을 섬기도록 강요했지만, 만일 그들이 하나님의 길을 확실하게 배우고, 주님의 이름을 부르며, 주님의 명예를 걸고 맹세하면, 그들은 분명 주의 백성 가운데 속하게 될 것이다(16절). 이스라엘 주변 민족들이 돌아와 자기 조상들의 땅을 차지할 뿐만 아니라, 만일 여호와를 경외하는 믿음을 갖게 되면 이스라엘 안에서 주의 백성이 되어 살 수 있다는 것이다. 이방인들이 이스라엘 중에 거한다는 것은 곧 그들도 언약 백성이 될 수 있음을 암시하기 때문이다. 그러므로 예레미야는 이방인들에게 여호와 종교로 개종을 권면하고 있다(Miller). 이방인들에게 개종을 권면하는 것이 구약에서 흔한 일은 아니다. 이것은 오직 여호와만이 온 세상을 구원하실 수 있는 창조주이자 통치자임을 단호하게 선언하는 역할을 한다.

또한 예레미야는 이 말씀을 통해 머지않아 여호와 안에서 인종적인 차별이 없어질 것을 선언하고 있다. 구약의 선지자들은 남은 자들이 회복될 날을 꿈꾸는데, 회복된 남은 자들은 하나님의 백성을 이룬다. 이스라엘뿐만 아니라 세상 모든 민족들 중에 여호와를 경외하고 그분을 신뢰하는 사람들로 구성된다. 예레미야도 본문에서 이 같은 날을 꿈꾸고 있다. 그가 본문에서 제시하는 비전의 핵심은 그날이 되면 여호와께서 자기 백성과 함께하실 것이라는 사실이다(Fretheim). 이 사실을 강조하기 위해 하나님은 본문에서 이스라엘을 지속적으로 '내 백성'(עַמִּי)이라 칭하신다. 신약은 예수 그리스도의 사역을 통해 이 일이 실제로 실현되었다고 한다(갈 3:28).

반면에 하나님의 초청을 받아들이지 않는 백성들은 분명히 망한다(17절; cf. 롬 11:21-22). 여호와께서는 그분을 경외하는 백성에게 구원의 길을 열어주지만, 그분을 거부하는 사람들에게는 죽음을 주신다. 여호와는 온 세상에 생명과 죽음을 동시에 주시는 분이다. 사람이 살고 죽는 것은 결국 자신의 선택에 달려 있다. 하나님이 예레미야에게 소명을 주면서 그를 열방에 선지자로 세우신다고 했는데(cf. 1:5, 10), 본문은 예레미야가 주께서 주신 소명대로 열방을 뽑기도 하고 세우기도 하는 선지자임을 선언한다(1:10; cf. Miller).

IV. 언약 파괴와 선지자의 불평(11:1-15:21)
C. 기업을 버리신 하나님(12:7-15:21)

3. 부패한 백성과 심판(13:1-27)

네 개의 스피치로 구성되어 있는 본문의 공통점은 곧 임할 하나님의 심판이다. 처음 두 스피치는 피할 수 없는 심판(viz., 꼭 심판이 임할 것)에 대해 선언하며, 세 번째 스피치는 피할 수 없는 심판의 임박함을 근거로 회개를 권면한다. 이스라엘이 여호와께 지은 죄가 너무 많아 공동체에 임박한 심판을 피해갈 수는 없지만, 하나님의 경고를 받아들이고 회개하는 사람들(viz., 남은 자들)에게는 주님의 손길이 아직도 그들을 구원할 수 있다는 메시지를 선포하는 듯하다.

본문의 첫 번째 신탁은 내러티브로, 뒤따르는 두 스피치는 시가체로 이루어져 있다. 1-11절은 머지않아 심판이 임할 것을 암시하고, 18-19절은 예루살렘에 어느 정도의 파괴가 이미 임했고, 일부 주민들은 타국으로 끌려간 것을 전제하고 있다. 그러므로 이 말씀은 아마도 주전 605-597년 사이에 선포된 것으로 추정된다(Huey). 본문은 다음과 같이 구분될 수 있다.

A. 상한 베로 만든 띠(13:1-11)
B. 깨어진 술병(13:12-14)
C. 회개하라는 마지막 경고(13:15-19)
D. 예루살렘의 수모(13:20-27)

IV. 언약 파괴와 선지자의 불평(11:1-15:21)
C. 기업을 버리신 하나님(12:7-15:21)
3. 부패한 백성과 심판(13:1-27)

(1) 상한 베로 만든 띠(13:1-11)

1 여호와께서 이와 같이 내게 이르시되 너는 가서 베 띠를 사서 네 허리에 띠고
물에 적시지 말라 하시기로 2 내가 여호와의 말씀대로 띠를 사서 내 허리에 띠니
라 3 여호와의 말씀이 다시 내게 임하여 이르시되 4 너는 사서 네 허리에 띤 띠를 가
지고 일어나 유브라데로 가서 거기서 그것을 바위틈에 감추라 하시기로 5 내가 여
호와께서 내게 명령하신 대로 가서 그것을 유브라데 물가에 감추니라 6 여러 날 후
에 여호와께서 내게 이르시되 일어나 유브라데로 가서 내가 네게 명령하여 거기 감
추게 한 띠를 가져오라 하시기로 7 내가 유브라데로 가서 그 감추었던 곳을 파고 띠

를 가져오니 띠가 썩어서 쓸 수 없게 되었더라 [8] 여호와의 말씀이 내게 임하니라 이
르시되 [9] 여호와께서 이와 같이 말씀하시니라 내가 유다의 교만과 예루살렘의 큰
교만을 이같이 썩게 하리라 [10] 이 악한 백성이 내 말 듣기를 거절하고 그 마음의 완
악한 대로 행하며 다른 신들을 따라 그를 섬기며 그에게 절하니 그들이 이 띠가 쓸
수 없음같이 되리라 [11] 여호와의 말씀이니라 띠가 사람의 허리에 속함같이 내가 이
스라엘 온 집과 유다 온 집으로 내게 속하게 하여 그들로 내 백성이 되게 하며 내
이름과 명예와 영광이 되게 하려 하였으나 그들이 듣지 아니하였느니라

하나님이 선지자에게 상징적 행동(symbolic act)을 통해 곧 임할 이스라엘의 운명에 대해 메시지를 선포할 것을 명령하신다. 예레미야서 안에는 여러 개의 상징적 행동이 있는데, 이것이 처음으로 등장한다(cf. Holladay). 파괴(ruin)와 귀를 기울이지 않는 것(failure to listen)이 이 말씀의 두 가지 핵심이다(Allen). 여호와께서 예레미야에게 시장에 가서 베로 만든 띠를 사서 착용하라고 명령하셨다(1절). 선지자는 하나님이 명령하시는 대로 시장에 가서 띠를 샀다. 그때 하나님이 다시 말씀하시기를 선지자가 착용한 띠를 '브랏'(פְּרָת; NIV, JPS, 공동)으로 가서 바위틈에 묻으라 하셨다(4절). 브랏이 정확히 어디인지 알려지지 않았지만 대부분 번역들이 여호수아 18:23을 근거로 '유프라테스 강'으로 해석하고 있다(개역개정; 새번역; NRSV, NAS, NJB).

그러나 예루살렘에서 유프라테스 강은 600킬로미터에 달하는 매우 먼 거리에 있었다는 사실 때문에 이러한 해석을 받아들이지 않는 학자들도 많다. 유프라테스 강으로 해석하는 사람들은 거리를 감안해 이 말씀이 모두 환상 속에서 진행된 것이라고 해석하기도 하고(Maimonides, Calvin, Rudolph), 하나의 비유라고 주장하기도 한다(Carroll, McKane). '브랏'이 유프라테스 강이라고 주장하는 사람들마저도 이 명령의 실용성에 문제가 있음을 의식하고 있다(cf. Lundbom, McKane, Holladay). 왜냐하면 물가에 허리띠를 묻어 두었다가 썩은 후에 꺼내 썩은 띠를 가지고 교훈을 주는 일(object lesson)이라면, 굳이 600킬로미터나 되는 먼 길을 두 차례나 왕복할 필요가 없기 때문이다. 요단 강도 얼마든지 그 역할을 할 수 있다. 그래서 '브랏'을 유프라테스 강이 아니라 아나돗에서 북쪽으로 약 6킬로미터 지점에 위치한 샘으로 해석하는 학자들도 있다(Huey, Brown, cf. Thompson). 비록 설득력이 별로 없는 해석이지만, 브랏이 실제 유프라테스 강이었을 가능성을 배제할 필요는 없다. 선지자들은 하나님의 명령에 따라 창녀와 결혼을 하고(viz., 호세아), 한쪽으로 누워 몇 백 일을 보내기도 했다(viz., 에스겔). 그들은 하나님의 메시지를 선포하기 위해서라면 어떤 불편함도 감수하는 사람들이었기 때문이다(Dearman).

예레미야가 사용한 베 띠가 어떤 것이었느냐에 대해서도 다소 논란이 있다. '베 띠'(פִּשְׁתִּים)는 단순히 아마(亞麻)의 복수형으로(HALOT), 이 띠가 이스라엘 사람들이 흔히 사용하는 아마 섬유로 만든 것임을 암시한다. 남자들은 이 띠(벨트)에 칼 등을 매달아 차고 다녔다(Bright). 이와는 대조적으로 일부 주석가들은 이 단어가 '띠'가 아니라 '속옷'을 의미한다고 주장한다(McKane). 본문의 흐름을 감안할 때 그다지 설득력이 있는 주장은 아니다. 또한 일부 학자들은 이 띠가 이스라엘의 '제사장 신분'을 상징한다고 말한다(cf. Holladay, Lundbom). 그러나 본문은 이스라엘의 제사장 신분과는 무관하게 전개되고 있다(NIDOTTE). 학자들은 만일 이 띠가 제사장 신분을 상징한다면 이 단어보다는 개역개정이 '모시 실'(שֵׁשׁ; cf. 출 28:5-6, 8, 15; 38:23; 39:2-3) 혹은 '베'(בַּד; cf. 출 28:42; 39:28; 레 6:10; 16:4)로 번역하고 있는, 제사장이 착용한 의복의 소재를 뜻하는 단어가 사용되어야 한다고 주장한다(Brown).

어느 정도 시간이 흐른 다음, 선지자는 하나님의 명령에 따라 다시 그곳으로 가서 전에 묻어두었던 띠를 찾아냈다. 예상했던 대로 시간과 습기는 그 베 띠를 쓸모 없는 쓰레기로 만들어 버렸다(7절). 한때는 자랑스럽게 사람의 허리에 착용되던 베 띠가 이제는 완전히 썩어 오물이 되었다. 이런 띠를 착용하고 거리를 배회하면 사람들의 비웃음만 사게 된다.

바로 그때 하나님의 말씀이 예레미야에게 임했다. 썩어서 더 이상 쓸모가 없는 베 띠는 이스라엘을 상징한다는 것이다. 그들이 하나님의 말씀을 거역하고 오히려 자신들의 마음이 이끄는 대로 살아가는 것은 마치 한때 좋았던 베 띠가 썩어버린 것과 같다는 의미다(10절). 썩은 띠는 그 어디에도 쓸모가 없으며 쓰레기로 버릴 수밖에 없다. 이스라엘이 처한 운명이 바로 이 베 띠의 운명과도 같다.

썩은 베 띠가 주는 교훈은 11절에 담겨 있다. 사람이 허리에 띠를 동여매듯 하나님은 이스라엘 백성을 자기 허리에 동여매 자기 백성이 되게 하셨다. 띠가 사람의 몸에 가장 가까이에 있는 것처럼 이스라엘은 하나님과 가장 가까이에 있었다. 그들로 하여금 하나님의 이름을 빛내게 하고, 주님을 찬양하게 하고, 여호와께 영광을 돌리게 하기 위해서였다. 그러나 그들은 하나님의 말씀을 듣지 않았으며, 불순종한 이스라엘은 마치 썩은 허리띠처럼 되어 버림을 받았다.

하나님이 이스라엘을 자기 허리에 동여맸다고 하시는데 동사 '동여매다'(דבק)는 창세기 2:24에서 남자가 부모를 떠나 아내와 "한 몸을 이루다"는 의미로 사용된 단어다. 마치 부부가 한 몸을 이루듯 원래 이스라엘은 하나님께 가장 밀착되었다는 의미다(Dearman). 이스라엘은 허리 띠가 착용하는 사람에게 실용성을 제공하고 자랑거리가 될 수 있는 것처럼 하나님께 자랑이 될 수 있었다. 그러나 이스라엘은 한때 예레미야가 착용했던 허리 띠가 먼 곳에 묻혔던 것처럼, 하나님으로부터 멀리 떠났다. 세월이 지나면서 띠는 썩어 무용지물이 된 것처럼 이스라엘은 하나님께 아무런 쓸모가 없게 되었다. 하나님의 자랑거리가 되었어야 할 이스라엘은 어느덧 하나님의 수치가 되었다. 하나님은 이스라엘을 통해 자신의 이름을 빛내고 영광을 받기를 원하셨으나 그들이 하나님의 계획을 받아들이지 않았기 때문이다. 하나님은 사람이 썩은 허리띠를 버리듯이 이스라엘을 버리실 것이다.

IV. 언약 파괴와 선지자의 불평(11:1–15:21)
C. 기업을 버리신 하나님(12:7–15:21)
3. 부패한 백성과 심판(13:1–27)

(2) 깨어진 술병(13:12–14)

12 그러므로 너는 이 말로 그들에게 이르기를 이스라엘의 하나님 여호와의 말씀에
모든 가죽부대가 포도주로 차리라 하셨다 하라 그리하면 그들이 네게 이르기를 모
든 가죽부대가 포도주로 찰 줄을 우리가 어찌 알지 못하리요 하리니 13 너는 다시
그들에게 이르기를 여호와의 말씀에 보라 내가 이 땅의 모든 주민과 다윗의 왕위
에 앉은 왕들과 제사장들과 선지자들과 예루살렘 모든 주민으로 잔뜩 취하게 하고
14 또 그들로 피차 충돌하여 상하게 하되 부자 사이에도 그러하게 할 것이라 내가 그
들을 불쌍히 여기지 아니하며 사랑하지 아니하며 아끼지 아니하고 멸하리라 하셨
다 하라 여호와의 말씀이니라

여호와께서 예레미야에게 "항아리[가죽부대]마다 포도주로 가득 찰 것이다!"(כָּל־נֵבֶל יִמָּלֵא יָיִן; 12절; 새번역)라고 외치라 하신다. 원래 이 말은 지극히 당연한 일을 뜻하는 속담이었던 것으로 추정된다(Huey). 그러나 시간이 지나면서 이스라엘의 무조건적인 부흥과 번영을 기대하는 말로 자리를 잡았다(Brueggemann). 그러므로 이때까지 이스라엘이 겪게 될 심판과 파멸만을 외치던 예레미야가 이 속담을 인용할 때 그들은 "드디어 당신이 지극히 당연한 말씀을 하시는군요"라는 반응을 보인다. 바로 그때, 하나님은 "내가 너희의 모든 항아리(이스라엘)를 술 취함으로 채우리라"고 하며 그들이 전혀 기대하지 못했던 말씀을 선언하신다(13절). 이스라엘 사람들이 익숙한 격언을 사용해 공감대를 형성한 다음 그 격언에 빗대어 전혀 예측하지 못했던 메시지를 선포하시는 것이다.

하나님이 채우신 술 취함으로 가득한 항아리들(이스라엘 사람들)이 우왕좌왕 서로 부딪치며 서로를 상하게 한다(14절). 앞으로 유다에 내분이 일어 서로 많은 갈등을 빚다가 원수들의 손에 망할 것이라는 뜻이다

(Dearman). 이스라엘은 그들에게 임할 심판을 어느 정도는 상상했을 것이다. 그러나 하나님은 그들이 익숙한 격언을 사용해, 상상을 초월하는 일로 그들을 칠 것임을 밝히신다. 이스라엘이 항아리이고 그들을 채우는 포도주는 다름 아닌 하나님의 심판이기 때문이다(Brown). 이스라엘이 기대했던 번영이 아니라 저주가 그들의 삶에 임할 것이다(Fretheim).

왕들, 제사장들, 선지자들 할 것 없이 모두 심판의 술에 취해 있다. 그 누구보다도 역사의식을 가지고 깨어 있어야 하는 리더들이 가장 분별력이 없고 무기력한 상태에 빠져 있다는 것이다. 술에 취하면 원수들로부터 자신을 방어할 수 있는 능력을 상실한다(cf. 시 60:3; 사 51:21-22; 렘 25:16). 또한 술 취함은 자신을 가눌 수 없는 부끄러움과 죽음을 뜻하기도 한다(Brueggemann, cf. 렘 25:15-29; 막 10:38-39; 14:36). 본문에서 하나의 언어유희가 사용되고 있다. 히브리어로 '바보'(נָבָל)와 '항아리/가죽부대'(נֵבֶל)는 자음이 같고 모음만 다르다. 바보(히, 나발)가 된 이스라엘이 하나님의 심판 항아리(히, 네벨)에서 마시고 있다(Fretheim). 더욱더 슬픈 일은 예루살렘을 파멸에 이르게 하는 이는 바빌론이 아니라, 여호와라는 사실이다.

하나님은 심판의 술 취함으로 항아리들을 가득 채운 다음 그 항아리들이 서로 부딪쳐 깨어지게 하신다(14절). 이스라엘을 심판할 때 결코 자비나 은혜를 베풀지 않을 것이며 완전히 파괴하실 것이다. 예레미야는 이 점을 강조하기 위해 하나님이 그들을 "불쌍히 여기지 아니하며(לֹא־אֶחְמוֹל) 관용치 아니하며(לֹא־אָחוּס) 아끼지 아니할 것(לֹא אֲרַחֵם)" 등 세 가지로 더 이상 자비와 용서는 없을 것이라고 말한다. 하나님은 앞으로 이스라엘의 파괴를 묵묵히 지켜보실 것이며 그들을 불쌍히 여겨 마지막 순간에 은혜와 용서로 개입하시는 일은 없을 것이다. 여호와께서 자기 백성에게 어떤 관대함도 베풀지 않고 법대로 심판하신다는 것은 선지서에서 가장 두려운 말씀 중 하나다. 하나님이 은혜와 자비를 베풀지 않으시면, 살아남을 사람은 거의 없기 때문이다.

IV. 언약 파괴와 선지자의 불평(11:1-15:21)
C. 기업을 버리신 하나님(12:7-15:21)
3. 부패한 백성과 심판(13:1-27)

(3) 회개하라는 마지막 경고(13:15-19)

15 너희는 들을지어다,
귀를 기울일지어다,
교만하지 말지어다,
여호와께서 말씀하셨음이라
16 그가 어둠을 일으키시기 전,
너희 발이 어두운 산에 거치기 전,
너희 바라는 빛이 사망의 그늘로 변하여
침침한 어둠이 되게 하시기 전에
너희 하나님 여호와께 영광을 돌리라
17 너희가 이를 듣지 아니하면
나의 심령이 너희 교만으로 말미암아
은밀한 곳에서 울 것이며
여호와의 양 떼가 사로잡힘으로 말미암아
눈물을 흘려 통곡하리라
18 너는 왕과 왕후에게 전하기를
스스로 낮추어 앉으라
관 곧 영광의 면류관이 내려졌다 하라
19 네겝의 성읍들이 봉쇄되어
열 자가 없고 유다가 다 잡혀가되
온전히 잡혀가도다

예레미야는 자만에 도취한 유다 사람들에게 마지막으로 호소한다. 선지자의 권면은 매우 긴급한 분위기(viz., 지금 당장 회개하지 않으면 곧바로 큰 변을 당할 것을 확신함)를 조성한다(Brown). 그러니 아직 조금이라도 시간이 남아 회개가 가능할 때 돌이키고 하나님께 용서를 구하라고 권면한다. 회개와 회개 거부가 초래할 결과는 너무나도 대조적이다. 그래서 선지자는 15절과 17절에서 '듣다/순종하다'(שמע)와 '듣지 않다/순종치 않다'(לא שמע)의 콤비네이션을 전략적으로 사용해 백성들이 회개하도록 설득하려 한다. 그러나 이스라엘은 깨닫지 못한다. 아니, 일부러 깨닫지 않으려고 귀를 막았다는 말이 더 옳을 것이다. 죄를 짓기로 마음먹은 사람에게는 어떤 권면도 들리지 않기 때문이다.

예레미야는 백성들에게 순종을 호소하며 이스라엘에게 아직도 죽음을 피할 기회가 있다고 주장한다(15-16절). 예레미야가 백성들에게 기대하는 순종은 어떤 것인가? 그는 16절에서 구체적으로 순종을 설명한다. 그들의 삶에 하나님이 내리시는 어두움이 임하기 전(viz., 심판이 임하기 전), 그들이 바라는 빛을 하나님이 사망의 그늘로 바꾸시기 전(viz., 그들이 소망하는 구원을 심판과 죽음으로 바꾸어 내리시기 전) 여호와께 영광을 돌리는 것이라 한다. 즉 사람이 하나님께 순종한다는 것은 죄에서 회개하고 자신의 이기적인 계획과 삶의 방식을 모두 버리고 오직 여호와의 방식대로 살아가겠다는 각오를 새롭게 함으로써 모든 영광을 여호와께 돌리는 것을 뜻한다(수 7:19; 말 2:2; 요 9:24; 삼상 6:5). 유다는 모든 것이 어둡고 소망이 절망으로 변하기 전에 여호와께 순종하는 모습을 보여야 한다.

그러나 현실적으로 이스라엘은 회개할 때를 놓친 지 오래다. 그들이 회개하고 주님께 돌아가기에는 죄의 길을 너무 오랫동안, 멀리 걸어왔다. 그렇다면 선지자는 무엇 때문에 회개를 권면하는 것일까? 이미 언급한 것처럼 유다 공동체는 임박한 하나님의 심판을 피해갈 수 없다. 그러나 그들 중에 있는 신실한 소수(viz., 남은 자)에게는 아직도 소망이 있다. 그래서 선지자는 하나님의 남은 자들이 될 사람들에게 머지않아 유다에 환란이 임하더라도 그들만큼은 신실한 행동으로 하나님의 구원의 수혜자가 될 것을 당부한다.

안타깝게도 유다의 거의 모든 사람이 여호와께 등을 돌렸으며 돌이키려 하지 않는다. 그러므로 유다는 포로로 끌려가야 하며, 선지자와 하나님은 이 일을 생각할 때마다 울지 않을 수 없다. 일부 주석가들은 17절에서 우는 사람이 하나님인지 아니면 선지자인지에 대해 논하는데, 별 의미 없는 논쟁이다. 여느 선지서와 마찬가지로 예레미야서에서도 메시지를 주신 하나님과 그 메시지를 선포하는 예레미야는 하나가 되어 있다. 그러므로 본문에서 하나님과 선지자 둘 다 운다(Fretheim, Miller). 하나님과 선지자는 이스라엘의 교만을 생각할 때마다 많은 눈물을 흘린다(17절). 사람이 하나님 알기를 거부하거나 주의 백성이 하나님께 등을 돌리면, 하나님의 눈에서 눈물이 흘러내린다는 사실을 깨달아야 한다.

유다는 분명 바빌론으로 끌려갈 것이다. 이스라엘의 포로 생활은 '사로잡힘'(נִשְׁבָּה; 17절)과 "온 유다가 잡혀가되 온전히 잡혀가도다"(הָגְלַת יְהוּדָה כֻּלָּה הָגְלַת שְׁלוֹמִים; 19절)라는 표현을 통해 구체적으로 확인되고 있다. 특히 19절에서 두 차례 사용되고 있는 '잡혀감'(הָגְלַת)은 포로 생활을 뜻하는 전문적인 용어다. 젖과 꿀이 흐르는 가나안 땅에서의 생활이 막을 내리고 있다. 머지않아 그들은 언어와 풍습이 다른 민족의 땅으로 끌려가 그곳에서 살아야 한다. 이 모든 변화는 지난 수백 년 동안 그들이 저지른 죗값이다.

선지자는 이스라엘의 왕과 왕후에게 애가를 부르라고 권한다(18절). 어느 왕과 어느 왕후를 말하는가? 예레미야가 이 말씀을 언제 선포했느냐에 따라 여호야김과 그의 어머니 스비다(왕하 23:36)이거나, 시드기야와 그의 어머니 하무달(왕하 24:18)일 것이다. 선지자는 왜 왕과 왕후에게 애가를 부르라 하는가? 그들은 이 장에서 언급되는 교만한 유다의 표상이기 때문이다(Brown). 여호야긴과 그의 어머니 느후스다(왕하 24:8)도 왕과 왕후에서 배제할 수 없다(Miller). 그러나 선지자가 지적하는 왕과 왕후가 누구이든 간에 그들은 하나님 앞에 자신을 매우 낮추어야 한다(cf. Holladay, McKane). 유다의 모든 영광과 그 영광을 상징하는 왕관들이 사라졌으니 그들은 당연히 하나님 앞에서 슬퍼해야 한다.

또한 왕과 왕후는 유다를 다스리는 모든 귀족들의 상징이기도 하다. 그러므로 이 권면은 모든 귀족들에게 슬퍼하라는 말씀이다. 다스릴 백성과 치리할 땅을 빼앗긴 귀족들의 처지가 어떻겠는가? 그들의 신분은 순식간에 평민으로 전락해버렸다. 그동안 마음껏 행사하던 권력과 이권이 모두 사라졌다. 하나님의 심판이 임하면 누구보다 슬퍼할 이들이 바로 귀족들이다. 많은 것을 가지고 누리는 사람일수록 하나님의 심판이 임하면 많은 것을 잃게 되는 것은 당연한 이치다.

문제는 적이 쳐들어오면 왕족들만 끌려가는 것이 아니라, 온 나라가 잡혀갈 것이라는 사실이다(19절). 네겝(נגב)은 유다의 최남단에 위치한 광야를 일컫는다. 하나님의 심판이 유다의 가장 먼 변방이라고 할 수 있는 네겝까지 임한다는 것은 그 누구도 이 재앙을 피할 수 없다는 것을 암시한다(cf. NIDOTTE). 더 나아가 네겝에 있는 성읍들이 모두 봉쇄되어 열 사람이 없다(19절). 네겝에 있는 성읍들이 유다를 침략해온 바빌론의 느부갓네살을 두려워해 굳게 닫혔다는 뜻으로 풀이될 수도 있고(Rashi, cf. Brown), 이 성읍들이 함락되면서 매우 많은 잔해가 성문 앞으로 무너져 내려 누구도 이 잔해를 치우고 성문을 열려는 엄두를 내지 못하는 상황을 묘사할 수도 있다(Keil). 예레미야가 엄청난 파괴를 동반한 심판을 경고하고 있다는 점을 고려하면 후자가 더 설득력 있는 해석으로 생각된다. 리더들이 잘못하면 리더들만 끌려가는 것이 아니라, 그들의 통치를 받던 모든 백성이 대가를 치르게 된다. 이스라엘은 포위되었고 그 누구도 그 포위망을 뚫을 수 없으니 귀족이든 평민이든 모두 포로로 끌려갈 수밖에 없다. 유다가 생각할 수 있는 어떤 방법과 수단도 그들에게 자유를 줄 수 없다. 그들의 하나님 여호와께서 그들의 숨통을 조이는 포위망을 좁혀오고 계시기 때문이다.

IV. 언약 파괴와 선지자의 불평(11:1–15:21)
C. 기업을 버리신 하나님(12:7–15:21)
3. 부패한 백성과 심판(13:1–27)

(4) 예루살렘의 수모(13:20–27)

20 너는 눈을 들어 북방에서 오는 자들을 보라
네게 맡겼던 양 떼,
네 아름다운 양 떼는 어디 있느냐
21 너의 친구 삼았던 자를 그
가 네 위에 우두머리로 세우실 때에
네가 무슨 말을 하겠느냐
네가 고통에 사로잡힘이 산고를 겪는 여인 같지 않겠느냐
22 네가 마음으로 이르기를
어찌하여 이런 일이 내게 닥쳤는고 하겠으나
네 죄악이 크므로 네 치마가 들리고
네 발뒤꿈치가 상함이니라
23 구스인이 그의 피부를,
표범이 그의 반점을 변하게 할 수 있느냐
할 수 있을진대 악에 익숙한 너희도 선을 행할 수 있으리라
24 그러므로 내가 그들을
사막 바람에 불려가는 검불같이 흩으리로다
25 여호와의 말씀이니라
이는 네 몫이요 내가 헤아려 정하여 네게 준 분깃이니
네가 나를 잊어버리고 거짓을 신뢰하는 까닭이라
26 그러므로 내가 네 치마를 네 얼굴에까지 들춰서
네 수치를 드러내리라
27 내가 너의 간음과 사악한 소리와
들의 작은 산 위에서 네가 행한 음란과 음행과 가증한 것을 보았노라

화 있을진저 예루살렘이여
네가 얼마나 오랜 후에야 정결하게 되겠느냐 하시니라

회개하라는 권면을 받아들이지 않는 유다의 유일한 미래는 환난과 고통을 통한 수치와 수모뿐이라는 사실을 본문은 전반적으로 강조한다. 그러나 본문이 언급하고 있는 일부 세부적인 사항들은 해석하기가 매우 어렵다. 제일 어려운 해석적인 이슈는 이 시에서 언급되는 여러 인칭들(persona)이 누구를 뜻하는가 하는 점이다(cf. Lundbom, Holladay). 예루살렘의 이름이 27절에서 언급되고 있으나, 그전에 선포된 말씀은 누구에게 주어진 것인가? 대부분 학자들은 LXX의 전례에 따라 20절에 호격형(vocative) '예루살렘'을 삽입해 본문의 애매모호함을 해결하려 한다.

선지자는 이스라엘의 적이 북쪽에서부터 매우 신속하게 진군해올 것을 선언한다(20절; cf. 4:6). 소식을 접한 유다 백성들이 보고 모두 순식간에 뿔뿔이 흩어져버린다. 이집트 등 인근 나라들로 피신한 것이다. 유다는 바빌론과 싸워보기도 전에 스스로 자멸하고 있다. 자신들은 절대 이 강대국의 상대가 될 수 없음을 잘 알기 때문이다. 예레미야가 상황을 이처럼 긴박하게 묘사하는 것은 그가 이 말씀을 선포할 때 적군의 침략이 이미 시작되었다는 것을 뜻할 수 있다(Huey).

그다음 일을 묘사하고 있는 21절은 해석하기 쉽지 않다(cf. McKane). 이런 사실은 한국어 번역본들의 다양한 해석에도 잘 반영되어 있다: "너의 친구 삼았던 자를 그가 네 위에 우두머리로 세우실 때에 네가 무슨 말을 하겠느냐 너의 고통에 사로잡힘이 산고하는 여인 같지 않겠느냐"(개정개역; cf. 개역; NIV, ESV); "너희가 손수 길들인 애인들을 너희의 상전으로 세워줄 터이다. 그렇게 되면 기분이 어떻겠느냐? 몸 푸는 여인처럼 몸을 비틀며 배가 아프지 않겠느냐?"(공동); "네가 손수 기른 자들이 너를 공격하고 지배하면, 네 심정이 어떠하겠느냐? 너는 해산하는 여인처럼, 온갖 진통에 사로잡히지 않겠느냐?"(새번역; cf. TNK). 이 같은 혼란에도 불구하고 한 가지 확실한 것은 상황이 완전히 바뀌어 주객(主客)이 전도될 것이며 이스라엘은 커다란 실망과 충격을 경험할 것이라는 사실이다. 선지자 호세아는 이스라엘을 아시리아와 이집트를 오가며 방황하던 비둘기로 묘사했다(호 7:11). 이스라엘이 다시 비슷한 실수를 범하고 있다는 것이다. 그들은 지금 이집트와 바빌론을 오가며 갈팡질팡하고 있다. 이런 혼란 때문에 이스라엘은 아이를 낳는 여인처럼 혹독한 고통을 감수해야 한다(cf. 4:31; 6:24; 22:23).

예레미야는 이스라엘이 범하고 있는 죄의 심각성을 다시 비난한다. 그들의 죄악은 이루 말할 수 없이 크며(22절), 그들은 악에 매우 익숙해져 있으며(23절), 거짓(우상)을 믿으며(25절), 음란을 행하며 가증스러운 것을 따르고 있다(27절). 범죄로 유다의 지도자들은 모든 것을 잃게 될 것이다. 물론 하나님이 그들에게 맡기신 '아름다운 양떼'(20절)도 빼앗기게 된다.

"에티오피아 사람이 자기의 피부 색깔을 바꿀 수 있느냐? 표범이 자기의 반점들을 다르게 바꿀 수 있느냐? 만약 그렇게 할 수만 있다면, 죄악에 익숙해진 너희도 선을 행할 수가 있을 것이다"(23절; 새번역). 이 말씀은 당시 모든 사람이 알 정도로 매우 유명한 격언을 바탕으로 하고 있다. 오늘날 말로 하면 "호박에 줄 긋는다고 수박이 되겠느냐?" 정도 된다. 저자는 이 말을 통해 이스라엘이 스스로 개혁할 수 있는 능력을 지니고 있는지에 대한 자신의 견해를 유감없이 표현하고 있다. 이스라엘의 죄는 결코 스스로 해결할 수 있는 문제가 아니라는 것이다. 이스라엘이 앞으로도 끊임없이 죄를 행할 것은 기정사실일 뿐만 아니라, 마치 까만 피부가 이디오피아 사람들의 한 부분이 되어버린 것처럼, 반점이 표범의 부분인 것처럼 죄 짓는 것은 이스라엘의 본질의 한 부분이 되었다는 뜻이다.

유다의 불순종과 죄악은 어떤 결과를 초래할 것인가? 예레미야는 세 가지로 설명한다. 첫째, 이스라엘은 사막의 바람에 나부끼는 검불처럼 산산이 흩어질 것이다(24절). 시편 1:4의 이미지를 빌린 이 말씀은 포로 생활에 대한 예언이다. 이스라엘 사람들은 타국으로 끌려가 곳곳에 흩어질 것이다(cf. 17, 19절). 둘째, 그들이 심판을 받아 끌려가서 살게 될 이방인들의 부정한 땅은 이스라엘이 여호와를 잊고 헛된 것을 따른 것에 대한 응징이다(25절). 심판이 임하면 주의 백성은 결코 하나님을 탓할 수 없다. 환란은 그들이 심은 대로 거두는 것일 뿐이다. 셋째, 하나님이 유다의 치마를 얼굴까지 걷어 올려 수치를 당하는 노예 소녀처럼 대하실 것이다(26절). 치마를 얼굴까지 걷어 올리는 이미지는 예레미야서뿐만 아니라 구약 전체에서 하나님의 분노와 질투를 가장 자극적으로 묘사한다(Brown). 이스라엘은 건국 이래 최고의 수치를 당할 것이라는 뜻이다. 이 비유들은 주의 백성이 여호와께 등을 돌리면 그들이 하나님 덕분에 누리던 모든 평안과 안정을 잃게 될 것을 경고한다. 그래도 다행스러운 점은 하나님이 주의 백성에게 영원히 분노하지 않으실 것이라는 기대감이 여전히 있다는 것이다. 예레미야가 이 말씀을 선포하기 오래전에 이사야 선지자도 하나님은 잠시 분노하실 것이라는 예언을 남겼다(사 54:7-8).

이스라엘이 죄 짓는 것은 음란하게 소리를 지르며 간음하고, 부끄러운 일들을 하는 것과 같았다(27절). "너의 음란한 소리"(מִצְהֲלוֹתַיִךְ)는 발정기에 접어든 짐승들의 소리를 뜻한다(cf. 5:8). 선지자는 성적인 욕구가 너무 강해 어찌할 바를 모르는 짐승의 모습을 이스라엘의 이미지로 사용한다. 이스라엘은 발정기의 짐승처럼 날뛰며 우상을 찾았다. 그들은 들녘과 언덕에서 우상들에게 전했다. 선지자가 주의 백성에게 할 수 있는 유일한 말은 "부정한 예루살렘아, 너에게 화가 미칠 것이다. 언제까지 네가 그렇게 지내려느냐?"라는 책망뿐이다(27절; 새번역).

이 섹션은 "언제까지?"(מָתַי עֹד)라는 질문으로 끝난다. 비록 본문이 하나님의 강력한 분노를 묘사하고 있지만, 그것이 하나님과 선지자의 상한 심령과 안타까움에서 비롯된 탄식임을 암시한다(Miller). 이스라엘을 정죄하면서도 가장 아파하시는 분이 하나님이다. 또한 이미 포로로 끌려간 사람들에게 "언제까지?"라는 하나님의 질문은 언젠가는 자신들이 다시 하나님의 백성으로 회복될 수 있다는 소망을 갖게 했을 것이다(Fretheim). 하나님의 슬픔이 이스라엘 회복의 씨앗이 된 것이다.

Ⅳ. 언약 파괴와 선지자의 불평(11:1-15:21)
C. 기업을 버리신 하나님(12:7-15:21)

4. 가뭄에 바짝 타오르는 땅(14:1-22)

본문은 시편 등을 통해 잘 알려진 탄식시 양식을 취하고 있다(Lundbom). 시가체로 구성되어 있는 1-9절과 17-22절은 양식과 내용적인 면에서 탄식시며, 내러티브로 형성된 10-16절을 감싸고 있다.[13] 백성들이 간접적으로 탄식하고(1-6절), 직접적으로 탄식하며(7-9, 19-22절), 선지자가 탄식하고(13절), 하나님이 탄식하신다(17-18절, Fretheim). 가해자도(이스라엘), 피해자도(하나님), 중계자(예레미야)도 모두 주의 백성이 저지른 죄가 그들에게 안겨준 심판에 대해 아파한다.

두 탄식시에 감싸인 내러티브 섹션(10-16절)은 참 선지자 예레미야의 예언과 거짓 선지자들의 예언이 빚고 있는 갈등에 초점을 맞추고 있다. 핵심 메시지를 한 중앙에 둔 이 같은 구조(탄식시—내러티브—탄식시; A-B-A)는, 이스라엘의 탄식을 자아내는 불행은 그들이 참 선지자의 음성을 듣기를 꺼려하고 거짓 선지자들의 '귀를 간지럽게 하는 메시지'를 청종한 것에서 비롯되었다는 사실을 강조하는 듯하다. 이스라엘은 들어야 하는 메시지보다는 듣고 싶어 하는 메시지만 듣다가 이런 운명에 처하게 된 것이다. 균형과 진실보다는 영적인 편식과 거짓을 선호한 사회의 비참한 종말이다. 본문은 다음과 같은 구조를 지니고 있다.

---

13 NIV등은 10절을 시로 간주하고 있지만, TNK는 내러티브로 표기한다. 본 주석에서는 새번역에 따라 10절을 내러티브로 간주한다.

A. 첫 번째 탄식(14:1-9)

B. 하나님의 응답(14:10-12)

B′. 선지자들의 거짓 신탁(14:13-16)

A′. 두 번째 탄식(14:17-22)

Ⅳ. 언약 파괴와 선지자의 불평(11:1-15:21)
C. 기업을 버리신 하나님(12:7-15:21)
4. 가뭄에 바짝 타오르는 땅(14:1-22)

(1) 첫 번째 탄식(14:1-9)

예레미야는 매우 구슬픈 애가를 부른다. 그가 그토록 사랑하는 백성이 처한 운명을 생각할 때마다 억장이 무너져 내린 것이다. 오래 참으셨던 하나님이 불순종하는 유다에게 혹독한 가뭄을 내리는 것으로 심판을 시작하실 것이기 때문이다. 이른 비와 늦은 비가 와야만 농사를 지을 수 있는 가나안에 가뭄이 닥치면 순식간에 기근이 임한다. 기근이 임하면 가장 고통스러운 사람들은 서민들이다. 상류층과 지도층은 얼마든지 견딜 수 있다. 여호와를 가장 분노하게 하는 사람들은 사회의 지도층이고 상류층인데, 정작 하나님이 심판을 내리시면 가장 큰 고통을 당해야 하는 사람들은 지도자들이 인도하는 대로 따라갔던 서민들이라는 사실이 선지자의 마음을 아프게 한다. 그래서 선지자는 서민들이 당할 고통을 생각하며 매우 구슬픈 애가를 부른다. 본문은 다음과 같이 두 부분으로 나뉠 수 있다.

A. 견딜 수 없는 목마름(14:1-6)

B. 선지자의 탄원(14:7-9)

a. 견딜 수 없는 목마름(14:1-6)

1 가뭄에 대해 예레미야에게 임한 여호와의 말씀이라
2 유다가 슬퍼하며
성문의 무리가 피곤하여 땅 위에서 애통하니
예루살렘의 부르짖음이 위로 오르도다
3 귀인들은 자기 사환들을 보내어 물을 얻으려 하였으나
그들이 우물에 갔어도 물을 얻지 못하여
빈 그릇으로 돌아오니
부끄럽고 근심하여 그들의 머리를 가리며
4 땅에 비가 없어 지면이 갈라지니
밭 가는 자가 부끄러워서
그의 머리를 가리는도다
5 들의 암사슴은 새끼를 낳아도
풀이 없으므로 내버리며
6 들나귀들은 벗은 산 위에 서서
승냥이같이 헐떡이며
풀이 없으므로 눈이 흐려지는도다

창조주 하나님을 섬기기를 거부하던 이스라엘에 가뭄이 임했다(1절). 매우 혹독한 가뭄이다(3-4절). 예레미야는 이스라엘이 매우 혹독한 가뭄을 경험하고 있다는 사실을 강조하기 위해 1절에서 가뭄을 단수가 아니라 복수 '가뭄들'(בַּצָּרוֹת)로 표현한다(Brown). 이스라엘이 비를 주는 천둥의 신으로 숭배했던 바알은 아무런 힘을 발휘하지 못하는 무능한 우상으로

드러났다. 가뭄은 비를 준다는 바알의 거짓과 무능함을 입증하기 때문이다. 성경은 오직 이스라엘의 하나님 여호와만이 세상에 비를 주실 수 있는 분이라고 소개하는데, 정작 이스라엘은 자기 하나님 여호와를 믿지 않았다. 하나님은 자기 백성이 진리에 눈을 뜨게 하기 위해 그들에게 혹독한 가뭄을 주셨다. 하나님은 이스라엘의 종교적 죄(viz., 우상숭배)를 비종교적인 언어(viz.,가뭄)로 심판하신다(Fretheim).

주인들이 하인들을 시켜서 물을 길어오라고 명령하지만 하인들은 빈 양동이를 들고 이곳저곳 분주하게 돌아다닐 뿐이다. 온갖 수고에도 불구하고 하인들은 물을 얻지 못한 채 집으로 돌아오고 있다(3절). 종들은 물을 찾지 못한 수치와 안타까움을 표현하기 위해 머리를 가리고 집으로 돌아온다(McKane, cf. 삼하 15:30; 에 6:12). 물을 찾지 못한 종들이 왜 수치를 느끼는가? 종들은 가뭄이 그들의 죄에 대한 하나님의 심판이라는 것을 알고 있기 때문이다(Lundbom).

농부들도 어렵기는 마찬가지다. 비가 오지 않으니 농사를 짓는 것이 불가능하다(4절). 농부들도 슬픔과 탄식의 상징으로 머리를 가린다. 온 땅이 머리를 가린 사람들로 가득하다. 온 나라가 극심한 가뭄에 괴로워하고 있기 때문이다(2절). 안타까운 것은 이 가뭄 문제는 그들이 머리를 가린다고 해서 해결되지 않는다는 사실이다. 그들이 죄를 고백하고 이른 비와 늦은 비를 주시는 여호와께 돌아가야만 문제가 해결된다.

사람들뿐만 아니라 짐승들도 가뭄으로 엄청난 고초를 겪는다. 들짐승들 중에서도 모성애로 잘 알려진 암사슴이 새끼에게 먹일 풀이 없어서 자기 생명이라도 보존하기 위해 새끼를 버린다(5절). 가뭄의 혹독함이 모성을 이긴 것이다. 광야의 메마름에 익숙한 들나귀들도 먹을 풀이 없어서 눈이 흐려졌다(6절). 제대로 먹지 못하니 쇠약해지고 있는 것이다. 성경은 어느 땅이든 주민들이 죄를 지어 심판이 그 땅에 임하면, 사람들뿐만 아니라 그곳에 사는 짐승들까지 피해를 입는다고 말한다. 이 같은 진리가 선지자가 사역하던 유다에 다시 한 번 현실로 드러나고 있다.

예레미야는 메마름과 먹을 것이 없다는 사실을 여러 차례 언급함으로써 기근으로 온 땅이 처한 어려운 형편을 강조하고 있다: "그들은 물을 찾지 못한다"(לֹא־מָצְאוּ מַיִם; 3절); "비가 오지 않았다"(לֹא־הָיָה גֶשֶׁם; 4절); "풀이 없다"(לֹא־הָיָה דֶשֶׁא; 5절); "풀이 없다"(אֵין עֵשֶׂב; 6절). 주의 백성이 가나안에 입성할 때 그 땅은 젖과 꿀이 흐르던 땅이었는데, 어느덧 그곳에 정착해 살던 이스라엘의 범죄로 먹을 것도, 마실 것도 없는 황량한 땅이 되었다. 언약적 저주가 온 이스라엘 땅에 임한 것이다. 안타까운 것은 사람들의 죄 때문에 짐승들까지 고통을 당해야 한다는 사실이다. 더 마음이 아픈 것은 이스라엘을 벌하기 위해 가뭄을 내린 하나님도 아파하며 애가를 부르신다는 사실이다(cf. 17-18절).

IV. 언약 파괴와 선지자의 불평(11:1–15:21)
C. 기업을 버리신 하나님(12:7–15:21)
4. 가뭄에 바싹 타오르는 땅(14:1–22)
(1) 첫 번째 탄식(14:1–9)

b. 선지자의 탄원(14:7–9)

7 여호와여 우리의 죄악이
우리에게 대해 증언할지라도
주는 주의 이름을 위해 일하소서
우리의 타락함이 많으니이다
우리가 주께 범죄하였나이다
8 이스라엘의 소망이시요
고난당한 때의 구원자시여
어찌하여 이 땅에서 거류하는 자같이,
하룻밤을 유숙하는 나그네같이 하시나이까
9 어찌하여 놀란 자 같으시며
구원하지 못하는 용사 같으시니이까
여호와여 주는 그래도 우리 가운데 계시고

우리는 주의 이름으로 일컬음을 받는 자이오니 우리를 버리지 마옵소서

일부 학자들은 본문이 이스라엘 백성이 하나님께 드린 기도라고 주장하기도 하고(cf. Lundbom, Holladay), 하나님이 선지자에게 하신 말씀(1-6절)의 연속이라고도 주장하기도 한다(Fretheim). 그러나 본문은 선지자가 이스라엘을 대표해서 하나님께 드린 기도다(Clements). 이 기도의 진실성에 문제를 제기하는 학자들도 있지만(Huey), 본문은 예레미야 선지자의 진심이 담긴 기도다. 한 학자는 본문을 구약의 선지자들이 하나님께 드린 중보 기도들 중 최고라고 평가한다(Heschel).

예레미야는 백성을 대표해 그동안 이스라엘이 하나님께 저지른 죄를 모두 인정한다(7절). 선지자는 주의 백성이 지은 죄가 변명의 여지가 없다는 사실을 강조하기 위해 7절에서만 죄에 대해 세 차례나 고백한다: (1) "우리의 죄악(עָוֹן)이 증언할지라도"; (2) "우리의 타락함(מְשׁוּבָה)이 많으니이다"; (3) "우리가 주께 범죄하였나이다(חטא)." 예레미야는 이처럼 세 개의 다른 히브리어 단어를 사용해 이스라엘이 하나님께 지은 죄의 정도와 심각성을 고백한다(Fretheim).

비록 이스라엘의 죄질이 매우 나쁘고 심각하지만, 예레미야는 하나님의 선처를 바라고 있다. 선지자가 하나님의 은혜를 기대하는 근거는 백성들의 개혁이나 선행이 아니다. 오로지 하나님이 자기 명예를 보존하기 위해서 자기 백성을 용서하시기를 바랄 뿐이다(cf. 사 43:25). 하나님의 성품에 근거한 탄원인 것이다. 예레미야의 탄원은 여호와께서 이스라엘과 맺은 언약을 생각해서 선처해 달라는 간구이기도 하다(McConville). 선지자는 여호와의 일방적인 은총만이 주의 백성을 구할 수 있다는 사실을 확실히 알고 있다.

그래서 예레미야는 여호와 하나님을 이스라엘의 유일한 소망이라고 부른다(8절). 그동안 주의 백성의 부르짖는 기도에 신속하게 응답했던 하나님이 이번에는 쉽게 응답하지 않으신다. 하나님도 이스라엘의 끊임없는 죄와 뻔뻔함에 지치셨기 때문이다. 선지자는 하나님께 "어찌하여 이 땅에서 나그네처럼 행하시고, 하룻밤을 묵으러 들른 행인처럼 행하십니까?"라며 원망 서린 탄식을 이어간다(8절; 새번역). 언약을 통해 이스라엘과 특별한 관계를 맺으신 하나님이 곤경에 처한 이스라엘을 아무 상관이 없는 사람을 지나치듯 그냥 지나치려 하신다는 것이다. 예레미야는 강도를 한층 더 높여 탄원을 이어간다: "어찌하여, 놀라서 어쩔 줄을 모르는 사람처럼 되시고, 구해줄 힘을 잃은 용사처럼 되셨습니까? 주님, 그래도 주님은 우리들 한가운데 계시고, 우리는 주님의 이름으로 불리는 백성이 아닙니까? 우리를 그냥 버려두지 마십시오."(9절; 새번역).

선지자는 여호와 하나님의 무능함을 탓하는 것이 아니다. 마치 다른 곳으로 옮겨진 것처럼 느껴지는 하나님의 관심을 불러일으켜 자기 백성을 향하게 하기 위해 이처럼 자극적인 표현을 사용하고 있다. 또한 예레미야는 이스라엘이 직면하고 있는 극심한 가뭄은 그들의 죄로 인한 하나님의 심판이라는 사실을 고백한다. 그래서 선지자가 선하신 하나님께 할 수 있는 마지막 호소이자 유일한 기도는 "우리를 버리지 마옵소서"이다(9절). 이스라엘은 선행을 통해 하나님의 심판을 멈출 수 없다. 그동안의 역사가 이러한 사실을 입증한다. 주의 백성이 한 번도 선행으로 심판하시는 하나님을 감동시킨 적이 없기 때문이다. 그러므로 선지자는 하나님의 선하심에 호소한다. 하나님의 자비로우심만이 백성의 소망이기 때문이다.

> IV. 언약 파괴와 선지자의 불평(11:1-15:21)
> C. 기업을 버리신 하나님(12:7-15:21)
> 4. 가뭄에 바짝 타오르는 땅(14:1-22)

(2) 하나님의 응답(14:10-12)

[10] 여호와께서 이 백성에 대해 이와 같이 말씀하시되 그들이 어그러진 길을 사랑하

여 그들의 발을 멈추지 아니하므로 여호와께서 그들을 받지 아니하고 이제 그들의
죄를 기억하시고 그 죄를 벌하시리라 하시고 11 여호와께서 또 내게 이르시되 너는
이 백성을 위해 복을 구하지 말라 12 그들이 금식할지라도 내가 그 부르짖음을 듣지
아니하겠고 번제와 소제를 드릴지라도 내가 그것을 받지 아니할 뿐 아니라 칼과 기
근과 전염병으로 내가 그들을 멸하리라

예레미야가 이스라엘을 대신해 하나님께 간절히 호소했지만, 하나님의 응답은 의외로 차가웠다. 하나님이 이스라엘을 두고 '이 백성'(עָם הַזֶּה; 10절)이라고 표현하시는 것부터 벌써 불안하다(Brown). 예레미야서에서 이 표현(עָם הַזֶּה)은 항상 부정적인 의미로 사용되기 때문이다(4:10-11; 15:20; 15:10; 23:32). 하나님은 이스라엘이 처음부터 지금까지 줄곧 하나님을 거역해 왔기 때문에 더 이상 심판을 피할 수 없다고 단호하게 선언하신다(10절). 주의 백성들이 너무나 오랫동안, 너무나 많은 죄를 저질렀기 때문에 이런 날이 왔다. 실제로 그들은 아직도 하나님을 기뻐하지 않고 어그러진 길을 사랑한다(10절). '사랑하다'(אהב)는 동사가 이때까지 예레미야서에서는 세 차례 사용되었는데(2:25; 5:31; 8:2), 항상 이스라엘의 죄를 묘사하고 있다(cf. HALOT). 이스라엘은 심판이 임박한 순간까지 하나님을 따르는 것보다는 죄의 길을 걷는 것을 더 즐겼다.

하나님은 그동안 이스라엘이 죄를 지을 때마다 법대로 처리하지 않고 그들을 용서하셨다. 그러나 이제 더 이상 용서는 없다. 지금부터는 그들의 죄를 모두 기억하고, 그 죄에 따라 그들을 벌하실 것이다. 선지서에서 가장 두려운 말씀은 하나님이 주의 백성의 죄를 기어하실 것이라는 선언이다. 하나님이 사람의 죄를 기억하고 법대로 행하시면 주님 앞에 살아남을 자가 없기 때문이다. 뿐만 아니라 하나님은 예레미야에게 더 이상 그들을 위해 기도하지 말라고 명령하신다(11절). 하나님의 마음은 이미 돌이킬 수 없이 심판 쪽으로 기울어져 있으며 선지자의 중보도 더 이상 주님의 마음을 움직일 수 없다는 것이다. 그것은 예레미야도 임박한 하나님의 심판을 현실로 받아들여야 한다는 권면이다(Fretheim).

이스라엘이 아무리 하나님 앞에서 금식을 하며 부르짖고 예배를 드리며 제물을 바쳐도 주님은 결코 듣지도, 받지도 않을 것이라고 말씀하신다(12절). 금식과 제물을 바치는 일과 같은 종교 행위는 결코 하나님을 매수하는 수단이 될 수 없다. 하나님의 말씀에 따라 경건하고 거룩하게 살지 않으면서 금식을 하고 제물을 드리는 것은 위선이기 때문에, 선지자들은 오히려 하나님 앞에 죄를 더 쌓는 결과를 초래한다고 일관되게 가르친다. 육체의 할례가 마음의 할례를 대신할 수 없듯이 형식과 예식이 공의와 정의를 추구하는 삶을 대신할 수 없다.

과거에는 희미하게나마 하나님과의 대화 채널이 열려 있었지만, 이제는 그 채널이 굳게 닫혔다. 예레미야는 피할 수 없는 심판의 확고함을 강조하기 위해 그들에게 임할 재앙을 세 가지(viz., 칼, 기근, 재앙)로 표현하고 있다. 또한 이 세 가지 재앙은 모두 언약적인 저주에 해당한다. 언약의 종주이신 하나님이 종속자인 이스라엘이 언약을 깨뜨릴 때 내리는 형벌로 다스리시겠다는 것이다.

IV. 언약 파괴와 선지자의 불평(11:1-15:21)
C. 기업을 버리신 하나님(12:7-15:21)
4. 가뭄에 바짝 타오르는 땅(14:1-22)

(3) 선지자들의 거짓 신탁(14:13-16)

13 이에 내가 말하되 슬프도소이다 주 여호와여 보시옵소서 선지자들이 그들에게 이르기를 너희가 칼을 보지 아니하겠고 기근은 너희에게 이르지 아니할 것이라 내가 이곳에서 너희에게 확실한 평강을 주리라 하나이다
14 여호와께서 내게 이르시되 선지자들이 내 이름으로 거짓 예언을 하도다 나는 그들을 보내지 아니하였고 그들에게 명령하거나 이르지 아니하였거늘 그들이 거짓 계시와 점술과 헛된 것과 자기 마음의 거짓으로 너희에게 예언하는도다
15 그러므로 내가 보내지 아니하였어도 내 이름으로 예언하여 이르기를 칼과 기근이 이 땅에 이르지 아니하리라 하는 선지

자들에 대해 여호와께서 이와 같이 말씀하셨노라 그 선지자들은 칼과 기근에 멸망 할 것이요 [16] 그들의 예언을 받은 백성은 기근과 칼로 말미암아 예루살렘 거리에 던 짐을 당할 것인즉 그들을 장사할 자가 없을 것이요 그들의 아내와 아들과 딸이 그 렇게 되리니 이는 내가 그들의 악을 그 위에 부음이니라

하나님의 확고한 의지를 확인한 선지자가 다시 한 번 호소해본다. 예레미야는 이 모든 일은 백성의 잘못이 아니라, 거짓으로 그들을 현혹한 선지자들의 책임이라며 백성이라도 배려해 달라고 기도를 드렸다(13절). 이스라엘 역사에서 거짓 선지자들의 행보는 지속적인 골칫거리였다(Miller). 그들은 거짓을 전했을 뿐만 아니라, 참 선지자들을 핍박하기도 했다. 더 나아가 이스라엘 사회에서 참 선지자들이 차지해야 할 자리를 모두 차지했다. 백성은 거짓 선지자들의 거짓말을 여호와께로부터 온 말씀으로 간주했다. 분별력이 없고 하나님의 말씀에 대해 잘 알지 못한 사람들은 쉽게 현혹되었을 것이다. 예레미야는 백성도 일종의 '환경 희생자들'(victims of circumstance)이기 때문에 그들을 불쌍히 여겨달라고 간구하는 것이다(Huey). 선지자는 불쌍한 백성을 위해 중보하면서 리더들이 잘못된 인도로 범죄한 일반인들이 그들을 잘못 인도한 사람들과 동일한 심판을 받는 것이 합당한가에 대해 하나님께 질문하고 있다.

하나님은 예레미야가 제시한 문제에 대해서도 단호하게 말씀하신다. 현혹한 지도자들이나 현혹당한 일반인들이나 함께 멸망할 것이라고 답하신다. 잘못 인도한 사람들과 잘못 인도받은 사람들 모두 책임을 면치 못할 것이다. 이러한 상황이 불공평하다고 할 수 있겠지만, 하나님은 이미 오래전부터 잘못 인도받은 백성에게 지속적으로 참 선지자들을 보내셨다. 선지자들은 하나님께 받은 말씀을 그대로 전했으며, 그들이 선포한 말씀은 백성을 현혹한 지도자들이 하는 말과 상반될 수밖에 없었다. 그러나 들어야 하는 메시지보다는 듣고 싶은 메시지를 선호했던 백성은 하나님이 보내신 참 선지자들의 말씀을 듣지 않았다. 그러므로 이 백성이 잘못된 메시지에 현혹된 것은 그 무엇보다도 거짓 메시지를 선호한 그들의 책임이 크다. 손바닥도 마주쳐야 소리가 난다고, 아무리 거짓 선지자들이 평안을 선포해도 백성이 분별력을 지니고 있었다면 거짓에 혹할 일은 없었을 것이다. 하나님은 거짓 선지자들에게 놀아난 백성에게도 책임이 있다고 말씀하신다.

하나님의 보내심을 받은 적도 없는 사람들이 하나님의 이름으로 메시지를 전하는 것—그것도 하나님의 뜻과 전혀 상관없는 거짓 메시지를 전하는 것에 대해 하나님은 매우 분노하신다(14-15절). 그들은 종교를 빙자해 하나님의 뜻을 왜곡하는 사람들이기 때문이다(Brown). 거짓 선지자들은 "칼과 기근이 이 땅에 임하지 않을 것이다"라고 했는데, 하나님은 이 땅에 칼과 기근을 내리셔서 그들의 거짓과 잘못을 온 천하에 드러내고 재앙을 통해 현혹한 지도자들과 현혹된 백성을 함께 벌하실 것이다(15-16절).

IV. 언약 파괴와 선지자의 불평(11:1-15:21)
C. 기업을 버리신 하나님(12:7-15:21)
4. 가뭄에 바짝 타오르는 땅(14:1-22)

(4) 두 번째 탄식(14:17-22)

선지자는 1-9절에서 하나님께 드렸던 탄식 기도를 이곳에서 다시 시작한다. 본문에서는 먼저 하나님의 말씀이 선지자에게 임하고(17-18절), 그 다음 선지자가 하나님께 탄원하는 것으로 이어진다. 본문은 다음과 같이 두 부분으로 구분된다.

A. 마르지 않는 하나님의 눈물(14:17-18)
B. 선지자의 탄원(14:19-22)

IV. 언약 파괴와 선지자의 불평(11:1-15:21)
C. 기업을 버리신 하나님(12:7-15:21)
4. 가뭄에 바짝 타오르는 땅(14:1-22)
(4) 두 번째 탄식(14:17-22)

a. 마르지 않는 하나님의 눈물(14:17-18)

17 너는 이 말로 그들에게 이르라
내 눈이 밤낮으로 그치지 아니하고 눈물을 흘리리니
이는 처녀 딸 내 백성이 큰 파멸,
중한 상처로 말미암아 망함이라
18 내가 들에 나간즉 칼에 죽은 자요
내가 성읍에 들어간즉 기근으로 병든 자며
선지자나 제사장이나 알지 못하는 땅으로 두루 다니도다

말씀의 내용은 확실하지만, 이 본문의 주어(subject)가 여호와인가, 아니면 예레미야인가에 대해 다소 논란이 있다(cf. Roberts, Holladay). 그러나 내용을 감안하면 하나님이 본문의 주어임이 확실하다(Roberts). 본문은 하나님의 아픔과 눈물에 관한 것이다(Fretheim). 왜 하나님이 눈물을 흘리시는가? 비록 이스라엘이 죄를 지어 멸망하게 되었지만 아직도 그들은 하나님의 백성이기 때문이다. 이 같은 사실을 강조하기 위해 하나님은 멸망하는 이스라엘을 "처녀 딸, 내 백성"이라고 부르신다(17절).

하나님은 앞 섹션에서 백성에 대한 선지자의 탄원을 단호하게 거절하셨다. 하나님은 이제 어떤 심정으로 선지자의 호소를 거부하였는지 말씀하신다: "내 눈에서 밤낮, 하염없이 눈물이 흘러내릴 것이다. 처녀 딸, 내 사랑스러운 백성이, 참혹하게 얻어맞아 죽을 지경에 이르렀기 때문이다"(17절; 새번역). 백성을 심판해야 하는 하나님의 심정이 이렇게도 아프고 괴롭다. 이스라엘에 심판이 임하면 하나님이 가해자고, 주의 백성이 피해자라고 생각하기 쉽다. 본문에 기록된 하나님의 아픔을 다시 묵상해보라. 백성의 죄로 그들에게 심판이 임할 때, 정작 가해자는 주의 백성(viz., 그들의 죄)이고 가장 아파하고 괴로워하는 피해자는 하나님이다. 이러한 사실을 의식하고 산다면 죄를 조금 덜 지으면서 살 수 있지 않을까?

하나님의 눈물이 왜 마르지 않는가? 온 유다 땅에 시체와 신음 소리가 가득하기 때문이다(18절). 도시도, 시골도 전쟁에 희생된 사람들의 시체로 온통 덮여 있다. 주의 백성을 현혹했던 [거짓] 선지자들과 제사장들은 모두 그들이 알지 못하던 땅으로 끌려갈 것이다. 백성을 잘못 인도한 죗값을 물으시는 것이다. 이처럼 참혹한 백성의 고통을 바라보며 하나님은 하염없이 눈물을 흘리신다. 심판은 결코 분노한 하나님을 만족시키는 것이 아니다. 오히려 하나님을 아프게 한다. 그럼에도 불구하고 심판은 진행되어야 한다. 하나님의 공의와 정의 때문이다. 심판을 받은 주의 백성의 고통이 바로 심판주이신 하나님의 고통으로 이어진다는 사실을 깨달아야 한다. 가장 이상적인 시나리오는 사람은 심판을 받을 짓을 하지 않고, 하나님은 심판을 하시지 않는 것이다. 문제는 인간의 죄성이 이러한 시나리오를 허용하지 않는다는 사실이다.

IV. 언약 파괴와 선지자의 불평(11:1–15:21) C. 기업을 버리신 하나님(12:7–15:21) 4. 가뭄에 바짝 타오르는 땅(14:1–22) (4) 두 번째 탄식(14:17–22)

b. 선지자의 탄원(14:19–22)

19 주께서 유다를 온전히 버리시나이까
주의 심령이 시온을 싫어하시나이까
어찌하여 우리를 치시고 치료하지 아니하시나이까
우리가 평강을 바라도 좋은 것이 없고
치료받기를 기다리나 두려움만 보나이다
20 여호와여 우리의 악과 우리 조상의 죄악을 인정하나이다

우리가 주께 범죄하였나이다
21 주의 이름을 위해 우리를 미워하지 마옵소서
주의 영광의 보좌를 욕되게 마옵소서
주께서 우리와 세우신 언약을 기억하시고 폐하지 마옵소서
22 이방인의 우상 가운데
능히 비를 내리게 할 자가 있나이까
하늘이 능히 소나기를 내릴 수 있으리이까
우리 하나님 여호와여
그리하는 자는 주가 아니시니이까
그러므로 우리가 주를 앙망하옵는 것은
주께서 이 모든 것을 만드셨음이니이다 하니라

이스라엘이 당면한 슬픈 운명을 바라보며 예레미야는 다시 하나님께 호소한다. 하나님은 책이 시작된 이후 벌써 세 차례나 선지자에게 기도하지 말라고 하셨지만(7:16; 11:14; 14:11), 예레미야는 이 명령만큼은 순종할 생각이 없다. 하나님의 벌을 받아 죽는 한이 있어도 선지자는 자기 백성을 위해 기도하는 일을 포기할 수 없다. 그는 다시 죽을 각오로 주의 백성을 위해 기도한다. 우리 역시 아무리 어려운 일이 닥쳐와도 기도를 멈추어서는 안 된다. 기도는 인생 사계절의 모든 순간에 드리는 것이기 때문이다.

선지자의 기도는 마치 남편에게 이혼당한 여인의 하소연처럼 시작한다(Brown, cf. 19a절). 이스라엘이 기대했던 것은 평화였다(19절). 그러나 좋은 일이라고는 하나도 오지 않았다. 그들이 기다린 것은 치료와 회복이었다(19절). 그러나 공포만이 그들을 기다리고 있었다. 사실 레위기 26장에 의하면 유다의 이런 현실은 예견된 일이다. 그들에게 임한 재앙은 모두 시내 산 언약의 당사자이신 하나님이 계약을 위반한 이스라엘에게 내리신 언약적 저주이기 때문이다. 선지자는 이스라엘의 기대와 대비되

는 잔혹한 현실을 보며, 하나님이 자기 백성을 거부하셨기 때문에 이런 일이 일어난 것이라고 결론짓는다. 이스라엘이 당면한 어려운 현실에서 벗어나 회복되려면 먼저 이스라엘을 향한 하나님의 마음이 돌아서야 한다는 것을 예레미야는 잘 알고 있다.

그렇다면 어떻게 해야 하나님의 마음을 돌릴 수 있을 것인가? 먼저 백성의 진실하고 철저한 죄 고백이 있어야 한다. 그래서 선지자는 자기 세대의 죄와 조상 세대의 죄를 모두 인정한다(20절). 그러나 죄를 회개하는 것만으로는 부족하다. "내가 회개했기 때문에 하나님은 용서하고, 진노를 거두셔야 한다"는 논리는 성립이 되지 않는다. 그다음 하나님의 명예/이름을 위해 구원해 달라고 간구해야 한다(21절). 예레미야는 이미 7절에서 하나님께 자기 명예를 보존하기 위해서라도 주의 백성을 구원해달라고 애원했었다. 선지자는 하나님이 이스라엘을 버리는 것은 마치 자신의 '영광의 보좌'(כִּסֵּא כְבוֹדֶךָ)를 버리시는 것과 같다고 주장한다. 이스라엘이 많은 죄를 지었지만, 한때 하나님이 그들을 얼마나 귀하게 여기셨는가를 상기시키고 있다.

더 나아가 예레미야는 매우 위험한 발언을 한다: "우리와 세우신 주의 언약을 기억하시고 폐하지 마옵소서"(21절). 선지자의 언약을 기억해 달라는 간구가 왜 위험한가? 만일 하나님이 언약의 조항대로 이스라엘을 판단하시면 언약적 저주에 따라 더 큰 재앙들이 그들에게 임할 것이기 때문이다(Brueggemann). 선지자는 이런 위험한 발언을 통해 일종의 모험을 하고 있다. 주의 백성이 처한 상황이 절박하기 때문이다. 일부 학자들은 본문이 언급하는 '언약'을 다윗 언약으로 제한하지만(Miller), 굳이 그렇게 할 필요는 없다. 시내 산 언약과 다윗 언약을 포함해 이스라엘과 하나님 사이에 형성된 모든 특별한 관계를 의미하는 것으로 넓게 해석하는 것이 바람직하다.

하나님은 이때까지 이스라엘과 맺은 언약을 이행하는 차원에서 백성을 심판하겠다고 말씀하셨다. 예레미야는 그 언약에 근거해 하나님께 자비를 구하고 있다. 선지자는 하나님이 백성을 심판하시는 것은 언약 조항을 이행하는 것뿐이라는 사실을 알고 있다. 그러나 그는 이 언약이 하나님의 지극히 큰 자비와 은혜를 바탕으로 하고 있으며, 이스라엘의 유일한 살길은 바로 이 언약의 하나님께 자비와 은혜를 베풀어달라고 매달리는 것이라는 사실도 의식하고 있다(cf. Miller).

그러므로 예레미야는 혹독한 가뭄, 그것도 여호와께서 내리신 가뭄 속에서 오직 여호와만이 비를 내리고 가뭄을 끝내실 수 있다는 사실을 고백한다(22절). 선지자는 그들을 치신 이가 여호와지만, 그들을 살리실 이도 바로 여호와라는 사실을 잘 알고 있다. 그래서 예레미야는 오직 여호와께만 소망을 두고 있으며 은혜와 긍휼의 여호와께서 그분의 성품대로 행해주시기를 갈망한다. 이스라엘이 망하게 된 것은 전적으로 그들의 잘못 때문이며, 그들이 사는 것도 오직 여호와의 은혜 때문임을 선지자는 외친다.

IV. 언약 파괴와 선지자의 불평(11:1-15:21)
C. 기업을 버리신 하나님(12:7-15:21)

5. 피할 수 없는 네 재앙(15:1-4)

[1] 여호와께서 내게 이르시되 모세와 사무엘이 내 앞에 섰다 할지라도 내 마음은 이 백성을 향할 수 없나니 그들을 내 앞에서 쫓아내보내라 [2] 그들이 만일 네게 말하기를 우리가 어디로 나아가리요 하거든 너는 그들에게 이르기를 여호와께서 이와 같이 말씀하시니라

죽을 자는 죽음으로 나아가고
칼을 받을 자는 칼로 나아가고
기근을 당할 자는 기근으로 나아가고
포로 될 자는 포로 됨으로 나아갈지니라 하셨다 하라
[3] 여호와의 말씀이니라

내가 그들을 네 가지로 벌하리니
곧 죽이는 칼과 찢는 개와
삼켜 멸하는 공중의 새와 땅의 짐승으로 할 것이며
4 유다 왕 히스기야의 아들 므낫세가
예루살렘에 행한 것으로 말미암아
내가 그들을 세계 여러 민족 가운데에 흩으리라

어떻게든 여호와께 간구해 이스라엘에 임할 재앙을 취소하거나 보류해 보려고 안간힘을 썼던 예레미야는 결코 돌이킬 수 없는 심판의 현실을 깨닫는다. 자기 백성에게 심판을 내리시겠다는 하나님의 의지가 얼마나 확고한지 예레미야의 중보 기도가 효력을 발휘하지 못하기 때문이다(1절). 그렇다면 이제 선지자가 선포할 수 있는 메시지는 한 가지뿐이다. 심판으로 유다는 비참한 종말을 맞게 될 것이라는 말씀이다.

심판이 시작되면 이스라엘은 그들을 뿌리째 뽑을 만한 네 가지 재앙을 경험할 것이다(2-3절). 재앙이 휩쓸고 간 유다의 모습은 참혹하다. 한때 이웃 나라들에게 선망의 대상이었던 이스라엘은 열방 사이에 공포와 두려움을 자아내는 표본이 된다(4절). 하나님이 범죄한 백성 이스라엘을 심판하지 않으시면 세상을 공의와 정의로 다스리시는 창조주의 명예가 훼손되기 때문에라도 심판은 꼭 와야 한다(Brown). 선지자는 본문을 통해 다음 네 가지를 강조한다.

첫째, 이스라엘의 죄가 얼마나 심각하고 하나님의 심판에 대한 의지가 얼마나 확고한지 중보 기도가 효력을 발휘하지 못한다(1절). 구약에서 하나님께 백성들의 죄를 용서해 달라고 중보했던 사람들 중 가장 유명한 사람 둘을 꼽으라면 모세와 사무엘이다. 출애굽과 광야 여정 중 모세는 이스라엘에게 분노하시는 하나님께 그들을 위해 여러 차례 기도를 드렸다(출 32:11-14; 32:30-34; 민 14:13-19; 신 9:18-20, 25-29; cf. 시 99:6). 그때마다 하나님은 모세의 기도를 들어주어 심판을 거두셨다. 사무엘도 이스라엘을 위해 꾸준히 기도한 사사이자 선지자로 기억된다(삼상 7:5-9; 12:19-23; 시 99:6). 심지어 그는 고별 설교에서 이스라엘을 위해 기도를 멈추는 죄를 짓지 않을 것을 약속했다(삼상 12:23). 그러나 이 위대한 기도의 용사들도 이루지 못한 일들이 있다. 모세의 기도는 출애굽 1세대의 죽음을 막지 못했고(민 14:26-35), 사무엘의 기도는 사울을 버리겠다는 하나님의 결정을 취소하지 못했다(삼상 15:35-16:1). 그러니 이 신앙적 거인들의 기도도 분명 한계는 있었다.

그럼에도 불구하고 만일 하나님이 사람의 중보 기도를 듣는다면 분명 이 두 사람의 기도를 들으실 것이다. 그러나 이제는 너무 늦었다. 심지어는 그들이 다시 살아나서 이스라엘을 위해 기도하더라도 결코 듣지 않을 것이라고 선언하신다. 하나님이 예레미야 같은 의로운 선지자들의 모든 중보 기도의 효력을 원천 봉쇄하신다(Dearman). 모세와 사무엘의 중보 기도도 효과를 발휘하지 못할 것이라는 말씀은 노아와 다니엘과 욥 세 사람의 의로움이 하나님의 심판에 어떤 효과도 발휘하지 못할 것이라는 에스겔서 말씀을 연상시킨다(겔 14:14, 20). 하나님은 예레미야에게 오히려 "그들을 내 앞에서 쫓아 내보내라"고 말씀하신다(1절). "쫓아 내보내다"(שָׁלַח)는 모세가 바로에게 가서 "여호와께서 이렇게 말씀하시기를 '내 백성을 보내라'"(출 5:1)하고 선언할 때 사용했던 동사다. 본문에서 같은 동사를 사용함으로써 하나님은 의도적으로 출애굽을 떠올리게 하신다. 하나님이 전에는 이집트를 떠나 자기 품으로 오게 했던 백성을 이번에는 자기 품에서 떠나게 하신다. 이 역(逆)출애굽(anti-exodus) 과정에서 예레미야는 모세(떠나게 하는 자)의 역할을 한다(Fretheim).

둘째, 하나님의 심판은 전쟁으로 임할 것이다(2절). 여호와께서는 떠나라는 명령에 이스라엘이 어떻게 반응할지를 알고 계신다. 그래서 선지자에게 백성이 "우리가 어디로 나아가리요?" 하고 반문하면 다음과 같이 답하라고 말씀을 주셨다: "죽을 자는 죽음으로 나아가고 칼을 받을 자는 칼로 나아가고 기근을 당할 자는 기근으로 나아가고 포로 될 자는 포로 됨으로 나아갈지니라"(2절; cf. 43:11). 마치 이스라엘에게 네 가지의 선택이 주어지는 듯하지만, 사실은 모두 멸망에 이르는 방법일 뿐이다. 무엇을 선택하든 간에 모두 생명과 회복이 아니라 죽음과 포로 생활이 기다릴 뿐이다. '넷'(4)은 선지서와 묵시 문학에서 총체성(viz., 온 세상을 뜻할 때 세상의 네 코너로 언급하는 등)을 상징하는 매우 중요한 개념이다(cf. 에스겔서). 또한 사도 요한은 자신의 묵시록에서 '네 명의 말 탄 자'를 통해 본문에 언급된 재앙들을 새로운 차원으로 끌어올린다(계 6:1-8).

셋째, '네 종류의 파괴자들'(אַרְבַּע מִשְׁפָּחוֹת)이 이스라엘의 숨통을 끊을 것이다(3절). 하나님이 2절을 통해 네 가지 재앙을 내리기로 선포하셨다면, 3-4절을 통해서는 네 종류의 파괴자들을 언급하신다: 칼, 개들, 새들, 짐승들. 예레미야는 이 네 가지가 무슨 일을 할 것인가를 묘사하는 동사에 초점을 맞추고 있다. 이 파괴자들은 "[칼은] 죽이고(הרג)…[개들은] 찢고(סחב)…[새들은] 삼키고(אכל)…[짐승들은] 멸할 것이다(שחת)." 칼이 사람을 죽이면 개들은 시체를 찢을 것이며, 새들은 개들이 먹고 남긴 시체를 쪼아먹고, 그나마 남은 사체는 들짐승의 몫이 된다는 무서운 경고다(cf. 겔 39:17-20; 계 19:17-18, 21). 사람이 죽으면 살아 있는 사람들이 적절한 장례식을 치러주어 예를 다하는 것이 고대 근동의 미풍양속이었다는 점을 생각하면, 죽은 사람의 시체가 짐승들의 먹이가 된다는 것은 최악의 시나리오다. 이러한 기법은 2절에 묘사된 이스라엘의 운명에 섬뜩함을 더한다. 지속적으로 죄를 지어온 민족의 비참한 결말이다.

넷째, 하나님은 므낫세의 만행을 기억하신다(4절). 일부 학자들은 예레미야서에서 므낫세를 언급한 유일한 부분이기 때문에 이 말씀은 훗날 다른 사람이 삽입한 것이라고 주장한다(Holladay, cf. Lundbom). 그러나 이스라엘이 혹독한 심판을 당하게 된 이유를 설명하는 데 므낫세만큼 효과적인 예가 없다. 그러므로 이곳에서 그의 이름이 언급되는 것은 충분히 있을 수 있고 당연한 일이다(Van Keulen). 탈굼은 "그들이 므낫세처럼 회개하지 않았기 때문"이라며 마소라 사본(MT)과 전혀 다른 의미를 제시하지만, 중요한 것은 이 옛 번역본도 원래 이곳에 므낫세가 언급되어 있었음을 반영하고 있다. 또한 예레미야는 14:20에서 하나님께 조상의 죄를 용서해 달라고 간구했다. 예레미야 시대에 조상의 죄를 상기시키는 데 므낫세보다 더 좋은 예는 없다(Miller). 그러므로 문맥적인 면에서도 본문에서 므낫세에 대한 언급은 자연스럽다.

하나님이 혹독한 심판을 내리기로 결정하신 데는 므낫세의 죄가 일조했다. 므낫세는 이스라엘 역사상 가장 오랫동안 통치한 왕이었으며(주전 697-643, cf. Thiele) 가장 악한 왕으로 손꼽히는 사람이었다(cf. 왕하 21:3-16; 24:3-4). 그는 하나님의 백성인 유다 사람들에게 바알을 숭배할 것을 요구했으며, 온갖 별들을 포함한 천체를 신으로 숭배하게 했다. 또한 성전 뜰에다 온갖 우상들을 위한 제단을 쌓았으며 심지어 자신의 자녀들을 이 우상들에게 인간 번제로 바쳤다. 점성술과 점괘는 기본이었고 늘 점쟁이들을 가까이했다. 신정 통치를 지향하는 이스라엘에서 왕은 백성에게 신앙의 모범이 되어야 하는데(cf. 신 17:14-20), 열왕기 저자는 므낫세를 최악의 신앙인으로 기억했다.

그런데 므낫세의 죗값을 왜 그의 지배를 받았던 백성이 치러야 하는가? 왕(지도자)의 죗값을 백성(지배를 받는 사람들)이 치르는 것은 하나님의 공의와 정의에 위배되지 않는가? 왕이 백성에게 가증스러운 일을 강요한다. 더 나아가 예레미야는 이미 잘못된 지도자들의 리더십에 따라 잘못 인도함을 받은 사람들도 함께 벌을 받아야 한다는 원칙을 선포한 적이 있다(cf. 14:13 주해). 그러므로 이스라엘 사람들은 결코 자신들은 결백하다고 할 수 없다. 또한 지도자들과 함께 죗값을 치러야 한다. 이러한 상황은 마치 한 세대의 죗값을 다음 세대가 치러야 한다는 오해를 자아낼 수도 있다. 그러나 선지자들이 외치고 있는 분명한 사실은 모든 사람은 자신의 죄 때문에 죽는 것이지 조상의 죄 때문에 죽는 것은 아니라는 것이다(렘 31:29-30; 겔 18:2-4).

IV. 언약 파괴와 선지자의 불평(11:1–15:21)
C. 기업을 버리신 하나님(12:7–15:21)

6. 기대할 수 없는 하나님의 긍휼(15:5–9)

5 예루살렘아 너를 불쌍히 여길 자 누구며
너를 위해 울 자 누구며
돌이켜 네 평안을 물을 자 누구냐
6 여호와께서 이르시되 네가 나를 버렸고 내게서 물러갔으므로
네게로 내 손을 펴서 너를 멸하였노니
이는 내가 뜻을 돌이키기에 지쳤음이로다
7 내가 그들을 그 땅의 여러 성문에서 키로 까불러
그 자식을 끊어서 내 백성을 멸하였나니
이는 그들이 자기들의 길에서 돌이키지 아니하였음이라
8 그들의 과부가 내 앞에 바다 모래보다 더 많아졌느니라
내가 대낮에 파멸시킬 자를 그들에게로 데려다가
그들과 청년들의 어미를 쳐서
놀람과 두려움을 그들에게 갑자기 닥치게 하였으며
9 일곱을 낳은 여인에게는 쇠약하여 기절하게 하며
아직도 대낮에 그의 해가 떨어져서
그에게 수치와 근심을 당하게 하였느니라
그 남은 자는 그들의 대적의 칼에 붙이리라
여호와의 말씀이니라

선지자는 이 섹션의 시작(5절)과 끝(9절)에서 미래형 동사를 사용하고 중간에서는 과거형 동사들을 사용해 미래의 일이지만, 이미 이루어진 일처럼 묘사한다(Allen, McKane).[14] 과거에 이스라엘은 재앙이 내리면 하나님께 호소해 은혜를 기대할 수 있었다. 사사기는 이러한 사실을 가장 확

실하게 드러내는 책이다. 그러나 유다는 더 이상 이러한 기대를 할 수 없게 되었다. 하나님이 더 이상 용서와 긍휼을 베풀지 않기로 작정하셨기 때문이다. 여호와의 결정은 주님이 더 이상 이스라엘을 사랑하지 않거나 무관심해서가 아니다. 본문은 이스라엘에 대한 하나님의 애틋한 감정을 바탕으로 구성되어 있다. 자기 하나님 여호와께 외면당한 이스라엘은 세상에서도 도움을 받지 못한다. 오히려 세상은 하나님의 심판의 도구가 되어 그들을 공격한다. 한때 하나님의 특별한 관심과 민족들의 선망의 대상이었던 이스라엘은 외톨이가 되어 쓸쓸하게 종말을 맞는다. 본문은 이러한 사실을 두 가지를 통해 강조한다.

첫째, 이스라엘을 불쌍히 여길 사람은 세상에 하나도 없다(5-6절). 하나님은 몇 개의 수사학적인 질문을 통해 이스라엘의 처량한 신세를 묘사한다: "예루살렘아, 누가 너를 불쌍히 여기겠느냐? 누가 너를 생각하여 위로의 눈물을 흘리며, 누가 네 안부라도 물으려고 들러보겠느냐?"(5절; 새번역). 이 질문들은 비아냥이나 책망을 위한 것이 아니라, 유다에 대한 하나님의 안타까움에서 비롯된 것들이다(Brown). 이스라엘이 처한 어려운 상황(viz., 심판)에 대해 아파하거나 안타까워하는 사람은 세상에 아무도 없다. 특히 마지막 질문, "누가 네 안부를 묻겠느냐?(לִשְׁאֹל לְשָׁלֹם לָךְ)"에서 '안부'로 해석되는 평안(שָׁלוֹם)은 오직 여호와께서만 주실 수 있는 것이다. 세상의 왕들과 권세자들이 이 평안을 주는 시늉은 할 수 있지만, 결코 주지는 못한다. 그러나 이제는 이스라엘의 안부를 묻는 사람도 아예 없다. 이스라엘은 세상 사람들의 관심 밖에 존재하는 백성이 된 것이다.

뭇 민족들은 왜 이스라엘에게 더 이상 관심을 보이지 않는 것일까? 이스라엘의 주인인 여호와께서 손을 내밀어 자기 백성을 치셨기 때문이다(6절). 출애굽 때 하나님은 능력의 팔을 내밀어 이스라엘의 원수 이집트

14 다른 대안에 대해서는 브루그만(Brueggemann)과 아래 주해를 참고하라.

를 치고 그들을 구원하셨다(cf. 신 26:8). 주님의 파괴하는 팔이 이제는 주의 백성에게 펼쳐져 있다. 원래는 열방이 이스라엘을 괴롭히면 하나님이 손으로 그들을 치고 자기 백성을 보호하셨다. 그런데 지금은 하나님이 스스로 자기 백성 유다를 치시는 상황이다. 그러므로 이스라엘을 질투하던 열방이 그들을 도울 이유가 전혀 없다. 오히려 이때다 싶어 주의 백성을 더 치려 할 것이다.

둘째, 이스라엘은 자기 하나님의 긍휼마저도 기대할 수 없는 처량한 신세가 되었다(7-9절). 본문 해석에서 가장 기본적인 이슈를 만드는 것은 동사들의 시제다. 시제에 대한 관점은 크게 둘로 나뉜다. 대부분 번역본들은 본문이 사용하고 있는 미완료형(imperfective) 동사들을 미래형으로 해석한다(NIV, NAS, JPS, KJV, 공동, 새번역). 이렇게 해석할 경우 본문은 앞으로 하나님이 이스라엘에게 행하실 혹독한 심판을 다시 설명하고 있다(McKane, Allen, Miller). 그러나 다른 번역본들은 이 미완료형 동사들을 과거형으로 해석한다(NRS, TEV, 개역, 개역개정; Brueggemann). 본문은 하나님이 더 이상 자기 백성에게 은혜를 베푸실 수 없는 이유를 설명하고 있다. 하나님은 이때까지 여러 차례 자기 백성을 돌이키려 하셨지만, 완악한 이스라엘이 받아들이지 않았다는 것이다. 문맥의 흐름, 특히 "내가 뜻을 돌이키기에 지쳤다"(6절; viz., 계속 심판을 보류하는 일에 신물이 났다)는 하나님의 탄식을 감안할 때 두 번째 해석이 더 설득력 있어 보인다. 예레미야는 이미 5-6절에서 이스라엘이 왜 주위로부터 불쌍히 여김을 받지 못하는가를 설명했다. 이제는 이스라엘이 왜 하나님으로부터도 긍휼함을 받을 수 없는가를 설명하는 차례가 된 것이다. 하나님은 이스라엘을 위해 이미 할 만큼 했으므로 더 이상 그들을 위해 하실 수 있는 일이 없다. 하나님도 끊임없이 죄를 짓는 이스라엘에 지치셨다.

하나님은 이스라엘을 심판하겠다는 의지를 결코 굽히거나 돌이키지 않으실 것이다. 하나님의 확고한 의지와 분노는 이스라엘이 먼저 여호와를 업신여겼기 때문에 빚어진 결과다. 하나님의 오래 참으심이 바닥을 드러냈다. 오늘을 살아가는 죄인들이 이 사실을 알아야 한다. 하나님의 오래 참으심에는 분명히 한계가 있다는 사실을 말이다.

하나님은 그동안 이스라엘을 돌이키게 하기 위해 한 여러 가지 일들을 회고하신다: "내가 키로 까불렀다(זרה)…내가 슬프게 했다(שכל)…내가 멸하였다(אבד)…내가 [과부들의 수가] 늘어나게 했다(עצם)…내가 그들을 덮쳤다(נפל)"(7-8절). 이러한 표현들은 이 텍스트를 예레미야서에서 가장 확고한 심판 선언으로 간주한다(Miller). 이중 첫 번째인 "키로 까불렀다"는 농부가 타작 마당에서 곡식과 겨를 구분하기 위해 하는 행위로, 침략자들이 이스라엘을 정복한 후에 누가 침략자의 나라로 끌려갈 것이며, 누가 그 자리에서 처형될 것인가를 결정하는 과정을 묘사하는 듯하다(Brown). 키로 까부는 것은 혹독한 심판에 대한 이미지다(Allen).

그동안 이스라엘이 경험한 수많은 재앙은 모두 여호와께서 하신 일이다. 이스라엘이 죄에서 돌이키지 않았기 때문이다. 그러나 여호와께서 자기 백성을 심판하신 목적은 그들을 완전히 멸망시키는 것이 아니라, 회복시키기 위해서였다. 심판은 하나님의 진노를 표현하는 도구이기도 하지만, 동시에 은혜로의 초청이기도 했다. 다만 문제는 이스라엘이 하나님의 초청에 응하지 않았다는 것이다(7절). 하나님께 남은 유일한 옵션은 이스라엘 사람들을 모두 원수들에게 죽게 내버려두시고 생존자들 또한 원수들의 칼에 붙이는 일이다(9절). 이 과정을 묘사하는 말씀이 참으로 안타깝다. 아이를 일곱이나 낳을 정도로 튼튼하고 복을 받은 여인이 심판을 받아 기절한다(9절). 숫자 '7'은 완전한 숫자로 이 여인이 아이를 일곱이나 낳았다는 것은 하나님께 큰 축복을 받았음을 상징한다(Fretheim). 그러나 심판이 시작되자 과거에 받았던 축복은 효력을 발휘하지 못한다. 그래서 여인이 기절을 한다. 아마도 전쟁으로 그녀의 아이들이 죽었다는 소식에 정신을 잃은 모습을 묘사하는 듯하다(Miller). 결국 이 여인은 회복하지 못하고 "아직도 대낮인데 그녀의 해가 진다"(9절). 아직 한창 젊을 때 일찍 삶을 마감한다는 뜻이다(Brown). 과거에 하나님은 심판을 통해 이스라엘을 돌이켜 회복시키려 하셨는데, 이제는 심판을 통해 멸망과 죽음만을 그들에게 안기실 것이다.

본문의 여러 이미지 중 가장 두드러지는 것은 "그들의 과부가 내 앞에 바다 모래보다 더 많아졌느니라"(8절)라는 말씀이다. 하나님은 아브라함에게 그의 자손이 "바다의 모래보다 더 많아질 것"을 약속하신 적이 있다. 이스라엘은 자기 하나님 여호와를 섬기기는커녕 오히려 대적해 과부들의 수가 "바다의 모래보다 더 많아지는 것"을 경험하고 있다. 유다의 남자들이 전쟁을 통해 전멸하다시피 했다는 뜻이다. 한 랍비 주석가는 본문이 북 왕국 왕 베가가 유다를 쳐 군인 12만 명을 죽인 사건(대하 28:6)을 의미한다고 하지만(Radak, cf. Brown), 확실하지는 않다. 안타까운 것은 주의 백성이 이처럼 처참한 경험을 하고도 돌이킬 줄 모른다는 사실이다. 인간의 완고함과 무지함에는 한계가 없는 듯하다.

IV. 언약 파괴와 선지자의 불평(11:1–15:21)
C. 기업을 버리신 하나님(12:7–15:21)

7. 선지자의 불평과 하나님의 훈계(15:10–21)

예레미야가 이스라엘에게는 더 이상 소망이 없다는 말씀을 듣고 다시 탄식한다. 사랑하는 백성에게 희망을 심어줄 수 없는 자신이 미웠을 것이며, 백성들을 돌이키기는커녕 오히려 시험에 들게 하는 메시지를 전하는 자신의 사역이 싫었을 것이다. 그래서 그는 깊은 신음을 내며 삶을 비관한다. 예레미야의 신음 소리와 아픔을 회고하고 있는 본문은 다음과 같이 구분된다.

A. 예레미야가 태어난 날을 저주함(15:10-14)
B. 예레미야의 탄식(15:15-18)
C. 예레미야의 소명 재점검(15:19-21)

IV. 언약 파괴와 선지자의 불평(11:1–15:21)
C. 기업을 버리신 하나님(12:7–15:21)
7. 선지자의 불평과 하나님의 훈계(15:10–21)

(1) 예레미야가 태어난 날을 저주함(15:10–14)

10 내게 재앙이로다 나의 어머니여
어머니께서 나를 온 세계에 다투는 자와
싸우는 자를 만날 자로 낳으셨도다
내가 꾸어주지도 아니하였고
사람이 내게 꾸이지도 아니하였건마는
다 나를 저주하는도다
11 여호와께서 이르시되
내가 진실로 너를 강하게 할 것이요
너에게 복을 받게 할 것이며
내가 진실로 네 원수로 재앙과 환난의 때에 네게 간구하게 하리라
12 누가 능히 철 곧 북방의 철과 놋을 꺾으리요
13 그러나 네 모든 죄로 말미암아
네 국경 안의 모든 재산과 보물로
값 없이 탈취를 당하게 할 것이며
14 네 원수와 함께 네가 알지 못하는 땅에 이르게 하리니
이는 나의 진노의 맹렬한 불이 너희를 사르려 함이라

설교자들의 희망은 성도들이 들으면 기뻐하며 좋은 반응을 보일 메시지를 전하는 일이다. 그러나 설교가 설교자들의 개인적인 사색을 알리는 것이 아니라 하나님께 받은 말씀을 선포하는 것이라고 인정한다면, 설교자는 성도들이 듣기 싫어하는 말씀도 선포해야 한다. 이제까지 예레미야는 주로 백성들이 듣기 싫어하는 심판의 메시지만을 선포했다. 이스라엘 사람들에게 그는 '예레미야 선지자'보다는 '파멸을 선포하는

사람'으로 더 알려졌을 것이다. 사람들은 파멸과 심판을 전하는 예레미야를 싫어했다. 그가 자기 백성에게 심판 메시지를 선포하는 일을 즐기는 것으로 착각했을지도 모른다. 그러나 가장 사랑하는 주의 백성에게 심판 메시지를 선포해야 하는 예레미야는 무척 괴로워했다. 선지자에게 사역은 진정한 의미에서 그가 지고 가야 할 십자가였다. 그래서 그는 '눈물의 선지자'라는 별명을 얻게 되었다.

사람들이 듣기 싫어하는 메시지만을 전해야 하는 선지자의 아픔이 그의 탄식에 배어 있다: "아! 어머니 원통합니다. 왜 나를 낳으셨습니까? 온 세상이 다 나에게 시비를 걸어오고, 싸움을 걸어옵니다. 나는 아무에게도 빚을 진 일도 없고, 빚을 준 일도 없는데, 모든 사람이 다 나를 저주합니다"(10절; 새번역). 얼마나 고통스러웠으면 이런 말을 했을까를 생각하면 사역자로 부름받은 우리 마음도 무겁다. 사람들이 준 것 없이 미워하고, 이유 없이 핍박할 때, 우리는 할 말을 잊게 된다. 주님께 순종하며 주님과 함께 길을 가는 것은 항상 기쁘고 즐거운 일만은 아니다. 때로 순종하는 삶은 이런 고통을 요구할 때가 있다. 오죽하면 예수께서 제자들에게 십자가(viz., 고난)를 지고 따라오라고 하셨겠는가! 그리스도인의 삶이 때로는 고난과 시련을 요구한다는 사실을 의식해야 한다.

11절을 이루는 히브리어 문장은 번역하기가 쉽지 않다(cf. Holladay, Lundbom). 우리말 번역본에서도 이런 어려움이 역력히 드러난다. 공동번역은 이 문장을 "야훼여, 이 백성이 복 받도록 제가 주님을 진심으로 섬기지 않았습니까? 이 백성이 원수를 만났을 때나 재앙을 만나 고생할 때, 대신 기도를 드리지 않았습니까? 그러지 않았다면, 저주를 받아도 좋습니다"로 번역했다(cf. LXX). 같은 문장을 새번역은 "주께서 말씀하셨다. '내가 분명히 너를 강하게 해주고, 네가 복을 누리게 하겠다. 네 원수가 재앙을 당하여 궁지에 빠질 때에, 그가 너를 찾아와서 간청하게 하겠다'"(cf. MT, 개역; Carroll). 이 두 번역의 핵심 문제는 본문이 여호와께서 예레미야에게 하신 위로의 말씀인지, 아니면 선지자가 하나님께 탄원하는 말씀인지 분명하지 않다는 것이다.

영어 번역본들도 혼선을 빚기는 마찬가지다. NAS는 "내가 선한 목적을 위해 너에게 자유를 주었다…"(Surely I will set you free for *purposes of* good…)로 번역한다. 반면에 TNK의 "여호와께서 말씀하셨다: '내가 너희들 중 소수만 남겨 더 나은 운명을 맞게 하겠다'"(The LORD said: Surely, a mere remnant of you Will I spare for a better fate!)로 번역했다. 정확히 어떤 번역이 히브리어 텍스트에 문자적으로 가장 근접한 것인지에 대해 다소 논란이 있을 수 있다. 그러나 문맥에서 선지자가 전달하고자 하는 의미는 분명하다. 머지않아 예레미야의 운명이 전화위복이 될 것이라는 사실이다. 11절은 하나님이 선지자를 위로하는 말씀으로 간주하는 것이 바람직하다는 것이다.

예레미야는 주께서 맡기신 사역을 감당하기에는 너무 고통스럽다며 괴로워하고 있다. 위로와 치유의 하나님이 이런 상황을 모른 척하고 지나치실 리 없다. 하나님은 힘들어하는 선지자에게 그를 핍박하는 사람들이 찾아와 자신들이 잘못했다면서 도와달라고 간청하는 날이 머지않았다고 말씀하신다. 지금은 힘들겠지만 견디고 참으면 좋은 결과(לְטוֹב)가 올 것이라고 하신다(11절). 하나님이 전에 예레미야에게 백성을 위한 '좋은 일'(לְטוֹבָה)이 임하도록 기도하지 말라고 명령했을 때에 같은 표현을 사용하셨다(14:11). 백성에게는 허락하지 않는 축복을 선지자에게는 내리실 것이라는 뜻이다(Rudolph, cf. Allen). 이 말씀은 21:1-2; 37:3; 38:14-27; 42:2-3 등을 통해서 성취된다. 선지자에게 임하는 위로는 머지않은 미래에 관한 예언이다.

이스라엘을 향해 진군해올 바빌론 군이 그 누구도 꺾을 수 없는 "철곧 북방의 철과 놋"으로 묘사되고 있다(12절). 이 히브리어 문장(הֲיָרֹעַ בַּרְזֶל בַּרְזֶל מִצָּפוֹן וּנְחֹשֶׁת) 역시 번역이 쉽지 않아 다양한 해석이 가능하다. 그러나 히브리어 텍스트의 문자적 의미에 가장 근접한 번역은 "철이 북쪽에서 오는 철을 부술 수 있겠으며 놋을 부술 수 있겠느냐?"(Can iron break iron from the north and bronze?)이다(O'Connor). 이렇게 번역할 경우 이 문장의 첫 번째 철(viz., 북쪽에서 오는 철을 부수지 못하는 철)은 이스라엘의 완고함을 의미한다(O'Connor, cf. 6:28). 책에서 예레미야를 놋으로 표현한 적이 있다(cf. 20절; 1:18). 그렇다면 이 말씀은 이스라엘이 아무리 강해도 북쪽에서 오는 철(viz., 바벨론)과 놋(viz., 바벨론의 침략에 대해 선포한 선지자 예레미야)을 이기지 못할 것이라는 뜻이다(Fretheim). 바벨론의 침략과 함께 그동안 예레미야가 선포했던 모든 말씀이 진실로 드러날 것을 암시한다. 당연하다. 선지자는 오직 하나님이 그에게 주신 말씀만을 선포했기 때문이다.

하나님은 바벨론에게 이스라엘의 모든 보화를 넘기실 것이다(13절). 바벨론이 유다를 철저하게 약탈해갈 것을 의미한다. 그 누구도 바벨론 사람들의 손에서 다시 이스라엘의 보화들을 빼앗지 못할 것이다. 예레미야는 이스라엘에 임할 심판이 일으킬 최종 결과를 선언하고 있다. 이 모든 재앙이 이스라엘에 임하는 것은 그들이 자기 땅에서 두루 행해온 죄악 때문이다(13절). 모든 일이 끝나면 그나마 전쟁에서 죽지 않은 생존자들은 그들이 알지 못하는 땅으로 끌려가 살아야 한다(14절). 역시 바벨론을 두고 하는 말이다. 이스라엘 사람들이 바벨론에 대해 말은 들어보았겠지만, 실제적으로 몇 명이나 그 땅을 방문해보았겠는가? 바벨론은 이스라엘 사람들에게 알려지지 않은 땅이었다.

IV. 언약 파괴와 선지자의 불평(11:1-15:21)
C. 기업을 버리신 하나님(12:7-15:21)
7. 선지자의 불평과 하나님의 훈계(15:10-21)

(2) 예레미야의 탄식(15:15-18)

15 여호와여 주께서 아시오니 원하건대
주는 나를 기억하시며 돌보시사
나를 박해하는 자에게 보복하시고
주의 오래 참으심으로 말미암아

나로 멸망하지 아니하게 하옵시며
주를 위하여 내가 부끄러움당하는 줄을 아시옵소서
16 만군의 하나님 여호와시여
나는 주의 이름으로 일컬음을 받는 자라
내가 주의 말씀을 얻어 먹었사오니
주의 말씀은 내게 기쁨과 내 마음의 즐거움이오나
17 내가 기뻐하는 자의 모임 가운데 앉지 아니하며
즐거워하지도 아니하고
주의 손에 붙들려 홀로 앉았사오니
이는 주께서 분노로 내게 채우셨음이니이다
18 나의 고통이 계속하며
상처가 중하여 낫지 아니함은 어찌 됨이니이까
주께서는 내게 대하여 물이 말라서 속이는 시내 같으시리이까

하나님의 위로의 말씀에도 불구하고 아직도 고통스러운 선지자는 탄식시에서 하나님께 자신의 아픔을 토로한다. 예레미야 선지자의 연약함을 다시 한 번 목격하고 있다. 그는 분명 하나님의 부르심을 받아 위대하고 권위 있는 선지자가 되었지만, 한없이 연약한 인간이기도 했다. 목에 칼이 들어온다 해도 백성들 앞에서 당당하게 하나님의 말씀을 선포하는 선지자들은 신적 권위와 위엄의 상징이었지만, 개인적인 차원에서는 한없이 연약한 사람들이었다. 그래서 하나님은 그들에게 말씀만 주신 것이 아니라, 그 말씀을 선포할 수 있는 용기와 담대함도 주셨다. 역시 사역자에게는 능력(ability)이 아니라 하나님의 부르심에 순응할 유용성(availability)이 중요하다.

선지자는 갑자기 "여호와여 주께서 아시오니"(אַתָּה יָדַעְתָּ יְהוָה)라는 말로 아픔을 토하기 시작한다(15절). 하나님이 무엇을 알고 계신단 말인가? 이 말 바로 다음에 선지자는 아픔을 회고하고 있다. 주께서 주신 사역 때문에 자신이 얼마나 고생하고 있는가를 여호와께서 헤아리셨다는 뜻으로 보인다(Huey). 그는 네 개의 명령문을 사용해 하나님이 어려운 상황에 신속하게 간섭해주실 것을 소망한다: "기억하소서(זכר)…돌보소서(פקד)…보복하소서(נקם)…멸망하지 아니하게 하옵소서(לקח)"(15절).

예레미야가 여호와의 개입과 은혜에 대해 이처럼 강력하게 호소할 수 있는 것은 그동안 하나님께 신실하게 순종해온 그의 삶이 원동력이 되었기 때문이다. 선지자는 자기는 하나님의 이름으로 불리는 사람이며 하나님의 말씀을 거역한 적이 없이 항상 순종했고, 하나님의 말씀은 그에게 기쁨이 되었다고 말한다(16절). 예레미야가 "주의 말씀을 얻어 먹었다"고 하는 것(16절)이 요시야가 성전을 보수할 때 힐기야 제사장이 성전에서 율법 책을 찾은 일(왕하22:8-10)을 뜻한다며 이때부터 예레미야의 선지자 사역이 본격적으로 시작되었다고 주장하는 학자가 있다(Lundbom). 그러나 이 같은 표현은 하나님이 선지자에게 말씀을 주신 것을 의미할 뿐 구체적인 역사적 사건을 염두에 둔 것은 아니다(Miller). 이 말씀을 성전 보수 공사 때 발견된 율법책과 연관시키기에는 증거가 불충분하다.

선지자는 그동안 나라가 망해가는 줄도 모르고 즐거워하는 사람들과 한 번도 함께하지 않았던 것도 강조한다: "저는, 웃으며 떠들어대는 사람들과 함께 어울려 즐거워하지도 않습니다. 주께서 채우신 분노를 가득 안은 채로, 주의 손에 붙들려 외롭게 앉아 있습니다"(17절; 새번역). 예레미야는 기울어가는 나라의 운명을 슬퍼하고 백성의 미래를 염려하는 생각에 사로잡혀 한 번도 삶을 누리지 못했다. 자신이 이처럼 백성들을 염려하고 사랑하는 마음으로 근신하며 살아왔으니 이 백성을 사랑하는 여호와께서 그에게 자비를 베푸시는 것은 당연하다는 논리를 펼치고 있다.

문제는 예레미야가 간곡하게 호소해도 그의 삶은 견디기 힘든 아픔으로 가득하다는 것이다. 선지자는 끝나지 않는 악몽(nightmare) 같은 삶을 살고 있다(Brown). 그는 솔직하게 불편하고 혼란스러운 자신의 마음을 털어놓는다: "어찌하여 저의 고통은 그치지 않습니까? 어찌하여 저의 상처는 낫지 않습니까? 주께서는, 흐르다가도 마르고 마르다가도 흐르는 여름철의 시냇물처럼, 도무지 믿을 수 없는 분이 되셨습니다"(18절; 새번역). 한때 예레미야는 하나님을 마르지 않는 '생수의 샘'으로 표현한 적이 있다(2:13). 이제 선지자는 자신의 아픔을 토로하며 하나님이 '속이는 시내'(18절)가 되셨다고 탄식한다. 예레미야가 하나님의 강요로 선지자가 되었을 때, 분명 어려움이 있을 것이라는 사실은 알았지만, 이렇게까지 혹독한 고통일 것이라고는 상상도 못했다. 주께서 함께하시는 길이 왜 이렇게도 힘이 들고 외로워야 하는가? 십자가를 지고 따라오라던 예수님의 말씀을 생각해보면 성도의 삶에 고통이 없는 것이 오히려 비정상이 아닐까? 고통은 이 땅에서 하나님의 자녀들이 치러야 하는 대가다. 세상은 하나님을 미워하고, 우리는 그런 하나님을 사랑하니 세상이 우리를 미워하고 방해하는 것은 당연한 일이다.

> IV. 언약 파괴와 선지자의 불평(11:1-15:21)
> C. 기업을 버리신 하나님(12:7-15:21)
> 7. 선지자의 불평과 하나님의 훈계(15:10-21)

(3) 예레미야의 소명 재점검(15:19-21)

19 여호와께서 이와 같이 말씀하시되
네가 만일 돌아오면 내가 너를 다시 이끌어 내 앞에 세울 것이며
네가 만일 헛된 것을 버리고
귀한 것을 말한다면 너는 나의 입이 될 것이라
그들은 네게로 돌아오려니와
너는 그들에게로 돌아가지 말지니라
20 내가 너로 이 백성 앞에 견고한 놋 성벽이 되게 하리니
그들이 너를 칠지라도 이기지 못할 것은

내가 너와 함께하여 너를 구하여 건짐이라 여호와의 말씀이니라
21 내가 너를 악한 자의 손에서 건지며
무서운 자의 손에서 구원하리라

하나님이 예레미야의 탄식과 아픔에 응답하신다. 그런데 내용을 살펴보면 선지자의 불평에 잘 어울리지 않는 대답이다(Brueggemann). 아파하는 선지자에게 치료와 위로가 될 격려의 말씀을 주시는 것이 아니라 오히려 예레미야에게 선지자의 품위를 지키지 못한다고 야단하시기 때문이다(Brown). 한마디로 요약하자면 너무 아프다며 하나님을 원망하는 선지자에게 "회개하라"고 하신다(19절). 예레미야는 죄를 짓지 않았으며, 본문 그 어디에도 그가 회개하는 모습은 보이지 않는다. 그렇다면 하나님이 선지자에게 회개하라고 하신 것은 예레미야의 흐트러진 소명 의식과 사역의 초점을 재점검하라는 권면이 확실하다(Fretheim). 선지자가 아픔을 토로하는 과정에서 자신의 소명과 사명에 대해 혼란을 빚으며 넘어서는 안 되는 선을 넘는 말을 했다(Balentine). 예레미야는 자칫 잘못하면 소명을 잃을 수도 있는 위기를 맞은 것이다(Brueggemann).

하나님은 예레미야의 소명을 재확인해주기 위해 '돌아오다'라는 단어를 여러 차례 사용해 선지자를 권면하신다(19절). 이 과정에서 하나의 언어유희가 형성되고 있다: "나 주가 말한다. 네가 돌아오면(שוב), 내가 너를 다시 맞아들여(שוב) 나를 섬기게 하겠다. 또 네가 천박한 것을 말하지 않고, 귀한 말을 선포하면, 너는 다시 나의 대변자가 될 것이다. 너에게로 돌아와야(שוב) 할 사람들은 그들이다. 네가 그들에게 돌아가서는(שוב) 안 된다"(19절; 새번역).

하나님은 예레미야가 '회개'한다면 세 가지를 약속하신다(19절). 첫째, 예레미야를 다시 자기 앞에 세우실 것이다. 그는 선지자로서 사역을 계속할 수 있으며, 그가 그렇게 사랑하는 백성을 위해 계속 중재하게 될 것이다(Brown). 둘째, 예레미야는 다시 하나님의 대변자가 될 것이다. 여호와의 대변자가 되는 것은 하나님의 '입'(פֶּה)이 된다는 뜻이다. 하나님이 앞으로도 계속 그에게 전할 말씀을 주실 것을 의미한다(cf. 출 4:16; 7:1). 셋째, 지금은 사람들이 선지자를 기피하지만, 언젠가는 그들이 예레미야에게 돌아올 것이다. 언젠가는 세상이 예레미야의 진가를 알아볼 것이라는 뜻이다.

예레미야가 하나님께 돌이킨다면 여호와께서는 그를 튼튼한 놋쇠 성벽처럼 만들어서 회개하기를 거부하는 이스라엘과 맞서게 하실 것이다(21절; cf. 1:18). 하나님이 선지자를 놋쇠 성벽처럼 만드신다는 것은 백성이 예레미야를 거부하거나 대항하기는 하겠지만, 결코 그를 이기지는 못할 것이라는 뜻이다. 마치 아나돗 사람들이 선지자를 죽이려고 음모를 꾸몄지만 실패한 것처럼 말이다(cf. 11장). 하나님이 선지자와 함께하면서 그를 돕고 보호해주실 것이기 때문이다(21절). 예레미야의 사역은 목이 곧을 대로 곧은 백성을 상대로 하기 때문에 결코 쉽지는 않겠지만, 사역을 하다가 순교하는 일은 없을 것이다. 하나님은 본문을 통해 이미 예레미야를 선지자로 불렀을 때 하신 말씀과 약속을 되풀이하고 있다(1:18-19).

하나님은 그 말씀을 왜 다시 하시는 것일까? 너무 고통스러워서 부르짖는 선지자의 울부짖음이 예레미야와 하나님 사이에 위기감을 조성했기 때문이다. 예레미야가 선지자로 부르심을 받은 이후 최고의 위기를 맞았다. 그래서 하나님은 예레미야와의 관계를 재확인 내지는 재점검해야 한다는 필요성을 느끼셨다. 관계를 재확인하는 과정에서 때로는 선지자를 위로하기도 하지만, 위협을 가하기도 하신다. 중요한 것은 선지자와 하나님의 갈등이 해소되면 둘이 다시 함께 사역한다는 사실이다. 사역자가 하나님과 동행하며 사역한다는 것은 이런 것이 아닐까.

V. 경고, 권면, 좌절
(16:1-20:18)

예레미야는 백성이 듣고 싶어 하는 메시지가 아니라, 들어야 하는 메시지를 선포하다가 고향인 아나돗 사람들에게 암살당할 뻔했다(11:21). 이 섹션에서도 선지자는 그가 선포하는 메시지에 수긍하지 않는 백성의 따돌림과 협박을 받는다. 예레미야는 사역을 시작한 이후 줄곧 고난을 받고 있다. 하나님이 함께하시면 항상 기쁘고 즐겁다는 주장은 그의 삶과 전혀 상관없는 이야기다. 오히려 예레미야의 삶과 사역은 하나님이 함께하시기 때문에 고난과 아픔의 연속이다.

예레미야의 특징은 자기 감정을 잘 표현한다는 것이다. 그는 구약의 선지자들 중 그 누구보다도 감정 표현에 충실했다. 본문에서도 선지자는 아픔을 호소하며 불편한 심기를 그대로 드러낸다. 선지자의 개인적인 회고와 많은 감정 변화를 묘사하고 있는 것이다. 자신의 감정을 잘 표현하는 예레미야는 정신적으로 건강해 보인다. 속은 타 들어가고 있는데, 겉으로는 태연한 척하는 것이 거룩과 경건은 아니다. 세상이 무너져 내리는데 마치 아무런 일도 없는 것처럼 이성과 냉정을 유지하는 것만이 영성은 아니다.

예레미야는 하나님의 확고한 심판 의지를 강조하기 위해 결혼을 포기해야 한다. 하나님의 절대적인 주권을 강조하며 신약에서도 종종 언급되는 토기장이와 토기의 비유가 이 섹션의 중심을 차지한다. 본문은 다음과 같이 나눌 수 있다.

A. 심판과 약속(16:1-21)
B. 경고와 권면(17:1-27)
C. 토기장이 방문(18:1-23)
D. 질그릇을 통한 교훈(19:1-15)
E. 선지자의 수치와 좌절(20:1-18)

V. 경고, 권면, 좌절(16:1-20:18)

A. 심판과 약속(16:1-21)

선지자에게 주는 하나님의 명령과 말씀으로 이스라엘에게 임할 심판의 확고부동함을 확인하는 것으로 이 섹션이 시작된다(1-13절). 그런 다음 이 책이 진행되어가는 동안 더욱더 큰 비중을 차지하게 될 회복에 대한 말씀으로 이어가지만(14-15절), 다시 심판에 대한 말씀으로 끝을 맺는다(16-21절). 한 주석가(Fretheim)가 "어느 선지자의 삶의 형태"(The shape of the life of a prophet)라고 부르는 이 장(章)은 다음과 같이 구분할 수 있다.

A. 선지자의 결혼을 금하심(16:1 13)
B. 새로운 출애굽(16:14-15)
C. 피할 수 없는 심판(16:16-18)
D. 온 세상이 여호와를 인정함(16:19-21)

V. 경고, 권면, 좌절(16:1–20:18)
A. 심판과 약속(16:1–21)

1. 선지자의 결혼을 금하심(16:1–13)

1 여호와의 말씀이 또 내게 임하여 이르시되 2 너는 이 땅에서 아내를 맞이하지 말
며 자녀를 두지 말지니라 3 이곳에서 낳은 자녀와 이 땅에서 그들을 해산한 어머니
와 그들을 낳은 아버지에 대해 여호와께서 이와 같이 말씀하시오니 4 그들은 독한
병으로 죽어도 아무도 슬퍼하지 않을 것이며 묻어주지 않아 지면의 분토와 같을 것
이며 칼과 기근에 망하고 그 시체는 공중의 새와 땅의 짐승의 밥이 되리라

5 여호와께서 이와 같이 말씀하시되
초상집에 들어가지 말라
가서 통곡하지 말며 그들을 위해 애곡하지 말라
내가 이 백성에게서 나의 평강을 빼앗으며
인자와 사랑을 제함이라 여호와의 말씀이니라
6 큰 자든지 작은 자든지 이 땅에서 죽으리니
그들이 매장되지 못할 것이며
그들을 위해 애곡하는 자도 없겠고
자기 몸을 베거나 머리털을 미는 자도 없을 것이며
7 그 죽은 자로 말미암아 슬퍼하는 자와
떡을 떼며 위로하는 자가 없을 것이며
그들의 아버지나 어머니의 상사를 위해
위로의 잔을 그들에게 마시게 할 자가 없으리라
8 너는 잔칫집에 들어가서
그들과 함께 앉아 먹거나 마시지 말라

9 만군의 여호와 이스라엘의 하나님이 이와 같이 말씀하시니라 보라 기뻐하는 소리
와 즐거워하는 소리와 신랑의 소리와 신부의 소리를 내가 네 목전, 네 시대에 이곳
에서 끊어지게 하리라 10 네가 이 모든 말로 백성에게 말할 때에 그들이 네게 묻기를

여호와께서 우리에게 이 모든 큰 재앙을 선포하심은 어찌 됨이며 우리의 죄악은 무엇이며 우리가 우리 하나님 여호와께 범한 죄는 무엇이냐 하거든 [11] 너는 그들에게 대답하기를 여호와께서 말씀하시되 너희 조상들이 나를 버리고 다른 신들을 따라서 그들을 섬기며 그들에게 절하고 나를 버려 내 율법을 지키지 아니하였음이라 [12] 너희가 너희 조상들보다 더욱 악을 행하였도다 보라 너희가 각기 악한 마음의 완악함을 따라 행하고 나에게 순종하지 아니하였으므로 [13] 내가 너희를 이 땅에서 쫓아내어 너희와 너희 조상들이 알지 못하던 땅에 이르게 할 것이라 너희가 거기서 주야로 다른 신들을 섬기리니 이는 내가 너희에게 은혜를 베풀지 아니함이라 하셨다 하라

하나님이 선지자에게 결혼하지 말라고 명령하신다(2절). 예레미야는 이스라엘이 심판으로 인해 정상적인 삶을 살 수 없다는 사실을 자신의 삶을 통해 입증해야 하기 때문에 이런 명령을 받았다(Fretheim). 결혼은 인간의 삶에서 가장 기본적인 기쁨과 누림이라 할 수 있는 아내와 자식을 선사한다(Brown). 그런데 하나님은 예레미야의 결혼을 금하면서 이 기쁨과 누림을 차단하신다. 앞으로 이스라엘에 임할 환난을 생각하면 태어나지 않은 생명이 살아 있는 생명보다 더 복이 있다는 논리에서다. 결혼은 하나님이 인간을 창조하고 제일 먼저 세우신 복된 제도이며(창 1:28; 2:24; 신 7:14), 자녀들은 하나님이 내려주신 축복이라는 사실(시 113:9; 127:3-4)이 변한 것은 아니다.

이스라엘 남자들은 대체적으로 18-20세에 결혼했으며, 14-15세의 이른 결혼도 흔한 일이었다. 탈무드는 20세가 넘도록 결혼하지 않은 남자들에게 저주를 선포하기도 했다. 결혼은 유대인들에게 당연하고 자연스러운 삶의 일부분으로 취급되었다. 그래서 히브리어에는 '총각'(bachelor)이라는 단어가 아예 없다(Lundbom). 독신은 신약에서와 마찬가지로 구약에서도 예외였지 정상으로 취급되지는 않았다.

그렇다면 예레미야는 왜 결혼하지 않아야 되는가? 이스라엘의 상황이 악화되고 있으며 앞으로 그들에게 임할 심판이 매우 혹독할 것이기 때문이다. 혹독한 미래가 기다리고 있으니 조금이라도 미래 세대에 대해 걱정하는 사람이라면 아이를 갖지 않는 것이 좋으며, 아이를 갖지 않으려면 결혼을 하지 말라는 것이다.

하나님이 예레미야의 결혼을 금하는 것은 행위 예언(acting prophecy)으로 호세아와 에스겔의 행위 예언에 버금간다(cf. Dearman). 호세아는 하나님의 명령으로 창녀와 결혼했다(호 1:1-3). 이스라엘과 하나님의 관계를 적나라하게 묘사하기 위해서였다. 에스겔은 사랑하는 아내가 죽었는데도 목 놓아 울 수 없었을 뿐만 아니라 마치 아무 일도 없었던 것처럼 감정을 표현할 수 없었다(겔 24:15-27). 하나님이 유다의 죽음을 마치 전혀 상관없는 사람처럼 어떤 개입도 하지 않고 지켜만 보실 것을 상징하는 행위였다. 이제 예레미야는 앞으로 이스라엘이 당면할 혹독한 심판을 상징하며 독신으로 살아야 한다. 환란 때는 가족이 있는 사람보다 독신이 견디기가 더 쉽기 때문이다.

서론에서 언급한 것처럼 하나님이 선지자에게 결혼하지 말라고 하셨을 때, 그의 나이가 어느 정도였는가가 학자들 사이에 계속 논란이 되고 있다(cf. Lundbom). 어느 정도인지 확실하게 가늠하는 건 쉽지 않다. 선지자의 길을 갔던 사람들 중 예레미야처럼 결혼을 할 수 없는 경우도 있었고, 호세아처럼 원치 않는 결혼을 강요당하는 경우도 있었다. 선지자의 삶을 산다는 것은 때로 이처럼 보통 사람들이 가지 않는 고난의 길을 가야 한다는 것을 의미한다. 더 나아가 선지자의 소명은 가족들에게 희생을 요구하기도 했다. 하나님은 자신이 선지자의 소명을 주는 사람들을 자기 소유로 삼으셨기 때문이다(Martini).

예레미야의 삶은 하나님의 뜻대로 사는 것이 때로는 우리의 계획을 포기하는 것을 전제한다는 사실을 상기시킨다. 예레미야는 실로 "아무든지 나를 따라오려거든 자기를 부인하고 날마다 제 십자가를 지고 나를 따를 것이니라"(눅 9:23)라는 예수님의 말씀을 삶으로 옮긴 좋은 모범

사례다.

심판의 날이 임하면 사람들이 혹독한 질병으로 죽어도 그들을 위해 곡을 하거나 묻어 줄 사람이 없다. 결국 시체들은 땅 위에 뒹구는 거름 덩이처럼 취급된다. 칼에 맞아 죽거나 굶주려 죽은 사람들의 시체는 새와 들짐승 같은 청소 동물들의 차지가 된다(4절). 죽은 사람이 경험할 수 있는 최악의 수치이며, 상상할 수 없는 최악의 운명이다(Brown). 아무도 죽은 사람들에게 관심을 갖지 않을 것이며, 가질 여력도 없다. 생존자들은 자기 몸뚱이 하나 챙기기도 버거울 것이다. 예레미야가 묘사하는 이미지는 매우 불결하고 혐오스럽다. 너무나 많은 사람들의 시체가 온 땅에 나뒹굴며 제대로 매장되지 못해 '배설물'(דֹּמֶן)처럼 취급되기 때문이다. 이 같은 모습은 하나님을 거역한 백성의 비참한 말로이며, "죽을 자는 죽음으로 나아가고 칼을 받을 자는 칼로 나아가고 기근을 당할 자는 기근으로 나아가고 포로 될 자는 포로 됨으로 나아갈지니라"(15:2)라는 말씀의 성취이기도 하다.

하나님은 예레미야에게 결혼을 금하신 다음 전통적인 장례 절차에 참가하는 것마저 금하신다(5-7절). 남녀노소, 신분의 귀천에 상관없이 모두 같은 처지가 되어 죽음을 맞을 것이다. 한꺼번에 많은 사람이 죽을 것이기 때문에 아무리 준비해도 모두의 장례를 치를 수 없다: "이 땅에서는 높은 사람이나 낮은 사람이나 다 죽을 것이다. 그러나 그들을 묻어줄 사람도 없고, 그들의 죽음을 곡하여줄 사람도 없고, 그들이 죽어서 슬프다고 자신의 몸에 상처를 내거나 머리를 밀어 애도할 사람도 없을 것이다"(6절; 새번역). 죽은 사람들의 시신이 온 땅에 널려 있다. 너 안타까운 것은 생존자들의 수가 적고 경황이 없어서 죽은 사람들을 위해 슬퍼해 줄 수도 없다는 것이다.

이스라엘의 이웃들은 장례식에서 죽은 자들을 위해 자기 몸에 상처를 내고 머리카락 일부를 자르기도 했다. 그들은 이것들(몸을 상해 흘린 피와 자른 머리카락)이 망자에게 일종의 '노자 돈'이 된다고 생각했다. 또한 죽은 자에 대한 산 자의 미안함(죄책감)을 어느 정도 줄여보려는 노력이었다. 율법은 죽은 사람을 위해 몸에 상처를 내는 이 이방 풍습을 금한다(레 19:28; 신 14:1). 그러나 예레미야 시대 유다 사람들은 이런 이교도적인 풍습을 행하고 있었다(cf. 41:5; 47:5; 48:37).

하나님은 예레미야가 슬픔에 동참할 수 없는 신학적인 근거를 이렇게 선언하신다: "내가 이 백성에게서 나의 평강(שָׁלוֹם)을 빼앗으며 인자(חֶסֶד)와 긍휼(רַחֲמִים)을 제함이니라"(5절). 이 말씀은 하나님이 이스라엘과 맺은 언약 관계가 완전히 끝났다는 뜻이다. 평강(שָׁלוֹם)은 예루살렘 전통과 매우 밀접한 관계가 있는 개념이며, 인자(חֶסֶד)와 긍휼(רַחֲמִים)은 '모세—선지자 전통'에 근거한 하나님의 헌신적이고 강력한 보호를 상징한다(Porteous). 그러므로 이 세 가지가 주의 백성들로부터 거두어졌다는 것은 이스라엘은 더 이상 하나님과의 관계에서 어떤 선한 것도 기대할 수 없다는 뜻이다. 이스라엘의 앞날에 오직 어두운 구름만이 잔뜩 끼어 있다. 그러나 이 일에 대해 누구도 하나님을 원망할 수는 없다. 이스라엘이 자청한 일이기 때문이다.

선지자는 잔칫집에 가서 하객들과 함께 기뻐해서도 안 된다(8-9절). 하나님이 유다 땅에서 모든 기쁨의 소리(viz., 결혼식 등)를 끊으실 것이기 때문이다(9절). 예레미야가 상갓집에 갈 수 없고 잔칫집에도 가지 않는다는 것은 그의 삶이 모든 사람들에게서 격리될 뿐만 아니라 쉽게 따돌림을 받을 수 있는 상황에 처하게 될 것을 암시한다. 사회적으로는 상갓집과 잔칫집이 없어지는 것은 그 사회가 완전히 몰락해 더 이상 공동체의 기능을 하지 못하게 되었다는 뜻이다(Brueggemann). 몰락한 백성은 결국 자신들이 알지 못하는 땅으로 끌려갈 것이며(cf. 레 18:28), 거기서 그들이 염원했던 대로 이방 신들을 실컷 숭배하게 될 것이다(13절; cf. 신 32:37-38).

선지자는 이 모든 사실을 백성들에게 선포해야 한다. 만일 백성이 "어찌하여 이런 일이 우리에게 임했습니까?" 하고 반문하면 조상들과 그들 자신의 죄 때문이라는 사실을 전해야 한다(10-13절). 하나님은 조상들의 죄에 대해 구체적으로 두 가지를 말씀하신다: (1) 하나님과 그의 말씀에 등을 돌렸다; (2) 우상들을 섬겼다(11절). '등을 돌렸다'(עזב)는 단어는 11절에서 두 차례 사용되는데, 자기 백성에게 배신당하고 거부당한 하나님의 상한 마음을 생각하게 한다.

하나님께 등을 돌리고 노골적으로 우상을 숭배하던 조상들에 비해 예레미야의 청중은 어떻게 반응하는가? 그들은 조상들보다 더 악하다는 평가를 받는다(12절). 그들의 근본적인 죄 역시 하나님을 버리고 각자 자기 마음대로 행한 것이다. 비록 선조들의 죄가 화근이 되기는 했지만, 결국 이 백성은 자신들의 죄 때문에 벌을 받게 되었다(cf. 겔 18:2-4). 징벌의 모든 책임은 결국 자기에게 있다. 회개의 책임 역시 자기에게 있다.

V. 경고, 권면, 좌절(16:1-20:18)
A. 심판과 약속(16:1-21)

2. 새로운 출애굽(16:14-15)

14 여호와의 말씀이니라 그러나 보라 날이 이르리니 다시는 이스라엘 자손을 애굽
땅에서 인도하여내신 여호와께서 살아 계심을 두고 맹세하지 아니하고 15 이스라엘
자손을 북방 땅과 그 쫓겨났던 모든 나라에서 인도하여내신 여호와께서 살아 계심
을 두고 맹세하리라 내가 그들을 그들의 조상들에게 준 그들의 땅으로 인도하여 들
이리라

지금까지 선지자가 선포한 메시지는, 이스라엘이 살아날 방법은 아무것도 없다는 걸 보여준다. 모든 것이 절망적으로만 느껴진다. 바로 그 순간, 놀라운 구원의 메시지가 죽음과 비통함으로 가득 찬 시온에 선포된다. 전반적인 문맥의 흐름에서 소망의 메시지가 이곳에 등장하는 것은 매우 놀라운 일이다. 그래서 일부 학자들은 본문이 훗날 누군가가

23:7-8을 이곳에 복사한 것이라고 주장한다(Miller). 그러나 예레미야가 전반적으로 심판의 메시지를 전하면서도 곳곳에서 소망적인 메시지를 선포해왔다는 것을 생각해보면 본문이 원래부터 이곳에 위치했다는 사실이 놀랄 만한 일은 아니다(Keil, cf. 3:4ff.; 4:27; 5:10, 18).

하나님이 이스라엘에게 구원의 손을 내미시는 날이 되면 더 이상 '출애굽의 하나님'으로 기억되기를 원하지 않으신다. 그때는 '출바빌론의 하나님'으로, 혹은 '출열방의 하나님'으로 기억되기를 원하신다(cf. 사 43:16-20; 48:20-21; 51:9-11). 하나님이 이스라엘을 바빌론과 열방으로부터 탈출시키실 것이며, 그들의 선조들이 기업으로 받았던 약속의 땅, 곧 젖과 꿀이 흐르는 땅으로 다시 돌아오게 하실 것이다. 이스라엘은 다시 여호와의 백성이 될 것이며, 여호와는 그들의 하나님이 될 것이다. 이 소망적인 메시지는 '위로의 책'(Book of Consolation)으로 알려진 30-33장을 준비하는 단계로 여기는 것이 바람직하다. 주의 백성에게 심판은 결코 하나님의 마지막(최종적인) 말씀이 아니다(Feinberg). 하나님의 심판에는 반드시 회복이 뒤따르기 때문이다.

V. 경고, 권면, 좌절(16:1-20:18)
A. 심판과 약속(16:1-21)

3. 피할 수 없는 심판(16:16-18)

16 여호와의 말씀이니라
보라 내가 많은 어부를 불러다가 그들을 낚게 하며
그 후에 많은 포수를 불러다가
그들을 모든 산과 모든 언덕과 바위틈에서 사냥하게 하리니
17 이는 내 눈이 그들의 행위를 살펴보므로
그들이 내 얼굴 앞에서 숨기지 못하며
그들의 죄악이 내 목전에서 숨겨지지 못함이라

[18] 내가 우선 그들의 악과 죄를 배나 갚을 것은
그들이 그 미운 물건의 시체로 내 땅을 더럽히며
그들의 가증한 것으로 내 기업에 가득하게 하였음이라

본문의 내용은 간단하다. 하나님이 어부들과 사냥꾼들을 불러다가 물고기와 짐승들을 잡는 것처럼 사람들을 잡아들이실 것이다(16절). 어부를 이집트 사람들로(cf. 사 19:5-10), 사냥꾼을 바빌론 사람들로(cf. 애 4:18-19) 해석하는 학자들도 있고(Holladay), 주전 597년과 586년에 유다가 바빌론으로 두 차례 끌려간 사건으로 해석하는 학자들도 있다(cf. Miller). 그러나 본문이 비유로 말씀하고 있기 때문에 어부와 사냥꾼이 어느 나라를 의미하는지는 확실하지 않으며 중요하지도 않다. 본문의 핵심 메시지는 그 누구도 하나님의 심판을 피할 수는 없을 것이라는 경고이기 때문이다.

하나님의 심판을 피하기 위해 어떤 사람은 산중에, 어떤 사람은 언덕에, 어떤 사람은 굴에 숨어도 결코 안전하지 못하다(cf. 16절). 하나님이 그들의 행동을 지켜보고 계시므로 어떤 곳에 숨더라도 지켜보는 주님의 눈에서 벗어날 수 없기 때문이다. 그들이 이처럼 철두철미한 심판을 받게 되는 것은 우상들을 숭배하고 열정적으로 허무한 것들을 좇았기 때문이다. 그들은 자신들의 죄에 대한 충분한 '대가'(מִשְׁנֶה)를 치르게 될 것이다(18절; cf. 사 40:2). 해석이 여기까지는 확실하다.

문제는 본문이 누구를 두고 이 심판을 선포하고 있는가 하는 점이다. 이스라엘인가, 아니면 이스라엘의 원수인 열방인가? 만일 본문이 14-15절에 대한 보충 설명이라면 이스라엘의 원수인 열방이 심판을 받는 것을 의미한다. 그러나 만일 예레미야가 14-15절에서 잠시 주의 백성에게 소망을 제시한 다음 다시 1-13절에 기록된 심판의 메시지를 이어가고 있다면, 이스라엘이 심판을 받을 것을 의미한다(Holladay, McKane). 대부분 학자들은 본문이 묘사하는 심판의 대상은 바로 이스라엘이라고 생각한다(Brown). 본문은 14-15절의 연속이 아니라, 1-13절의 내용으로 전환하고 있다는 것이다. 이러한 해석은 매우 설득력이 있다. 그러나 19-20절은 여호와께 드리는 열방의 고백을 담고 있다. 그래서 본문이 열방을 대상으로 한다는 해석도 나름 설득력 있어 보인다. 여호와께 징계를 당한 열방이 드디어 주님께 무릎을 꿇는 것으로 간주할 수 있기 때문이다.

이스라엘의 우상숭배는 하나님이 그들을 심판하시는 가장 중요한 이유였다(cf. 18절). 주의 백성이 숭배한 "미운 물건의 시체"가 하나님의 땅을 더럽히고, 땅에 가득한 우상들이 거룩한 땅을 오염시켰기 때문에 심판이 불가피하다(18절). 우상들을 "미운 물건의 시체"(נִבְלַת שִׁקּוּצֵיהֶם)라고 부르는 것은 일종의 풍자다(Fretheim). 우상은 살아 있는 것이 아니기 때문에 처음부터 '시체'였다. 우상이 땅을 더럽힌다는 것은 선지자가 이미 여러 차례 강조한 주제다(cf. 3:1-2, 9; 12:1-17).

V. 경고, 권면, 좌절(16:1-20:18)
A. 심판과 약속(16:1-21)

4. 온 세상이 여호와를 인정함(16:19-21)

19 여호와 나의 힘, 나의 요새, 환난날의 피난처시여
민족들이 땅 끝에서 주께 이르러 말하기를
우리 조상들의 계승한 바는 허망하고 거짓되고 무익한 것뿐이라
20 사람이 어찌 신 아닌 것을
자기의 신으로 삼겠나이까 하리이다
21 여호와께서 이르시되
보라 이번에 그들에게 내 손과 내 능력을 알려서
그들로 내 이름이 여호와인 줄 알게 하리라

예레미야는 능력이 충만하신 여호와를 "나의 힘, 나의 요새, 나의 피난처"로 고백한다(19절). 하나님을 대적하는 열방과 주를 멸시하는 사람들은 모두 심판을 받아 망할 것이지만, 자기는 여호와를 경외하기 때문에 모든 두려움과 심판에서 자유하다는 사실을 강조한다. 믿음이 심판을 피할 수 있게 하는 피난처라고 선지자는 고백한다. 뿐만 아니라, 드디어 열방이 하나님을 찾아와 자신들의 죄를 고백한다(cf. 사 2:1-4; 미 4:1-5). 그들의 조상들이 섬기고 그들에게 전수해 준 우상은 결코 신이 될 수 없다(viz., 여호와께 비교될 수 없다)는 사실도 고백한다(20절). 자신들이 신으로 숭배해 온 우상은 허망하고(הֶבֶל), 거짓되고(שֶׁקֶר), 무익하기(אֵין־מוֹעִיל) 때문이다(19절). 우상들의 실체를 가장 정확하게 표현해주는 단어들이다. 이렇게 고백하는 이방인들의 믿음이 우상숭배에서 헤어나오지 못하는 이스라엘의 영성보다 훨씬 더 좋다(Brown).

하나님도 이러한 열방의 고백을 좋게 받아들이고 손수 그들을 가르치겠다고 약속하신다(21절). 열방도 여호와가 어떤 분인지 직접 경험하고 알 기회를 얻은 것이다. 이스라엘의 회복에 대한 약속이 열방의 구원에 대한 약속으로 이어지고 있다. 주의 백성의 심판과 회복이 범세계적인 효력을 발휘할 것을 암시하고 있다(Dearman). 이스라엘과 열방이 회복되는 날, 하나님에 대한 세상 만민의 지식이 온전해질 것이다. 저자는 21절에서 '알다'(ידע)라는 동사를 네 차례나 사용하고 있다. 그날이 되면 하나님은 열방이 여호와를 알도록 하실 것이고, 하나님의 가르침을 받은 열방은 주님을 알게 될 것이다. 영적인 갱신과 부흥은 하나님을 아는 지식에서 시작한다.

V. 경고, 권면, 좌절(16:1-20:18)

B. 경고와 권면(17:1-27)

예레미야는 바로 앞(16:19-21)에서 열방까지 하나님을 기뻐하는 유토피아적 비전을 제시했다. 그는 다시 암울한 유다의 현실로 눈을 돌린다. 본문은 여러 개의 독립적인 메시지를 모아놓았다. 그래서 때로는 '예레미야의 잡다한 메시지 모음집'(Jeremiah's miscellaneous file)이라고 불린다(Bright). 그럼에도 불구하고 한 테마가 이 장의 전반적인 분위기를 조성하며 공통 분모를 제시하고 있다. 주의 백성이 죄를 지었으므로, 하나님의 심판을 받아야 한다는 주제다. 본문은 다음과 같이 구분된다.

A. 지울 수 없는 유다의 죄(17:1-4)
B. 시냇가에 심어진 나무(17:5-8)
C. 치료가 불가능한 인간의 마음(17:9-13)
D. 오직 소망인 주님의 구원(17:14-18)
E. 안식일 준수(17:19-27)

V. 경고, 권면, 좌절(16:1-20:18)
B. 경고와 권면(17:1-27)

1. 지울 수 없는 유다의 죄(17:1-4)

1 유다의 죄는 금강석 끝 철필로 기록되되
그들의 마음 판과 그들의 제단 뿔에 새겨졌거늘
2 그들의 자녀가 높은 언덕 위 푸른 나무 곁에 있는
그 제단들과 아세라들을 생각하도다
3 들에 있는 나의 산아
네 온 영토의 죄로 말미암아

내가 네 재산과 네 모든 보물과 산당들로
노략을 당하게 하리니
4 내가 네게 준 네 기업에서 네 손을 뗄 것이며
또 내가 너로 하여금 너의 알지 못하는 땅에서
네 원수를 섬기게 하리니
이는 너희가 내 노를 맹렬하게 하여
영원히 타는 불을 일으켰음이라

하나님이 다시 이스라엘의 죄를 비난하신다. 소송 양식을 취하고 있는 이 말씀은 유다의 죄는 철필로 돌에 새긴 것같이 되었기 때문에 그 누구도 부인할 수 없고, 바꿀 수 없는 사실임을 강조한다. '철필'(עֵט בַּרְזֶל)은 돌처럼 가장 단단한 '용지'에 영구적인 글귀나 이미지를 새길 때 사용했던 도구들이다(Brown, cf. 욥 24:19). 문제는 그 '돌'(viz., 유다의 죄를 기록하고 있는 용지)이 바로 그들의 마음(לִבָּם; 심장)이며 제단들의 뿔들(קַרְנוֹת מִזְבְּחוֹתֵיכֶם)이라는 사실이다. 원래는 부드러워야 할 주의 백성의 마음이 돌처럼 굳어져 있다. 더 나아가 그 가슴에 하나님의 말씀이 새겨져야 하는데, 온갖 죄와 우상에 대한 것들이 새겨져 있다. 마음에 새겨졌다는 것은 그들의 내적인 존재(inner being)가 완전히 우상을 숭배하고 있다는 것을 의미한다(4:4; 신 10:16). 원래 온 마음과 정성과 힘을 다해 하나님을 사랑해야 하는 이스라엘이(cf. 신 6장) 이런 열정으로 우상들을 숭배하고 있다는 것이다.

돌처럼 굳은 심장에 죄가 새겨졌다는 것은 새로운 심장이 필요하다는 점을 암시하는 듯하다. 그러므로 본문은 31:33에 언급된 '심장이식 수술'을 기대하고 있다. 예레미야와 동시대에 사역했던 에스겔도 심장이식 수술의 필요성을 주장했다(겔 11:19; 36:26). 선지자들은 죄가 새겨진 심장이 제거되고 율법과 말씀이 새겨진 심장이 이식되기를 갈망하고 있다. 인간은 스스로 죄 문제를 해결할 수 있는 능력을 지니지 않았기 때문에 주님께서 이처럼 획기적인 수술을 해 주셔야만 문제가 해결된다.

이스라엘의 죄가 제단들의 뿔들에 새겨졌다는 것은 그들이 다른 신들에게 제물을 바치고 있음을 의미한다(4:4; 출 27:2; 왕상 2:28; 왕하 23:12, 15). 이스라엘의 제사장들은 짐승의 피를 제단의 뿔에 발라 여호와의 죄 사함을 기대했다(출 27:2; 29:12; 레 4:7, 30, 34; 8:15; 16:18). 이 일을 위해 제사장들이 사용할 수 있는 제단은 예루살렘 성전에 있던 것 하나뿐이었다. 그런데 여기서 복수형 '제단들'이 사용되는 것은 그들이 곳곳에서 우상들에게 제물을 바치고 있음을 지적한다. 이 제단들은 하나님이 세우신 것이 아니라 유다 사람들이 세운 것들이다. 그래서 선지자는 이 제단들이 '그들의 제단들'(מִזְבְּחוֹתֵיכֶם)이라는 사실을 강조한다(1절). 또한 그들의 우상숭배가 방방곡곡에서 얼마나 광범위하게 행해졌는지 어린아이들마저도 알게 되었다(2-3a절). 이스라엘은 우상 중독 증세로 하나님의 '꺼지지 않는 분노'를 사게 된 것이다(4절). 원래 예루살렘 성전에 있는 제단의 네 뿔은 하나님이 이스라엘의 죄를 사하시는 은혜의 상징이었는데, 이스라엘이 곳곳에 세운 제단들의 뿔은 그들의 죄에 대한 영구적인 증거가 되었다(cf. Fretheim).

선지자는 죄를 범하고 있는 사람들에게 임할 심판을 선언한다(3b-4절). 이방인들이 침략해와서 유다를 초토화하고 주민들을 노예로 끌고 갈 것이다. 매우 포괄적이고 확실한 파괴를 동반한 심판이 예고되고 있다. 예레미야는 바빌론으로 끌려가야 하는 이스라엘의 운명은 자신들이 자청한 일이라고 주장한다(4절). 이스라엘의 불순종이 강제 이주를 초래한 것이다. 주전 597년과 586년에 느부갓네살이 유다를 침략하고 약탈하면서 이 말씀이 성취되었다(cf. 왕하 24-25장).

V. 경고, 권면, 좌절(16:1-20:18)
B. 경고와 권면(17:1-27)

2. 시냇가에 심어진 나무(17:5-8)

5 여호와께서 이와 같이 말씀하시니라
무릇 사람을 믿으며 육신으로 그의 힘을 삼고
마음이 여호와에게서 떠난 그 사람은 저주를 받을 것이라
6 그는 사막의 떨기나무 같아서
좋은 일이 오는 것을 보지 못하고
광야 간조한 곳, 건건한 땅, 사람이 살지 않는 땅에 살리라
7 그러나 무릇 여호와를 의지하며
여호와를 의뢰하는 그 사람은 복을 받을 것이라
8 그는 물가에 심어진 나무가 그 뿌리를 강변에 뻗치고
더위가 올지라도 두려워하지 아니하며
그 잎이 청청하며 가무는 해에도 걱정이 없고
결실이 그치지 아니함 같으리라

지혜 문학의 성향을 띤 본문은 시편 1편을 연상시킨다(cf. Miller). 본문의 핵심 메시지는 "우리는 과연 누구를 의지하며 살 것인가?"라는 질문에 대한 답을 하고 있다(Fretheim). 하나님은 여호와께 등을 돌리는 사람과 그분을 경외하는 사람을 각기 다른 땅에 심어진 두 나무에 비교하신다. 가장 기본적인 차이는 물이 있고 없음이다. 서로 다른 환경에 심어진 두 나무는 당연히 현저한 차이를 보인다. 하나는 생명의 근원인 물이 절대적으로 부족하고, 다른 하나는 물이 넘치도록 흐른다.

먼저 사막에 심어진 떨기나무와 같은 사람을 생각해보자(cf. 6절). 예레미야는 하나님을 의지하기를 거부하고 오히려 사람을 의지하며, 사람이 힘이 되어 주기를 바라고 믿는 사람들은 모두 저주를 받을 것이라고

한다(5절). 한 랍비 주석가는 본문이 이스라엘이 이집트를 의지한 것을 뜻한다고 풀이하지만(Radak, cf. Brown), 별 설득력이 없는 추측에 불과하다. 앞 섹션에서는 우상숭배를 비판하던 선지자가 본문에서 왜 자기 자신을 의지하는 사람들을 비난하는가? 우상숭배와 자기 자신을 의지하는 것은 서로 밀접한 관계가 있기 때문이다(Brown). 그래서 이사야 선지자도 이사야서 2장 후반부에서 한참 동안 우상숭배의 어리석음을 논한 다음에 "그러므로 사람은 논할 가치도 없으니 사람을 의지하지 말라"(사 2:22)는 말씀으로 우상숭배에 대한 마지막 결론을 제시한다.

창조주 하나님을 의지하지 않고 자신을 믿고 행동하는 사람들은 여호와의 저주를 받을 것이며 메마르고 소금기가 많아 사람이 살지 않는 광야에 심어진 떨기나무 같다(6절). 광야에 심어진 떨기나무는 남에게 도움이 되기는커녕 생존 자체가 항상 위협을 받는다. 그러므로 이 나무들에게서 선한 것은 아무것도 기대할 수 없다. 오히려 떨기나무들은 말라 죽는 순간까지 끊임없이 척박한 환경에서 살아남기 위해 안간힘을 써야 한다. 또한 대부분의 떨기나무는 뿌리가 이미 마르고 죽었지만, 살아 있는 듯한 느낌을 주는 속이는 나무다(Calvin). 여호와를 떠나 우상을 숭배하는 사람들의 모습이다.

반면에 선지자는 오직 여호와만을 의지하는 사람은 마치 시냇가에 심어진 나무와 같다고 한다(7-8절). 시냇가에 심어진 나무는 항상 푸르름과 생기를 지니는, 위에 언급된 '살아 있는 듯한 느낌을 주는' 나무와는 질적으로 다른, 생명으로 가득한 생동하는 나무다. 이 나무의 잎사귀는 항상 생기로 가득 차 있으며, 뜨거운 여름에도, 가뭄에도 걱정이 없다. 생명을 잉태하고 생기를 주는 물가에 있기 때문이다. 뿐만 아니라 이 나무는 항상 제때에 열매를 맺는다(8절). 사람이 과일 나무를 심는 이유는 열매를 즐기기 위해서다. 시냇가에 심어진 나무는 제때 열매를 생산해 모든 이들에게 기쁨을 선사한다. 과일 나무의 역할을 잘 감당하고 있다. 여호와를 경외하는 사람의 모습이다. 여호와를 의지하는 사람들은 어떤 환란이 닥쳐도 낙심할 필요가 없다. 하나님이 그들을 보호해주실 것이기 때문이다. 이 말씀은 예레미야서에 기록된 말씀들 중 의인들에게 보장된 소망과 위로에 대한 가장 확고한 선언 중 하나다(Brown). 혹독한 심판을 앞둔 상황에서 주님만을 바라보는 의로운 소수에게 매우 큰 위로와 소망이 되었을 것이다.

V. 경고, 권면, 좌절(16:1-20:18)
B. 경고와 권면(17:1-27)

3. 치료가 불가능한 인간의 마음(17:9-13)

9 만물보다 거짓되고 심히 부패한 것은 마음이라
누가 능히 이를 알리요마는
10 나 여호와는 심장을 살피며 폐부를 시험하고
각각 그의 행위와 그의 행실대로 보응하나니
11 불의로 치부하는 자는
자고새가 낳지 아니한 알을 품음 같아서
그의 중년에 그것이 떠나겠고
마침내 어리석은 자가 되리라
12 영화로우신 보좌여
시작부터 높이 계시며
우리의 성소이시며
13 이스라엘이 소망이신 여호와여
무릇 주를 버리는 자는 다 수치를 당할 것이라
무릇 여호와를 떠나는 자는 흙에 기록이 되오리니
이는 생수의 근원이신 여호와를 버림이니이다

예레미야는 주의 백성의 돌처럼 굳은 마음/심장에 죄가 새겨져 있다고 했다(17:1). 그는 이 주제를 더 구체적으로 언급하며 발전시키고자 한다. 사람에게는 그 어떤 선(善)도 없으며 오직 악과 죽음으로 가득한 것이 사람의 마음이라고 한다(9절). 여호와께 등을 돌린 사람들은 자신의 행위에 대해 심판을 받아야 할 것이다. 그 경고는 "심은 대로 거둔다"는 원리를 확인하고 있다(10절).

지혜 문학의 형태를 취하고 있는 9절은 인간이 본질적으로 혹은 본능적으로 선하다는 주장을 부인한다(cf. Holladay). 인간의 마음은 만물보다 '거짓되고' 심히 '부패하다'(אנשׁ). 거짓된 것으로 해석되는 히브리 단어(עָקֹב; 9절)는 야곱의 이름의 어원이며 남을 속이고, 착취하고, 이용하는 것 등을 뜻한다(HALOT). 인간의 마음은 근본적으로 남을 이용하고 착취하려며 선과는 거리가 멀다. 문제는 여호와께서 사람의 마음을 살피고 선한 대로 혹은 악한 대로 보응하신다는 사실이다(10절). 결국 사람의 마음이 선하지 못하니 모두 심판을 받아 죽을 수밖에 없다. 사람은 스스로 의로워질 수 없다고 선지자는 주장한다.

불의를 통해 재산을 모으는 사람은 마치 남의 알을 품는 자고새와 같다고 말하는 11절 역시 지혜 문학의 형식을 취하고 있다. 고대 사람들의 생각에 따르면 자고새는 자기가 낳지 않은 알을 품는 것으로 알려졌다(cf. 잠 23:5). 알에서 부화한 새끼 새들은 그들을 품어준 자고새가 자기 어미가 아니라는 것을 본능적으로 알아, 곧바로 어미 자고새를 떠나 그들을 품어준 '어미'에게 등을 진다는 것이다. 자고새가 품은 새끼 새들의 정체가 확실하지는 않다. 어떤 사람들은 가나안 광야처럼 준사막(semi-arid) 지대에서 서식하는 들꿩 종류에 속하는 사계(砂鷄; sand grouse)라고 주장한다. 어쨌든 선지자가 강조하고자 하는 교훈은 확실하다. 불의로 축척한 부는 오래가지 못한다는 것이다(cf. 눅 12:20). 뿐만 아니라 불의로 부를 축척한 사람을 어리석은 사람이라고 평가한다.

성전과 영광의 보좌를 노래하고 있는 12절의 해석이 만만치 않다는 것이 우리말 번역본들의 차이에서 드러난다. 새번역은 "우리의 성전은 영광스러운 보좌와 같다. 처음부터 높은 산 위에 자리를 잡았다"(cf. 공동; NIV, NAS)로 번역해 성전에 초점을 맞추고 있다. 반면에 개역과 개역개정은 "영화로우신 보좌여 시작부터 높이 계시며 우리의 성소이시며"로 번역해 이 말씀을 여호와에 대한 비유로 이해한다(cf. JPS, NRS). 예레미야는 성전을 하나님의 보좌로 노래한 적이 있고(14:21; cf. 겔 43:7), 예루살렘을 보좌로 부른 적도 있다(3:17). 그러나 성전이 아니라 오직 여호와만이 이스라엘의 소망이라고 외친 것(cf. 14:8; 50:7)을 감안할 때, 개역개정의 해석이 적합해 보인다. 예레미야 시대에 이스라엘이 살길은 성전으로 피하는 것이 아니라, 하나님께 피하는 것이기 때문이다.

이스라엘의 유일한 소망이 되는 여호와를 등지는 사람은 모두 수치를 당하게 될 것이며 "땅에 쓰여진 글씨(בָּאָרֶץ יִכָּתֵבוּ)처럼 지워지며(viz., 죽음을 당할 것), 잊혀질 것이다"(13절). 우가릿어를 근거로 흙(אֶרֶץ)이 '저 세상'(underworld)을 상징한다고 해서 '땅에 쓰여진 글씨'를 '저 세상에 기록된 글씨'로 번역하기도 하지만(cf. NRS) 의미에는 전혀 차이가 없다. 여호와께 등을 돌린 일은 '생수의 근원'을 버린 것이며, 생명의 근원이신 하나님을 버리면 오래가지 않아 죽게 된다.

V. 경고, 권면, 좌절(16:1-20:18)
B. 경고와 권면(17:1-27)

4. 오직 소망인 주님의 구원(17:14-18)

14 여호와여 주는 나의 찬송이시오니
나를 고치소서 그리하시면 내가 낫겠나이다
나를 구원하소서 그리하시면 내가 구원을 얻으리이다
15 보라 그들이 내게 이르기를
여호와의 말씀이 어디 있느냐 이제 임하게 할지어다 하나이다
16 나는 목자의 직분에서 물러가지 아니하고 주를 따랐사오며

재앙의 날도 내가 원하지 아니하였음을 주께서 아시는 바라
내 입술에서 나온 것이 주의 목전에 있나이다
17 주는 내게 두려움이 되지 마옵소서
재앙의 날에 주는 나의 피난처시니이다
18 나를 박해하는 자로 치욕을 당하게 하시고
나로 치욕을 당하게 마옵소서
그들은 놀라게 하시고
나는 놀라게 하지 마시옵소서
재앙의 날을 그들에게 임하게 하시며
배나 되는 멸망으로 그들을 멸하소서

탄식과 탄원으로 구성된 이 기도문은 11, 12, 15장에 이어 선지자의 네 번째 고백 기도 형식을 취하고 있다. 메시지의 흐름은 17장에서 전개되어온 내용과 그다지 연결성이 없어 보인다. 앞에서 언급한 것처럼 이 섹션은 예레미야가 선포한 여러 독립적인 메시지를 모아놓은 것이기 때문이다. 또한 본문의 예레미야의 기도는 17장에 기록된 하나님의 혹독한 심판을 유발했던 유다 사람들의 강퍅한 마음(17:1-4)과 강력한 대조를 이룬다. 마치 하나님의 구원을 바랄 수 있는 사람의 마음은 이래야 한다며 예를 보여주는 듯하다. 선지자의 기도는 탄식시 양식을 취하고 있다(cf. Miller).

선지자는 여호와를 의지하지 않는 유다 백성과는 달리 이스라엘의 영광이신 하나님께 자기를 고쳐달라고 간구한다(14절). 예레미야는 하나님이 치유해 주셔야만 나을 수 있고, 하나님이 구원해주셔야만 구원을 체험할 수 있다는, 오로지 하나님의 주권에 전적으로 의지하는 기도를 드리고 있다. 치유는 선지자가 자기 능력으로 이룰 수 있는 일이 아니며, 본인이 원한다고 해서 되는 일도 아니다. 오직 여호와 라파(viz., 치료하시는 여호와)께서 원하실 때만 가능하다는 선지자의 고백이 인상적이다.

예레미야가 여호와의 주권에 매달리는 기도를 자신 있게 드릴 수 있는 것은 사람들의 비난과 조롱에도 불구하고 자기는 오직 여호와만을 신뢰해왔기 때문이라고 주장한다(15-16절). 평상시의 믿음과 신뢰가 어려운 때에 빛을 발하고 있다. 사람들이 예언하는 선지자를 향해 "주께서는 말씀으로만 위협하시지, 별것도 아니지 않으냐! 어디 위협한 대로 되게 해보시지!"(15절; 새번역)라고 빈정대며 야유를 퍼부어도 예레미야는 확고한 신념을 가지고 주님을 의지했으며, 결코 입으로 죄를 짓지 않았다고 회고한다(16절). 예레미야는 하나님이 주신 목자의 소명을 등한시한 적이 한 번도 없으며, 항상 주님만 순종하였다. 또한 자신이 심판을 선언하는 선지자라고 해서 백성에게 심판의 날이 임하기를 염원한 적도 없다(16절). '목자'(רֹעֶה)는 대체적으로 지도자를 의미하며(cf. 2:8; 3:15), 성경에서 선지자를 두고 목자라 일컫는 곳은 이곳이 유일하다.

16절은 문장 자체가 번역하기가 어렵고, 내용도 혼란스러워서 여러 가지 교정이 제안되었다(Lundbom, Holladay, cf. Bright, Carroll, Thompson). 그중 TNK의 "당신께 재앙을 내려달라고 간구한 것"(urged you to bring misfortune)은 문맥에 잘 어울린다. 전체를 정리하면 다음과 같은 의미로 번역될 수 있다: "그러나 저는 당신께 [이 백성들 위에] 재앙을 내려달라고 간구한 적이 없으며, 재앙의 날을 갈망한 적도 없습니다. 당신은 주님 앞에 있는 저의 입술의 모든 말을 잘 알고 계십니다." 선지자는 자신이 처한 어려운 환경에서 별 어려움 없이 하나님께 도움을 청할 수 있었다. 예레미야가 평소에 경건한 삶을 추구한 것이 환난 날을 위한 일종의 '보험'이 되었던 것이다.

선지자는 계속해서 하나님께 간구한다: "내게 두려움이 되지 마옵소서"(17a절). 선지자는 그동안 그가 하나님을 전적으로 의지한 것을 근거로 하나님이 결코 그를 실망시키지 않으실 것이라고 확신한다. 비록 여호와께서 범죄한 백성에게는 두려움이 되실지라도 그를 의지하는 선지자에게는 평안과 안식이 될 것을 희망하고 간구한다. 하나님이 경우에 따라서는 경건한 선지자에게도 두려움이 되실 수 있다는 사실은 우리에게 경각심을 심어준다. 선지자는 하나님이 결코 그에게 두려움이 되시지 않을 것이라는 사실을 확신하는 근거로 "재앙의 날에 주는 나의 피난처시니이다"라는 믿음을 제시한다(17b절). 선지자는 마치 재앙의 날을 만난 사람처럼 유일한 피난처이신 여호와를 찾고 있다.

예레미야는 자신과 여호와의 관계를 확인한 다음, 하나님께 원수들을 벌해주실 것을 간구한다(18절): "수치를 당하게 하시고…그들이 무서워 당황하게 하시고…그들에게 재앙의 날이 오게 하시며…그들을 멸망시켜주십시오." 선지자가 원수들에게 벌로 내려달라고 기도하는 것들은 바로 자신이 스스로 피하려는 상황들이다(cf. 14, 17절). 원수들을 용서하라는 가르침에 익숙한 그리스도인으로서 우리는 "주여, 저들을 용서하소서!" 하는 거룩한 기도를 선지자로부터 기대할 수 있다. 반면에 본문은 예레미야의 갈등과 분노에 대해 굉장히 현실적으로 보여준다. 선지자의 원수들을 벌해 달라는 기도가 성경에 기록되어 있는 것은 하나님도 결코 인간의 아픔(특히 주의 종들의 아픔)을 가볍게 여기지 않으신다는 것을 암시한다. 예레미야는 자신을 해하려 하는 사람들에 대해 극도로 분노하면서도 아파하고 있다.

V. 경고, 권면, 좌절(16:1-20:18)
B. 경고와 권면(17:1-27)

5. 안식일 준수(17:19-27)

19 여호와께서 내게 이와 같이 말씀하시되 너는 가서 유다 왕들이 출입하는 평민의
문과 예루살렘 모든 문에 서서 20 무리에게 이르기를 이 문으로 들어오는 유다 왕
들과 유다 모든 백성과 예루살렘 모든 주민인 너희는 여호와의 말씀을 들을지어다
21 여호와께서 이와 같이 말씀하시되 너희는 스스로 삼가서 안식일에 짐을 지고 예
루살렘 문으로 들어오지 말며 22 안식일에 너희 집에서 짐을 내지 말며 어떤 일이라

도 하지 말고 내가 너희 조상들에게 명령함같이 안식일을 거룩히 할지어다 [23] 그들
은 순종하지 아니하며 귀를 기울이지 아니하며 그 목을 곧게 하여 듣지 아니하며
교훈을 받지 아니하였느니라 [24] 여호와의 말씀이니라 너희가 만일 삼가 나를 순종
하여 안식일에 짐을 지고 이 성문으로 들어오지 아니하며 안식일을 거룩히 하여 어
떤 일이라도 하지 아니하면 [25] 다윗의 왕위에 앉아 있는 왕들과 고관들이 병거와 말
을 타고 이 성문으로 들어오되 그들과 유다 모든 백성과 예루살렘 주민들이 함께
그리할 것이요 이 성은 영원히 있을 것이며 [26] 사람들이 유다 성읍들과 예루살렘에
둘린 곳들과 베냐민 땅과 평지와 산지와 네겝으로부터 와서 번제와 희생과 소제와
유향과 감사제물을 여호와의 성전에 가져오려니와 [27] 그러나 만일 너희가 나를 순
종하지 아니하고 안식일을 거룩되게 아니하여 안식일에 짐을 지고 예루살렘 문으
로 들어오면 내가 성문에 불을 놓아 예루살렘 궁전을 삼키게 하리니 그 불이 꺼지
지 아니하리라 하셨다 할지니라 하시니라

예레미야는 21-27절에서 '안식일'(שַׁבָּת)이라는 단어를 일곱 차례나 사용해 본문의 주제를 확실히 밝히고 있다. 안식일에 대한 언급은 선지자의 기도처럼(cf. 14-18절) 전혀 기대하지 못했던 주제다. 그래서 여러 학자들은 본문이 예레미야의 저작이 아니라 포로기 이후 시대(cf. 느 13:15-22)에 다른 사람이 삽입한 것이라고 주장한다(cf. McKane). 그러나 이러한 주장은 별 설득력이 없다(Lundbom, Dearman). 예레미야는 이때까지 이스라엘이 우상숭배를 하고 율법대로 살지 않았기 때문에 타국으로 끌려갈 것이라고 선포했다. 이러한 정황에서 선지자는 유다가 안식일을 범한 것을 예로 들어 그들이 율법을 지키지 않았음을 강조한다. 지금이라도 하나님의 율법을 준수할 생각이 있다면 안식일을 지키라는 것이다. 그러므로 선지자는 안식일 성수를 여호와께 순종하는 삶의 한 예로 삼아 백성에게 생명의 길과 죽음의 길 중 하나를 선택하라고 권고하고 있다. 자기 청중에게 두 가지를 제안하고 하나를 선택하라고 권면하는 것은 예레미야가 자주 사용하는 스피치 방법이다(cf. 12:14-17; 22:1-5). 이스라엘의 미래는 상당 부분 그들의 선택에 의해 결정된다는 것이다(Fretheim). 우리는 이스라엘이 선지자의 권면에 어떻게 반응할 것인지를 이미 안다. 그들은 생명의 길이 아니라 죽음의 길을 택할 것이다. 합리적이고 이성적인 선택은 절대 아니다. 죄에 익숙해진 사람은 합리적인 선택을 할 수 없다. 그러므로 이 말씀은 이스라엘을 벌해 달라는 선지자의 기도(14-18절)에 대한 하나님의 응답이라 할 수 있다(Allen).

예레미야는 모세가 선포한 다양한 율법 중 왜 안식일 준수를 예로 삼는가? 구약 율법을 상징하는 십계명은 여호와 외에는 그 어떤 신에게도 마음을 주어서는 안 된다고 선포한다. 인간과 하나님의 관계에 대한 계명들(1-3계명) 다음에 선언한 계명이 안식일에 대한 제4계명이다. 그러고 나서 인간과 인간 관계에 대한 계명(5-10계명)이 선포된다. 안식일에 대한 규례는 십계명의 흐름에서 주제가 하나님—인간 관계에서 인간—인간 관계로 넘어가는 전환점이다. 더 나아가 처음 세 계명을 준수하려면 사람의 마음가짐이 가장 중요하다. 안식일 계명부터는 삶에서 실천하는 것이 가장 중요하다. 또한 안식일 준수는 이스라엘 종교의 근간이기 때문에 예레미야가 율법을 예로 삼는다면 안식일 율법을 논하는 것이 당연하다. 이사야 선지자도 안식일 율법을 예로 들며 이스라엘에게 율법에 순종할 것을 호소한 적이 있다(사 56:1-7).

하나님은 선지자에게 유다의 왕으로부터 서민에 이르기까지 모든 백성이 드나드는 '평민의 문'(שַׁעַר בְּנֵי־עָם)으로 가서 말씀을 선포할 것을 명령하신다(19-20절). 예루살렘에는 '평민의 문'으로 알려진 문이 없다(cf. Lundbom, Holladay). 그래서 일부 학자들은 37:13, 38:7을 근거로 본문을 베냐민 문으로 수정할 것을 제안하지만, 증거에 근거한 제안은 아니다. 평민의 문으로 가서 말씀을 선포하라는 명령은 예루살렘으로 입성하기 위해 사람들이 가장 많이 이용하는 성문에 서서 선포하라는 의미로 이해하는 것이 바람직하다(Brown).

사람들이 가장 많이 이용하는 문에 가서 선포하라는 것은 이 말씀이 일부 귀족들이나 지도자들뿐만 아니라 온 이스라엘을 향한 하나님의 경고임을 암시한다. 내용은 간단하다. 안식일에 짐을 지고 다니지 말라는 것이다. 하나님은 안식일에 어느 정도 무게의 짐은 지고 다닐 수 있으며 어느 무게부터는 지고 다닐 수 없다고 기준을 제시하시는 것이 아니다. 조금이라도 안식일 규정을 위반할 수 있는 일이라면 아예 삼가라는 권면이다.

하나님이 주신 율법을 백성이 얼마나 순종하지 못하고 있는가가 문제가 되고 있다(cf. 23절). 조상부터 그들에 이르기까지 이스라엘은 끊임없이 여호와를 거역해왔다. 이스라엘 사회에서 율법이 거의 준수되지 않았다고 해도 과언은 아닐 것이다. 일부 학자들은 이 메시지가 요시야가 성전에서 율법책을 발견하고 대대적인 종교개혁을 단행했을 때 예레미야에게 임한 말씀이라고 주장하지만, 확실하지는 않다(Brown).

유대인들은 본문을 바탕으로 안식일에 해서는 안 되는 일들(viz., '노동'에 대한 정의)에 대한 규정들을 만들었다(Gladson). 총 39섹션으로 구성된 이 규제들은 매우 복잡하고 정교해 오늘날에도 유대인들 사이에서 안식일에 대한 지침서로 받아들여진다(Neuwirth, Schiffman).

모든 것이 절망적인 것만은 아니다. 지금이라도 하나님께 순종하면 살길이 있다고 선지자는 가르친다(23-26절). 이스라엘이 조상 대대로 율법을 어기는 죄를 지어 왔지만, 이제부터라도 순종한다면 상상을 초월하는 축복을 누리게 될 것이다. 조상들이 세워놓은 전통이라 할지라도 경건한 전통이 아니면 후손들은 그 전통을 따라서는 안 되며 각 세대마다 거룩한 전통을 세워 나갈 책임과 선택권이 있다. 개혁은 끊임없이 진행될 때 의미가 있기 때문이다.

만일 지금이라도 유다 사람들이 하나님의 말씀에 순종하면 지금까지 선지자가 경고해왔던 포로 생활도 피해갈 수 있으며, 타국으로 끌려가지 않고 이 땅에서 영원히 살 수 있다(24-26절). 표면적으로는 매우 소망적으로 보이지만, 이 소망 뒤에는 선지자의 어두운 탄식과 한숨 소리가 배어 있다. 이스라엘은 더 이상 이러한 복을 누릴 수 없기 때문이다. 그렇게 하기에는 여호와로부터 너무 멀리 떠나왔다. 회개도 가능할 때가 있다. 어느 순간부터는 회개가 불가능해진다. 그러므로 성경은 여호와를 찾을 만할 때 찾으라고 한다. 유다 사람들이 율법을 어기는 삶에서 돌이킬 의지도, 돌이킬 능력도 없으며 오직 죽음의 길로 치닫고 있다는 사실을 생각하면 본문은 그들에게 임할 최종적인 심판이라 할 수 있다.

V. 경고, 권면, 좌절(16:1-20:18)

C. 토기장이 방문(18:1-23)

하나님께 순종하기만 하면 지금이라도 기회가 있다고 호소했던 선지자는 메시지의 초점을 다시 회개가 불가능한 현실로 돌리고 있다. 이스라엘은 회개할 의지도, 주님께 돌아올 능력도 없다. 그러므로 이스라엘의 운명은 이미 결정되었다고 할 수 있다. 토기장이는 누구의 제약도 받지 않고 진흙으로 자신이 원하는 대로 그릇을 만든다. 그가 흙으로 무슨 그릇을 어떻게 빚는가에 대해 그 누구도 항의할 수 없다. 토기장이인 하나님이 진흙인 이스라엘을 자기가 원하는 대로 처리하실 것이다. 신약에서도 인용되는 토기장이 이야기는 다음과 같이 구분될 수 있다.

A. 이스라엘을 빚은 토기장이(18:1-12)
A′. 토기장이가 빚은 유다의 운명(18:13-17)
B. 선지자 암살 음모(18:18)
B′. 선지자의 기도(18:19-23)

V. 경고, 권면, 좌절(16:1–20:18)
C. 토기장이 방문(18:1–23)

1. 이스라엘을 빚은 토기장이(18:1–12)

1 여호와께로부터 예레미야에게 임한 말씀에 이르시되 2 너는 일어나 토기장이의
집으로 내려가라 내가 거기에서 내 말을 네게 들려주리라 하시기로 3 내가 토기장
이의 집으로 내려가서 본즉 그가 녹로로 일을 하는데 4 진흙으로 만든 그릇이 토기
장이의 손에서 터지매 그가 그것으로 자기 의견에 좋은 대로 다른 그릇을 만들더라
5 그때에 여호와의 말씀이 내게 임하니라 이르시되 6 여호와의 말씀이니라 이스라
엘 족속아 이 토기장이가 하는 것같이 내가 능히 너희에게 행하지 못하겠느냐 이스
라엘 족속아 진흙이 토기장이의 손에 있음같이 너희가 내 손에 있느니라 7 내가 어
느 민족이나 국가를 뽑거나 부수거나 멸하려 할 때에 8 만일 내가 말한 그 민족이
그의 악에서 돌이키면 내가 그에게 내리기로 생각하였던 재앙에 대해 뜻을 돌이키
겠고 9 내가 어느 민족이나 국가를 건설하거나 심으려 할 때에 10 만일 그들이 나 보
기에 악한 것을 행하여 내 목소리를 청종하지 아니하면 내가 그에게 유익하게 하리
라고 한 복에 대하여 뜻을 돌이키리라 11 그러므로 이제 너는 유다 사람들과 예루살
렘 주민들에게 말하여 이르기를 여호와의 말씀에 보라 내가 너희에게 재앙을 내
리며 계책을 세워 너희를 치려 하노니 너희는 각기 악한 길에서 돌이키며 너희의
길과 행위를 아름답게 하라 하셨다 하라 12 그러나 그들이 말하기를 이는 헛되니
우리는 우리의 계획대로 행하며 우리는 각기 악한 마음이 완악한 대로 행하리라
하느니라

하나님이 예레미야에게 주시는 메시지는 "토기장이에게 내려가라"는 명령으로 시작된다(2절). 동사 '내려가다'(ירד)가 사용되는 것은 예레미야가 거하는 곳이 토기장이의 집보다 터가 더 높다는 것을 의미한다(Brown). 토기장이가 작업을 하려면 물이 많이 필요한데, 예레미야가 거하던 예루살렘에서는 물을 풍족하게 쓸 수 없다. 따라서 토기장이의 집

은 아마도 물을 넉넉하게 구할 수 있는 요단 강 계곡에 있었을 것이다.

이스라엘 영토는 주변 나라들에 비해 상대적으로 지형이 높은 곳에 위치했다. 그래서 성경은 "이집트로 내려갔다" 혹은 "예루살렘으로 올라갔다"와 같은 표현을 사용한다(Brown). 처음에는 단순히 지형적인 여건에서 비롯된 표현이었지만, 세월이 지나면서 "예루살렘으로 올라갔다"는 영적인 의미도 지니게 되었다. 성전이 있는 예루살렘이 다른 곳보다 "영적으로 더 높은 곳"으로 생각되기 시작한 것이다. 그래서 시온 사상과 연관된 시편들은 시온이 높은 산들이 많은 북쪽에 위치했다고 노래한다(cf. 시 48:2).

토기장이가 진흙으로 그릇을 빚다가 흡족하지 않거나 마음이 바뀌면 그 흙으로 다른 그릇을 빚는 것을 지켜보고 있을 때 하나님의 말씀이 예레미야에게 임했다. 요지는 이스라엘과 하나님의 관계는 진흙과 토기장이의 관계가 비슷하다는 것이다(6절; cf. 사 29:16; 45:9; 64:8). 하나님은 이스라엘을 창조한 분이기 때문에 그들의 운명을 자기 계획과 의지에 따라 정할 수도 있고 바꾸실 수도 있다. 이 말씀은 이스라엘이 홀로 존재하는 것이 아니라, 하나님의 통제와 지배를 받고 있다는 것을 의미한다(Brueggemann). 또한 진흙의 상태와 작업 여건은 토기장이가 하고자 하는 일에 영향을 미칠 수 있다. 그러므로 이 비유는 이스라엘(viz., 진흙)이 하나님(viz., 토기장이)의 결정에 어떤 영향을 미치고 있는가에 관한 것이기도 하다(Fretheim).

일부 주석가들은 이 이야기가 토기장이가 진흙을 버리듯 여호와께서 이스라엘을 버리실 것이라는 경고로 해석하지만(McKane), 그 어디에도 부정적인 의미를 지니고 있지 않다(Holladay). 이 말씀은 하나님의 무책임한 독선이나 무절제한 예정을 암시하지 않는다. 하나님은 언제든 회개하고 순종하는 주의 백성에게 은혜와 자비를 베풀어 그들이 당면한 운명을 바꾸어주실 수도 있다는 사실을 강조한다. 성경에서 이처럼 구체적으로 신적(神的) 조건성(divine conditionality, viz., 하나님이 이미 어떤 일을 결정한 후라도 인간의 반응에 따라 언제든지 그 결정을 바꾸실 수 있다는 것)을 언급하는 말씀은 본문이 유일하다(Brown, cf. 레 26:40-45; 겔 18:5-29; 33:12-16; 눅 13:3, 5; 계 2:5, 16, 21-24; 3:3, 19-20).

이스라엘이 이미 사형선고를 받은 것은 사실이지만, 지금이라도 회개하고 하나님께 간구하면 형 집행을 피할 수도 있다. 이스라엘의 토기장이인 여호와께서 그들의 운명을 새롭게 빚어주실 것이기 때문이다. 하나님은 니느웨 사람들을 심판하기로 결정했다가 그들이 회개하는 것을 보고 심판을 거두셨다(cf. 욘 3:4). 하물며 자기 백성이 돌아오면 받아 주시지 않겠는가! 하나님은 구체적으로 두 가지 예를 들어 아직도 구원이 가능하다는 사실을 말씀하신다.

첫째, 악에서 돌이키는 사람들은 심판을 피할 수 있다(7-8절). 만일 하나님이 악한 백성을 뿌리뽑겠다고 이미 심판을 선언하셨다 하더라도(cf. 1:10), 그 백성이 돌이켜 회개하면 하나님은 이미 선고된 심판과 징계를 거두실 것이다. 궁극적으로 하나님의 심판의 목적은 죄인들을 회개시키는 데 있다. 그러므로 만일 심판이 진행되기 전에 죄인들이 회개하면, 하나님은 언제든지 심판을 거두어들이실 수 있다. 심판이 진행되면 벌을 받는 백성뿐만 아니라 벌을 내리는 하나님도 괴로워하신다. 백성이 회개하면 하나님은 즐거운 마음으로 기꺼이 심판을 거두실 것이다.

둘째, 선을 멈추는 사람들은 심판을 피할 수 없다(9-10절). 하나님이 선을 행한 백성에게 많은 축복과 '뿌리내림'을 약속하셨다 하더라도, 만일 그들이 선에서 돌이켜 악을 행하면 하나님은 이미 하신 약속을 거두고 그들을 '뿌리째 뽑으실' 것이다. 과거의 선행이 미래의 심판에 미치는 영향력은 제한적이라는 의미다. 지금까지 아무리 신실하게 살아왔다 할지라도 죄를 짓기 시작하면 그들에게는 어두운 미래가 기다리고 있다. 그러므로 지금까지 신실하게 살 수 있었던 것에 대해 하나님께 감사해야 하지만, 방심하지 않고 앞으로 더욱더 신실하게 살아야 한다. 주변에서 종종 "믿은 지 3대째, 4대째 된 집안입니다!" 하고 교만을 떠는 사람들을 목격하곤 한다. 본문은 이러한 사람들에게 경고한다. 또한 처음 된 자가 나중 되고, 나중 된 자가 처음이 될 수도 있다는 예수님의 말씀(마 20:16)을 떠오르게 한다.

이 두 가지 상황은 한 쌍의 패러다임(paradigm)을 형성하고 있으며 에스겔 선지자의 경고와 매우 흡사하다(cf. 겔 3장). 하나님은 돌이키고 회개하는 죄인을 맞이하실 준비가 항상 되어 있다. 반면에 대대로 물려받은 전통이나 신앙적인 유산을 근거로 자만에 빠지면 그들에게 약속하신 축복마저도 거두어들일 거라고 경고하신다. 비록 이스라엘은 죄의 길에서 돌이키지 않겠지만(cf. 12절), 지금이라도 돌이키면 은혜가 그들의 삶을 밝힐 수 있다고 선지자는 호소한다.

현실적으로 이스라엘이 회개하고 주님께 돌아오는 것은 불가능하다. 그러나 이론적으로는 아직도 회개하고 심판을 피할 수 있는 가능성이 남아 있다. 선지자는 이 가능성에 근거해 다시 한 번 백성들에게 기회를 주고 싶어 한다. 하나님은 그들의 행실에 적합한 환난과 징계를 계획하셨지만, 지금이라도 그들이 회개하고 하나님께 돌아오면 환난과 징계가 들이닥치지 않을 것이다(11절). 한 주석가는 본문을 "신적 주권(divine sovereignty)과 인간의 자유(human freedom)에 관한 놀라운 균형"이라고 평가한다(Holladay, cf. Fretheim). 주의 백성에게는 아직도 소망이 있다. 그러나 이스라엘은 완고해서 도대체 돌이킬 줄을 모른다(12절). 그들은 여호와의 은혜를 포기하고 악에 거하기를 자청했다. 스스로 살길을 포기하는 백성들을 바라보시는 하나님의 마음은 어떠했을까?

V. 경고, 권면, 좌절(16:1-20:18)
C. 토기장이 방문(18:1-23)

2. 토기장이가 빚은 유다의 운명(18:13-17)

[13] 그러므로 여호와께서 이와 같이 말씀하시니라

너희는 누가 이러한 일을 들었는지
여러 나라 가운데 물어보라
처녀 이스라엘이 심히 가증한 일을 행하였도다
14 레바논의 눈이 어찌 들의 바위를 떠나겠으며
먼 곳에서 흘러내리는 찬물이 어찌 마르겠느냐
15 무릇 내 백성은 나를 잊고
허무한 것에게 분향하거니와
이러한 것들은 그들로 그들의 길
곧 그 옛길에서 넘어지게 하며
곁길 곧 닦지 아니한 길로 행하게 하여
16 그들의 땅으로 두려움과 영원한 웃음거리가 되게 하리니
그리로 지나는 자마다 놀라서 그의 머리를 흔들리라
17 내가 그들을 그들의 원수 앞에서 흩어버리기를
동풍으로 함같이 할 것이며
그들의 재난의 날에는 내가 그들에게 등을 보이고
얼굴을 보이지 아니하리라

회개하지 않는 백성에게 하나님의 심판이 선포된다. 한때는 복 받은 땅과 젖과 꿀이 흐르는 땅으로 여겨졌던 약속의 땅 유다가 수치의 땅으로 취급될 때까지 하나님의 심판이 계속될 것이다. 세상이 부러워했던 나라 유다가 심판을 받아 혐오스러운 땅이 되었다. 보는 사람마다 놀라고 믿기 어렵다며 고개를 흔든다. 이 모든 일이 진행되는 동안 하나님은 유다에게 등을 돌리실 것이다(16-17절). 절대 유다를 돕지 않으실 것이라는 의미다.

'동풍'(רוּחַ־קָדִים; 17절)은 불기 시작하면 몇 시간 안에 모든 풀을 누렇게 말려버리는 무서운 파괴력을 가진 광야/사막의 바람(아랍어=hamsin, 영어=sirocco)을 뜻한다. 하나님이 이러한 바람이 되어 그들 위에 불면 모든

생기가 말라 없어질 것이다. 이 동풍은 앞으로 이스라엘을 침략할 바빌론 군을 상징한다(Huey). 유다 사람들이 여호와께서 그들을 치셨다는 사실을 깨닫고 주님께 아무리 소리치며 매달려도 하나님은 등을 돌린 채 그들의 울부짖음을 듣지 않으실 것이다(17절). 하나님의 얼굴이 인간을 향한다는 것은 자비와 은혜가 임한다는 뜻이다(cf. 민 6:24-26). 반면에 등을 돌린다는 것은 하나님이 그를 버리셨다는 의미다. 본문은 시내 산에서 하나님과 이스라엘 사이에 맺어진 '부르짖음—응답'의 언약 관계가 파괴될 것을 암시한다. 이스라엘이 이러한 상황에 처하게 된 것은 그들이 상식과 순리에서 벗어나는 행동을 했기 때문이다.

유다 사람들은 그들의 하나님 여호와를 버리고 우상들에게 제물을 바쳤다(15절). 그들이 여호와를 등지면서까지 사랑한 우상은 어떤 것인가? 우상은 허무한 것(שָׁוְא)이어서 이스라엘에게 전혀 도움이 될 수 없는 이미지다. 이처럼 무능하고 허무한 것들을 신이라고 추종하는 사람들도 그들이 숭배하는 우상들처럼 허무해진다(cf. 2:5). 우상숭배가 사람을 무능하게 만드는 것이다. 선지자들은, 우리의 가치는 우리가 예배하는 신이 어떤 능력을 지니고 있는가에 따라 결정된다고 한다. 허무한 신을 숭배하면 허무해지고, 능력의 하나님을 믿으면 우리도 덩달아 존귀해지고 능력을 갖게 된다.

뿐만 아니라 우상은 옛길에서 넘어지게 하며, '닦지 않은 곁길'로 가게 한다(15절). '옛길'(שְׁבִילֵי עוֹלָם)이란 하나님이 기뻐하시는 길로 율법과 선지서들을 통해 제시된 삶의 방식을 뜻한다. 반면에 '닦아지지 않은 곁길'(נְתִיבוֹת דֶּרֶךְ לֹא סְלוּלָה)은 모든 것이 낯설고 정도(正道)인 '옛길'을 벗어난 부도덕한 삶의 방식을 의미한다. 하나님을 버리고 우상을 숭배한 이스라엘은 어리석고 위험한 길을 갔다는 걸 강조하는 비유다(McKane). 신앙의 연륜을 쌓아갈수록 옛길을 더욱 사모하고, 그 길을 가야 한다. 그러나 주변의 많은 사람들이 신앙생활의 햇수가 늘어갈수록 옛길에 등을 돌리고 오히려 곁길을 걸으며 자신을 합리화하는 것을 목격하곤 한다. 참으로 가슴 아픈 일이다.

주의 백성이라고 자부하는 사람들이 바른 옛길을 버리고 부도덕한 곁길을 가는 것은 세상 어디에서도 찾아볼 수 없는 어이없는 일이다. 아무리 여러 나라를 살펴보아도 이스라엘이 여호와를 배반한 일에 버금갈 만한 일을 찾을 수 없다(13절). 그들은 자신들의 행위가 얼마나 가증한 것(שַׁעֲרֻרִת)인지 알지도 못한다. 하나님이 이스라엘을 창녀로 부르신 적이 몇 차례 있었다(2:20; 3:1, 6, 8). 그런데 13절에서 그들을 처녀(בְּתוּלָה)라고 부르시는 이유는 옛적 그들의 조상이 여호와와 언약을 세웠을 때 얼마나 순수했는지를 상기시키기 위함이다. 자신들의 행위가 얼마나 추악한지 생각해 보도록 유도하는 것이다.

이스라엘의 반역은 자연의 이치에도 맞지 않다(14절): "레바논 산의 험준한 바위 봉우리에 눈이 없는 때가 있더냐? 거기에서 흘러내리는 시원한 물줄기가 마르는 일이 있더냐?"(새번역). 레바논 산봉우리는 사시사철 만년설로 덮여 있다. 그 눈은 한 번도 다른 곳으로 자리를 옮긴 적이 없으며 항상 같은 자리를 지키고 있다. 레바논의 만년설이 녹아 내린 물에서 시작된 물줄기는 끊임없이 흐른다. 끊임없이 흐르는 물줄기처럼 이스라엘은 항상 여호와와 함께 있기 위해 언약을 맺었다. 그들은 어떤 경우에도 하나님과 떨어지면 안 되었다. 문제는 그들이 이미 여호와를 떠났다는 사실이다. 이스라엘의 행위는 마치 레바논 산봉우리의 눈이 다른 곳으로 옮겨간 것처럼 충격적이고 어이없는 일이다. 있을 수 없고, 있어서는 안 될 일이 일어났다.

V. 경고, 권면, 좌절(16:1–20:18)
C. 토기장이 방문(18:1–23)

3. 선지자 암살 음모(18:18)

18 그들이 말하기를 오라 우리가 꾀를 내어 예레미야를 치자 제사장에게서 율법이,

지혜로운 자에게서 책략이, 선지자에게서 말씀이 끊어지지 아니할 것이니 오라 우리가 혀로 그를 치고 그의 어떤 말에도 주의하지 말자 하나이다

사람들은 자꾸 망한다는 말만 하는 예레미야가 곱지 않게 보인다. 그래서 다시 한 번 예레미야를 암살할 음모를 꾸몄다. 별로 새로운 일은 아니다. 그들은 여호와의 권고에도 불구하고 자기 계획(מַחֲשָׁבָה)대로 살겠다고 이미 다짐했던 사람들이다(cf. 12절). 이제 여호와의 종인 선지자마저 해하려는 계획(מַחֲשָׁבָה)을 꾸미고 있다(18절). 본문은 사회의 지도층인 제사장, 지혜자, 선지자 등 세 부류를 함께 언급하고 있다. 그들이 예레미야를 암살하려는 이유는 그가 현존하는 사회적—종교적 권세를 비난했기 때문인 듯하다. 지도자들은 자신의 이권을 보호하기 위해 하나님의 선지자 예레미야를 거짓 선지자로 몰아 죽이려 하고 있다. 참으로 악한 사람들이다.

예레미야의 메시지 때문에 예루살렘의 권력자들이 매우 긴장하고 있으며, 많이 불쾌해하고 있음을 알 수 있다. 그들은 회개하기보다는 오히려 선지자를 암살하려고 음모를 꾸미고 있다. 하나님의 말씀에 마음이 찔렸다고 모두 회개하는 것은 아니라는 사실을 볼 수 있다. 하나님이 회개할 수 있는 은혜를 주셔야만 사람은 찔림을 받고 회개할 수 있다. 이 은혜가 없으면 오히려 악한 방법으로 찔림에 반응한다.

지도자들은 "우리는 예레미야가 없이도 하나님의 뜻을 분별할 수 있다는 것을 보여주자"라는 의지를 펼치며 음모에 가담했다(18절). 그들의 음모는 "혀로 그를 치는 것"이었다. 함께 공모해 성경 말씀을 인용하며 예레미야를 거짓 선지자로 몰아가자는 것이다. 오늘날에도 많은 이단들은 성경을 인용해 자신들의 교리와 정책을 정당화하는데, 이 지도자들이 하는 짓과 별반 다를 바가 없다. 율법에 의하면 거짓 선지자로 밝혀진 사람은 사형에 처해진다. 그들은 예레미야에게 누명을 씌워 죽이려 하고 있다.

하나님이 이스라엘에게 생명의 근원으로 주신 말씀(율법)이 주의 종을 죽이는 독극물로 사용되고 있다. 우리 시대 역시 예레미야 시대와 그다지 많이 달라지지는 않았다는 사실을 깨닫는다. 그러나 그들은 단순히 예레미야를 대적하는 것이 아니라, 그를 보내신 여호와를 대적하고 있음을 의식해야 할 것이다. 그들이 예레미야를 원수로 삼은 순간, 하나님이 그들의 원수가 되셨다.

V. 경고, 권면, 좌절(16:1–20:18)
C. 토기장이 방문(18:1–23)

4. 선지자의 기도(18:19–23)

19 여호와여
나를 돌아보사 나와 더불어 다투는
그들의 목소리를 들어보옵소서
20 어찌 악으로 선을 갚으리이까마는
그들이 나의 생명을 해하려고 구덩이를 팠나이다
내가 주의 분노를 그들에게서 돌이키려 하고
주의 앞에 서서 그들을 위하여
유익한 말을 한 것을 기억하옵소서
21 그러하온즉 그들의 자녀를 기근에 내어주시며
그들을 칼의 세력에 넘기시며
그들의 아내들은 자녀를 잃고 과부가 되며
그 장정은 죽음을 당하며
그 청년은 전장에서 칼을 맞게 하시며
22 주께서 군대로 갑자기 그들에게 이르게 하사
그들의 집에서 부르짖음이 들리게 하옵소서
이는 그들이 나를 잡으려고 구덩이를 팠고

내 발을 빠뜨리려고 올무를 놓았음이니이다
23 여호와여
그들이 나를 죽이려 하는 계략을 주께서 다 아시오니
그 악을 사하지 마옵시며
그들의 죄를 주의 목전에서 지우지 마시고
그들을 주 앞에 넘어지게 하시되
주께서 노하시는 때에
이같이 그들에게 행하옵소서 하니라

그를 죽이려는 음모에 예레미야는 하나님께 음모에 가담한 자들과 그들의 가족들에게 벌을 내려달라고 기도한다. 선지자의 기도는 그가 자주 사용하는 탄식시 양식을 취하고 있다. 예레미야는 이스라엘 사람들이 그를 미워할 뿐만 아니라 죽이려 한다는 사실을 깨닫고 하나님께 "저의 호소를 들어주십시오"라는 말로 기도를 시작한다(19절). 예레미야는 18절에서 백성이 자기 말을 '듣지'(קשׁב) 않는다고 탄식했다. 이제 19절에서는 하나님께 자기 말을 '들어달라고'(קשׁב) 호소하고 있다. 백성이 주의 종의 말을 듣지 않으니, 그 종을 보내신 하나님은 꼭 들어주셔야 한다는 논리다. 선지자는 자기가 백성에게 이런 대우(viz., 백성들이 그의 메시지를 듣지 않음)를 받을 만한 일을 한 적이 없다고 호소한다. 예레미야는 지금 온 세상을 상대로 싸우고 있으며, 오직 여호와만이 자기 편이라는 것을 의식하고 있다. 하나님이 그의 편이니 그는 의미 있는 싸움을 하고 있으며 결국에는 그가 승리할 것이다.

그렇지만 예레미야는 당장은 억울하고 원통할 뿐이다. 선지자는 오로지 여호와께서 그에게 주신 말씀만 백성에게 중계했다. 예레미야가 백성에게 선포한 주님의 말씀 대부분이 심판에 관한 것으로, 이것은 백성을 위한 하나님의 뜻이었다. 선지자는 하나님의 심판 메시지를 백성에게 전하는 일을 즐기지 않았다. 오히려 메시지를 전하면서 많이 울고 괴로워했다. 그러나 이스라엘 사람들은 오직 심판의 메시지만 선포해야 하는 선지자의 고뇌에 대해 전혀 알지 못한다(Brown). 그들이 듣기 싫어하는 메시지를 선포하는 예레미야가 밉고 싫을 뿐이다. 그래서 그들은 선지자의 선을 악으로 갚고 있다.

예레미야는 분노에 찬 음성으로 하나님이 그들뿐만 아니라 그들의 자녀들과 아내들에게도 혹독한 재앙을 내리시기를 기도한다(21-22절). 선지자는 그들의 집이 완전히 망하고 상가(喪家)로 변하게 되기를 기원한다. 이런 기도를 드리는 선지자가 매우 잔인하고 몰상식해 보이지만 예레미야도 우리처럼 때로는 분노하는 연약한 인간이었음을 보게 된다. 그가 '눈물의 선지자'로 알려질 정도로 백성을 사랑했던 사람이라는 점을 감안할 때, 그의 분노는 애증이라고 볼 수 있다. 화가 나서 이런 기도를 드리지만, 이성을 되찾은 후에는 이런 기도를 드린 일을 후회했을 것이다. 예레미야는 그런 사람이었다.

선지자는 자신이 왜 이런 기도를 드리게 되었는가에 대한 이유를 충분히 설명하고 있다. 선지자는 자신이 얼마나 하나님 앞에서 그들을 중보해왔던가를 회고한다. 그들은 예레미야가 얼마나 "주의 분노를 그들에게서 돌이키려 하고 주의 앞에 서서 그들을 위하여 선한 말씀을 한 것"(20절)은 아랑곳하지 않고 오히려 선지자를 해칠 음모를 꾸미고 있다. 배은망덕한 자들에게 배신감을 느끼는 선지자는 그들을 향해 아픔을 쏟아내고 있다. 기대가 큰 만큼 실망도 크다. 이스라엘 사람들에게 선한 것을 기대했던 예레미야는 그들의 악에 큰 실망을 느껴야 했다.

V. 경고, 권면, 좌절(16:1-20:18)

D. 질그릇을 통한 교훈(19:1-15)

예레미야는 앞 섹션에서 자기를 음해하는 사람들을 벌해 달라고 하나님께 기도했다(18:19-23). 하나님은 선지자의 기도에 대한 대답으로 본문 말씀을 주신다. 예레미야가 기도한 대로 그들에게 벌을 내리실 것이다. 다만 징벌의 범위가 선지자가 기도한 것보다 훨씬 더 넓다. 예레미야가 간구한 재앙이 그를 죽이려고 음모를 꾸민 사람들뿐만 아니라, 온 이스라엘에게 내릴 것이라고 하신다. 그 누구보다도 이스라엘 백성을 사랑한 선지자는 이 순간 마음속으로 '아차!' 했을 것이다. 아마도 앞에 기록된 기도를 드린 것을 후회했을지 모른다. 자신의 기도가 이런 식으로 응답받지를 원한 것은 아니었을 것이다.

하나님은 질그릇을 예로 들어 심판을 선포하신다. 18장에서 시작된 질그릇 비유가 본문에서 재개되고 있는 것이다. 그러나 내용 면에서는 지금이라도 이스라엘이 회개하고 돌아오면 그들의 운명을 바꿔 주시겠다고 했던 18장의 내용과 완전히 다르다. 본문은 확고하고 최종적인 심판을 선언한다. 예루살렘은 산산조각이 나서 다시는 고쳐 사용할 수 없는 질그릇과 같은 운명을 맞게 될 것이다(11절). 본문은 다음과 같이 두 부분으로 구분된다.

A. 하나님의 명령(19:1-13)
B. 예레미야의 순종(19:14-15)

V. 경고, 권면, 좌절(16:1–20:18)
D. 질그릇을 통한 교훈(19:1–15)

1. 하나님의 명령(19:1–13)

1 여호와께서 이와 같이 말씀하시되 가서 토기장이의 옹기를 사고 백성의 어른들
과 제사장의 어른 몇 사람과 2 하시드 문 어귀 곁에 있는 힌놈의 아들의 골짜기로
가서 거기에서 내가 네게 이른 말을 선포하여 3 말하기를 너희 유다 왕들과 예루살
렘 주민아 여호와의 말씀을 들으라 만군의 여호와 이스라엘의 하나님이 이같이

말씀하시되 보라 내가 이곳에 재앙을 내릴 것이라 그것을 듣는 모든 자의 귀가 떨
리니 [4] 이는 그들이 나를 버리고 이곳을 불결하게 하며 이곳에서 자기와 자기 조상
들과 유다 왕들이 알지 못하던 다른 신들에게 분향하며 무죄한 자의 피로 이곳에
채웠음이며 [5] 또 그들이 바알을 위하여 산당을 건축하고 자기 아들들을 바알에게
번제로 불살라 드렸나니 이는 내가 명령하거나 말하거나 뜻한 바가 아니니라 그러
므로 보라 다시는 이곳을 도벳이나 힌놈의 아들의 골짜기라 부르지 아니하고 오직
죽임의 골짜기라 부르는 날이 이를 것이라 여호와의 말이니라 [7] 내가 이곳에서 유다
와 예루살렘의 계획을 무너뜨려 그들로 그 대적 앞과 생명을 찾는 자의 손의 칼에
엎드러지게 하고 그 시체를 공중의 새와 땅의 짐승의 밥이 되게 하며 [8] 이 성읍으로
놀람과 조롱거리가 되게 하리니 그 모든 재앙으로 말미암아 지나는 자마다 놀라며
조롱할 것이며 [9] 그들이 그들의 원수와 그들의 생명을 찾는 자에게 둘러싸여 곤경
에 빠질 때에 내가 그들이 그들의 아들의 살, 딸의 살을 먹게 하고 또 각기 친구의
살을 먹게 하리라 하셨다 하고 [10] 너는 함께 가는 자의 목전에서 그 옹기를 깨뜨리
고 [11] 그들에게 이르기를 만군의 여호와께서 이와 같이 말씀하시되 사람이 토기장
이의 그릇을 한 번 깨뜨리면 다시 완전하게 할 수 없나니 이와 같이 내가 이 백성과
이 성읍을 무너뜨리리니 도벳에 매장할 자리가 없을 만큼 매장하리라 [12] 여호와의
말씀이니라 내가 이곳과 그 가운데 주민에게 이같이 행하여 이 성읍으로 도벳 같게
할 것이라 [13] 예루살렘 집들과 유다 왕들의 집들이 그 집 위에서 하늘의 만상에 분
향하고 다른 신들에게 전제를 부음으로 더러워졌은즉 도벳 땅처럼 되리라 하셨다
하라 하시니

하나님이 예레미야에게 항아리를 하나 사서 백성의 어른들과 제사장들의 어른들 몇 명, 곧 유지들과 원로들과 함께 '하시드 문'(שַׁעַר הַחַרְסוּת lit., '옹기 대문'; cf. HALOT, 느 2:13; 3:13-14) 어귀 밖에 있는 힌놈의 아들 골짜기로 가라고 명령하신다(1-2절). 예레미야는 유다 왕 시드기야를 종종 만나 말씀을 전하던 선지자다. 예레미야가 귀족들과 지도자들을 자주 대면하는 것을 보면 예루살렘 종교계뿐만 아니라 정계에도 그가 상당한

영향력을 행사했음을 알 수 있다. 예레미야가 하나님의 메시지를 선포하기 위해 사회와 종교계의 원로들을 불러내는 것은 그들에게 선포할 하나님의 메시지가 온 이스라엘에 관한 것임을 암시한다(Brown).

예레미야는 그를 따라온 이스라엘 원로들에게 듣는 사람의 '귀가 진동하는'(viz., 얼얼해질 만큼 두려운) 심판을 선언해야 한다(3절). 듣기 좋은 말을 기대하며 예레미야를 따라왔을 지도자들에게 이런 메시지를 전하는 것은 결코 쉬운 일이 아니었을 것이다. 그러나 어떡하겠는가? 이스라엘이 조상 때부터 하나님을 거역하고 우상들을 섬겨온 것에 대한 심판의 날이 드디어 임했다. 예레미야도 그들에게 좋은 메시지를 들려주고 싶지만, 하나님이 그에게 주신 메시지는 온통 나쁜 것들뿐이다.

이스라엘은 하나님께 선물로 받은 땅에서 그 땅의 주인이신 여호와를 외부인 취급했다(נכר; 4절). 마치 땅을 빌려 농사를 짓는 소작인들이 그 땅을 방문한 주인을 무시하는 것처럼 말이다(cf. 눅 20:9-16). 이스라엘이 어떤 일을 저질렀기에 여호와께서 자기 백성에게 이 같은 배신감을 느끼시는가? 이스라엘은 여호와의 땅에서 자신들도, 조상들도 모르던 이방신들에게 제물을 바쳤다(4절). 땅의 주인이자 그들에게 땅을 경작하도록 허락하신 여호와 하나님이 존재하지 않는 것처럼 그분을 무시하는 죄를 지은 것이다.

이스라엘은 우상숭배를 하면서 무고한 피를 많이 흘렸다(4절). 여기서 선지자가 말하는 '무고한 피'(דַּם נְקִיִּם)는 무엇인가? 죄 없는 사람들의 권리를 짓밟는 착취와 부조리한 행위를 뜻한다(cf. HALOT). 본문에서도 이 표현이 이런 의미로 해석되기도 한다(Brueggemann, Fretheim, cf. 2:34; 5:26-28; 7:6; 22:3). 이렇게 해석할 경우 우상숭배가 도덕적인 부패를 불러들였다는 뜻이다. 그러나 문맥상 이스라엘이 범한 우상숭배의 제물로 희생된 사람들의 피를 의미한다고 보는 것이 더 저절하다(cf. 5절). 혹은 우상숭배와 연관된 모든 희생자들을 포함한 포괄적인 표현으로 보아야 할 것이다(Miller). 우상숭배는 사회의 도덕적인 타락으로 이어지며, 도덕적인 부패는 엄청난 부조리와 억울한 피 흘림을 야기한다(cf. 사 1:21-23). 우상숭배는 어린 아이들을 포함해 많은 사람들의 생명을 앗아가는 만행으로 이어졌다. 이런 행위는 하나님이 명령한 적도 없고, 생각하실 수도 없었던 일이다.

머지않아 노인들과 선지자가 서 있는 도벳(הַתֹּפֶת; lit. '침 뱉음'; HALOT)이라 불리는 힌놈의 아들 골짜기는 '살육의 골짜기'(גֵּיא הַהֲרֵגָה)로 불릴 날이 올 것이다(6절). 여호와께서 이방인 군대를 통해 죽이시는 유다 사람들의 시체로 골짜기가 가득 찰 것이다. 이스라엘 사람들은 예레미야의 생명을 노리고 있는데, 그들의 원수들은 그들의 생명을 노릴 것이다(Fretheim). 많은 이스라엘 사람들을 죽일 재앙이 다름 아닌 하나님이 직접 하시는 일이라는 사실을 강조하기 위해 본문에서 신적(神的) 일인칭(divine I)이 반복적으로 사용되고 있다(7-9절). 한때는 이 백성에게 온갖 복을 내려주신 하나님의 손이 이제는 그들을 치는 손으로 바뀌었다. 그러나 이 일은 하나님이 변해서가 아니라, 이스라엘이 변질되어서 벌어졌다.

힌놈의 아들 골짜기는 예루살렘의 남쪽 계곡에 위치했으며(cf. 7:31), 사람들은 이곳에서 아이들을 몰렉에게 제물로 바쳤다(Bergmann). 이곳에서 행해진 흉측한 우상숭배 때문에 요시야 왕은 이곳에 있는 제단들을 파괴한 적이 있다(왕하 23:10). 7:30-34과 본문이 힌놈 골짜기에 관하여 말하고 있고, 사용하는 단어들도 많이 비슷해서 한 주석가는 본문이 7:30-34의 내러티브 버전이라고 말한다(Holladay). 충분히 가능한 추측이다. 훗날 힌놈의 아들 골짜기는 쓰레기를 태우는 곳으로 지정되었으며, 이곳에서 끊이지 않는 연기와 불 때문에 지옥의 표상으로 여겨지기도 했다. 이곳이 바로 신약에서 지옥을 연상시키는 '게헤나'(lit. 힌놈 골짜기)다.

심판이 임하는 날 이스라엘이 계획하고 있는 모든 것이 수포로 돌아갈 것이며(7절), 그들의 주검은 버려져 들짐승과 새들의 먹이가 될 것이다. 선지자는 제대로 된 장례를 매우 중요하게 여기던 그 당시 문화에서 매우 충격적인 상황을 경고하고 있다. 심판이 임하니 한때는 선망의 대상이었던 도시가 치욕의 상징으로 변한다(8절). 살아남은 사람들은 생명을 연명하기 위해 자식들의 살코기를 먹어야 한다. 참으로 비참한 모습이 그려지고 있다.

예레미야는 이스라엘에게 임할 심판을 선포한 다음 그와 함께 골짜기로 내려갔던 사람들이 지켜보는 가운데 준비해온 토기를 산산조각 내서 부수라는 명령을 받았다(10절). 다시는 사용할 수 없도록 질그릇을 산산조각 내는 행위가 상징하는 것은 명확하다. 부서진 질그릇은 가치가 없다. 선지자는 18장에서 토기장이 집을 방문해 토기장이가 그릇을 빚다가 무언가 부족하다 싶으면 그 그릇을 다시 진흙덩이로 바꾸어 다른 물건을 만드는 일을 목격했다. 반면에 본문은 완성된(마른) 항아리를 사용한다. 마른(구운) 항아리는 다시 진흙으로 되돌려 다른 물건을 만들 수 없다. 그러므로 본문에서 항아리는 유다 사람들의 영성의 최종적인 상태를 상징한다. 산산조각 내는 것이 유일한 선택일 만큼 그들의 영성은 최악으로 치닫고 있다(Harrison). 하나님은 자기 백성 유다를 질그릇 부수듯이 부수실 것이다(11절). 설령 그들이 당장 회개한다 해도 이 재앙만큼은 피해갈 수 없다(Fretheim). 그래서 선지자는 유다 사람들에게 더 이상 회개하라는 권면도 하지 않는다. 모든 것이 끝났다는 생각만 들게 한다.

하나님의 심판은 유다를 어느 정도까지 파괴할 것인가? 도벳(힌놈의 아들 골짜기)이 시체로 가득 찰 때까지다. 골짜기에 더 이상 시체를 내다 버릴 수 없어서 예루살렘의 거리에 방치된 시체가 도시 자체를 도벳으로 변화시킬 때까지 치실 것이다(12-13절; cf. 7:32). 예루살렘은 더 이상 하나님의 거룩한 도성이라 자랑할 수 없다. 예루살렘은 시체들로 부정하게 된 부정한 도성에 불과하다. 시온이 창녀질 하다가 남편 하나님에게 버림을 받았다. 남편은 간음한 아내를 매몰차게 내친다.

V. 경고, 권면, 좌절(16:1-20:18)
D. 질그릇을 통한 교훈(19:1-15)

2. 예레미야의 순종(19:14-15)

[14] 예레미야가 여호와께서 자기를 보내사 예언하게 하신 도벳에서 돌아와 여호와의
집 뜰에 서서 모든 백성에게 말하되 [15] 만군의 여호와 이스라엘의 하나님이 이와 같
이 말씀하시되 보라 내가 이 성읍에 대해 선언한 모든 재앙을 이 성읍과 그 모든 촌
락에 내리리니 이는 그들의 목을 곧게 하여 내 말을 듣지 아니함이라 하시니라

예레미야는 하나님이 명령하신 대로 모든 것을 행한 다음 예루살렘 성전으로 발을 옮겼다(14절). 선지자는 그곳에서 여호와께 제물을 드리러 온 사람들에게 하나님이 경고하신 심판이 곧 임할 거라고 선포했다. 혹시라도 예레미야를 따라 힌놈의 아들 골짜기로 내려가 하나님의 말씀을 들은 유지들이 그 말씀을 백성에게 전하지 않거나, 왜곡할 수도 있기 때문이다. 하나님의 말씀은 모든 사람을 위한 것이기 때문에 곳곳에서 선포되어야 한다. 혹시라도 뒤늦게나마 깨닫고 회개하는 사람들을 구하기 위해서다. 예레미야는 안타까운 마음으로 한 영혼이라도 회개하게 하기 위해 성전에 가서 메시지를 선포하고 있다.

하나님의 심판이 임하는 것은 이스라엘이 하나님을 순종하지 않았기 때문이다(15절). 모든 것에는 때가 있다. 죄를 짓는 때가 있으면 그 죄에 대한 심판의 때가 분명히 임한다는 사실을 기억해야 한다. 죄를 지으면서 심판주 하나님으로부터 계속 도망칠 수 있는 사람은 없다. 하나님이 세상 끝까지라도 쫓아가서 그를 찾아내 벌하실 것이기 때문이다. 19:14-20:6이 1인칭이 아닌 3인칭으로 진행된다. 그래서 학자들은 이 부분을 예레미야의 명령에 따라 바룩이 기록한 것이라고 하기도 한다(cf. Lundbom).

V. 경고, 권면, 좌절(16:1–20:18)

E. 선지자의 수치와 좌절(20:1–18)

예레미야가 성전에 예배드리러 온 사람들에게 하나님의 복이 아니라 심판을 선포하는 일(cf. 19:14-15)을 못마땅하게 여긴 사람들이 있다. 이 사람들의 대표인 성전의 총감독 바스훌이 선지자를 잡아 감금한다. '성전 영업'에 방해가 되기 때문이다. 예레미야가 성전에서 말씀을 전하다가 감금된 이야기로 시작되는 본문은 이 선지서 안에서 선지자의 급변하는 감정을 가장 잘 묘사하고 있다.

본문에는 예레미야의 분노와 복수심에 불타는 마음(1-6절), 당혹과 황당함(7-10절), 확신(11-12절), 찬양(13절), 어두운 좌절(14-18절) 등이 잘 표현되어 있다. 갈팡질팡하고 있는 선지자의 감정을 묘사하고 있는 것이다. 본문은 다음과 같이 구분될 수 있다.

A. 감금된 선지자(20:1-6)
B. 소명에 대한 선지자의 갈등(20:7-13)
C. 끝이 없는 선지자의 아픔(20:14-18)

V. 경고, 권면, 좌절(16:1–20:18)
E. 선지자의 수치와 좌절(20:1–18)

1. 감금된 선지자(20:1–6)

[1] 임멜의 아들 제사장 바스훌은 여호와의 성전의 총감독이라 그가 예레미야의 이
일 예언함을 들은지라 [2] 이에 바스훌이 선지자 예레미야를 때리고 여호와의 성전에
있는 베냐민 문 위층에 목에 씌우는 나무 고랑으로 채워두었더니 [3] 다음날 바스훌
이 예레미야를 목에 씌우는 나무 고랑에서 풀어주매 예레미야가 그에게 이르되 여
호와께서 네 이름을 바스훌이라 아니하시고 마골밋사빕이라 하시느니라 [4] 여호와

께서 이와 같이 말씀하시되 보라 내가 너로 너와 네 모든 친구에게 두려움이 되게
하리니 그들이 그들의 원수들의 칼에 엎드러질 것이요 네 눈은 그것을 볼 것이며
내가 온 유다를 바벨론 왕의 손에 넘기리니 그가 그들을 사로잡아 바벨론으로 옮겨
칼로 죽이리라 5 내가 또 이 성읍의 모든 부와 그 모든 소득과 그 모든 귀중품과 유
다 왕들의 모든 보물을 그 원수의 손에 넘기리니 그들이 그것을 탈취하여 바벨론으
로 가져가리라 6 바스훌아 너와 네 집에 사는 모든 사람이 포로 되어 옮겨지리니 네
가 바벨론에 이르러 거기서 죽어 거기 묻힐 것이라 너와 너의 거짓 예언을 들은 네
모든 친구도 그와 같으리라 하셨느니라

예레미야가 성전에 예배를 드리러 온 유다 사람들에게 임박한 하나님의 심판에 대해 경고하자 성전의 총감독인 바스훌이 예레미야를 잡아들이고 매로 쳤다(2절). 오래전에 참 선지자 아모스 역시 벧엘에 있는 성전지기에게 방해를 받은 적이 있다(암 7:10-13). 성전에 이권을 가지고 있는 사람들은 참 선지자들의 메시지를 싫어할 수밖에 없다. 그들은 백성들이 여호와의 성전을 부적처럼 여기도록 조장해 이익을 챙기고 있는데, 선지자들은 이것을 방해하기 때문이다.

바스훌(פַּשְׁחוּר)은 예사롭지 않은 이름이다. 이집트어에서 유래한 이 이름은 이집트 신들 중 하나인 호루스(Horus)와 연관이 있으며, '호루스의 아들'이라는 의미를 지녔다(HALOT). 여호와 종교의 가장 중심에 있는 예루살렘 성전의 총감독 이름이 이방 신 호루스의 아들이라는 뜻을 지녔다는 것은 예레미야 시대 이스라엘 사람들이 얼마나 열정적으로 우상을 숭배했는지를 암시한다. 자식의 이름은 부모의 신앙 고백이다. 바스훌의 아버지도 분명 우상을 숭배했을 것이다. 이스라엘의 영성을 대표하는 제사장 집안이 대대로 우상숭배를 하고 있다니 참으로 안타깝다.

사람들은 대체적으로 듣고 싶어 하는 메시지에는 열광하지만, 듣기 싫은 메시지에는 반발한다. 사람들의 이런 성향을 감안하면 선지자들의 사역을 미리 예측할 수 있다. 선지자들이 축복을 선언하면 사람들은 축복으로 화답할 것이며, 선지자들이 심판과 저주를 선언하면, 사람들은 그들을 저주한다(Brown). 선지자들이 선포하는 말씀이 하나님의 말씀인가는 상관없다. 바스훌도 저주를 선언한 예레미야를 저주하고 있다.

바스훌은 예레미야를 폭행한 후 목에 차꼬를 채워서 베냐민 문 부근에 있는 방에 감금했다. 예레미야가 다른 곳도 아닌 여호와의 성전에서 다름 아닌 여호와의 말씀을 전하다가, 다른 사람도 아닌 성전의 책임자에 의해 종교적 포로가 되었다(Fretheim)! 참으로 어이없는 일이다. 다음날 바스훌은 '성전 영업'에 방해가 되니 다시는 심판을 선포하지 말고 성전에는 얼씬도 하지 말라고 경고하며 선지자를 풀어주었다(3절).

성전에서 하나님을 예배하는 것이 아니라 장사하는 사람들에게 예레미야는 결코 환영받을 수 없는 존재였다. 선지자의 메시지는 온 예루살렘 사람들, 특히 지도자들과 예루살렘 성전에 이권이 개입되어 있는 사람들을 불편하게 만들었다. 성전은 하나님이 임재하시는 가장 거룩한 곳으로, 이곳에서 행하는 모든 것이 그분을 기쁘게 한다고 여겨졌다. 그런데 예레미야가 이 거룩한 곳마저 하나님의 심판을 피할 수 없을 거라고 선포하고 있으니 그들이 분노하는 것은 당연하다. 그러므로 바스훌은 '하나님의 처소를 총괄하는 자의 권위'를 사용해 '여호와의 이름'으로 여호와의 이름으로 메시지를 선포한 선지자 예레미야를 쳤다. 제사장과 선지자의 갈등으로 볼 수 있는 사건이다.

주님의 집을 지킨다는 사람들이 하나님이 말씀하신 것을 듣지 못한다. 종들이 집주인을 알아보지 못하고 있는 것이다. 바스훌이 대표하고 있는 전통적인 권력 체계는 예레미야 선지자로 표현되는 하나님의 권위를 인정할 수 없다. 하나님의 권위와 신정 통치를 지향하는 이스라엘의 권력 체계가 동일한 신앙과 가치관을 추구해야 하는데, 오히려 대립하고 있다. 아무리 좋은 동기에서 비롯된 전통이고 권력이라도 세월이 지나면 썩게 마련이다. 개혁을 게을리하면 심지어 그 권위를 위임한 분의 음성마저도 구분하지 못할 정도로 타락하게 되는 것이다.

예레미야는 바스훌의 협박과 폭력에 굴복하지 않았다. 오히려 더 분노해 바스훌에게 마골밋사빕(מָגוֹר מִסָּבִיב; lit. 사방에 가득한 공포)이란 별명을 붙여주었다. 성경에서 사람의 이름이 바뀌는 것은 상황 변화나 신분의 변화를 뜻한다(cf. 창 17:5; 32:28; 35:10; 41:45; 단 1:7). 마골밋사빕이란 문구는 이미 6:25에서 바빌론 군의 기세를 설명하며 사용된 적이 있고 앞으로도 20:10; 46:5; 49:29 등에서 사용될 것이다. 예레미야는 하나님이 보내신 선지자에게 공포가 된 바스훌이 머지않아 자기 가족과 친지들에게 공포의 대명사가 될 것이라고 예언하고 있다. 바빌론 군이 유다를 쳐서 정복할 때 바스훌과 그의 집안은 무자비한 원수들의 공격을 받아 예루살렘 사람들에게 선지자 말씀이 어떻게 성취되는가를 보여주는 전시용 사례(showpiece)가 될 것이다(Martens).

구체적으로 어떤 공포가 바스훌의 친지들에게 임할 것인가? 머지 않아 바빌론 군이 이스라엘을 침략할 것이며, 이스라엘의 모든 보화를 빼앗고 주민들을 끌고 갈 것이다(4-5절). 바빌론으로 끌려가는 사람들의 행렬에 바스훌과 가족들도 끼어 있으며, 그들은 바빌론 땅에서 죽어 묻힐 것이다. 그동안 선지자들이 경고해왔던 포로 생활이 유다 사람들의 가까운 미래에 임할 것이다. 부패한 여호와 종교의 안일한 전통을 상징한 바스훌은 하나님의 이름으로 평안(샬롬)을 외쳐왔다. 그러나 사실 그의 주변에는 공포밖에 없다. 바스훌에 대한 예언은 주전 597년에 성취되었다.

V. 경고, 권면, 좌절(16:1-20:18)
E. 선지자의 수치와 좌절(20:1-18)

2. 소명에 대한 선지자의 갈등(20:7-13)

예레미야의 마지막 탄식이자 하나님에 대한 원망이 주를 이루는 본문은 선지자의 내부적 갈등을 잘 묘사하고 있다. 때로 '예레미야의 겟세마네'

라고 불리는 이 말씀은 20:1-6이 언급하고 있는 그의 고통을 배경으로 한다. 성전에서 매까지 맞는 수모를 당하고 풀려난 예레미야는 견딜 수 없는 원통함을 호소한다. 그는 하나님이 명하신 대로 했을 뿐인데, 인간으로서 견디기 힘든 수치를 당하고 모멸감을 느꼈기 때문이다. 본문은 하나님의 신실한 종들도 때로는 이런 분노와 허탈감을 느끼게 된다는 교훈을 준다. 본문은 다음과 같이 두 부분으로 구분된다.

A. 하나님에 대한 선지자의 실망(20:7-9)
B. 선지자가 느끼는 공포와 구원(20:10-13)

V. 경고, 권면, 좌절(16:1-20:18)
E. 선지자의 수치와 좌절(20:1-18)
2. 소명에 대한 선지자의 갈등(20:7-13)

(1) 하나님에 대한 선지자의 실망(20:7-9)

7 여호와여 주께서 나를 권유하시므로
내가 그 권유를 받았사오며
주께서 나보다 강하사 이기셨으므로
내가 조롱거리가 되니
사람마다 종일토록 나를 조롱하나이다
8 내가 말할 때마다 외치며 파멸과 멸망을 선포하므로
여호와의 말씀으로 말미암아
내가 종일토록 치욕과 모욕거리가 됨이니이다
9 내가 다시는 여호와를 선포하지 아니하며
그의 이름으로 말하지 아니하리라 하면
나의 마음이 불붙는 것 같아서 골수에 사무치니
답답하여 견딜 수 없나이다

선지자는 지금까지 사용한 언어 중에서 가장 강력한 표현을 사용해 하나님을 원망한다(7절): "주님, 주께서 나를 속이셨으므로, 내가 주께 속았습니다. 주님께서는 나보다 더 강하셔서 나를 이기셨으므로, 내가 조롱거리가 되[었습니다]"(새번역); "야훼여, 저는 어수룩하게도 주님의 꾐에 넘어갔습니다. 주님의 억지에 말려들고 말았습니다. 그래서 날마다 웃음거리가 되었[습니다]"(공동). 일부 학자들은 7절을 선지자의 망언(blasphemy)이라 하고(cf. Fretheim), 이 구절에 "유혹과 강간: 예레미야의 고백"(Seduction and Rape: The Confessions of Jeremiah)이라는 매우 자극적인 타이틀을 붙인다(Crenshaw, cf. Heschel). 7절이 남자가 여자를 유혹해서 강간하는 이미지를 사용하고 있기는 하지만(cf. Lundbom), 학자들의 주장은 지나치다. 굉장히 충격적인 언어가 사용되기는 하지만 선지자와 하나님의 관계를 이렇게 표현하는 것은 옳지 않다.

예레미야는 자신이 선지자의 길에 들어서게 된 것은 본인의 선택이 아니라, 하나님의 강압적인 요구에 의한 것임을 주장한다. 심지어 그는 "내가 이렇게 된 것은 하나님께 속았기 때문"이라며 아픔을 토로한다. 그래서 학자들은 하나님이 어떻게 예레미야를 속였는가에 관심을 가지고 본문을 주해해 나가는데(cf. Clements, Brown), 이 또한 지나치다.

본문은 이미지와 감성을 중요하게 여기는 시(노래)로 구성되어 있다. 그러므로 본문이 묘사하고 있는 이미지와 감정은 예레미야와 하나님의 관계가 어떻게 평행을 이루고 있는가에 대한 이해로 받아들여야 한다. 예레미야와 하나님의 삶에서 이 말씀의 모든 요소가 정확히 무엇을 뜻하는지 찾으려는 것은 의미가 없을 뿐만 아니라, 무모한 추측을 낳게 한다.

선지자가 하나님께 항의하는 것을 요즘 말로 요약하면 "저는 하나님만 믿고 선지자 사역에 나섰다가 완전히 새가 되었습니다"이다. 예레미야는 지금 마음이 상할 대로 상한 상태에서 이 기도를 하고 있다. 선지자가 아파서 소리지르는 것을 문자적으로 연구하고 해석하는 것은 옳지 않다. 큰 고통에 빠진 사람은 깊이 생각하지 않고, 마음에 없는 말도 할 수 있다는 것을 염두에 두어야 한다.

예레미야는 하나님이 그를 선지자로 세울 때 보호해주시겠다던 말씀(cf. 1:18-19)과 바스훌에게 당한 일을 떠올리면서 이렇게 탄식하고 있다. 여호와께서는 그를 선지자로 부르실 때 그를 보호하고 '놋성벽'으로 만들어주겠다고 말씀하셨다(1:18). 그는 그때부터 선지자로서 가야 할 길이 험난하다는 것을 직감했다. 그러나 이 정도일 줄은 몰랐다. 예레미야가 하나님의 명령에 따라 말씀을 선포하기만 하면 사람들은 그를 조롱하고 야유를 보낸다(8절). 심지어는 그를 죽이려 들기까지 한다.

선지자는 하나님의 명령에 따라 하나님의 집 성전에 가서 말씀을 전하다가 성전 책임자 바스훌에게 잡혀 매를 맞고, 차꼬를 차고 하룻밤 옥살이를 하고 다시는 나타나지 말라는 경고를 받고 쫓겨났다. 어른이 매를 맞았다! 예레미야는 성인 남자가 경험할 수 있는 최고의 수치를 당한 것이다. 그를 풀어 준 바스훌에게 죽기 살기로 대들며 저주를 선언했지만, 화가 풀리지 않았다.

성전에서 매 맞고 집으로 돌아온 후, 하나님을 생각할 때마다 서운하고 속이 상한다. 바스훌이 그처럼 예레미야를 때리고 조롱할 때 보호해주겠다던 하나님은 뭘 하고 계셨는가? 예레미야가 이처럼 험한 일을 당할 때 보호해 주지 않으면 언제 하시겠단 말인가? 하나님은 왜 그때 그 자리에서 바스훌을 죽이지 않으셨는가? 온갖 생각과 질문이 그의 마음을 채웠을 것이다. 하나님의 침묵에 실망하고 화가 치밀 대로 치민 선지자는 자기와 하나님의 관계를 마치 순진한 여자(선지자)를 유혹해 여자의 의지와 상관없이 성폭행한 남자(하나님)의 관계처럼 하나님을 원망하고 있다. 예레미야가 선지자 소명을 받기를 주저하자 하나님이 "보호해주겠다"며 따라오라고 하더니 선지자가 정작 말씀을 전하다가 어려움을 당할 때 하나님은 자취를 감추셨다는 것이다.

이런 일을 경험한 선지자의 입장에서 하나님은 '속이는 자'처럼 생각

될 수밖에 없다. 더 나아가 앞으로도 좋아질 기미가 보이지 않는다. 예레미야가 말씀을 전할 때마다 사람들은 그에게 온갖 수모를 줄 것이기 때문이다(8절). 그러나 자기는 하나님께 완전히 속아 농간을 당했다는 탄식은 선지자의 진심이 아니다.

예레미야는 자신의 아픔을 지혜롭게 표현하고 있다. 만일 이처럼 혹독한 고통을 마음에 담아두기만 하면 분명 병이 될 것이다. 하나님은 사람의 마음과 감정을 다 아시는 분인데, 이처럼 선지자의 마음에는 열불이 나는데도 경건하고 거룩한 말로만 기도하는 것이 바람직한 것인지는 생각해 보아야 할 문제다. 오히려 진솔하게 자기 감정을 쏟아내고 그다음 하나씩 추스리며 정리해 나가는 것이 정신 건강에도 바람직하며, 진정한 용서와 화해의 첫걸음이 된다. 그래서 성경은 시편과 선지서에 상당히 많은 저주시(탄식시)들을 포함하고 있는 것이다. 또한 극에 달한 예레미야의 고통이 서린 본문 내용은 주의 종으로 살아가기를 원하는 우리 모두가 마음에 새겨야 할 필요가 있다. 주의 길을 가는 것은 때로 엄청난 고난과 시련을 요구할 수 있기 때문이다.

마지 못해 하나님께 강제로 끌려가는 듯한 사역을 하고 있는 선지자에게 낙이 있을 리 없다. 그는 자신이 여러 사람들의 비웃음과 조롱을 사고 있음을 알고 있다(7절). 모든 것이 어렵게 느껴지고 싫어진다. 게다가 그가 선포해야 하는 메시지의 내용은 그의 어려움을 가중시킨다. 예레미야는 자신의 의지와 상관없이 지속적으로 심판의 메시지만 전해야 한다(8절). 심판 메시지를 선포하는 것은 선지자가 참으로 싫어하는 일이다. 게다가 듣는 이들도 싫어한다. 결국 예레미야는 메시지를 선포할 때마다 사람들이 야유로 퍼부어 대는 모욕과 수모를 감수해야만 한다. 하나님이 아무리 철저하게 선지자를 보호해주신다 할지라도 예레미야도 감정을 지닌 인간이기 때문에 이러한 상황을 이겨내기가 결코 쉽지 않다.

문제의 해결책으로 선지자는 하나님이 주신 메시지를 전하지 않는 것도 고려해보았다(9절). 그러나 그렇게 하면 선지자 자신이 견딜 수 없는 고통을 당한다: "나의 마음이 불붙는 것 같아서 골수에 사무치며 답답하여 견딜 수 없나이다." 전하자니 사람들의 조롱과 핍박을 피할 수 없고, 전하지 않자니 마음이 답답하고 안타까워 견딜 수가 없다. 선지자는 이렇게 갈등의 갈림길에 처해 있다. 사실 전하지 않으면 견딜 수 없어서 사역을 떠나지 못하는 사람들이 우리 주변에도 얼마든지 있다. 자신이 처한 여건과 상황이 너무 어렵고 힘들어서 목회를 포기하고 싶지만, 말씀을 선포하지 않고는 마음이 불붙는 것 같아서 사역을 계속하는 사람들을 종종 목격한다.

V. 경고, 권면, 좌절(16:1–20:18)
E. 선지자의 수치와 좌절(20:1–18)
2. 소명에 대한 선지자의 갈등(20:7–13)

(2) 선지자가 느끼는 공포와 구원(20:10–13)

10 나는 무리의 비방과 사방이 두려워함을 들었나이다
그들이 이르기를 고소하라 우리도 고소하리라 하오며
내 친한 벗도 다 내가 실족하기를 기다리며
그가 혹시 유혹을 받게 되면 우리가 그를 이기어
우리 원수를 갚자 하나이다
11 그러하오나 여호와는 두려운 용사 같으시며
나와 함께하시므로 나를 박해하는 자들이
넘어지고 이기지 못할 것이오며
그들은 지혜롭게 행하지 못하므로 큰 치욕을 당하오리니
그 치욕은 길이 잊지 못할 것이니이다
12 의인을 시험하사 그 폐부와 심장을 보시는 만군의 여호와여
나의 사정을 주께 아뢰었사온즉
주께서 그들에게 보복하심을 나에게 보게 하옵소서

[13] 여호와께 노래하라
너희는 여호와를 찬양하라
가난한 자의 생명을 행악자의 손에서 구원하셨음이니라

선지자는 주변에서 웅성거리는 소리를 끊임없이 듣고 있다. 그들은 마굴밋사빕(주변에 가득한 공포)을 외치는 예레미야야말로 진정한 마굴밋사빕이라 주장하며 그를 당국에 고발해야 한다고 수군거린다(10절). 유다 사람들은 여호와께 등을 돌린 지 오래다. 여호와의 심판 메시지(viz., 유다는 망하여 바빌론으로 끌려갈 것)를 선포하는 선지자는 하나님을 경외하지 않는 사람들에게는 귀찮은 존재다. 더 나아가 유다가 망해 바빌론으로 끌려갈 것이라고 주장하는 예레미야의 메시지는 국론을 양분화하려는 반체제적 메시지로 취급될 수 있다. 선지자의 청중은 예레미야를 매국노로 몰아갈 수 있다. 그들 사이에 "당국에 고발해야 한다"는 여론이 분분했다.

심지어 예레미야의 '친구들'도 그가 스스로 실족하기를 기다리고 있다(10절). 기회를 봐서 가차 없이 선지자에게 일격을 가하겠다는 태세다. 예레미야는 온 세상을 홀로 상대하고 있었다. 다행히 하나님이 용감무쌍한 용사처럼 예레미야 옆에 서 계셨다. 그래서 누구도 선지자를 넘볼 수 없다(11절). 예레미야는 바로 앞에서 하나님께 속았다며 바스훌로부터 그를 보호해 주시지 않은 것을 원망하고 비난했다(7-9절). 그러다 그동안 수많은 위협과 심지어 암살 음모들에서 그가 빠져나올 수 있었던 것은 하나님의 보호하심이 있었기 때문이라는 사실을 깨닫는다.

예레미야가 원망했던 것처럼 하나님이 그를 보호하지 않으신 것이 아니다. 하나님은 항상 그를 보호해오셨다. 그래서 선지자를 어렵게 했던 사람들은 힘을 쓰지 못하고 모두 쓰러졌다(11절). 하나님이 그를 보호하기 위해 쳐놓으신 보호막을 순간적으로 보지 못한 것뿐이다. 다시 하나님의 보호막을 보게 된 예레미야는 자신이 생겼다. 그래서 그의 원수들이 계획하고 있는 모든 일이 오히려 그들을 넘어지게 할 것이며, 그들이 자기가 당한 수모보다 더 큰 수치를 당할 것이라고 확신한다(11절). 비록 이 순간에는 예레미야가 그들에게 수모를 당하고 있지만, 머지않아 그들의 위치가 바뀔 것이다. "야구는 9회 말 2아웃부터"라는 말처럼, 선지자는 게임이 아직 끝나지 않았음을 의식하게 된 것이다.

이와 같은 확신에 근거해 선지자는 하나님의 심판이 그들에게 임하기를 원한다(12절). 예레미야는 하나님이 의인을 시험하고 그의 마음과 생각을 감찰하시는 분이라는 찬송을 부르며 자신의 억울함(떳떳함)을 암시한다. 공의의 하나님 앞에 자신은 두려워할 것이 없으며 오히려 그분의 구원을 기대할 만한 위치에 있음을 확인하고 있다. 하나님이 선지자와 그의 원수들의 생각과 마음을 감찰하시면, 예레미야가 의롭고 그의 원수들은 악하다는 사실이 분명 드러날 것이다. 그렇게 되면 여호와께서는 예레미야가 아닌 그들을 심판하실 것이다. 선지자는 하나님께 그 원수들을 벌하시기를 간절히 소망한다(12절). 확신에 찬 예레미야는 억압받는 사람들을 악인들의 권세에서 구원하시는 공평하신 하나님을 찬양하라는 권면으로 이 섹션을 마무리한다(13절).

V. 경고, 권면, 좌절(16:1–20:18)
E. 선지자의 수치와 좌절(20:1–18)

3. 끝이 없는 선지자의 아픔(20:14–18)

14 내 생일이 저주를 받았더면,
나의 어머니가 나를 낳던 날이 복이 없었더면,
15 나의 아버지에게 소식을 전하여 이르기를
당신이 득남하였다 하여
아버지를 즐겁게 하던 자가 저주를 받았더면,
16 그 사람은 여호와께서 무너뜨리시고

후회하지 아니하신 성읍같이 되었더면,
그가 아침에는 부르짖는 소리,
낮에는 떠드는 소리를 듣게 하였더면,
좋을 뻔하였나니
[17] 이는 그가 나를 태에서 죽이지 아니하셨으며
나의 어머니를 내 무덤이 되지 않게 하셨으며
그의 배가 부른 채로 항상 있지 않게 하신 까닭이로다
[18] 어찌하여 내가 태에서 나와서
고생과 슬픔을 보며
나의 날을 부끄러움으로 보내는고 하니라

앞 섹션의 마지막 부분에서 선지자의 긍정적이고 소망적인 메시지(13절)를 접했던 우리는 본문에서 다시 그의 깊은 시름을 접한다. 이런 극적인 감정 변화로 이 본문 훗날 예레미야가 이성을 찾았을 때 더해진 것으로 해석되기도 하지만(McKane, Brown), 선지자가 자신에게 어떤 일이 벌어지고 있는가를 의식하려는 태도에서 비롯된 자연스러운 변화일 것이다(Rudolph, cf. Lundbom). 본문은 바로 앞에 있었던 일(viz., 성전에서 매 맞고 쫓겨난 일)이 있은 지 얼마 지나지 않아서 예레미야가 느낀 감정을 회고하고 있다(cf. Dubbink).

선지자는 바로 앞 텍스트를 긍정적으로 마무리하면서 감정의 변화를 시도했다(cf. Miller). 그러나 그가 느끼는 감정은 변하지 않았고, 전보다 더 큰 슬픔과 분노가 찾아왔다. 예레미야가 하나님의 공의와 정의에 대해 찬양을 마치고 나서 다시 그동안 있었던 일을 되돌아보니 더 큰 좌절감이 그를 엄습한 것이다. 그래서 선지자는 가장 예술적인 표현을 써서 가장 슬픈 노래를 부른다(Bright).

선지자가 부르는 노래의 핵심 주제는 자기가 태어난 날에 대한 저주다. 선지자는 어머니의 배 속에서 죽지 못하고 태어나, 잠시나마 부모들에게 기쁨을 준 것을 탄식한다. 예레미야는 특히 그날의 기쁨을 선지자의 가족들과 친지들에게 전하고 나누었던 메신저(아마도 종)를 저주한다(16-17절). 그럼으로써 '좋지 않은 소식'을 전해야 하는 자신의 극한 고통을 표현하는 것이다. 그날 아이가 태어난 좋은 소식을 전한 사람도 저주를 받아야 한다면, 하물며 좋지 않은 소식을 전하는 자기야말로 얼마나 고통스럽겠느냐는 것이다.

선지자의 고통이 얼마나 컸으면 세상에 태어난 일에 대해 가장 소중하고 가장 가까이 있는 사람들을 원망하는 것일까! 얼마나 아팠으면 '나는 태어나지 말았어야 한다!'고 탄식하는 것일까! 성경에서 이런 말씀을 접하면, 그 말씀의 진위 여부나, 선지자의 발언이 망언에 해당하는가에 대한 논쟁은 삼가야 한다. 말로 표현할 수 없는 그의 고통과 아픔에 귀를 기울이려고 노력해야 하며, 함께 아파해야 한다.

성경은 하나님이 창조하신 세상의 모든 것은 매우 아름답다고 말한다. 특히 인간은 주님의 걸작품으로 매우 정교하고, 놀랍고 아름답게 조각되었다(2:7). 선지자가 이 같은 사실을 모를 리 없다. 자기가 태어난 날과 그날 기뻐했던 사람을 저주하는 것은 하나님의 '아름다운 창조 원리'에 문제를 제기하는 것이나 다름 없다. 이러한 예레미야의 모습은 욥이 세 친구들과의 대화에서 했던 말과 매우 비슷하다(욥 3:3-12). 예레미야의 발언을 어떻게 이해해야 할까?

예레미야는 바로 얼마 전 극에 달하는 수모와 아픔을 경험했다. 하나님께도 서운한 감정이 쌓였다. 그는 자신의 아픔을 본문을 통해 토로하고 있다. 그는 아픔으로 냉정하고 이성적인 판단을 하지 못하는 상황에서 진심이 아닌 말들을 내뱉고 있다. 따라서 본문의 선지자를 정죄하거나 비판하는 것은 옳지 않다. "오죽이나 힘이 들었으면 이런 소리를 할까?"라는 마음으로 그와 함께 슬퍼해야 한다.

하나님도 아프다며 통곡하는 예레미야를 묵묵히 안아주셨다. 예레미야는 전에도 고통 때문에 자기가 세상에 태어난 것을 원망했다(15:10).

보호하고 도와주시겠다던 하나님의 약속(1:18-19)이 그가 기대하던 수준으로 나타나지 않자 하나님께 완전히 속았다며 탄식하기도 했다(15:11-18). 하나님도 도대체 믿을 수 없는 분이 되었다고 원망한 것이다. 이에 대해 하나님도 참지 않으셨다. 예레미야가 계속 함부로 입을 놀리면 가만두지 않으실 거라고 엄포를 놓으셨다(15:19-21).

그러나 하나님이 이번에는 침묵하신다. 하나님의 침묵을 어떻게 이해해야 하는가? 주께서 오열하는 예레미야를 묵묵히 끌어안고 함께 아파하며 눈물을 흘리시는 것으로 생각해야 한다. 예를 들어서 생각해보자. 어느 부부가 딸을 애지중지 잘 키워서 시집을 보냈다. 안타깝게도 딸은 시댁에서 혹독한 시집살이를 하게 되었다. 하루는 딸이 친정에 와서 서러움에 복받친 눈물을 쏟으며, "엄마, 아빠! 왜 저를 낳으셨어요? 차라리 태어나지 않았더라면 이런 고통을 당하지 않았을 텐데!"라고 탄식한다. 이런 상황에서 부모는 어떻게 해야 하는가? 아마도 정상적인 사고를 지니고 딸의 아픔을 헤아리는 부모는 그저 묵묵히 딸을 껴안아주며 함께 아파하고 그녀를 위로할 것이다. 이런 상황에서 부모는 어떠한 정죄의 말도 하지 않는다. 하나님의 침묵은 이런 경우와 비슷하다. 아픔으로 오열하는 선지자를 하나님이 끌어안으셨다. 성경은 아파서 소리치며 원망하는 사람을 정죄하지 않는다(cf. 욥기). 그것은 아프다는 울부짖음임을 알기 때문이다.

일명 '선지자의 고백'은 이렇게 아픈 탄식으로 막을 내리고 있다. 앞으로는 그가 어떤 고통을 당하더라도 이 고백에 기록된 감정을 노출하지 않는다. 감옥에 갇힐 때(37:15-16), 물 저장 탱크(cistern)에 감금된 때(38:6), 심지어는 이집트로 끌려갈 때(43:4-6)에도 본문에서처럼 극에 달한 감정을 표출하지는 않는다. 이 일 이후로 그는 정령 하나님이 약속하신 '견고한 성읍, 쇠기둥, 놋성벽'이 되었던 것일까?(1:18). 아니면 자신의 사역에 대해 생각할수록 아프고 견디기 힘들어서 아예 생각하지 않으려 노력하면서 살았던 것일까? 어느 쪽이든 하나님을 원망하는 극심한 상황에 몰릴 정도로 하나님을 따른 예레미야의 삶은 우리를 숙연하게 만든다.

VI. 비난과 심판
(21:1-25:38)

학자들은 이 텍스트를 1-20장에 첨부된 자료(appendix)로 간주하기도 한다(Miller, Fretheim). 별로 중요하지 않아 1-20장에 포함되지 않은 부수적인 것들을 이곳에 모아놓았다는 뜻이다. 그러나 이 섹션은 1-20장의 메시지를 일단락하는 결말로 취급하는 것이 더 바람직하다. 실제로 많은 학자들이 본문, 특히 25장이 예레미야서 전반부를 마무리하는 역할을 한다고 간주한다. 내용을 살펴보면 이 섹션은 심판과 소망, 두 개의 주제를 통일성 있게 다루고 있다. 또한 당시 유다를 지배하고 있던 다윗 왕조에 연관된 말씀이 주류를 이룬다. 유다 왕들과 백성에게 임박한 심판에 대한 하나님의 의지는 매우 확고해서 바뀔 여지가 없는 기정사실이다. 본문은 온 나라를 대상으로 메시지를 선포하고 있지만, 특별히 이스라엘의 리더십을 강력하게 비난한다. 이러한 사실은 예레미야가 정치적 리더십을 상징하는 다윗 왕조에 대한 말씀(21:1-23:8)과 종교적 리더십을 상징하는 선지자들(23:9-40)을 주제로 삼는 것에서도 알 수 있다.

바벨론을 통한 심판은 피할 수 없지만, 다행히 그 심판 후에 주의 백성을 찾아올 소망에 대한 힌트도 곳곳에 있다. 이것은 예레미야서에서만 포착되는 것이 아니다. 성경은 하나님이 결코 심판을 위한 심판, 혹은 주의 백성을 죽이기 위한 심판을 하시는 분이 아니라는 사실을 누누이 강조한다. 노아의 홍수가 단순히 인류를 멸망시키는 일로 끝나지 않고 새로운 창조를 시작했듯이 하나님의 심판에는 항상 회복과 재창조가 뒤따른다(cf. 『엑스포지멘터리 창세기』 서론). 선지자들도 이 같은 맥락에서 심판 뒤에는 항상 회복/구원이 임할 것을 선언한다. 예레미야도 이 같은 선지자들의 오랜 전승 속에서 심판 뒤에 올 회복을 선언한다.

시드기야의 질문으로 시작되는 21장은 바벨론의 느부갓네살 왕을 통해 유다에 임할 심판에 대한 전반적인 선언으로 구성되어 있다. 22:1-23:8은 구체적으로 유다의 왕들을, 23:9-40은 선지자들을 비난한다. 24장은 전혀 예기치 못한 소망의 메시지를 선포하고 있으며, 25장은 심판과 소망이 뒤섞인 메시지를 기록하고 있다. 이와 같은 이해를 바탕으로 본문은 다음과 같이 구분할 수 있다.

A. 임박한 유다 멸망(21:1-14)
B. 왕들에 대한 선포(22:1-23:8)
C. 거짓 선지자 비난(23:9-40)
D. 무화과 두 바구니(24:1-10)
E. 하나님의 분노(25:1-38)

VI. 비난과 심판(21:1–25:38)

A. 임박한 유다 멸망(21:1–14)

유다의 마지막 왕이었던 시드기야에 대한 이야기가 22장이 언급하고 있는 여호아하스, 여호야김과 여호야긴의 이야기보다 먼저 등장한다. 이것은 성경이 사건들을 시대 순서대로 나열하고 있지 않음을 시사한다. 25:1-14에 기록된 내용이 선지자가 여호야김 즉위 4년째 되던 해(주전

605년)에 선포했던 말씀인 것도 이 같은 사실을 입증한다. 선지자들은 자신들이 구두로 선포한 메시지의 시대적인 순서에 구애받지 않고 메시지를 책 형태로 문서화했는데, 예레미야서도 이 같은 사실을 보여준다.

주전 598년 12월에 바빌론의 느부갓네살 왕이 유다를 침략했다. 당시 유다의 왕이었던 여호야김은 예루살렘 성이 포위된 상태에서 죽었다. 일부 학자들은 정치인들이 예루살렘 성을 포위하고 있던 바빌론 사람들을 달래기 위해 이집트에 충성을 맹세하고 바빌론에 반역한 여호야김 왕을 암살한 것으로 추측한다. 여호야김이 죽자 예루살렘 사람들은 그의 아들 여호야긴을 왕으로 세웠다. 여호야긴은 왕이 된 지 3개월 만에 성을 포위하고 있던 바빌론 군에 항복했다. 바빌론 사람들은 항복한 여호야긴을 사슬에 묶어 바빌론으로 끌고 갔다. 그의 뒤를 이어 유다의 왕이 된 시드기야는 바빌론 사람들에 의해 왕으로 세워졌으면서도 이집트 왕 호프라(Hophra/Apries)의 군사적인 원조 약속을 믿고 주전 587년에 종주인 바빌론에게 반역했다(52:3; cf. 37:5).

소식을 들은 바빌론의 느부갓네살 왕은 곧바로 군대를 보내 순식간에 유다를 점령하고 예루살렘을 포위했다. 얼마 후 이집트 군이 출동했다는 소식을 접한 바빌론 군은 곧바로 그들을 치러 이집트 쪽으로 향했다. 바빌론 군은 호프라의 군대를 쉽게 물리치고 다시 돌아와 계속해서 예루살렘을 포위했다. 결국 주전 586년 여름, 바빌론이 포위를 시작한 지 18개월 만에 유다는 바빌론 군에 함락되었다(cf. 52:3-4). 본문은 긴박하고 절박한 유다의 최후의 나날을 배경으로 하고 있다. 본문은 다음과 같이 세 부분으로 구분될 수 있다.

A. 유다가 사는 길과 죽는 길(21:1-10)
B. 다윗 왕조가 사는 길과 죽는 길(21:11-12)
C. 유다에게 임박한 죽음의 길(21:13-14)

VI. 비난과 심판(21:1–25:38)
A. 임박한 유다 멸망(21:1–14)

1. 유다가 사는 길과 죽는 길(21:1–10)

1 여호와께로부터 예레미야에게 말씀이 임하니라 시드기야 왕이 말기야의 아들 바
스훌과 제사장 마아세야의 아들 스바냐를 예레미야에게 보내니라 2 바벨론의 느부
갓네살 왕이 우리를 치니 청컨대 너는 우리를 위해 여호와께 간구하라 여호와께서
혹시 그의 모든 기적으로 우리를 도와 행하시면 그가 우리를 떠나리라 하니 3 예레
미야가 그들에게 대답하되 너희는 시드기야에게 이같이 말하라 4 이스라엘의 하나
님 여호와께서 이와 같이 말씀하시되 보라 너희가 성 밖에서 바벨론의 왕과 또 너
희를 에워싼 갈대아인과 싸우는 데 쓰는 너희 손의 무기를 내가 뒤로 돌릴 것이요
그것들을 이 성 가운데 모아들이리라 5 내가 든 손과 강한 팔 곧 진노와 분노와 대
노로 친히 너희를 칠 것이며 6 내가 또 사람이나 짐승이나 이 성에 있는 것을 다 치
리니 그들이 큰 전염병에 죽으리라 하셨다 하라 7 여호와의 말씀이니라 그 후에 내
가 유다의 왕 시드기야와 그의 신하들과 백성과 및 이 성읍에서 전염병과 칼과 기
근에서 남은 자를 바벨론의 느부갓네살 왕의 손과 그들의 원수의 손과 그들의 생명
을 찾는 자들의 손에 넘기리니 그가 칼날로 그들을 치되 측은히 여기지 아니하며
긍휼히 여기지 아니하며 불쌍히 여기지 아니하리라 하셨느니라 8 여호와께서 말씀
하시기를 보라 내가 너희 앞에 생명의 길과 사망의 길을 두었노라 너는 이 백성에
게 전하라 하셨느니라 9 이 성읍에 사는 자는 칼과 기근과 전염병에 죽으려니와 너
희를 에워싼 갈대아인에게 나가서 항복하는 자는 살 것이나 그의 목숨은 전리품같
이 되리라 10 여호와의 말씀이니라 내가 나의 얼굴을 이 성읍으로 향함은 복을 내리
기 위함이 아니요 화를 내리기 위함이라 이 성읍이 바벨론 왕의 손에 넘김이 될 것
이요 그는 그것을 불사르리라

바벨론 군이 예루살렘을 포위하자 불안해진 시드기야는 말기야의 아들 바스훌과 마아세야의 아들 스바냐 제사장을 예레미야에게 보냈다.

평소에 예레미야가 유다의 종말에 대해 경고하고 다녔던 것을 생각하면서도 혹시 여호와께서 기대하지 못한 은혜를 베풀지 않을까 하는 기대를 가졌기 때문이다(1-2절). 스바냐 제사장은 여호와께서 출애굽, 요단강 도하에 버금가는 대규모의 기적을 베푸실 것이라는 신탁을 예레미야로부터 받기를 기대한다(Brown). 당장 바빌론 사람들을 예루살렘에서 물러나게 하는 하나님의 찬란한 은혜를 기대하는 것이다(Dearman). 본문에 등장하는 바스훌은 20장에서 예레미야를 때리고 감금했던 성전의 총감독 바스훌과는 다른 사람이다. 이 두 바스훌의 이야기(20:1-7; 21:1-7)는 재미있는 대조를 이루고 있다(Fretheim). 전에는 예레미야가 성전을 찾아가 예언을 하다가 바스훌의 방해를 받았는데, 이번에는 예언을 듣겠다며 바스훌이 예레미야를 찾아온 것이다.

본문의 이 바스훌은 38:1-3에서 예레미야를 매우 미워했고, 선지자의 생명을 노리기도 한 사람이다. 바스훌과 함께 예레미야를 찾아온 스바냐 제사장은 예레미야를 반대하지는 않았다(cf. 29:25, 29; 37:3). 만일 이 스바냐가 52:24의 스바냐와 동일 인물이라면, 그는 대제사장 다음의 위치에 있었던 사람이다. 이 둘은 지금 유다의 정치계와 종교계를 대표해 예레미야를 찾은 것이다. 전에는 선지자를 비난하고 무시하던 유다 사람들은 상황이 절박해지자 이 두 지도자를 예레미야에게 보낸다.

시드기야나 바스훌은 결코 예레미야를 좋아하지 않았다. 그런데도 위기에 처하자 제일 먼저 참 선지자 예레미야를 찾았다. 시드기야 왕은 평상시에는 주변의 거짓 선지자들에게 정권을 지지하는 예언을 강요했다. 그러나 진실을 알아야 하는 상황이 되자 거짓 선지자들의 거짓 예언에 만족할 수 없다. 누가 참 선지자이고 누가 거짓 선지자인지 판가름 나고 있다. 시드기야 입장에서는 거짓 선지자들을 옆에 두는 것이 편하고 좋다. 필요에 따라 왕의 요구대로 정권을 지지하는 발언을 예언이랍시고 해주기 때문이다. 그러나 시드기야도 그들이 거짓을 말한다는 사실을 알고 있다. 그래서 진리가 필요할 때에는 참(다른) 선지자 예레미야를 찾는 것이다.

시드기야와 바스훌 같은 사람들은 자신들이 참 선지자를 찾았다는 사실 하나로 만족한다. 그들은 선지자가 그들에게 주는 하나님의 말씀대로 회개하고 삶을 바꾸려는 생각은 전혀 하지 않는다. 사실 그들은 이미 마음속에 자신들이 듣고 싶어 하는 메시지를 지닌 채 선지자를 찾아왔다: "여호와께서 혹시 그의 모든 기적으로 우리를 도와 행하시면 그가 우리를 떠나리라"(2절). 시드기야와 그의 신하들은 하나님이 출애굽 때 베풀었던 기적에 버금가는 기적을 베푸실 것이라는 예레미야의 신탁을 기대하면서 온 것이다.

하나님이 유다를 위해 큰 기적을 베푸실 것이라는 메시지 외에는 그 어느 것도 그들을 만족시킬 수 없다. 시드기야와 신하들은 경건을 가장해 선지자가 지난 40여 년 동안 외쳤던 심판에 대한 모든 메시지를 조롱하고 있다(Brown). 그들은 선지자가 지금까지 외쳤던 메시지에는 귀를 기울이려고 하지 않고 오직 새로운 메시지(viz., 이때까지 선포되었던 심판 메시지와 상반되는, 그들이 듣기 원하는 구원 메시지)를 요구한다.

예레미야를 통한 하나님의 응답은 단호했다. 하나님은 신적 일인칭을 수차례 사용해 자신이 친히 바빌론 군과 합세할 뿐만 아니라 기근과 질병을 동원해 이스라엘을 칠 거라고 선포하신다(3-7절). 바빌론 군을 도구로 이스라엘을 침략하고, 바빌론 군에게서 살아남은 사람들은 온갖 질병과 재앙으로 치실 것이라는 의미다. 특히 5절을 시작하는 표현이 매우 강렬하다 "내가 친히 너희를 칠 것이다"(נִלְחַמְתִּי אֲנִי אִתְּכֶם). 예레미야서에서 하나님이 자기 백성을 직접 치겠다고 말씀하시는 것은 이곳뿐이다. 또한 이 표현은 구약에서도 유일하다(Brown). 하나님의 말씀은 시드기야와 신하들이 전혀 기대하지 않았던(viz., 듣기를 원치 않았던) 대답이었다. 하나님의 입장에서 이스라엘에게 '출애굽의 자비'를 베푸신다는 것은 불가능하다. 하나님은 자신들이 해야 할 일은 전혀 하지 않으면서 그저 은혜만 바라는 유다의 왕과 백성들을 가증스럽게 생각하셨을 것이다.

앞으로 시드기야와 그의 신하들이 어떻게 될 것인가에 대한 예레미야의 예언은 왕이 보낸 신하들조차 감당하기 힘든 내용이었다: "염병과 전쟁과 기근에서 살아남은 이 도성의 사람들, 곧 유다 왕 시드기야와 그의 신하들과 백성을, 바빌로니아 왕 느부갓네살의 손과, 그들의 원수들의 손과, 그들의 목숨을 노리는 사람들의 손에, 포로로 넘겨주겠다. 느부갓네살은 포로를 조금도 가련하게 여기지 않고, 조금도 아끼지 않고, 무자비하게 칼로 쳐 죽일 것이다"(7절; 새번역). 저자는 하나님의 분노가 극에 달했음을 5절에서 분노에 대한 단어를 세 차례나 사용해 강조하고 있다: '진노'(אַף), '분노'(חֵמָה), '대노'(קֶצֶף גָּדוֹל). 시드기야는 하나님의 구원을 원했지만, 하나님은 그에게 심판밖에 주실 것이 없다. 시드기야는 악한 사람이기 때문이다(52:2). 선지자로부터 이런 메시지를 전해들은 시드기야와 그의 신하들은 차라리 예레미야에게 묻지 않았으면 좋았을 뻔했다는 생각을 했을 것이다. 예레미야가 시드기야에 관해 선포한 말씀은 52:8-11을 통해 성취된다.

예레미야는 왕과 신하들에게 임할 혹독한 심판을 선언한 다음, 신명기처럼 생명의 길과 사망의 길을 선포한다(8절; cf. 신 30:11-20). 그러나 죄를 회개하고 여호와께 순종하는 것과는 상관없는 선택이다. 만일 유다가 침략자 바빌론에게 항복하면 살 것이요, 저항하면 죽게 될 것이다. 살아도 평안하지는 못하다. 바빌론 군에 투항하는 사람들은 목숨을 연명하겠지만, 그들의 전리품이 되어 바빌론까지 끌려갈 것이기 때문이다(9절).

하나님의 얼굴이 예루살렘 성읍을 향한다(10절). 원래 하나님이 자기 얼굴을 주의 백성에게 돌리신다는 것은 그들의 형편을 헤아리고 적절한 복을 내려주신다는 좋은 표현이다. 그래서 민수기 6:24-26에 기록된 제사장의 축도는 하나님의 얼굴이 성전에서 예배를 드리고 떠나는 사람들의 삶을 향하기를 두 차례나 빌어주고 있다. 하나님이 성도들의 형편을 헤아리시면 모든 문제가 해결될 것이라는 믿음이 있기 때문이다.

안타깝게도 본문은 그런 상황이 아니다. 하나님의 얼굴이 주의 백성을 향한 이유는 그들의 죄에 따라 그들을 벌하고 공격하시기 위함이다. 예루살렘은 바벨론 군에 포위되어 있는 상황이다. 그것이 하나님이 이 도성을 공격하시는 의미라면, 이스라엘은 모든 것을 포기해야 한다. 여호와를 상대로 싸울 수 있는 민족이나 왕은 없기 때문이다. 하나님은 선지자의 반복된 심판 메시지에도 불구하고 구원 메시지를 요구하는 시드기야와 신하들에게 다음과 같이 말씀하시는 듯하다: "나보고 너희를 위해서 싸워달라고? 내가 오히려 너희들과 싸우겠다!"(Brown). 예레미야의 메시지는 그저 잘될 것이라는 신탁을 원하는 백성들에게 유다를 미워하여 망하기를 염원하는 배신자의 말처럼 들렸을 것이다. 하나님의 말씀을 선포하고 가르치는 일은 때로 엄청난 대가를 요구한다는 사실을 기억해야 한다.

VI. 비난과 심판(21:1–25:38)
A. 임박한 유다 멸망(21:1–14)

2. 다윗 왕조가 사는 길과 죽는 길(21:11–12)

11 유다 왕의 집에 대한 여호와의 말을 들으라
12 여호와께서 이와 같이 말씀하시니라
다윗의 집이여 너는 아침마다 정의롭게 판결하여
탈취당한 자를 압박자의 손에서 건지라
그리하지 아니하면 너희의 악행 때문에
내 분노가 불같이 일어나서 사르리니 능히 끌 자가 없으리라

유다에게 임할 심판을 선언했던 예레미야가 이곳에서는 유다를 다스리고 있는 다윗 왕조에게 하나님의 말씀을 선포한다. 본문의 내용은 왕이 나라를 다스리면서 취해야 할 보편적인 원리로 구성되어 있다. 이 말

씀은 선지자가 사역을 시작한 지 얼마 되지 않아 선포한 것으로 생각된다. 예레미야는 다윗의 후손인 왕들에게 리더십을 세우고 나라를 공의와 정의로 다스린다면 아직도 기회가 있다고 선포했다(cf. Lundbom, Holladay).

예레미야는 오래전(그가 선지자 사역을 시작한 직후)에 선포했던 말씀을 이곳에 배치해 21:1-7에 기록된 시드기야 왕에 관한 말씀과 22장에서부터 시작될 유다 왕들에 대한 심판 예언의 정황적 배경을 제시하고 있다. 유다 왕들이 심판을 받아 타국으로 끌려가게 된 이유는 하나님이 그 왕들에게 요구하신 정의로운 판결과 억울한 사람들을 보호하는 일 등을 등한시했기 때문이다(23절). 그것은 하나님이 이스라엘의 지도자에게 요구하시는 가장 기본적인 의무다(사 1:16-17; 암 5:14-15; cf. 출 22:25; 23:6; 신 15:4, 11; 24:10-15). 예레미야는 유다 왕들이 가장 기본적인 의무도 이행하지 않았다고 평가하고 비난한다. 특정한 왕의 이름을 언급하지 않고 말씀이 진행되는 것도 22장에 기록된 왕들에 대한 비판을 준비하고 있다는 암시다.

예레미야서에서 '다윗의 집'(בֵּית דָּוִד)이라는 표현이 사용되는 곳은 본문뿐이다. 이사야서에서도 다윗의 후손인 왕에게 심판을 선언하거나, 기대하지 못한 놀라운 은혜를 내릴 때 이 표현이 몇 차례 사용된다(cf. 사 7장; 36-39장). 본문에서는 심판을 선언하면서 이 문구가 사용되고 있다. "다윗이 모든 백성에게 정의와 공의를 행[한]" 이후(삼하 8:15), 다윗은 그의 후손 왕들을 판단하는 기준이 되었기 때문이다(Radak). 본문은 왜 하나님의 심판이 유다에 임하게 되었는가에 대한 또 한 가지 이유를 제시한다.

유다를 다스리고 있는 다윗 왕조는 "아침마다"(לַבֹּקֶר) 공의를 실천했어야 했다(12절). 이스라엘을 다스리는 왕은 매일, 정기적으로 정의를 실현하는 것을 가장 중요하게 여겨야 한다는 뜻이다(Fretheim). 또한 왕이 아침에 잠자리에서 일어나면 제일 먼저 생각해야 할 일이 하루 종일 어떻게 공의와 정의로 백성을 치리할 것인가 계획하는 것이다. 왕의 하루는 공의와 정의 실현으로 시작해 공의와 정의 실현으로 끝이 나야 한다. 이스라엘을 다스리는 인간 왕의 권위는 공의와 정의를 사랑하고 실천하기를 기뻐하시는 여호와께로부터 주어졌기 때문이다. 공의와 정의는 다스리는 왕의 취향에 따라 선택하고 거부할 수 있는 것이 아니다. 하나님의 공동체에는 공의와 정의가 항상 하수처럼 흘러야 한다. 이 일을 관리하고 유지할 이상적인 사람이 왕이다. 성경적 리더십에서 가장 중요한 문제로 삼아야 하는 것이 바로 공의와 정의가 믿음 공동체에 실천하는 일이다.

VI. 비난과 심판(21:1–25:38)
A. 임박한 유다 멸망(21:1–14)

3. 유다에게 임박한 죽음의 길(21:13–14)

13 여호와의 말씀이니라
골짜기와 평원 바위의 주민아 보라
너희가 말하기를 누가 내려와서 우리를 치리요
누가 우리의 거처에 들어오리요 하거니와
나는 네 대적이라
14 내가 너희 행위대로 너희를 벌할 것이요
내가 또 수풀에 불을 놓아 그 모든 주위를 사르리라
여호와의 말씀이니라

바빌론을 통해 하나님이 유다를 심판하시면 요새와 같은 은신처로 피하면 된다고 주장하는 사람들이 있다(cf. 13절). 그들은 선지자의 말씀에 귀를 기울이기보다는 오히려 그의 메시지를 비아냥거리고 있다. 그래서 예레미야는 자만과 거짓 평안에 도취해 있는 '골짜기와 평원 바위의 주민'에게 숨으면 된다는 안일한 생각을 버리고 정신을 차리라고 권면한다(13절). 선지자가 사용하는 이미지는 골짜기로 둘러싸여 있고 마치 높은 타워처럼 우뚝 솟은 예루살렘의 지형에 잘 어울리는 말이다(Rashi, cf. Brown). 예레미야는 먼 곳에 있는 사람들이 아니라 바로 그의 메시지를 듣고 있는 예루살렘 사람들에게 이같이 경고하고 있다(Fretheim).

예루살렘은 남쪽으로만 군대가 출입할 수 있는 좁은 길로 이루어진 천연 요새라 할 수 있다. 성 안에 식량과 물만 비축되어 있으면 적들의 공격에도 오랫동안 버틸 수 있다. 아시리아 왕 산헤립도 주전 701년에 대군을 이끌고 예루살렘을 포위했지만, 결국 정복하지 못하고 돌아갔다(cf. 사 36-37장). 유다가 주전 586년에 멸망할 때에도 예루살렘은 함락되기 전 바빌론의 포위를 18개월 동안 견뎌냈다. 문제는 물과 식량이었다. 기록에 의하면 이때 가뭄으로 성 안에는 물이 떨어졌고, 비축된 식량도 바닥을 드러냈다. 결국 예루살렘은 바빌론 군에 함락되었다기보다는 먹고 마실 것이 없어서 스스로 붕괴했다.

예루살렘의 지형적 여건을 고려하면 성의 주민들이 자만심, 혹은 거짓 평안에 대한 환상을 가질 만하다(Calvin, cf. Holladay). 문제는 그들을 공격하는 적의 정체다. 예루살렘 사람들의 눈에는 바빌론 군대밖에 보이지 않지만 이 이방인 군대를 사용해 계획한 바를 이루시는 이는 하나님이다. 이스라엘의 문제는 하나님의 진노의 막대기인 바빌론 군대는 볼 수 있지만, 그 막대기를 손에 쥐고 휘두르시는 분은 보지 못한다는 데 있다. 그래서 하나님은 이스라엘이 절대 심판을 피할 수 없다며 그 이유를 선언하신다: "나는 네 대적이라"(13절). 이스라엘이 하나님의 적이 되었으니 심판을 피할 길이 없다(14절).

VI. 비난과 심판(21:1-25:38)

B. 왕들에 대한 선포(22:1-23:8)

이 텍스트는 예레미야가 여러 차례에 걸쳐 유다의 마지막 왕들에 대해 선포했던 메시지를 모아놓은 것이다. 다윗 왕조에 대한 전반적인 메시지(22:1-9)가 살룸(22:10-12), 여호야김(22:13-19), 예루살렘(22:20-23), 여호야긴(22:24-30)에 대한 구체적인 메시지로 이어진다. 이 왕들에게 선포되는 말씀을 보면 선지자가 바로 앞 장에서 시드기야의 신하들에게 전한 메시지(21:1-7)는 결코 새로운 것이 아니다는 사실을 확인할 수 있다. 예레미야가 시드기야의 부하들에게 준 신탁은 본문이 언급하고 있는 유다의 마지막 왕들에게 이미 선포했던 내용을 반복한 것뿐이다.

선지자는 훗날 다윗의 후손으로 오실 공의와 정의의 왕에 대한 약속으로 이 섹션을 마무리한다(23:1-8). 그러나 메시아 왕에 대한 신탁은 미래에 관한 것일 뿐만 아니라, 예레미야 시대에 관한 것이기도 하다. 부패할 대로 부패한 다윗 왕조의 상황과 하나님이 이 왕조의 왕들에게 기대했던 이상형(viz., 메시아)이 대조되면서 메시아의 모형으로 살지 못한 유다의 왕들을 간접적으로 비난하고 있기 때문이다. 본문은 다음과 같이 구분된다.

A. 다윗 왕조(22:1-9)
B. 살룸(22:10-12)
C. 여호야김(22:13-19)
D. 예루살렘(22:20-23)
E. 여호야긴(22:24-30)
F. 의로운 가지(23:1-8)

VI. 비난과 심판(21:1-25:38)
B. 왕들에 대한 선포(22:1-23:8)

1. 다윗 왕조(22:1-9)

1 여호와께서 이와 같이 말씀하시되 너는 유다 왕의 집에 내려가서 거기에서 이 말
을 선언하여 2 이르기를 다윗의 왕위에 앉은 유다 왕이여 너와 네 신하와 이 문들로
들어오는 네 백성은 여호와의 말씀을 들을지니라 3 여호와께서 이와 같이 말씀하시
되 너희가 정의와 공의를 행하여 탈취당한 자를 압박하는 자의 손에서 건지고 이방
인과 고아와 과부를 압제하거나 학대하지 말며 이곳에서 무죄한 피를 흘리지 말라
4 너희가 참으로 이 말을 준행하면 다윗의 왕위에 앉을 왕들과 신하들과 백성이 병
거와 말을 타고 이 집 문으로 들어오게 되리라 5 그러나 너희가 이 말을 듣지 아니
하면 내가 나를 두고 맹세하노니 이 집이 황폐하리라 여호와의 말씀이니라
6 여호와께서 유다 왕의 집에 대해 이와 같이 말씀하시니라
네가 내게 길르앗 같고 레바논의 머리이나
내가 반드시 너로 광야와 주민이 없는 성읍을 만들 것이라
7 내가 너를 파멸할 자를 준비하리니
그들이 각기 손에 무기를 가지고
네 아름다운 백향목을 찍어 불에 던지리라
8 여러 민족들이 이 성읍으로 지나가며 서로 말하기를 여호와가 이 큰 성읍에 이같
이 행함은 어찌 됨인고 하겠고 9 그들이 대답하기는 이는 그들이 자기 하나님 여호
와의 언약을 버리고 다른 신들에게 절하고 그를 섬긴 까닭이라 하셨다 할지니라

어떤 학자들은 본문에 언급된 '유다의 왕'을 여호야김이나 시드기야로 해석하지만 대부분의 사람들은 다윗 왕조에 관한 전반적인 메시지로 간주한다. 하나님은 예레미야에게 왕궁으로 내려가서 이 메시지를 전하라고 하신다(1절). 선지자는 유다의 왕, 그의 신하들 그리고 왕궁을 출입하는 모든 사람에게 이 말씀을 선포했다(2절). 내용은 간단명료하다. 오

래전에 모세를 통해 명령하신 대로 의를 행하라는 것이다(3절). 선지자의 요구는 전혀 새로운 것이 아니다. 왕은 하나님의 명령을 순종하는 일에서 백성들에게 모범이 되어야 한다는 사실을 다시 상기시키는 것뿐이다(cf. 신 17:18-20).

왕은 무고한 피를 흘려서는 안 되며 고아와 과부를 보호해야 한다(3절; cf. 21:12; 렘 7:6; 신 10:18-19). 고대 근동의 법전들 중 모세 율법은 고아와 과부 등 사회에서 가장 착취당하기 쉬운 사람들에게 매우 특별한 관심을 쏟고 있다. 만일 유다의 왕들이 여호와께서 명령하신 대로 의롭게 통치한다면 다윗 왕조의 왕들이 끊이지 않을 것이다(4절).

만일 왕이 여호와의 명령을 거역하고 공의와 정의로 나라를 다스리지 않으면, 그가 거하는 궁전이 완전히 무너져 내리는 날이 속히 올 것이다. 예레미야는 하나님이 자신을 두고 맹세하시는 말씀이기 때문에 꼭 그렇게 될 것이라며 "이 집이 황폐하리라"(לְחָרְבָּה יִהְיֶה הַבַּיִת הַזֶּה; lit., "황폐가 이 집에 임하리라"; 5절)에서 단어들의 순서를 바꾸어 '황폐'가 꼭 다윗 왕조에 임할 것을 강조한다(Brown). 유다를 다스리는 다윗 왕조가 의를 행하지 않으면 황폐는 피해갈 수 없는 현실이다. 자기 백성을 다스리라며 이 왕조에게 권위를 위임해 주신 여호와 하나님이 가장 원하시는 것이 공의와 정의가 하수처럼 넘치는 세상이기 때문이다.

다윗 언약을 무조건적인 것으로 간주했던 다윗 계열의 왕들에게 이런 강제적인 사항이 요구되는 까닭은 이스라엘의 왕권이 율법의 지배를 받고 있음을 강조하기 위해서다(Brueggemann). 왕이라고 해서 율법을 지키지 않으면 안 된다. 왕들이 율법대로 살면, 하나님은 분명 그들에게 복을 내려서 다윗 왕조가 계속 유지되도록 하실 것이다(4절). 반면에 순종하지 않으면 왕조도 끝이 날 것이다(5절). 선지자는 아직도 유다가 멸망을 피할 수 있는 것처럼 말하지만, 6-8절의 내용을 살펴보면 죄로 가득한 유다의 현실에서 하나님의 구원과 보호는 불가능하다. 결국 4-5절과 6-8절은 이상과 현실의 차이를 대조하고 있다.

유다의 왕들이 길르앗과 레바논같이 장엄하고 대단하더라도 하나님은 아무런 문제 없이 그들을 멸망시킬 수 있다. 길르앗은 매우 기름진 옥토로, 레바논은 크고 질이 좋은 백향목으로 유명했던 곳이다. 하나님은 길르앗의 옥토와 레바논의 울창한 백향목 숲 같은 유다를 순식간에 황무지로 바꾸실 수 있다(6절).[15] 하나님은 이 일을 위해 파멸할 자들을 보내실 것이다(קִדַּשְׁתִּי). 이 동사의 기본적인 개념은 '구분하다/분별하다'를 뜻하며 성전(聖戰)을 암시한다(Huey). 이스라엘이 하나님께 순종하면 하나님이 그들을 위해 싸워주시는 것이 성전이다. 그런데 이번에는 여호와께서 악을 행하는 다윗의 후손들에게 친히 성전을 시작하실 것이다. 이스라엘 편이었던 하나님이 어느덧 이스라엘의 원수가 되었다. 여호와의 심판은 하나님이 어떤 분이신가를 잘 보여준다. 하나님은 자기 백성이라 할지라도 경건하고 거룩하게 살지 않는 사람들에게는 원수가 되신다.

유다와 예루살렘이 체험하게 될 파괴가 얼마나 혹독한 것인지 이 지역을 지나가는 사람들마다 믿기 어렵다는 듯이 한마디씩 한다: "여호와가 이 큰 성읍에 이같이 행함은 어찌 됨인고?"(8절; cf. 18:16; 19:8). 그때마다 질문하는 사람들에게 이런 말을 해주게 될 것이다: "그들이 자기 하나님 여호와의 언약을 버리고(עָזְבוּ) 다른 신들에게 절하고 그를 섬긴 까닭이라"(9절). 선지자들은 사람이 우상에게 절하면, 그 사람의 등이 여호와께 돌려진다고 주장한다. 우상을 숭배하며 동시에 하나님을 섬길 수는 없다는 것이 선지자들의 가르침이다. 현대 사회의 영성을 좀먹고 있는 종교 다원주의는 절대 성경적인 대안이 아니다.

---

15 레바논(לְבָנוֹן)은 예레미야서에서 네 차례 사용되는데(22:6, 20, 23; 18:14), 이 장에서 그중 세 차례가 사용된다(6, 20, 23절). 백향목(אֶרֶז)도 이 책에서 네 차례 사용되는데 모두 이 장에서 사용된다(7, 14-15, 23절). 선지자는 이 두 단어를 사용해(viz., 레바논의 백향목) 하나님이 다윗 왕조의 교만과 사치를 기뻐하지 않으심을 강조한다. 그들의 호화로운 궁전과 사치스러운 삶의 상당 부분이 약자들을 착취한 것으로 유지되었기 때문이다(Brown).

VI. 비난과 심판(21:1–25:38)
B. 왕들에 대한 선포(22:1–23:8)

2. 살룸(22:10–12)

10 너희는 죽은 자를 위하여 울지 말며
그를 위하여 애통하지 말고 잡혀간 자를 위하여 슬피 울라
그는 다시 돌아와 그 고국을 보지 못할 것임이라
11 여호와께서 유다 왕 요시야의 아들
곧 그의 아버지 요시야를 이어 왕이 되었다가
이곳에서 나간 살룸에 대하여 이와 같이 말씀하시니라
그가 이곳으로 다시 돌아오지 못하고
12 잡혀간 곳에서 그가 거기서 죽으리니
이 땅을 다시 보지 못하리라

이 메시지의 시대적 배경은 요시야가 므깃도에서 느고에게 저격을 당했던 주전 609년 무렵이다(Holladay, Lundbom). 예레미야는 요시야를 생각하며 애가를 지어 불렀다(대하 35:25). 요시야의 죽음은 하나님의 사람 예레미야도 안타까움을 느끼던 슬픈 일이었다. 선지자는 경건한 신앙인이었던 요시야의 죽음을 애도했고, 백성들은 초라해진 다윗 왕조를 회복해줄 것으로 믿었던 정치인의 죽음을 슬퍼했다(cf. Miller).

예레미야는 유다 백성에게 죽은 왕을 위해 울지 말고 타국으로 끌려간 왕을 위해 울라고 권면한다(10절). 죽은 왕은 바로 요시야며, 타국으로 끌려간 왕은 여호아하스라는 이름으로 더 잘 알려진 그의 아들 살룸이다(cf. 11절). 므깃도 전투에서 요시야가 전사한 다음, 이스라엘 사람들은 그의 아들 여호아하스를 왕으로 삼았다. 살룸은 왕위에 오른 지 불과 3개월 만에 예루살렘으로 진격해온 이집트 왕 느고에 의해 제거되었다. 느고는 유다의 왕으로 여호야김을 세웠다(왕하 23:31-34; 대하 36:1-4). 이

후 여호아하스는 인질이 되어 이집트로 끌려갔다. 이방 세력이 유다의 왕을 세운 것은 이때가 처음이었다. 훗날 바빌론은 여호야긴 왕을 바빌론으로 잡아가고, 시드기야를 유다의 왕으로 세운다. 요시야의 죽음을 기점으로 유다는 사실상 자치권을 잃어버렸다.

선지자는 요시야의 죽음을 슬퍼하던 백성에게 오히려 이집트로 끌려간 살룸을 위해 애곡하라고 말한다. 신학적인 관점에서 생각할 때 이스라엘 사람이 이집트로 끌려가는 일은 최악의 상황이다(신 28:68). 백성은 이 사실 한 가지만으로도 이집트로 끌려가는 왕을 위해 슬퍼해야 한다. 그러나 선지자는 백성이 살룸을 생각하며 슬퍼해야 할 더 큰 이유를 말한다. 이집트로 끌려간 살룸은 다시는 유다로 돌아오지 못할 것이다(12절).

유다의 왕들 중 타국으로 끌려가 본국으로 돌아오지 못한 두 명의 왕 가운데 살룸은 첫 번째 왕이다. 훗날 여호야긴 역시 바빌론으로 끌려가 그곳에서 일생을 마쳤다. 시드기야도 두 눈이 뽑힌 채 바빌론으로 끌려갔지만, 그가 바빌론에 도착했다는 기록은 없다. 아마도 가는 도중에 죽은 것으로 생각된다. 예레미야는 확고하고 최종적인 살룸의 운명을 강조하기 위해 "다시 돌아와서 그 고국을 보지 못할 것(10절)…다시 돌아오지 못하고(11절)…이 땅을 다시는 보지 못하리라(12절)"라는 표현을 반복적으로 사용하고 있다. 살룸의 포로 생활이 최종적이어서 그의 운명에 아무런 변화도 없을 것을 강조한다. 이것은 앞으로 이스라엘에게 임할 포로 생활도 최종적이며 변화가 없을 것임을 암시한다. 끌려간 왕들은 돌아오지 못하지만, 다행히 유다는 죗값을 치르고 나면 돌아올 것이다.

VI. 비난과 심판(21:1–25:38)
B. 왕들에 대한 선포(22:1–23:8)

3. 여호야김(22:13–19)

13 불의로 그 집을 세우며
부정하게 그 다락방을 지으며
자기의 이웃을 고용하고
그의 품삯을 주지 아니하는 자에게 화 있을진저
14 그가 이르기를 내가 나를 위하여
큰 집과 넓은 다락방을 지으리라 하고
자기를 위하여 창문을 만들고
그것에 백향목으로 입히고 붉은 빛으로 칠하도다
15 네가 백향목을 많이 사용하여 왕이 될 수 있겠느냐
네 아버지가 먹거나 마시지 아니하였으며
정의와 공의를 행하지 아니하였느냐
그때에 그가 형통하였었느니라
16 그는 가난한 자와 궁핍한 자를 변호하고 형통하였나니
이것이 나를 앎이 아니냐 여호와의 말씀이니라
17 그러나 네 두 눈과 마음은
탐욕과 무죄한 피를 흘림과 압박과 포악을 행하려 할 뿐이니라
18 그러므로 여호와께서 유다의 왕 요시야의 아들
여호야김에게 대하여 이와 같이 말씀하시니라
무리가 그를 위하여 슬프다 내 형제여,
슬프다 내 자매여 하며 통곡하지 아니할 것이며
그를 위하여 슬프다 주여
슬프다 그 영광이여 하며 통곡하지도 아니할 것이라
19 그가 끌려 예루살렘 문밖에 던져지고

나귀같이 매장함을 당하리라

요시야의 아들 살룸은 이집트로 끌려가고 엘리야김이 여호야김이란 새 이름으로 왕이 되었다(왕하 23:34, 36-37; 24:1-6; 대하 36:4-8). 이집트에 의해 왕으로 세움을 받은 여호야김은 외국 세력이 세운 첫 번째 유다 왕이다. 여호야김은 유다의 왕들 중 예레미야에게 가장 악독하게 굴었던 사람이다. 예레미야가 선포한 메시지를 기록한 두루마리를 불에 태우고 선지자를 죽이겠다면서 수배령을 내린 적도 있다(36:1-32). 여호야김은 하나님의 모든 선지자를 멸시했을 뿐만 아니라 분수를 모르고 날뛰던 치졸한 왕이었다. 심지어 선지자 우리야를 살해했다(26:20-23). 여호야김의 온갖 악행은 여호와께서 유다를 용서하실 수 없었던 또 다른 이유가 된다. 예레미야는 여호야김의 과오를 두 가지로 규명한다.

첫째, 권력 남용이다(13-14절). 살룸의 자리를 차지한 여호야김은 권력을 마음껏 휘둘렀다. 자신을 제2의 솔로몬으로 생각했는지(cf. 왕상 5:13-14; 12:3-4), 그는 백성의 노동력을 착취해 큰 건축 사업들을 펼쳐 나갔다. 부귀영화를 상징하는 왕궁은 왕족들이 즐기는 붉은색으로 도배가 되었다. 그러나 실제적으로 그 붉은색은 서민들의 피눈물이었다. 당시 정황을 고려하면 이처럼 사치를 추구할 수도 없고 해서도 안 되는 상황이다.

이집트가 그를 왕으로 세운 이유는 그들이 유다에게 물린 벌금과 앞으로 바쳐야 할 조공을 잘 바치도록 하기 위해서였다(Brown, cf. 왕하 23:34-35). 이집트에게 바쳐야 하는 조공은 온 나라의 세금과 왕궁의 수입을 모아도 감당하기 쉽지 않은 액수였다. 이런 상황에서 허리띠를 졸라매기는커녕 오히려 사치스러운 궁궐을 지었다는 것은 그만큼 백성에 대한 착취와 억압이 가중되었음을 암시한다. 그래서 한 영어 번역본은 14절을 다음과 같이 번역한다: "일꾼들에게 봉급을 주지 않고 왕궁의 벽을 세우고, 억압으로 대문과 지붕을 만들었다"(By not paying wages, he builds injustice into its walls and oppression into its doorframes and ceilings, NLT). 대부분의 경우 권력자들과 선진국의 부귀영화는 백성들과 후진국의 피눈물 위에 세워진다.

하나님은 공의와 정의에는 관심이 없고 어려운 시대에도 사치를 일삼는 왕에 대해 어떻게 생각하시는가? 열왕기는 그의 사악함을 므낫세의 죄에 비교한다(Fretheim, cf. 왕하 24:1-4). 예레미야는 여호야김의 행동에 대한 하나님의 비난을 강조하기 위해 본문을 "화 있을진저!"(הוי)로 시작한다(13절). 더 나아가 여호야김이 죽으면 그 누구도 그의 죽음을 슬퍼하지 않을 것이라며 "슬프다!/아이고!"(הוי)라는 말을 18절에서 네 차례나 사용한다. 여호야김은 심판을 받을 만한 삶을 살았고 백성의 원성이 자자한 통치를 했기 때문에 그가 죽을 때 아무도 그의 죽음을 슬퍼하지 않는다.

둘째, 추락한 사회 정의다(15-17절). 권력을 잡은 이후 여호야김은 개인적인 부를 축적하는 데 급급했다. 심지어는 착취와 뇌물을 서슴지 않았다(17절). 자기의 호화로운 왕궁을 건축하기 위해서 이 같은 부조리를 행했다. 하나님은 이런 여호야김을 비아냥거리신다: "네가 남보다 백향목을 더 많이 써서, 집 짓기를 경쟁한다고 해서, 네가 더 좋은 왕이 될 수 있겠느냐?"(15절; 새번역). 백향목은 가장 비싼 나무였다(Holladay). 그가 백향목을 사용해 왕궁을 짓는다는 구절은 여호야김의 허세를 폭로한다. 하나님은 이 말씀으로 왕의 사고와 가치관을 비난하신다(Brown). 여호야김은 왕궁의 화려함과 크기로 왕의 위상과 업적이 평가된다는 어리석은 생각을 가지고 있다. 반면에 하나님은 왕에 대한 평가는 왕궁 규모나 화려함이 아니라 왕다운 통치(행실)가 결정짓는다는 사실을 선언하신다.

하나님은 여호야김에게 그의 아버지 요시야를 좀 닮으라고 권면하신다(15b-16절). 요시야는 왕처럼 먹고 마시지 않았지만(viz., 호의호식하지 않았지만) 부족함 없이 살았다(15b절). 요시야는 평소에 공의와 공평으로 통치했고 가난하고 연약한 사람들을 보호했다(16절). 그래서 하나님은 요시야가 하는 모든 일에 복을 내리셨다. 하나님은 요시야를 다윗 왕조의 왕들이 모방해야 할 롤모델(role model)로 생각하신다. 반면에 여호야김은 정반대되는 삶을 살고 있다. 여호야김에게 요시야를 닮으라고 하시는 것은, 그가 지금이라도 회개하고 요시야처럼 경건하고 의롭게 살면 요시야에게 임한 복이 그에게도 임할 수 있다는 것을 암시한다.

왕이 공의를 행하고, 가난한 사람들을 보살피는 것이 바로 "여호와를 아는 것"(הַדַּעַת אֹתִי)이다(16절). 선지자는 분명히 외치고 있다. 하나님을 아는 것은 공의와 정의를 행하며 가난한 사람들을 보살피는 것이라고 말이다. 하나님에 대한 올바른 지식은 오직 그분의 말씀을 순종함으로써만 세상에 드러날 수 있다(Calvin). 아무리 입으로는 하나님을 안다고 고백한다 해도 삶에서 공의와 정의가 실현되지 않으면, 그는 하나님을 모르는 사람이나 마찬가지다. 예수님은 주님의 이름으로 온갖 이적을 행했다며 주님을 안다고 주장했던 '염소들'에게 그들을 알지 못한다면서 내쫓은 비유를 말씀하셨다(마 25:32-46). 교회가 세상에 존재하는 한 교회에는 '양들'만 있는 것은 아니다. 분명히 '염소들'도 섞여 있다. 양과 염소를 구분하는 방법은 간단하다. 그들이 삶에서 얼마나 공의와 정의를 실현하려고 노력하는가를 보면 된다. 공의와 정의의 하나님을 닮은 사람은 자신의 삶에서 의를 실현하는 것을 선택 사항이 아니라 필수 조건으로 생각하기 때문이다.

서민들의 피눈물을 착취해 호의호식하는 여호야김은 그 누구도 슬퍼하지 않는 죽음을 맞게 될 것이다(18절). 그는 죽어서도 왕의 위상은 고사하고 평민들의 품위에도 맞지 않는 치욕적인 장례를 경험하게 될 것이다(19절). 유다 왕 여호야김에 대한 선지자의 신탁은 어떤 반응을 일으켰을까? 오늘날로 말하면 한 목사가 나라의 대통령에게 이 같은 말을 선언하는 것과 같다(Fretheim). 그의 신탁은 결코 좋은 반응을 얻지 못했다. 아마도 여호야김은 예레미야를 죽이려 했을 것이다.

성경은 여호야김의 죽음에 대해 특별한 정보는 제공하지 않으며, 그의 장례가 어떻게 치러졌는가에 대해서도 침묵한다(왕하 24:6). 역대하 36:6은 그가 쇠사슬에 결박되어 바빌론으로 끌려갔다고 전하는데, 아마도 주전 598년 말의 그의 죽음과는 연관이 없는 별개 일일 것이다. 여호야김은 포로가 되어 바빌론으로 끌려가는 도중에, 혹은 바빌론으로 후송된 다음에 다시 풀려나 유다로 돌아왔다.

여호야김은 주전 598년 말, 예루살렘이 바빌론 군에게 포위된 상황에서 갑자기 죽었다. 많은 학자들은 바빌론의 진노를 달래려던 정치인들이 그를 살해한 것으로 추측한다. 여호야김은 이집트의 꼭두각시로 왕위에 올랐다가, 바빌론의 꼭두각시가 되었다. 그러다가 바빌론에 반역을 일으킨 후 이런 죽음을 당했다. 19절이 묘사하고 있는 그의 값싼 죽음에 대한 말씀이 상징적으로나마 그의 삶과 죽음을 통해 성취된 것으로 생각할 수 있다.

VI. 비난과 심판(21:1-25:38)
B. 왕들에 대한 선포(22:1-23:8)

4. 예루살렘(22:20-23)

20 너는 레바논에 올라 외치며
바산에서 네 소리를 높이며
아바림에서 외치라
이는 너를 사랑하는 자가 다 멸망하였음이라
21 네가 평안할 때에 내가 네게 말하였으나
네 말이 나는 듣지 아니하리라 하였나니
네가 어려서부터 내 목소리를 청종하지 아니함이 네 습관이라
22 네 목자들은 다 바람에 삼켜질 것이요
너를 사랑하는 자들은 사로잡혀 가리니
그때에 네가 반드시 네 모든 악 때문에

수치와 욕을 당하리라

23 레바논에 살면서 백향목에 깃들이는 자여

여인이 해산하는 고통 같은 고통이 네게 임할 때에

너의 가련함이 얼마나 심하랴

선지자가 예루살렘이라는 이름을 더 이상 사용하지 않고 마치 새로운 주제에 대한 신탁을 시작하는 것 같지만, 2인칭 단수 여성형 동사를 계속해서 사용하기 때문에 학자들은 본문이 예루살렘에 관한 것이라고 단정한다(Fretheim, cf. McKane, Brown). 이 텍스트는 만일 다윗 왕조의 왕들이 하나님의 심판을 받아 멸망하면 그들의 도성이었던 예루살렘은 어떻게 될 것인가에 관한 예언이다. 예레미야는 예루살렘이 다윗 왕조의 왕들과 같은 운명을 맞을 것이라고 경고한다. 선지자는 예루살렘에게 북쪽에 위치한 레바논과 바산 위에 올라서서, 또한 남쪽에 위치한 아바림 산 위에 올라가서 세상을 향해 통곡하라고 한다(20절).

예루살렘이 산들을 찾아다니며 통곡하는 것은 옛적에 입다의 딸이 죽음을 맞이하기 전에 친구들과 산에 올라가 자신의 죽음에 대해 슬퍼한 일(삿 11:37-38)을 연상시킨다. 고대 사람들은 큰일을 당했을 때 집을 떠나 산으로 가서 애곡했는데, 본문은 이러한 풍습을 반영하고 있다(Holladay, Allen). 온 땅에(viz., 북쪽에 있는 레바논과 바산에서 남쪽에 위치한 아바림 산에 이르기까지) 멸망으로 인한 슬픔을 전하라고 한다(Feinberg). 학자들은 이 말씀에 하나님의 풍자(satire)가 곁들여져 있다고 주장한다(McKane, Miller). 레바논, 바산, 아바림은 모두 높은 곳에 위치했다. 예루살렘은 평상시에 이 동맹국들에게 도움을 요청했는데, 이제는 그곳에서 외쳐 보았자 도와줄 나라가 하나도 없을 것이라는 뜻이다.

예루살렘이 통곡해야 하는 이유는 그를 사랑하는 자들, 즉 동맹국들(cf. 새번역; 공동)이 모두 멸망했기 때문이다(20절). 동맹국들은 위기 때 가장 빛을 발하는데, 그들도 침략자들을 막아내느라 동맹 조약을 이행할 겨를이 없다는 것은 이스라엘이 어떤 곤경에 처하더라도 도울 나라가 없다는 뜻이다(23절). 그러므로 동맹국과 예루살렘의 운명은 이미 결정되었다. 그들 모두가 함께 끌려가는 신세가 될 것이다(22절). 예루살렘의 목자들(viz., 지도자들)도 모두 하나님이 보내신 심판의 바람에 쓸려간다(22절). 유다가 망하면 목자들이 제일 먼저 '쓸려가는 것'은 당연한 일이다. 그러나 모든 것이 절망적이지는 않다. 언젠가는 '참 목자'가 오셔서 그들을 위로하고 회복시킬 것이기 때문이다(23:1-8).

심판이 도성에 임하는 것은 예루살렘이 평안할 때 하나님의 가르침을 받아들이지 않았기 때문이다(21절). '평안할 때'(שַׁלְוָה)는 '조용함, 쉼, 느긋함'을 뜻하는 단어로(HALOT) 성경에서 복수형으로 등장하는 곳은 이곳뿐이다(Brown). 하나님이 이스라엘을 원수들로부터 보호해 주셔서 그들은 참 평안과 여유를 누렸다. 그러나 이스라엘은 오히려 하나님께 불순종했다. 한 주석가는 조심스럽게 이러한 상황에 대해 질문해 본다(Fretheim): "그들이 평안과 번영을 누리게 되었기 때문에 타락한 것일까?" 확실하게 단정할 수는 없지만, 성경은 번영과 평안이 주의 백성에게 도움이 될 수 있지만, 항상 시험이 된다는 것을 누누이 강조한다. 그래서 아굴 왕은 너무 많이 주셔서 하나님을 잊는 일은 없게 해 달라고 기도했다(잠 30:8-9).

사람에게는 참 나쁜 습성이 있다. 위기를 맞이하면 긴장해 하나님의 말씀을 들으려 하는데, 평안할 때에는 들으려 하지 않는다. 사실은 그가 누리는 평안도 하나님이 주신 것인데 말이다. 23절의 '레바논'과 '백향목'은 예루살렘의 교만을 상징한다. 예루살렘 사람들은 마치 자신들이 신이나 되는 것처럼 교만을 떨고 있다(Holladay, cf. 6-7절). 예레미야 시대의 유다는 결코 이 같은 지위나 위상을 누리지 못했다. 그러므로 이 표현은 하나님의 비아냥(sarcasm)으로 이해되어야 한다(Miller).

하나님은 죄 중에서 교만을 가장 미워하신다. 교만한 백성을 그대로 지켜만 보실 리 없다. 교만한 사람들에게 해산하는 여인의 고통이 심판으로 임할 것이라고 경고하신다(23절). 해산의 고통은 인간이 경험할 수 있는 가장 큰 고통에 속한다. 그들의 신음 소리에 온 땅이 흔들린다. 그들의 교만에 버금가는 벌이 내려진 것이다.

VI. 비난과 심판(21:1-25:38)
B. 왕들에 대한 선포(22:1-23:8)

5. 여호야긴(22:24-30)

24 여호와의 말씀이니라 나의 삶으로 맹세하노니 유다 왕 여호야김의 아들 고니야
가 나의 오른손의 인장반지라 할지라도 내가 빼어 25 네 생명을 찾는 자의 손과 네
가 두려워하는 자의 손 곧 바벨론의 왕 느부갓네살의 손과 갈대아인의 손에 줄 것
이라 26 내가 너와 너를 낳은 어머니를 너희가 나지 아니한 다른 지방으로 쫓아내리
니 너희가 거기에서 죽으리라 27 그들이 그들의 마음에 돌아오기를 사모하는 땅에
돌아오지 못하리라

28 이 사람 고니야는 천하고 깨진 그릇이냐
좋아하지 아니하는 그릇이냐
어찌하여 그와 그의 자손이 쫓겨나서
알지 못하는 땅에 들어갔는고
29 땅이여, 땅이여, 땅이여,
여호와의 말을 들을지니라
30 여호와께서 이와 같이 말씀하시니라
너희는 이 사람이 자식이 없겠고
그의 평생 동안 형통하지 못할 자라 기록하라
이는 그의 자손 중 형통하여
다윗의 왕위에 앉아 유다를 다스릴 사람이
다시는 없을 것임이라 하시니라

이 말씀은 여호야긴이 바빌론으로 끌려가기 전인 주전 597년 초쯤에 선포된 것으로 추정된다. 여호야긴으로 더 잘 알려진 여호야김의 아들 고니야에 대한 예언이다. 성경 다른 곳에서 여호야긴이 여고니야로 불리기도 하지만, 고니야로 불리는 것은 이곳뿐이다. 그래서 일부 주석가들은 예레미야가 이 왕을 고니야로 부르는 것에는 선지자가 그를 비하하려는 의도가 깔려 있다고 간주한다(Brown). 여호야긴은 열여덟 살의 나이로 왕이 되었다가 3개월 만에 인질이 되어 바빌론으로 끌려갔다(왕하 24:8).

하나님의 경고는 강력하다. 비록 여호야긴이 여호와의 오른손에 낀 인장반지(옥새 가락지)라고 해도, 기어이 빼어내 버리실 것이다(24절). 옥새 가락지는 왕이 지닌 권위의 상징이었으며 왕들이 생명처럼 소중하게 여겨 절대 손에서 빼지 않는 것이었다. 그런데 하나님은 여호야긴이 옥새 가락지라 하더라도 빼어내 버리겠다고 선언하신다. 하나님은 확고한 의지를 강조하기 위해 "나의 삶으로 맹세하노니"(חַי־אָנִי)라는 표현으로 여호야긴 왕에 대한 말씀을 시작하신다(24절). 이 표현은 에스겔서에서 자주 사용된다. 반면에 예레미야서에서는 이곳과 46:18에서만 사용된다. 하나님이 다윗 왕조에 크게 실망하셨음을 암시한다(Brown).

하나님께 버림받은 여호야긴은 그가 가장 두려워하는 바빌론 왕 느부갓네살의 손에 넘겨질 것이며, 어머니와 함께 인질이 되어 바빌론으로 끌려가 그곳에서 일생을 마칠 것이다(26-27절; cf. 왕하 25:30). 이 말씀은 거짓 선지자들과 그들에게 현혹된 이스라엘 사람들에게 주시는 하나님의 경고이기도 하다(Fretheim). 거짓 선지자들은 여호야긴뿐만 아니라 바빌론으로 끌려간 모든 포로들이 돌아올 것이라고 했기 때문이다(28:4). 여호야긴이 돌아오지 못할 것이라는 말씀은 바빌론으로 끌려간 모든 사람들이 돌아오지 못한다는 뜻이다. 예레미야의 예언대로 바빌론에 포로로 끌려간 사람들은 70년이 지나야 돌아올 수 있다(25:11-12).

예레미야는 여호야긴에 대한 하나님의 확고한 의지를 강조하기 위해 "땅이여, 땅이여, 땅이여" 하며 땅을 세 차례나 부른다(29절; Lundbom, Brown). 성경에서 땅이 세 차례 연거푸 불리는 곳은 이곳이 유일하다. "땅이여, 땅이여, 땅이여"라는 말에 선지자의 탄식이 서려 있다. 믿기 어려운 일이 일어날 것이라는 뜻이다. 29절에서 언급하는 땅은 여호야긴을 빼앗긴 유다 땅의 불확실한 미래를 강조하는 표현일 수도 있지만, 여호야긴 일행이 포로로 끌려갈 바빌론 땅을 염두에 둔 것일 수 있다(Fretheim, cf. 28절). 이 모든 말씀은 주전 597년에 성취되었다.

여호야긴은 일곱 자녀를 둔 것으로 알려져 있다(대상 3:17). 그러나 자녀들 중 어느 누구도 왕위에 오르지 못했기 때문에 30절에서 "'그는 자녀도 없고, 한평생 낙을 누리지도 못할 사람'이라고 기록하여라. 다윗의 왕위에 앉아서 유다를 다스릴 자손이, 그에게서는 나지 않을 것이다"(새번역)라고 표현하는 것은 당연하다(Fretheim).[16] 훗날 여호야긴의 손주 스룹바벨이 바빌론에서 돌아온다(cf. 학 2:20-23). 여호야긴은 바빌론으로 끌려가고, 그의 자리에 그의 숙부이자 유다의 마지막 왕이었던 시드기야가 즉위했다. 이때 시드기야의 나이가 21세였다(왕하 24:6-15). 조카 여호야긴과 불과 세 살 차이였다(cf. 왕하 24:8).

VI. 비난과 심판(21:1-25:38)
B. 왕들에 대한 선포(22:1-23:8)

6. 의로운 가지(23:1-8)

1 여호와의 말씀이니라 내 목장의 양 떼를 멸하며 흩어지게 하는 목자에게 화 있으
리라 2 그러므로 이스라엘의 하나님 여호와께서 내 백성을 기르는 목자에게 이와
같이 말씀하시니라 너희가 내 양 떼를 흩으며 그것을 몰아내고 돌보지 아니하였도

16 바빌론 기록에 의하면 여호야긴의 일곱 아들은 모두 환관이 되었다(Kaiser). 비록 그에게 일곱 아들이 있었지만, 대를 이을 사람이 없으니 마치 아들이 없는 것과 다름 없다. 여호야긴이 인구조사에서 '자녀 없음'으로 표기되어야 할 상황을 의미한다는 해석도 있다(Bright).

다 보라 내가 너희의 악행 때문에 너희에게 보응하리라 여호와의 말씀이니라 [3] 내
가 내 양 떼의 남은 것을 그 몰려갔던 모든 지방에서 모아 다시 그 우리로 돌아오게
하리니 그들의 생육이 번성할 것이며 [4] 내가 그들을 기르는 목자들을 그들 위에 세
우리니 그들이 다시는 두려워하거나 놀라거나 잃어버리지 아니하리라 여호와의 말
씀이니라

[5] 여호와의 말씀이니라
보라 때가 이르리니
내가 다윗에게 한 의로운 가지를 일으킬 것이라
그가 왕이 되어 지혜롭게 다스리며
세상에서 정의와 공의를 행할 것이며
[6] 그의 날에 유다는 구원을 받겠고
이스라엘은 평안히 살 것이며
그의 이름은 여호와 우리의 공의라 일컬음을 받으리라

[7] 그러므로 여호와의 말씀이니라 보라 날이 이르리니 그들이 다시는 이스라엘 자손
을 애굽 땅에서 인도하여내신 여호와의 사심으로 맹세하지 아니하고 [8] 이스라엘 집
자손을 북쪽 땅, 그 모든 쫓겨났던 나라에서 인도하여내신 여호와의 사심으로 맹세
할 것이며 그들이 자기 땅에 살리라 하시니라

예레미야는 앞 장에서 유다의 마지막 왕들이자 요시야의 세 아들들(살룸, 여호야김, 시드기야)과 손주(여호야긴)에 대해 비난과 심판을 선언했다. 의롭고 유능한 요시야 왕에 비해 그의 자손들은 무능하면서 악하고 형편 없는 왕들이었다. 이 악한 왕들을 보면서 하나님이 왜 유다에 대한 심판을 거두실 수 없었는가를 생각해야 한다. 요시야처럼 훌륭한 왕들이 계속 유다를 다스렸다면 심판이 취소되지는 않더라도 충분히 보류될 수는 있었다. 그러나 이 왕들이 하는 짓을 보면 하나님의 심판이 이때 임할 수밖에 없었고, 주님의 심판은 정당하고 합리적인 결과였음을 깨닫는다. 유다의 종말에 악하고 무능한 마지막 왕들이 일조했다.

예레미야는 마치 이 네 왕들에 대해 결론적인 평가를 내리듯, 다윗 왕조에 대한 전반적인 비난으로 본문을 시작한다(1-2절). 다윗 왕조에 대한 실망은 다행히 장차 올 의로운 왕에 대한 약속으로 이어진다. 의로운 왕에 대한 예언은 전혀 예기치 못했던 놀라운 소식이다. 실망과 절망의 먹구름만이 드리워진 세상에 한 줄기 서광의 빛이 드리운 것이다. 그는 진정한 다윗 계열의 왕으로 의로운 가지라 불린다. 하나님은 의로운 왕의 통치에 대한 예언을 중심으로 세 가지를 약속하신다.

그러나 의로운 왕에 대한 예언을 시작하기 전에 예레미야는 악한 목자들의 행위에 대해 결론적인 비난을 선포한다(1-2절). 예레미야는 악한 목자들에 대해 하나님이 어떤 감정인지를 강조하기 위해 "목자들에게 화 있을 것이다!"(הוֹי רֹעִים)라는 강력한 정죄의 표현으로 신탁을 시작한다(1절). '목자'(רוֹעֶה)는 고대 근동에서 왕과 같은 통치자를 일컫는 데 흔히 사용되었던 은유다(Holladay, Lundbom, cf. 3:15). 선지자는 유다의 왕들을 목자에 비유해 그들의 무능함과 악행을 비난하고 있다. 목자는 양들을 모으고 먹고 마실 수 있는 곳으로 인도하고 맹수들에게 해를 당하지 않도록 보호하는 일을 맡은 사람이다.

이스라엘의 목자들은 오히려 양들(백성들)을 엉뚱한 길로 인도해 죽게 하고 흩어지게 만들었다. 선지자는 언어유희를 사용해 왕들을 비난한다. 그들은 양들을 "돌보지 않고"(לֹא פְקַדְתֶּם) 경솔하게 백성을 통치했다. 그러므로 이제 하나님이 그들의 무책임한 행위를 "확실하게 돌보실"(הִנְנִי פֹקֵד עֲלֵיכֶם) 것이다(2절; Miller). 왕들이 백성을 돌보지 않은 것(viz., 보살피지 않은 것)에 대해 하나님이 왕들을 돌보실 것(viz., 심판하실 것)이다. 예레미야는 2절에서 소리를 통해 또 하나의 언어유희를 구성하고 있다. 이스라엘의 '목자들이'(רֹעִים; 히, 로임) 해야 할 '목자 일'(רֹעִים; 히, 로임)을 하지 않았으니(the shepherds who did not shepherd) 하나님이 그들의 '악'(רֹעַ; 히, 로아)을 벌하실 것이다(Miller). 양을 모으기는커녕 흩어버린 목자들에게 가장 적절한 보복은 그들을 열방에 흩는 것이다(Fretheim, Brown). 그들이 흩은 양은 자신들의 양이 아니고 하나님의 양이기 때문이다(2-3절).

이스라엘이 심판을 받아 타국으로 끌려가기는 하지만, 그들은 여전히 여호와께 특별한 백성이다. 이러한 사실을 강조하기 위해 하나님은 예레미야서 안에서만 40차례 이상 그들을 '내 백성/내 양 떼'라고 부르신다(Fretheim). 주님의 양 떼가 온 세상에 흩어졌으니, 그들의 목자들(왕들)도 흩어지는 게 당연하다. 실제로 유다의 마지막 왕들 중 살룸은 이집트로 끌려갔고, 여호야긴은 바빌론으로 잡혀갔으며, 시드기야는 바빌론으로 끌려가는 도중에 죽었다. 역대하 36:6은 여호야김도 한때 바빌론으로 끌려갔다고 기록한다. 앞 장에서 언급했던 네 왕 모두 '열방에 흩어진' 것이다. 이스라엘의 목자들이 심은 대로 거둘 날이 임한 것이다.

예레미야의 '목자—양' 비유는 매우 강력한 정치적인 발언이다(Brueggemann). 양들(viz., 백성)을 잘못 다스린 목자들(viz., 왕들)이 유다가 포로로 끌려가게 된 가장 결정적인 이유임을 암시하기 때문이다. 목자가 잘못하면 양들이 엄청난 피해를 입을 수 있다고 성경은 가르친다. 이스라엘의 목자였던 다윗이 하나님의 허락 없이 인구조사를 했다가 수많은 사람들을 죽게 한 사건은 원리를 잘 드러내고 있다(삼하 24장). 양들의 운명은 목자들 하기에 달려 있다. 에스겔 선지자도 목자 비유를 통해 이스라엘의 리더십을 강력하게 비난했다(겔 34장).

악하고 무능한 유다 왕들을 열방에 흩으신 하나님이 왕들이 흩어버린 양들을 직접 모으실 것이다(3-4절). 이것이 하나님의 첫 번째 약속이다. 이스라엘의 목자들에게 실망한 하나님이 직접 그들의 목자가 되어 온 세상에 흩어져 있는 이스라엘의 '남은 양들'(שְׁאֵרִית צֹאנִי)을 모으신다. '모으다'(קבץ)는 '흩다'(פוץ)의 가장 반대되는 말이다(cf. NIDOTTE). 이스라엘의 왕들은 백성을 모으는 사명을 맡았지만, 오히려 그들을 흩었다. 이제 하나님이 왕들이 흩은 백성을 모으신다. 하나님이 모으신 양들은 매우 번성할 것이며 주께서 능력 있는 목자들을 세워 그들을 돌보실 것이므로 다시는 흩어지는 일이 없을 것이다.

하나님의 두 번째 약속은 다윗 언약이 계속 지속될 것이라는 말씀이다(5-6절). 그날이 되면 하나님은 다윗의 후손 한 사람을 '의로운 가지'(צֶמַח צַדִּיק)로 세우실 것이다(5절). 성경에서 '때가 이르면'(יָמִים בָּאִים)은 대체적으로 많은 세월이 지난 먼 훗날을 뜻한다(Parke-Taylor). '의로운 가지'는 왕이 되어 주의 백성을 통치할 것이며 하는 일마다 모두 잘될 것이다. 이 왕은 백성들을 공평과 의로 다스릴 것이다. 선지자들이 메시아에 대해 예언할 때 가장 두드러지는 그의 통치 성향이 바로 공평과 정의다. 공평과 정의는 하나님과 하나님께 온 모든 사람들의 공통적인 요소다. 그러므로 공의와 정의로우신 하나님이 종으로 세우는 사람마다 공의와 정의를 실현하려고 노력하는 것은 당연한 일이다. 교회와 사역자도 자신들이 속한 공동체와 이 땅에 공의와 정의가 실현되도록 노력해야 한다.

'의로운 가지'는 메시아의 호칭이다(Baldwin, cf. 슥 3:8; 6;12; Bright, Huey). 페니키아 사람들은 이 호칭을 아버지의 대를 이어 다음 통치자가 될 세자에게 적용했던 것으로 알려졌다(Holladay). 이스라엘은 '의로운 가지'의 통치를 받아 구원을 얻고 평안히 살게 될 것이다(6절). 예레미야는 유다(viz., 남 왕국을 칭하는 고유명사)와 이스라엘(viz., 북 왕국을 칭하는 고유명사)을 따로 구분하지 않고 비슷한 말을 사용한다. 그래서 본문에서처럼 유다와 이스라엘이 한 쌍으로 사용되는 경우는 흔치 않다. 예레미야는 메시아가 통치하는 시대가 되면 솔로몬의 죄로 남과 북으로 나뉜 유다와 이스라엘이 다시 한 나라가 될 것을 예언하고 있다(cf. Brown, 슥 8:13; 10:16).

이 메시아 왕은 '여호와 우리의 의'(יְהוָה צִדְקֵנוּ)라는 이름으로 불릴 것이다. 메시아 왕은 여호와 하나님과 매우 밀접한 관계(여호와의 현현?)를 지녔다는 뜻이다(Thompson). 이 이름은 또한 시드기야의 이름에 대한 언어유희다(Miller, Dearman). 시드기야(צִדְקִיָּהוּ)라는 이름은 "여호와는 의로우시다"라는 의미를 지녔으며, 느부갓네살이 여호야긴의 숙부 맛다니야를 왕으로 세우면서 그에게 지어준 새 이름이다(왕하 24:17). 메시아 왕의

'여호와 우리의 의'라는 이름은 이스라엘의 의로운 왕은 시드기야가 아니라 여호와이심을 강조한다(Fretheim). 이 '의로운 가지'에 대한 예언은 예수님을 통해 성취되었다.

하나님의 세 번째 약속은 출애굽보다 더 놀라운 구원의 날이 주의 백성에게 임한다는 것이다(23:7-8). 이 말씀은 16:14-15을 거의 그대로 재인용하고 있다. 주의 백성이 포로로 끌려가 억압된 삶을 산 후에 그들에게 해방과 자유가 임할 것이다. 이 해방과 자유가 얼마나 대단하고 놀라운 것인지 하나님이 옛적에 그들의 선조들에게 베푸신 은혜의 대명사였던 출애굽을 방불케 한다. 그래서 그날이 오면 주의 백성은 더 이상 '여호와의 사심'으로 맹세하지 않고, '그 모든 쫓겨났던 나라에서 인도하여 내신 여호와의 사심'으로 맹세하게 될 것이다. '새로운 출애굽' 모티프는 이사야서에서도 자주 발견된다(사 43:15-21; 51:9-11). 새로운 출애굽이 실현되는 날 이스라엘은 다시 젖과 꿀이 흐르는 자신들의 땅에서 살게 될 것이다.

예루살렘이 느부갓네살에게 포위된 정황에서 시드기야는 하나님으로부터 '놀라운 일'을 기대하며 사람을 보냈다. 선지자는 본문에서 시드기야에 답하고 있다. 시드기야가 그토록 간절하게 바랬던 '놀라운 일'이 꼭 일어날 것이다. 그러나 이스라엘이 느부갓네살의 손에 망하고 난 후 많은 세월이 지난 다음인 먼 훗날에 있을 것이다. 시드기야는 하나님이 하시는 이 놀라운 일의 혜택을 누릴 수 없다. 바벨론으로 끌려갈 그의 후손들 중에 이 약속의 수혜자가 많이 나올 것을 위해 기도하고 소망하는 것이 그가 할 수 있는 유일한 일이다.

예레미야는 여러 증인들 앞에서 이스라엘이 처한 상황이 매우 좋지 않다는 사실을 선포했다(19:11). 여호와께서 그들을 멸망시키기로 결정하셨고, 하나님의 계획에는 어떠한 협상의 여지도 없다고 단호하게 선언했다. 본문에서 선지자는 여호와께서 포로로 끌려갈 이스라엘 사람들에게 새 일을 하실 것이라고 선언한다. 오직 하나님의 능력만이 이스라엘에게 새로운 기회를 줄 수 있다. 이 소식은 공포와 두려움 속에서 심판만을 기다리고 있던 백성들에게 가뭄 속의 단비처럼 들렸을 것이다. 그러나 예레미야의 청중이 자신들의 세대에 누릴 수 있는 축복은 아니다. 그들의 후손들이 비로소 하나님의 구원을 즐기게 될 것이기 때문이다.

VI. 비난과 심판(21:1-25:38)

C. 거짓 선지자 비난(23:9-40)

예레미야는 선지자들 중 그 누구보다도 거짓 선지자들에 대해 가장 강력한 언어로 가장 많은 비난을 남겼다. 본문도 이 유형의 메시지에 속한다. 40여 년간의 예레미야의 사역에서 그를 가장 힘들게 했던 것은 백성들과의 갈등이었다. 백성은 그들이 듣고 싶어 하는 메시지(viz., 바빌론으로 끌려가지 않고 유다에서 잘살게 될 것이라는 예언)만을 들려주는 거짓 선지자들의 신탁에 열광했고, 그들이 싫어하는 메시지(viz., 왕과 백성들이 함께 바빌론으로 끌려갈 것이라는 신탁)를 전하는 예레미야에게 귀를 기울이기를 거부할 뿐만 아니라 그를 매우 미워했다. 주의 백성이라고 자부하던 사람들이 정작 주께서 그들에게 주시려는 참 메시지는 듣기를 거부하고, 거짓이라 할지라도 자신들이 듣고자 하는 메시지를 선포한 선지자들에게 귀를 기울인 것이다.

더 나아가 유다 사람들은 예레미야가 거짓 선지자라고 우겼으며(cf. 5:31), 예레미야가 참 선지자라는 것이 확인된 후에도 그의 권고에 귀를 기울이지 않았다(43:2). 그러므로 이스라엘이 자기 운명을 스스로 결정했다고 할 수도 있다. 하나님이 보내신 참 선지자의 신탁을 거부하고 그들이 선호하는 거짓 선지자들의 말에 귀를 기울였기 때문이다. 백성이 거짓에 현혹되도록 결정적인 역할을 한 사람들이 바로 거짓 선지자들이다. 예레미야는 이 섹션에서 자신의 '진실'과 거짓 선지자들의 '진실'을 대조해 둘 다 하나님께 온 메신저가 될 수 없다는 사실을 강조한다. 선지자는 유다 사람들 앞에 두 가지 옵션을 제시하며 올바른 선택을 요구한다. 안타깝게도 주의 백성은 지혜롭게 선택할 의지나 능력이 없다. 들을 만한 귀를 이미 상실했기 때문이다. 이 섹션은 예레미야가 오랜 세월에 거쳐 거짓 선지자들에 대해 선포한 메시지를 한곳에 모아놓은 것이며(Allen), 다음과 같이 구분된다. 중심 주제가 거짓 선지자들과 그들의 예언이므로 전체가 '거짓'으로 가득하다.

A. 거짓 선지자들과 제사장들(23:9-12)
B. 예루살렘의 거짓 선지자들(23:13-15)
C. 거짓 선지자들의 거짓 예언(23:16-22)
D. 거짓 선지자들의 거짓 환상(23:23-32)
E. 거짓 선지자들과 제사장들 심판(23:33-40)

VI. 비난과 심판(21:1-25:38)
C. 거짓 선지자 비난(23:9-40)

1. 거짓 선지자들과 제사장들(23:9-12)

9 선지자들에 대한 말씀이라
내 마음이 상하며 내 모든 뼈가 떨리며
내가 취한 사람 같으며 포도주에 잡힌 사람 같으니
이는 여호와와 그 거룩한 말씀 때문이라
10 이 땅에 간음하는 자가 가득하도다
저주로 말미암아 땅이 슬퍼하며 광야의 초장들이 마르나니
그들의 행위가 악하고 힘쓰는 것이 정직하지 못함이로다
11 여호와의 말씀이니라

선지자와 제사장이 다 사악한지라
내가 내 집에서도 그들의 악을 발견하였노라
12 그러므로 그들의 길이 그들에게
어두운 가운데 미끄러운 곳과 같이 되고
그들이 밀어냄을 당하여 그 길에 엎드러질 것이라
그들을 벌하는 해에 내가 그들에게 재앙을 내리리라
여호와의 말씀이니라

예레미야는 주의 백성에게 임할 심판에 대한 하나님의 말씀을 생각하며 무척 괴로워한다. 그는 절제할 수 없는 감정에 시달리고 있다: "내 심장이 내 속에서 터지고, 내 모든 뼈가 떨리며, 내가 취한 사람처럼 되고, 포도주에 곯아떨어진 사람처럼 되었다"(9절; 새번역). '터지다/상하다'(שׁבר)는 산산조각 난다는 뜻이다(HALOT). '떨리다'(רחף)는 원래 새가 날개 치는 모습을 묘사하는 동사다(HALOT). 예레미야는 너무 힘이 들어 서 있기도 어려운 상황이라며 아픔을 토로하고 있다. 그는 마음이 조금 아픈 것이 아니라 "매우 혼란스럽고, 마음이 상할 대로 상해 있으며, 충격을 입었다"(Bright). 예레미야가 이처럼 괴로워하는 것은 그가 주의 백성을 무척 사랑했기 때문이다. 하나님의 손에 사로잡힌 선지자는 끊임없이 백성들을 비난하며, 그들에게 임박한 심판의 메시지를 전하고 있지만, 자신이 전하는 메시지에 먼저 마음속으로 통곡하고 몸을 가눌 수 없을 정도로 괴로워한다. 사역자가 성도들의 죄를 지적할 때의 모습이 이래야 한다.

한때 하나님의 총애를 한 몸에 누리며 모든 나라의 선망의 대상이 되었던 유다의 황무함을 보며 선지자는 괴로워한다. "저주로 말미암아 땅이 슬퍼하며 광야의 초장들이 메말랐다"(10절). 젖과 꿀이 흐르던 땅이 이렇게 된 것은 그 땅에 간음하는 자들이 가득하기 때문이다(10절). 땅의 거주민들이 "음행을 행했다"는 것은 두 가지 의미를 동시에 지니고 있다(double entendre). 성경에서 백성(공동체)이 음행한다는 것은 하나님을 떠나 우상을 숭배한다는 뜻이다. 본문에도 분명 그 의미가 다분하다. 또한 예레미야가 14절에서 선지자들이 "간음을 행하며 거짓을 말하며 악을 행하는 자의 손을 강하게 한다"며 전적으로 윤리적인 행동에 대해 비난하는 것으로 보아 실제적인 간음도 이 비난에 포함되어 있다(Allen). 선지자들이 자주 이야기하는 것처럼 종교적인 타락(우상숭배)이 윤리적인 부패로 이어지고 있다. 또한 이 같은 상황은 이미 오래전에 하나님이 경고하신 신명기적 저주가 주의 백성에 임한 것이라 할 수 있다(신 28:23-24; cf. 사 24:6-7; 암 4:7-8).

그렇다면 이스라엘이 경험하게 될 재앙은 사실 당하지 않아도 될 고난이다. 하나님과 맺은 언약에 따라 순종하며 살았다면 재앙이 임하지 않았을 것이기 때문이다. 더 나아가 만일 그들이 하나님과 시내 산에서 관계를 맺지 않았다면 당하지 않아도 되었을 언약적 저주다(cf. Miller). 언약적 저주는 언약을 맺은 쌍방 중 한쪽이 그 언약의 조건대로 살지 않으면 임하는 징벌이다. 하나님과 우리의 관계는 항상 양면성을 지니고 있다는 사실을 기억해야 한다. 우리와 하나님 사이에 맺어진 언약의 요구사항은 우리가 주님의 말씀대로 살아간다는 것이다. 주님의 말씀대로 살아가면 상상을 초월하는 복이 언약적 축복으로 임하지만, 말씀대로 살지 않으면 하나님과 관계를 맺지 않았다면 당하지도 않을 고통을 당할 수도 있다.

이스라엘이 이 지경이 된 것에는 무엇보다도 종교적인 지도자들의 역할이 컸다(11절). 백성들에게 공의와 정의를 가르쳐야 할 선지자들과 제사장들이 오히려 앞장서서 악을 행했다. 그들이 때와 장소를 가리지 않고 악을 행하자 하나님은 "그들이 나의 성전 안에서도, 악행을 저지르는 것을 보았다"고 탄식하신다(11절; 새번역). 하나님은 이 사실을 믿기 어려워하신다. 이들이 다른 곳도 아니고 "내(1인칭 단수 접미사) 성전에서"(בְּבֵיתִי) 이런 일을 했다며 망연자실해 하신다.

하나님을 가장 두려워해야 할 사람들이 그분을 업신여기고 있으며,

성전을 부정하게 만드는 사람들을 말려야 할 이들이 오히려 앞장서서 성전을 더럽히고 있다. 하나님의 종이라는 사람들이 하나님의 뜻대로 살지 않는 것은 거짓과 위선일 뿐만 아니라 사람들에게 왜곡된 하나님의 모습을 보여준다. 그렇기 때문에 하나님은 특별히 더 거짓 선지자들과 제사장들에게 분노하신다(Brown). 거짓 선지자들과 잘못된 제사장들은 우상숭배자들보다 더 나쁘다. 우상숭배자들은 하나님의 명예를 실추시키지는 않기 때문이다.

하나님이 어떻게 거짓 종교 지도자들을 지켜보고만 계실 수 있겠는가! 하나님은 그들의 길이 미끄럽고 캄캄한 곳이 되게 하며, 떠밀려 넘어지게 하실 것이다(12절). 사망의 음침한 골짜기를 지나는 성도들이 실족하지 않도록 보호하는 하나님이 이 종교 지도자들이 실족하도록 걸림돌이 되고 덫을 치셨다. 이스라엘의 종교 지도자들에게 이처럼 혹독한 심판을 내리시는 것은 그들이 실수하고 사역을 잘못해서가 아니라 그들의 삶 자체가 악하기 때문이다. 이 악한 제사장들과 선지자들은 자신의 신분과 삶을 유지하기 위해 가난하고 연약한 사람들을 착취하는 죄를 지어왔다(Fretheim). 선지자들은 사회의 약자들을 착취하고 억압하는 것을 가장 비겁한 일이라고 한다. 저항할 힘조차 없는 사람들을 짓밟는 비열한 행위이기 때문이다.

여호와 종교에서 선지자와 제사장은 하나님의 오른팔과 왼팔이 되어 주의 백성이 경건하고 의로운 삶을 살도록 권면하고 가르치는 역할을 맡았다(Brown). 하나님이 제 역할을 하지 않는 제사장과 선지자를 캄캄하고 어두운 곳으로 [자기 손을 사용해] 밀어버리신다! 종교적인 신분을 권력으로 생각해 함부로 휘두르는 사람들에게 경종을 울리는 경고다. 본문에서는 제사장과 선지자가 함께 비난을 받지만, 다음 섹션에서는 선지자들의 죄가 부각된다. 이 두 부류의 종교인들은 한통속이지만, 선지자들이 더 많은 죄를 짓고 우상숭배에 제사장들보다 더 앞장섰다(Fretheim). 그럴 수밖에 없는 것이 제사장들은 최소한 '율법'이라는 객관적인 가이드라인의 지배를 받지만, 선지자들은 '예언'한답시고 주관적인 온갖 자신들의 생각을 하나님의 말씀으로 둔갑시킬 수 있기 때문이다. 따라서 선지자와 제사장 중 선지자가 더 심한 비난을 받아야 한다.

VI. 비난과 심판(21:1–25:38)
C. 거짓 선지자 비난(23:9–40)

2. 예루살렘의 거짓 선지자들(23:13–15)

13 내가 사마리아 선지자들 가운데 우매함을 보았나니
그들은 바알을 의지하고 예언하여
내 백성 이스라엘을 그릇되게 하였고
14 내가 예루살렘 선지자들 가운데도 가증한 일을 보았나니
그들은 간음을 행하며 거짓을 말하며
악을 행하는 자의 손을 강하게 하여
사람으로 그 악에서 돌이킴이 없게 하였은즉
그들은 다 내 앞에서 소돔과 다름이 없고
그 주민은 고모라와 다름이 없느니라
15 그러므로 만군의 여호와께서
선지자에 대해 이와 같이 말씀하시니라
보라 내가 그들에게 쑥을 먹이며
독한 물을 마시게 하리니
이는 사악이 예루살렘 선지자들로부터 나와서
온 땅에 퍼짐이라 하시니라

앞부분(9-12절)에서 제사장과 선지자 등 종교적 지도자들에 대한 전반적인 비난을 선포한 예레미야는 더 구체적으로 선지자들의 행위를 문제 삼는다. 예레미야는 하나님의 심판을 받아 이미 망해버린 북 왕국 사

마리아의 선지자들보다 예루살렘 선지자들이 더 악하다고 비난한다. 이 같은 비교를 강조하기 위해 사마리아 선지자들의 행실을 회고하는 13절과 예루살렘 선지자들의 행실을 회고하는 14절은 같은 문구로 시작한다: "내가 …의 선지자들 중에 …을 보았다"(וּבִנְבִאֵי … רָאִיתִי). 예레미야는 하나님이 법대로 처리하셨다면 남 왕국 유다의 선지자들도 오래전(북 왕국이 망하기 전)에 이미 심판을 받아 멸망했어야 한다는 논리를 펼치고 있다.

이미 망해 없어진 사마리아의 선지자들은 어떠했는가? 예레미야는 그들이 우상숭배를 했다고 말한다(13절). 이 선지자들은 바알 종교의 선지자들이 아니라, 여호와 종교의 선지자들이었다(Fretheim). 만일 이들이 바알 선지자들이었다면 하나님은 이곳에서 그들에 대해 말씀하지 않으셨을 것이다. 북 왕국 이스라엘의 선지자들은 종교적인 복합주의(syncretism)를 지향했다. 그래서 이 여호와 종교 선지자들은 여호와의 이름이 아닌 바알의 이름으로 예언했다.

그것은 이 종교적 지도자들이 백성을 잘못 인도했다는 것을 의미한다. 바알에게는 그 어떤 선한 것도 없기 때문이다. 그들은 바알 숭배라는 잘못된 매체로 백성을 현혹시키고 바알 종교를 따르도록 인도했다.

사마리아의 선지자들이 앞장서서 바알을 숭배하도록 한 것은 아합 왕 시대의 일을 연상시킨다. 아합과 이세벨은 여호와 종교를 핍박하고 바알과 아세라 종교를 국교화시켰다. 그러나 바알의 허상은 갈멜 산에서 450명의 바알 선지자들을 상대로 싸워 승리한 엘리야를 통해 온 천하에 드러났다. 문제는 갈멜 산 기적도 여호와만이 하나님이라는 사실을 이스라엘 사람들에게 각인시키지 못했다는 것이다. 기적은 사람들의 관심을 끄는 일에 좋은 수단이 될 수 있지만, 사람을 변화시키지는 못하기 때문이다.

그토록 악했던 사마리아 선지자들의 행실은 예루살렘 선지자들이 하는 짓에 비하면 아무것도 아니다(14절). 사마리아 선지자들이 '못마땅

한 일'(תִּפְלָה)을 했다면(13절; cf. NIDOTTE, 쓸데없는 일), 예루살렘 선지자들은 '끔찍한 일'(שַׁעֲרוּרָה; 14절; cf. NIDOTTE, 가증한 일)을 행하고 있기 때문이다(cf. TNK, NIV, NRS). 예루살렘 선지자들은 간음하는 자들이며 스스로 악을 행하고 더 나아가 주변에서 악을 행하는 사람들을 격려한다. 간음이 실제적인 성적(性的) 범죄를 뜻할 수도 있지만(Nicholson), 영적인 타락을 뜻하거나 둘 다를 의미한다고 간주하는 것이 바람직하다(Huey). 바알 종교는 성적 타락과 연관되어 있었기 때문이다. 또한 악을 행하는 백성이 회개하도록 가르쳐야 할 선지자들이 오히려 더 많은 죄를 짓도록 격려하고 있다는 사실이 충격적이다.

유다처럼 가치관이 무너지고 영적으로 타락해 큰 혼란을 빚고 있는 사회를 무엇에 비교할 수 있는가? 하나님은 성경에서 가장 부패한 사회의 대명사인 소돔과 고모라밖에 유다를 비교할 만한 나라가 없다고 말씀하신다. 유다 사람들이 예레미야의 말씀을 들으면서 받았을 충격을 상상해보라. 이 세상에서 그 어떤 백성보다도 여호와를 사랑한다고 자부했던 그들이 세상에서 가장 타락하고 부패한 도시였던 소돔과 고모라에 비교되고 있다! 그것도 여호와께서 직접 하신 말씀이다. 그러나 이스라엘이 소돔과 고모라에 비교되는 것이 새로운 일은 아니다. 예레미야가 이 말씀을 선포하기 100여 년 전에 이사야가 이스라엘을 소돔과 고모라에 비교한 적이 있다(사 1:9-10). 예레미야와 같은 시대에 바빌론에서 사역하고 있는 에스겔도 유다를 소돔과 고모라에 비교했다(겔 16:46-49). 유다가 소돔과 고모라에 비교되는 것은 심판의 때가 임박했음을 의미한다(Brown). 또한 유다는 소돔과 고모라처럼 폭력적인 종말을 맞이할 것이라는 경고다.

이스라엘이 이처럼 부패하게 된 데에는 거짓 선지자들의 역할이 컸다. 하나님은 이 선지자들에게 쓴 쑥을 먹이시며, 독을 탄 물을 마시게 하실 것이다(15절; cf. 9:15). 앞으로 거짓 선지자들을 죽이는 심판이 임하리라는 경고다. 선지자들이 하나님의 자녀들을 잘못 인도한 데에 대한 대가다. 선지자는 선을 가르치고 악을 배척해야 할 사명을 받은 사람이다. 그런데 "죄악이 예루살렘의 예언자들에게서 솟아나와서, 온 나라에 퍼졌다"(15절; 새번역). 영적인 리더십 위치에 있는 사람은 항상 신중해야 한다. 그의 잘못된 가르침에서 많은 혼란과 부패가 야기될 수 있기 때문이다.

VI. 비난과 심판(21:1-25:38)
C. 거짓 선지자 비난(23:9-40)

3. 거짓 선지자들의 거짓 예언(23:16-22)

16 만군의 여호와께서 이와 같이 말씀하시되
너희에게 예언하는 선지자들의 말을 듣지 말라
그들은 너희에게 헛된 것을 가르치나니 그
들이 말한 묵시는 자기 마음으로 말미암은 것이요
여호와의 입에서 나온 것이 아니니라
17 항상 그들이 나를 멸시하는 자에게 이르기를
너희가 평안하리라 여호와의 말씀이니라 하며
또 자기 마음이 완악한 대로 행하는 모든 사람에게 이르기를
재앙이 너희에게 임하지 아니하리라 하였느니라
18 누가 여호와의 회의에 참여하여 그 말을 알아들었으며
누가 귀를 기울여 그 말을 들었느냐
19 보라 여호와의 노여움이 일어나
폭풍과 회오리바람처럼 악인의 머리를 칠 것이라
20 여호와의 진노가 내 마음의 뜻하는 바를 행하여
이루기까지는 그치지 아니하나니
너희가 끝날에 그것을 완전히 깨달으리라
21 이 선지자들은 내가 보내지 아니하였어도 달음질하며

내가 그들에게 이르지 아니하였어도 예언하였은즉
22 **그들이 만일 나의 회의에 참여하였더라면**
내 백성에게 내 말을 들려서
그들을 악한 길과 악한 행위에서 돌이키게 하였으리라

하나님이 거짓 선지자들을 벌하고 버리셨다는 메시지를 전하고 있는 본문은 거짓 선지자들의 성향을 잘 지적하고 있다. 예레미야는 세 가지로 거짓 선지자들의 잘못된 행위를 요약한다: (1) 그들의 메시지는 하나님께 온 것이 아니다; (2) 그들은 거짓 평안을 외친다; (3) 그들은 백성들을 죄로부터 돌이키려 하지 않는다(cf. Brown). 주의 백성이라고 자부하던 유다 사람들이 어떻게 거짓 선지자들에게 농락당했을까 하고 의아해할 수도 있지만, 손바닥이 부딪쳐야 소리가 난다고 주의 백성에게도 큰 책임이 있다. 백성이 들어야 하는 메시지보다는 듣고 싶어 하는 메시지를 전한 사람들을 선호했기 때문에 거짓 선지자들이 성행했다. 그들의 거짓 메시지에 백성이 보인 긍정적인 호응은 주의 백성이 잘못된 길을 가게 하고 그 죄의 길에서 돌이키지 못하도록 했다. 거짓 선지자와 그들의 메시지에 열광하는 백성의 관계는 아직도 교회를 괴롭히는 두 가지 문제인 거짓(지도자들)과 고집(성도들)을 단면적으로 보여주고 있다(cf. Miller).

첫째, 거짓 선지자들의 메시지는 하나님께로부터 온 것이 아니다(16, 18, 21절). 거짓 선지자들은 하나님이 보내신 자들이 아니기 때문이다(21절). 그들은 하나님이 메시지를 주시지 않았는데도 마음에 내키는 대로 하나님의 이름으로 메시지를 선포하여 사람들을 현혹시킨다(16, 21절). 거짓 선지자들은 천상어전(天上御前) 회의에 가서 하나님의 말씀을 들은 적도 없다(18절). 또한 예레미야는 윤리/도덕적인 기준을 적용해 그들을 판단한다. 그들은 여호와의 말씀에 귀를 기울이지 않았다(18절). '귀를 기울이다'(שמע)는 근본적으로 '순종하다'라는 개념을 배경으로 하고 있다. 그래서 상당수의 번역본들은 그들을 하나님의 말씀에 순종하지 않았던 자들이라고 번역한다(TNK, NRS, NAS). 거짓 선지자들의 가장 기본적인 특징은 예언할 때 그들이 빙자하는 이름의 주인이신 여호와의 말씀에는 정작 순종하지 않는다는 사실이다.

둘째, 그들은 거짓 평안을 외친다(16-17절). 거짓 선지자들의 특징은 하나님의 뜻과는 상관없이 무조건 화평을 외친다는 것이다. 이 선지자들은 화평을 외치지만, 정작 이스라엘의 미래는 어떠할 것인가? 하나님의 그들에 대한 분노가 극에 달할 것이며, 모조리 심판하실 것이다(19절). 하나님은 분노가 완전히 풀릴 때까지 자기 백성을 계속 심판하실 것이며 만신창이가 된 주의 백성이 여호와는 심판하시는 하나님이라는 사실을 깨닫게 될 때 비로소 심판이 멈춘다(20절).

거짓 선지자들은 여호와의 백성이 필요한 메시지를 전하는 데 사역의 초점을 맞추는 것이 아니라, 그들이 듣고 싶어 하는 메시지를 선포하는 데 전념한다. 만일 거짓 선지자들이 하나님의 계획과는 상관없는 메시지를 전한다면, 그 메시지의 내용이 실현될 수 있을까? 결코 그렇게 될 리 없다. 그러므로 하나님은 백성에게 그들의 메시지를 귀담아듣지 말라고 말씀하신다(16절).

셋째, 거짓 선지자들은 백성을 죄악으로부터 돌이키도록 인도하지 않는다(22절). 거짓 선지자와 참 선지자의 차이점은 그들의 사역에 있다. 참 선지자들은 주의 백성에게 하나님의 말씀을 가르치고 선포해 그들이 죄로부터 돌이켜 하나님께 돌아오도록 하는 일에 주력한다. 반면에 거짓 선지자들은 백성의 죄와 악행을 방관한다. 더 나아가 죄를 권장하기도 한다. 그들에게 중요한 것은 환상과 미래에 대한 예언이지(그것도 잘못된 예언; cf. 16, 21절), 오늘 이 순간 주의 백성이 어떻게 사는가에는 아예 관심이 없다.

만일 거짓 선지자들이 하나님의 진리를 선포해야 한다면 결코 "스스로 달려 나가지" 않았을 것이다(21절). 예레미야가 전하는 하나님의 말씀은 백성이 듣기 싫어하는 말씀이고, 그도 전하고 싶지 않은 말씀이기 때문이다. 그래서 선지자는 괴로워하며 하나님의 말씀을 선포하고 있다. 반면에 거짓 선지자들은 자신들의 생각을 하나님의 말씀으로 둔갑시켜 선포하기 위해 스스로 뛰어 나간다. 하나님의 의지와 상관없이 백성이 좋아하는 메시지를 전하러 가니 얼마나 발길이 가벼웠겠는가!

거짓 선지자들의 본성이 드러나고 있다. 참 선지자들은 어떻게 해서든 백성이 하나님께 돌아오기를 호소한다. 반면에 자신의 이익을 챙기기에 급급한 거짓 선지자들은 백성이 하나님께 돌아오는 것에는 관심이 없다. 그들은 미래에 대한 하나님의 말씀이라면서 알아들을 수 없는 환상/묵시(חָזוֹן)를 전하는 데 급급하다(16절). 문제는 사람들은 이 거짓 사도들이 진실을 말하는지, 거짓을 말하는지 오랜 시간이 지날 때까지 알 방법이 없다는 것이다. 그들은 최대한 많은 사람을 만족시켜 자신의 이익을 보호하는 일에 심혈을 기울인다. 한 청교도 지도자(Jean Daille)가 말한 것처럼 "목회자는 요리사가 아니라 의사다. 그러므로 미각을 만족시키려고 노력하는 것이 아니라 환자를 회복시켜야 한다." 모든 사역자는 "의사는 자기 환자를 기쁘게 하는 것이 아니라 치료해야 한다"는 말을 마음에 새겨야 한다.

VI. 비난과 심판(21:1–25:38)
C. 거짓 선지자 비난(23:9–40)

4. 거짓 선지자들의 거짓 환상(23:23–32)

23 여호와의 말씀이니라
나는 가까운 데에 있는 하나님이요
먼 데에 있는 하나님은 아니냐
24 여호와의 말씀이니라
사람이 내게 보이지 아니하려고

누가 자신을 은밀한 곳에 숨길 수 있겠느냐
여호와가 말하노라
나는 천지에 충만하지 아니하냐

25 내 이름으로 거짓을 예언하는 선지자들의 말에 내가 꿈을 꾸었다 꿈을 꾸었다고
말하는 것을 내가 들었노라 26 거짓을 예언하는 선지자들이 언제까지 이 마음을 품
겠느냐 그들은 그 마음의 간교한 것을 예언하느니라 27 그들이 서로 꿈꾼 것을 말하
니 그 생각인즉 그들의 조상들이 바알로 말미암아 내 이름을 잊어버린 것같이 내
백성으로 내 이름을 잊게 하려 함이로다 28 여호와의 말씀이니라 꿈을 꾼 선지자는
꿈을 말할 것이요 내 말을 받은 자는 성실함으로 내 말을 말할 것이라 겨가 어찌 알
곡과 같겠느냐 29 여호와의 말씀이니라 내 말이 불 같지 아니하냐 바위를 쳐서 부스
러뜨리는 방망이 같지 아니하냐 30 여호와의 말씀이라 그러므로 보라 서로 내 말을
도둑질하는 선지자들을 내가 치리라 31 여호와의 말씀이니라 보라 그들이 혀를 놀
려 여호와가 말씀하셨다 하는 선지자들을 내가 치리라 32 여호와의 말씀이니라 보
라 거짓 꿈을 예언하여 이르며 거짓과 헛된 자만으로 내 백성을 미혹하게 하는 자
를 내가 치리라 내가 그들을 보내지 아니하였으며 명령하지 아니하였나니 그들은
이 백성에게 아무 유익이 없느니라 여호와의 말씀이니라

하나님은 거짓 선지자들이 하나님의 이름으로 선포한 메시지는 자기로부터 온 것이 아니라고 말씀하신다. 그들이 본 것이라며 백성들에게 전한 환상도 거짓임을 선언하신다. 예레미야는 거짓 선지자들을 구체적으로 비난하기에 앞서 하나님의 놀라운 능력을 찬양하는 노래로 시작한다. 그것은 하나님의 진실하심과 이 선지자들의 거짓됨을 대조하려는 의도 때문이다. 또한 거짓 선지자들에 대한 모든 비난은 하나님의 공정한 평가에서 비롯되었다는 점을 암시한다.

하나님은 먼저 두 개의 수사학적인 질문을 통해 자신의 무한한 능력을 선포하신다: "내가 가까운 곳의 하나님이며, 먼 곳의 하나님은 아닌 줄 아느냐?…내가 하늘과 땅 어디에나 있는 줄을 모르느냐?"(23-24절; 새

번역). 하나님은 하늘과 땅에 충만한 분이기 때문에 가까이 계시고 동시에 먼 곳에 계신다(Fretheim). 온 세상에 가득한 하나님은 세상의 가장 은밀한 곳에서 행해지는 일이라도 다 아신다. 거짓 선지자들의 가르침과 행실도 하나님 앞에서 숨길 수 없다. 본문은 성경에서 하나님의 전능하심(omniscience)과 편재(omnipresence)를 가장 확실하게 선언하는 텍스트 중 하나다(Lemke).

하나님이 보내지도 않으셨는데, 스스로 달려가 메시지를 전하던(21절) 거짓 선지자들이 이번에는 "내가 꿈에 보았다! 내가 꿈에 계시를 받았다!"(25절; 새번역)라고 외치며 사람들을 현혹하지만 모두 거짓이다. 계시를 받았다고 떠들어대는 그들은 교만과 천박함의 극치를 보여준다(Brown). 거짓 선지자들은 하나님께 받은 계시랍시고 서로 자기 마음속에서 꾸며낸 일들을 말한다(27절). 그들이 하나님께 받았다고 하는 메시지에는 수직적인 요소(하나님께 받은 것)는 전혀 없고, 오직 수평적인 요소(서로 주고받아 공유하는 것)만 있다. 거짓 선지자들이 왜 동일한 메시지를 선포했는지 이해할 수 있다. 그들이 하나님께 받은 것은 하나도 없다. 서로 자기 생각을 주고받으며 공유한 생각을 하나님이 주신 메시지로 둔갑시킨 것이다.

그들의 거짓 꿈 이야기는 결국 백성들을 엉뚱한 길로 들게 했으며, 옛적에 이스라엘의 조상들이 하나님을 잊고 바알을 따랐던 일과 같다(27절). 하나님께 온 말씀이 아닌 말씀을, 하나님이 주신 환상이 아닌 환상을 전하는 일이 이와 같다는 것이다. 거짓 선지자와 참 선지자의 가장 중요한 차이는 메시지를 전하는 수단이나 방법에 있지 않고, 메시지의 출처가 누구인가에 있다(Miller). 그러므로 하나님은 "꿈을 꾼 선지자는 꿈을 말할 것이요 내 말을 받은 자는 성실함으로 내 말을 말할 것이라"고 하신다(28절).

선지자들이 하나님의 말씀을 들은 대로 전하는 것과, 자기 스스로 만들어낸 말을 전하는 것의 차이를 무엇에 비유할 수 있을까? 하나님은

‘알곡과 겨’(새번역, 쭉정이)의 차이라고 하신다(28절). 겨는 알곡과 연관성이 있어 보이지만, 생명을 유지하는 양식으로는 사용할 수 없다. 오직 여호와의 말씀만이 그들이 찾고 즐겨야 할 생명의 양식이다. 삶에서 하나님의 말씀인 성경을 의존하지 않고 인간의 주관적인 환상과 가르침에 의존하는 사람은 알곡을 버리고 겨를 찾는 과오를 범한다.

하나님의 말씀은 세상의 모든 것을 태우는 강렬한 불과 같고, 모든 반석을 부서뜨리는 망치와 같다(29절). 예레미야는 불을 멸망의 상징(21:14; 43:12; 48:45; 49:27; 50:32)과 분노의 상징(4:4; 17:4; 21:12)으로 사용한다(Heschel). 하나님의 말씀은 우리를 정제하여 정결하게도 만들지만, 경우에 따라서는 하나님의 멸망과 분노를 표현하는 수단이 되기도 한다. 그리고 대단한 파괴력을 지닌 망치와 같다. 하나님의 말씀은 정제와 정결이 가능하지 않은 상황에서는 부수고 파괴한다는 뜻이다. 개혁으로 문제 해결이 가능하지 않으면, 모든 것을 뒤집어엎고 새롭게 시작하기도 하신다는 뜻이다. 정결하게 하는 불과 대단한 위력의 망치가 우리의 삶에서 태우고 부숴야 할 것들이 무엇인가에 대해 생각해볼 필요가 있다.

하나님은 그분의 명예를 훼손하고 주의 백성을 죽음의 길로 인도한 거짓 선지자들을 어떻게 하실 것인가? “보라, 내가 그 선지자들을 대적하리라”(הִנְנִי עַל־הַנְּבִאִים)는 말씀이 30-32절에서 세 차례나 사용되고 있다. 성경에서 이러한 표현이 연거푸 사용되는 경우는 이곳이 유일하다. 하나님이 거짓 선지자들에 대해 느끼신 분노의 표현이다(Brown). 그들은 거짓 예언과 환상을 전하는 일에 열심을 냈다. 서로에게서 ‘하나님의 말씀’을 훔쳐 전하고, 그럴싸한 말로 사람들을 현혹하며, 거짓을 하나님께 받은 환상이라고 발표한다. 거짓 선지자라 해서 참 선지자들과 전혀 다른 언어를 사용하지 않았다. 그들도 여호와 종교의 일상적인 용어들을 사용해 거짓을 전했다(Feinberg). 정당한 것이라도 거짓을 전하는 사람들의 수중에 들어가면 거짓을 전하는 수단으로 변질된다(Carroll). 그러나 그들의 열심은 주의 백성에게 아무런 도움이 되지 않는다(32절). 본문이 묘사하고 있는 상황은 결코 옛날 이스라엘의 문제만은 아닐 것이다. 하나님께 쓸모가 없고 주의 백성들에게 무익한 무리들이 우리 교회 안에도 있다.

VI. 비난과 심판(21:1–25:38)
C. 거짓 선지자 비난(23:9–40)

5. 거짓 선지자들과 제사장들 심판(23:33–40)

33 이 백성이나 선지자나 제사장이 네게 물어 이르기를 여호와의 엄중한 말씀이 무
엇인가 묻거든 너는 그들에게 대답하기를 엄중한 말씀이 무엇이냐 묻느냐 여호와의
말씀에 내가 너희를 버리리라 하셨고 34 또 여호와의 엄중한 말씀이라 하는 선지자
에게나 제사장에게나 백성에게는 내가 그 사람과 그 집안을 벌하리라 하셨다 하고
35 너희는 서로 이웃과 형제에게 묻기를 여호와께서 무엇이라 응답하셨으며 여호와
께서 무엇이라 말씀하셨느냐 하고 36 다시는 여호와의 엄중한 말씀이라 말하지 말
라 각 사람의 말이 자기에게 중벌이 되리니 이는 너희가 살아 계신 하나님, 만군의
여호와 우리 하나님의 말씀을 망령되이 사용함이니라 하고 37 너는 또 선지자에게
말하기를 여호와께서 네게 무엇이라 대답하셨으며 여호와께서 무엇이라 말씀하셨
느냐 38 너희는 여호와의 엄중한 말씀이라 말하도다 그러므로 여호와께서 이와 같
이 말씀하시되 내가 너희에게 사람을 보내어 이 말씀은 여호와의 엄중한 말씀이니
너희는 말하지 말라 하였으나 너희가 여호와의 엄중한 말씀이라 하였은즉 39 내가
너희를 온전히 잊어버리며 내가 너희와 너희 조상들에게 준 이 성읍을 내 앞에서
내버려 40 너희는 영원한 치욕과 잊지 못할 영구한 수치를 당하게 하리라 하셨느
니라

본문은 거짓 선지자들과 그들의 메시지에 현혹된 유다 사람들에게 선포되는 최종적인 경고다. 하나님은 그들에게 더 이상 '하나님의 말씀'이라는 표현을 사용하지 말 것을 당부하신다(36절). 하나님은 이스라엘에

대한 불편한 심기를 표현하면서 그들을 '이 백성'(הָעָם הַזֶּה)이라고 부르며 거리감을 두신다(Brown, cf. 32절; 7:16). 본문은 '말씀/신탁'으로 해석되기도 하고 '무거운 짐'으로 해석되기도 하는 히브리 단어(מַשָּׂא; 히, '맛사')의 반복과 언어유희(wordplay)를 바탕으로 구성되어 있다(33, 35-36, 37-38절; cf. Holladay, Lundbom). 누구든 하나님의 '신탁'을 구하면, 그들에게 '무거운 짐'을 주실 것이다(Miller). 이 히브리 단어(מַשָּׂא)는 예레미야서 안에서 정확히 10차례 사용된다. 이중 네 차례는 17:21-27에서, 나머지 여섯 차례는 본문에서 사용되고 있다(Even-Shoshan).

예레미야의 메시지를 듣고 있던 백성이 "여호와의 엄중한 말씀이 무엇이냐?"(מַה־מַּשָּׂא יְהוָה) 하고 빈정대거든 "엄중한 말씀이 무엇이냐 묻느냐?"(אֶת־מַה־מַּשָּׂא)라고 반문하라 하신다(33절). 그러나 많은 학자들은 이 문장이 본문에 잘 어울리지 않는다고 생각한다. 문법적으로도 직접 목적어 표시(אֶת)의 역할이 이 문장에서는 혼란스럽다. 그러므로 LXX와 몇몇 번역본은 히브리 단어 나누기를 새롭게 해서 אתם המשא라는 문구를 제안한다(Bright, cf. McKane). 이 경우 본문의 뜻은 백성들이 예레미야에게 "여호와께로부터 받은 무거운 짐이 무엇이냐?"고 물으면, 예레미야는 그들에게 "너희가 바로 그 무거운 짐이다!"로 대답한다(Fretheim, Brown, cf. NRS, 공동). 또 하나의 언어유희가 형성되고 있는 것이다.

하나님은 누구도 '여호와의 말씀/신탁'(מַשָּׂא יְהוָה)이라는 표현을 사용하지 못하도록 금하신다(34절). 많은 사람들이 자신들에게 '여호와의 말씀'이 임했다며 거짓을 전하고 있기 때문에 선지자들의 위상이 땅에 떨어졌다. 누구든지 '여호와의 말씀'이라며 사람들에게 메시지를 선포하면 벌을 면치 못하게 될 것이다. 하나님이 거짓 선지자들이 거짓을 말한 것에 대한 책임을 물으실 것이기 때문이다.

하나님은 앞으로도 참 선지자들에게만 말씀을 주실 것이다. 우리 주변에 "주님께서 말씀하셨다"가 입버릇이 되어버린 사람들이 있다. 하나님이 말씀하시지 않았는데도 이런 표현을 버릇처럼 사용하는 것은 바람직하지 않다. 자기가 생각하고 희망하는 바를 주님께서 말씀하고 보여 주신 것이라 말하는 사람들도 있다. 이런 사람은 회개해야 한다.

하나님은 거짓 선지자들과 그들의 농간에 놀아난 사람들을 어떻게 벌하시는가? 그들과 그들의 성읍을 뽑아서 내던지실 것이다(39절). 이 말씀에서 또 하나의 언어유희가 사용되고 있다. 하나님은 주의 백성을 "잊으실 것이며"(נשה, viz., 버리실 것이며), 그들이 사는 성읍을 "내버리실 것"(נשא)이라 한다. 두 동사의 소리가 거의 같으며, 그들이 하나님과 그의 말씀을 "내버린 것처럼" 하나님이 그들을 "내버리실 것"이다. 거짓 선지자들과 현혹된 백성은 심은 대로 심판을 거두게 된다.

VI. 비난과 심판(21:1–25:38)

D. 무화과 두 바구니(24:1–10)

느부갓네살은 주전 597년에 여호야긴과 상당수의 유다 사람들을 바빌론으로 잡아갔다. 하나님은 예레미야에게 두 바구니의 무화과를 보여준 후 선지자에게 말씀하셨다. 한 바구니는 아주 탐스럽고 먹음직스러운 무화과로 가득 차 있었다. 다른 한 바구니는 먹을 수 없을 정도로 상한(먹기에는 너무 익은) 무화과로 가득 차 있었다. 이 두 무화과 바구니는 누구/무엇을 상징하는가?

여호야긴과 일부 사람들이 포로로 끌려간 이후 유다에 남은 사람들은 자신들이 하나님의 은혜로 선택받은 남은 자들이라고 생각했다. 반면에 바빌론으로 끌려간 사람들은 모두 하나님의 심판을 받은 사람들이라고 생각했다. 유다 정치인들도 이 같은 논리를 펼쳤다. 예레미야는 여호와께서 오히려 사랑하는 사람들을 알곡(탐스런 무화과)처럼 구분해 바빌론으로 보내셨으며 본국에 남게 된 사람들은 쭉정이(상한 무화과)에 불과하다고 선언한다.

예루살렘에 남아 예레미야의 말씀을 듣던 사람들에게 이 말씀은 얼마나 큰 충격이었을까? 주전 597년 이후 예루살렘에 남아 있는 사람들은 여호야긴 일행이 끌려갔으므로 이스라엘이 치러야 할 죗값은 모두 치렀고 이제부터는 좋은 날만 있을 것이라고 생각했다. 자신들이야말로 하나님이 이스라엘을 회복시키시는 데 사용할 거룩한 씨앗이요, 남은 자들이라고 생각했던 것이다. 그런데 예레미야는 오히려 끌려간 사람들이 하나님이 사용하실 '남은 자들'이라고 말했다. 너무나 충격적이고, 듣기 싫은 말이었을 것이다. 그러나 이것이 예레미야가 외치는 진실이다. 그동안 예루살렘에 남아 있는 사람들은 거짓 선지자들의 농간에 놀아난 것이다. 21-24장으로 구성된 섹션을 마무리하는 역할을 하는 본문은 (Allen) 다음과 같이 구분된다.

A. 두 무화과 광주리(24:1-3)
B. 좋은 무화과 광주리(24:4-7)
C. 나쁜 무화과 광주리(24:8-10)

VI. 비난과 심판(21:1–25:38)
D. 무화과 두 바구니(24:1–10)

1. 두 무화과 광주리(24:1–3)

[1] 바벨론의 느부갓네살 왕이 유다 왕 여호야김의 아들 여고냐와 유다 고관들과 목
공들과 철공들을 예루살렘에서 바벨론으로 옮긴 후에 여호와께서 여호와의 성전
앞에 놓인 무화과 두 광주리를 내게 보이셨는데 [2] 한 광주리에는 처음 익은 듯한 극
히 좋은 무화과가 있고 한 광주리에는 나빠서 먹을 수 없는 극히 나쁜 무화과가 있
더라 [3] 여호와께서 내게 이르시되 예레미야야 네가 무엇을 보느냐 하시매 내가 대
답하되 무화과이온데 그 좋은 무화과는 극히 좋고 그 나쁜 것은 아주 나빠서 먹을
수 없게 나쁘니이다 하니

이 비전은 여호야긴이 끌려간 주전 597년과 나라가 완전히 망한 주전 586년 사이에 예레미야에게 임했다. 여호와께서 선지자에게 무화과로 가득 찬 두 광주리를 보여주셨다. 한 광주리는 아주 먹음직스러운, 처음 익은 과일로 가득했고, 다른 광주리는 도저히 먹을 수 없이 형편없는 과일로 가득했다. 무화과의 정상적인 수확 시기는 8-9월이다(Brown). 그래서 유대인들은 무화과를 '여름 과일'이라고 불렀다. 그러나 처음 익은 무화과는 6월에 수확이 시작되었으며 그해 들어 처음으로 맛보는 이 무화과는 수분이 많아 맛이 아주 특별한 것으로 여겨졌다. 해마다 처음 수확한 무화과는 첫 소산 제물이 되어 성전에서 드려졌다(신 26:10). 그러므로 예레미야는 마치 백성이 첫 소산 예물로 가져온 무화과를 제물로 드리기에 적합한지를 판단하는 제사장처럼 이 과일들에 대해 평가하고 있다(Zimmerli). 이 환상에는 하나님께 드려진 첫 열매라고 할 수 있는 이스라엘이 하나님께 과연 어떤 판결을 받게 될 것인가에 대한 기대감도 서려 있다(cf. Allen).

계절의 첫 무화과는 매우 특별하다(호 9:10; 미 7:1). 본문이 한 광주리의 과일을 처음 익은 것으로 묘사하는 것은 그만큼 매력적이고 구미가 당기는 과일이었음을 강조한다. 반면에 다른 한 광주리는 도저히 사람이 먹을 수 없는 형편없는 질의 무화과들로 가득했다. 아마도 너무 익어 썩기 직전이라 도저히 먹을 수 없는 상황을 묘사하는 듯하다(cf. NAS). 예레미야는 이 두 광주리가 과연 무엇을 뜻하는가를 다음 섹션에서 밝힌다.

VI. 비난과 심판(21:1-25:38)
D. 무화과 두 바구니(24:1-10)

2. 좋은 무화과 광주리(24:4-7)

[4] 여호와의 말씀이 또 내게 임하니라 이르시되 [5] 이스라엘의 하나님 여호와께서 이

와 같이 말씀하시니라 내가 이곳에서 옮겨 갈대아인의 땅에 이르게 한 유다 포로를 이 좋은 무화과같이 잘 돌볼 것이라 [6] 내가 그들을 돌아보아 좋게 하여 다시 이 땅으로 인도하여 세우고 헐지 아니하며 심고 뽑지 아니하겠고 [7] 내가 여호와인 줄 아는 마음을 그들에게 주어서 그들이 전심으로 내게 돌아오게 하리니 그들은 내 백성이 되겠고 나는 그들의 하나님이 되리라

만일 예루살렘에 남아 있는 사람들에게 이 두 광주리 중 어느 것이 자신들을 가리키는 것이냐고 물었다면, 그들은 당연히 "좋은 과일 광주리가 우리를 두고 한 말이다"라고 대답했을 것이다. 그러나 하나님은 그들의 기대와 전혀 상반되는 말씀을 하신다. 예루살렘에 남아 있는 사람들이 아니라, 이미 바빌론으로 끌려간 사람들이 좋은 과일 광주리라는 것이다. 하나님은 바빌론으로 끌려간 사람들(viz., 탐스러운 과일)을 보호할 뿐만 아니라, 언젠가는 다시 이 땅으로 인도해 번성하게 할 것이라고 약속하신다(6절). 이미 바빌론으로 끌려간 사람들을 뽑지 않고 심을 것이며, 무너뜨리지 않고 세우실 것이라는 약속(6절)은 예레미야의 소명(1:10) 내용과 반전되는 말씀이다. 지금 이 순간에는 심판과 파멸의 먹구름이 유다 위에 드리워져 있지만, 언젠가 하나님은 유다를 다시 세우고 심으실 것이라는 기대감을 갖게 한다. 그러나 하나님이 자기 백성을 재건하는 데 사용하실 거룩한 씨앗은 예루살렘에 남아 있는 사람들이 아니라, 이미 바빌론으로 끌려간 사람들이다.

예레미야는 여호야긴과 함께 포로가 되어 바빌론으로 끌려간 사람들의 미래에 매우 특별한 의미를 부여하고 있다(Fretheim). 비록 여호야긴이 22:24-30에서 선지자의 비난을 받기는 했지만, 그도 좋은 무화과 중 하나다. 바빌론으로 끌려간 사람들은 주님께서 미래를 위해 구분해두신 거룩한 씨앗이다. 에스겔도 예루살렘에 남은 사람들이 아니라 포로가 되어 바빌론으로 끌려간 사람들이 하나님의 거룩한 씨앗이라고 말한다(cf. 겔 6:8; 11:16-17; cf. 12:16). 그러나 이 사람들이 거룩한 씨앗이 된 것은 그들이 노력한 결과라기보다는 하나님의 은혜 덕분이다. 그래서 하나님은 그들에 대해 다음과 같이 말씀하신다: "내가 여호와인 줄 아는 마음을 그들에게 주어서 그들이 전심으로 내게 돌아오게 하리니 그들은 내 백성이 되겠고 나는 그들의 하나님이 되리라"(7절). 한 학자는 본문에 대해 다음과 같이 설명한다(Heschel):

> 사람은 스스로 자기 마음을 치료하거나 자신을 구원할 수 없다. 인간의 영혼은 그 영혼을 괴롭게 하는 것을 좋아한다. 인간은 새롭게 만들어질 수 있을까? 선지자는 인간에게 새로운 말씀을 줄 수는 있지만, 새로운 마음은 줄 수 없다. 하나님이 하나님이심을 아는 마음은 오직 하나님만이 주실 수 있다.

하나님은 도저히 미래가 없어 보이는 사람들과 함께 미래를 만들어가시는 분이다(Brueggemann). 예루살렘에 남은 사람들은 바빌론으로 끌려간 사람들을 하나님이 버리셨다고 생각했다. 그러나 하나님은 그들을 버리신 것이 아니라, 새로운 창조를 준비하기 위해 바빌론으로 보내셨을 뿐이다(Fretheim). 자신들은 범죄해 바빌론으로 끌려갔다며 좌절하고 절망한 사람들에게 하나님은 다가오는 혹독한 환란을 피하게 하려고 미리 보낸 것이라고 말씀하신다. 선지자들의 이 같은 메시지가 이미 바빌론에 끌려간 사람들에게 어떤 감동을 주었을까? 이것이 하나님이 자주 사용하시는 사역 방식이다. 하나님은 먼저 자기 백성을 감동시키신다.

여호야긴과 함께 주전 597년에 바빌론으로 끌려간 사람들이 어떻게 '극히 좋은'(הַטְּבוֹת טֹבוֹת) 무화과인가? 세 가지 해석이 가능하다(Brown); (1) 그들이 그곳에 가서 회개할 것이기 때문이다; (2) 그들은 그곳에서 앞으로 유다와 예루살렘에 임할 하나님의 진노를 피할 수 있기 때문이다; (3) 하나님의 심판이 끝나면 그들은 다시 예루살렘으로 돌아올 것이기 때문이다. 실제로 이때 바빌론으로 끌려간 사람들 중에는 에스겔 선지자가 있었다. 또한 다니엘과 세 친구도 이미 주전 605년에 바빌론으로 끌려간 상태였다(cf. 단 1:1-2). 바빌론에 가 있는 사람들 중 상당수가 경건한 사람들이었다. 하나님은 예루살렘 심판이 끝나면 마치 사람이 좋은 무화과를 보고 기뻐하며 나무에서 따는 것처럼, 경건한 사람들을 선별해 이스라엘을 재건하실 것이다.

VI. 비난과 심판(21:1-25:38)
D. 무화과 두 바구니(24:1-10)

3. 나쁜 무화과 광주리(24:8-10)

8 여호와께서 이와 같이 말씀하시니라 내가 유다의 왕 시드기야와 그 고관들과 예
루살렘의 남은 자로서 이 땅에 남아 있는 자와 애굽 땅에 사는 자들을 나빠서 먹을
수 없는 이 나쁜 무화과같이 버리되 9 세상 모든 나라 가운데 흩어서 그들에게 환난
을 당하게 할 것이며 또 그들에게 내가 쫓아 보낼 모든 곳에서 부끄러움을 당하게
하며 말거리가 되게 하며 조롱과 저주를 받게 할 것이며 10 내가 칼과 기근과 전염
병을 그들 가운데 보내 그들이 내가 그들과 그들의 조상들에게 준 땅에서 멸절하기
까지 이르게 하리라 하시니라

이미 바빌론으로 끌려간 사람들이 광주리에 담긴 좋은 무화과라면, 이때까지 끌려가지 않고 예루살렘과 유다에 남은 사람들은 어떤 사람들인가? 한마디로 포로로 끌려가기에도 자격이 없는 사람들이다. 그들이야말로 실이 너무나도 좋지 않아 도저히 먹을 수 없는 '나쁜 무화과들'인 것이다. 그러므로 하나님이 심판을 내리시면 예루살렘에 남아 있는 사람들은 세상의 웃음거리가 되며 갖은 수모를 당하고 망하게 될 것이다. 유다의 마지막 왕이자 바빌론으로 끌려간 여호야긴의 숙부인 시드기야도 이 형편없는 무화과에 속한다(Brown).

이 말씀은 당시 사람들의 생각을 완전히 뒤집고 있다. 자신들은 주님의 특별한 선택을 받은 사람들이라고 자부하던 예루살렘과 유다 사람들에게 "너희들이야말로 하나님의 백성 대열에 낄 자격마저도 없는 자들이다"라는 선지자의 말씀은 매우 충격적이었을 것이다. 착각 속에서 하나님과 함께 미래를 꿈꾸던 사람들에게서 미래를 빼앗아버린 격이다. 반면에 자격지심과 낮은 자존감에 허덕이던 바빌론의 유다 공동체에게는 매우 커다란 활력소와 위로가 되었을 것이다. 하나님의 관점과 인간의 관점이 완전히 대립하는 순간이다(cf. Ackroyd). 때로 하나님의 계획과 생각은 이처럼 인간의 생각과 현저한 차이를 지니고 있다는 사실을 기억하고 우리는 겸손해져야 한다.

VI. 비난과 심판(21:1-25:38)

E. 하나님의 분노(25:1-38)

학자들은 일반적으로 본문이 매우 복잡한 통일성을 지니고 있다는 견해를 보인다(cf. Lundbom, McKane, Holladay). 원래 마소라 사본(MT)과 LXX 버전의 예레미야서는 큰 차이를 보이는데(cf. 서론), 그중에서도 가장 큰 차이를 보이는 곳이 바로 이 장이다. 마소라 사본에서는 열방에 대한 심판 선언(Oracles Against Nations = OAN)이 46-51장에서 발견이 되는데, LXX 사본은 OAN을 25:13 이후에 첨부했다. 아마도 하나님이 바빌론뿐만 아니라 이스라엘을 괴롭히는 온 세상을 심판하실 것이라고 선언하는 13절과 OAN이 잘 어울린다는 생각에서 LXX 사본은 텍스트를 이곳으로 이동했다고 생각할 수도 있다. 그러나 학자들은 LXX이 마소라 사본에 반영된 히브리어 텍스트보다 더 오래된 전통을 반영했다는 견해에 무게를 둔다(Stulman, Miller, Allen, McKane). LXX 사본의 텍스트 순서가 마소라 사본보다 더 오래되었다는 뜻이다. 그러나 OAN이 예레미야서의 어느 곳에 등장하는가가 선지자의 메시지 해석에 미치는 영향은 미미하다.

격렬한 비난과 쉴 새 없이 계속되는 하나님의 분노가 전혀 예상치 못한 상황에서 돌발적으로 임한다. 그래서 25장은 학자들 사이에 매우 독특한 텍스트로 간주된다(Brueggemann). 내용적인 면에서는 본문이 예레미야서 전반부의 클라이맥스 선언을 하고 있다는 것이 일반적인 견해다(cf. Dearman). '이 책'(סֵפֶר הַזֶּה; 13절)이라는 말은 예레미야가 선포한 메시지를 엮은 바룩의 기록이거나 예레미야가 이때까지 선포한 메시지를 스스로 문서화한 두루마리일 수도 있다(Miller, cf. Holladay, McKane). 그렇다면 '이 책'은 본문이 예레미야서 전반부의 결말임을 암시하는 듯하다. 본문은 다음과 같이 구분될 수 있다.

A. 무시된 경고(25:1-7)
B. 칠십 년 포로 생활(25:8-14)
C. 여호와의 '분노의 잔'(25:15-29)
D. 온 세상에 임할 심판(25:30-38)

VI. 비난과 심판(21:1-25:38)
E. 하나님의 분노(25:1-38)

1. 무시된 경고(25:1-7)

[1] 유다의 왕 요시야의 아들 여호야김 넷째 해 곧 바벨론의 왕 느부갓네살 원년에 유
다의 모든 백성에 관한 말씀이 예레미야에게 임하니라 [2] 선지자 예레미야가 유다의
모든 백성과 예루살렘의 모든 주민에게 말하여 이르되 [3] 유다의 왕 아몬의 아들 요
시야 왕 열셋째 해부터 오늘까지 이십삼 년 동안 여호와의 말씀이 내게 임하기로
내가 너희에게 꾸준히 일렀으나 너희가 순종하지 아니하였느니라 [4] 그러므로 여호
와께서 그의 모든 종 선지자를 너희에게 끊임없이 보내셨으나 너희가 순종하지 아
니하였으며 귀를 기울여 듣지도 아니하였도다 [5] 그가 이르시기를 너희는 각자의 악
한 길과 악행을 버리고 돌아오라 그리하면 나 여호와가 너희와 너희 조상들에게 영

원부터 영원까지 준 그 땅에 살리라 [6] 너희는 다른 신을 따라다니며 섬기거나 경배
하지 말며 너희 손으로 만든 것으로써 나의 노여움을 일으키지 말라 그리하면 내
가 너희를 해하지 아니하리라 하였으나 [7] 너희가 내 말을 순종하지 아니하고 너희
손으로 만든 것으로써 나의 노여움을 일으켜 스스로 해하였느니라 여호와의 말씀
이니라

예레미야는 이 말씀이 여호야김 즉위 4년째 되던 해에 그에게 임했다고 말한다(1절). 여호야김이 주전 609년에 왕위에 올랐으므로, 즉위 4년째면 주전 605년 4-5월에서 604년 4-5월이다(Allen). 이 해 5-6월경에 바빌론의 느부갓네살 왕은 갈그미스에서 아시리아의 패잔병들과 연합전선을 펼친 이집트 군을 물리치며 고대 근동의 군주국으로 자리 잡았다(Allen, cf. 46:2-12). 느부갓네살은 갈그미스 승리의 여세를 몰아 곧바로 이집트를 공격했다. 이집트와 가나안 접경 지역에서 두 대국이 전투를 했지만, 무승부로 끝이 났다. 느부갓네살은 바빌론으로 돌아가는 길에 유다를 종속국으로 삼고 다니엘과 세 친구를 포함한 유다 귀족들을 인질로 잡아갔다. 이때까지 유다는 이집트의 종속국이었으며 여호야김도 4년 전에 이집트 왕 느고가 유다의 왕으로 세운 사람이었다. 여호야김은 어쩔 수 없이 자기를 왕으로 세워준 이집트를 배반하고 바빌론을 섬기게 되었다.

이때 예레미야는 바룩에게 자신의 메시지를 기록해 여호야김 왕 앞에서 읽히도록 했다(36:1-4). 선지자는 주전 605년에 느부갓네살이 바빌론의 왕이 되었음을 밝히고 있다(1절). 느부갓네살은 주전 605년에 즉위해 주전 562년까지 바빌론을 통치했다(Brown). 24장 말씀은 여호야김이 죽고 그의 아들이 왕이 되었다가 바빌론으로 끌려간 해에 임한 말씀이다. 이때가 주전 597년이다. 예레미야는 자신의 책을 시대 순서에 상관없이 전개하고 있다.

예레미야는 이때(주전 605년)까지 23년 동안 여호와의 메시지를 선포

해왔음을 회고한다(3절). 그는 자신의 사역이 시작된 해가 요시야 왕 즉위 13년째였다고 한다(3절; cf. 1:2). 이때가 주전 626년이나 627년이다. 지난 23년간 선지자는 백성들에게 끊임없이 하나님께 돌아오라고 외쳤지만, 그들은 들으려 하지 않았다. 백성들은 예레미야뿐만 아니라 그동안 하나님이 보내신 모든 선지자들의 메시지를 무시했다(4-7절). 예레미야 시대만 해도 다니엘과 에스겔이 바벨론에서 사역하고 있었다. 하나님의 심판을 받을 때 이스라엘은 결코 "듣지 못했다"는 변명을 할 수는 없다.

예레미야는 이스라엘이 하나님의 선지자들을 지속적으로 거부했다는 사실을 설명하면서 선지자들이 어떤 사람들이었는가를 다시 한 번 상기시키고 있다. 첫째, 선지자들은 하나님이 직접 보내신 종들이다(4절). 둘째, 선지자들은 주의 백성에게 "너희는 각기 악한 길과 너희 악행에서 돌이키라…다른 신을 좇아 섬기거나 숭배하지 말라"는 메시지를 끊임없이 선포했다(5절). 셋째, 유다 백성은 선지자들의 메시지에 귀를 기울이지 않아 여호와의 음성에 순종하기를 거부하는 결과를 초래했다(7절). 그것은 단순히 사람을 거부한 것이 아니라, 그들을 보내신 하나님을 거부한 것이다. 그래서 하나님은 이스라엘이 선지자의 말씀을 듣지 않은 것을 두고 "너희가 내 말을 순종하지 아니하였다"(וְלֹא־שְׁמַעְתֶּם אֵלַי)고 하신다(7절). 선지자들은 여호와의 대변인들이었던 것이다.

VI. 비난과 심판(21:1-25:38)
E. 하나님의 분노(25:1-38)

2. 칠십 년 포로 생활(25:8-14)

8 그러므로 만군의 여호와께서 이와 같이 말씀하시니라 너희가 내 말을 듣지 아니
하였느니라 9 보라 내가 북쪽 모든 종족과 내 종 바벨론의 왕 느부갓네살을 불러다
가 이 땅과 그 주민과 사방 모든 나라를 쳐서 진멸하여 그들을 놀램과 비웃음거리

가 되게 하며 땅으로 영원한 폐허가 되게 할 것이라 여호와의 말씀이니라 [10] 내가
그들 중에서 기뻐하는 소리와 즐거워하는 소리와 신랑의 소리와 신부의 소리와 맷
돌 소리와 등불 빛이 끊어지게 하리니 [11] 이 모든 땅이 폐허가 되어 놀랄 일이 될 것
이며 이 민족들은 칠십 년 동안 바벨론의 왕을 섬기리라 [12] 여호와의 말씀이니라 칠
십 년이 끝나면 내가 바벨론의 왕과 그의 나라와 갈대아인의 땅을 그 죄악으로 말
미암아 벌하여 영원히 폐허가 되게 하되 [13] 내가 그 땅을 향하여 선언한 바 곧 예레
미야가 모든 민족을 향하여 예언하고 이 책에 기록한 나의 모든 말을 그 땅에 임하
게 하리라 [14] 그리하여 여러 민족과 큰 왕들이 그들로 자기들을 섬기게 할 것이나
나는 그들의 행위와 그들의 손이 행한 대로 갚으리라

하나님의 끊임없는 경고를 무시한 주의 백성에게 심판이 임하는 것은 당연한 일이다. 그렇다면 하나님의 심판은 과연 어떤 형태로 그들에게 임할 것인가? 첫째, 유다는 바빌론의 왕 느부갓네살의 손에 완전히 멸망할 것이다(9절). 이스라엘은 더 이상 나라로 존재할 수 없을 뿐만 아니라, 유다를 포함한 온 가나안 땅은 황폐함만 가득할 것이다. 흥겨운 잔칫집은 고사하고 도대체 사람 사는 흔적을 찾아볼 수 없어 그들의 황폐함은 열방의 조롱거리가 될 것이다(cf. 8-10절). 전에는 세상을 창조하신 하나님의 사랑을 독차지하며 번성하던 민족이 하나님의 심판을 받아 멸망했으니 세상 민족들의 구설수에 오를 수밖에 없다.

하나님이 본문과 27:6, 43:10에서 느부갓네살을 '내 종'(עַבְדִּי)이라 부르시는 것을 어떻게 생각해야 하는가? 하나님은 이사야서에서도 페르시아의 왕 고레스를 '나의 목자', '그[하나님]의 기름부음을 입은 자(מְשִׁיחוֹ; 그의 메시아)'라고 부르신 적이 있다(사 44:28; 45:1). 선지자들은 이런 표현으로 이방 왕들을 포함한 세상 모든 사람들이 여호와의 통치를 받고 있음을 선포한다.

하나님은 세상의 누구라도 상관없다. 자기의 계획을 이루어 나가는 수단/도구로 사용하시는 분이다. 본인이 알고 순응하든, 모르고 따라오

든 예레미야 시대에는 바빌론이 유다와 가나안 지역 나라들을 심판하고자 하는 하나님의 도구가 되었기 때문에 이 나라의 우두머리인 느부갓네살이 '여호와의 종'으로 불린다. 그러므로 이 호칭은 이방 왕들의 개인적인 신앙과 전혀 상관이 없다. 심지어 하나님은 바람(시 104:4), 나귀(민 22:21-33), 국가(사 10:5) 등을 종이라 부르신다(Brown). 또한 하나님이 어느 누구를 '종'으로 사용했다고 해서 그 사람을 인정하셨다는 뜻은 아니다. 하나님은 가장 추악한 악인도 '종'으로 사용하실 수 있다.

둘째, 유다와 가나안 나라들이 느부갓네살과 바빌론을 섬기는 일이 70년 동안 지속될 것이다(11절). 숫자 70은 매우 오랜 세월을 뜻하는 완전수(7x10)일 수도 있다(cf. 대하 6:21; 슥 1:12; 7:5). 그러나 실제적인 숫자일 가능성이 더 많다. 그렇다면 70년이 언제 시작된 것일까? 대체적으로 세 가지의 해석이 주류를 이루고 있다: (1) 주전 586-539년; (2) 주전 609-539년; 주전 586-516년(cf. Holladay, Lundbom). 첫 번째 해석은 예루살렘이 완전히 뿌리 뽑힌 해로부터 바빌론이 뿌리 뽑힌 해로 보는 것이다. 그러나 이 기간은 50년에도 미치지 못한다. 그러므로 70년이 상징적인 숫자가 아니라면, 첫 번째 해석하고는 잘 어울리지 않는다. 두 번째 해석은 아시리아의 멸망에서 바빌론의 멸망까지를 의미한다. 아시리아가 최종적으로 멸망한 해가 갈그미스 전투가 있었던 주전 605년이지만, 이미 주전 612년경에 옛 수도 앗술과 새 수도 니느웨가 함락된 것을 감안하면 주전 609년을 아시리아가 멸망한 해로 보아도 무난하다. 그러나 아시리아의 멸망과 유다에 임하는 심판 사이에는 어떠한 연관성도 보이지 않는다. 훗날 선지자 다니엘은 주전 539년경에 예레미야 29:10을 묵상하며 70년이 끝나가고 있음을 의식했다(단 9:1-3). 세 번째 해석은 예루살렘 성전 파괴에서 재건에 이르는 기간이며 이때를 기점으로 드디어 여호와의 분노가 멈추었다는 것이다.

위 세 가지 제안 중 가장 설득력이 있는 해석은 두 번째 해석이다. 예레미야가 예언한 70년의 포로 생활이 주전 609년에 시작된다고 해석하는 것이 바람직하다는 것이다. 그 이유에 대해서는 추가적인 설명이 필요하다. 유다의 역사에서 주전 609년은 매우 비통하지만 중요한 해다. 대대적인 종교개혁을 단행해 열왕기 저자로부터 메시아의 모형처럼 평가를 받았던 요시야가 므깃도에서 전사한 후 유다는 자치권을 잃었다. 이때부터 이집트와 바벨론이 번갈아가면서 예루살렘에 자신들이 이용하기 좋은 꼭두각시 왕을 세우기 시작했기 때문이다. 그러므로 유다는 자치권을 잃어버린 주전 609년에 '포로 생활'을 시작했다고 할 수 있다. 그 후 70년이 지난 주전 538년에 페르시아 왕 고레스가 종교의 자유를 선포하면서 유다 사람들은 바벨론에서 돌아올 수 있었다.

셋째, 모든 것이 절망적인 것은 아니다. 비록 이스라엘은 70년 동안 포로 생활을 해야 하지만, 70년이 지나면 그들을 종으로 부렸던 바벨론이 심판을 받게 될 것이다(12-13절). 한때는 유다에게 심판을 내렸던 하나님의 도구가 그들 자신의 죗값을 치러야 할 때가 올 것이다. 바벨론이 치러야 할 대가는 유다가 치른 죗값보다 훨씬 더 혹독하다. 이 강대국이 다른 나라들에게 행한 만행에 대한 철저한 책임 추궁이 있을 것이며, 그들이 남들에게 행했던 대로 보복을 당할 것이다. 바벨론에 대한 경고는 주전 539년에 고레스가 이끄는 메대-페르시아 연합군에 의해 성취되었다. 이사야 선지자도 이스라엘을 징계하는 데 사용된 여호와의 '분노의 막대기' 아시리아가 하나님의 심판을 받아 '부러진 막대기'가 된 사실을 기록하고 있다(cf. 사 10장). 하나님께 쓰임을 받는다고 해서 각 개인의 윤리적 책임이 사라지는 것은 아니다. 하나님은 쓰임받은 도구들에게도 죗값을 물으신다. 그것은 공평과 정의로 세상을 다스리시는 창조주의 당연한 권리다.

3. 여호와의 '분노의 잔'(25:15–29)

[15] 이스라엘의 하나님 여호와께서 이같이 내게 이르시되 너는 내 손에서 이 진노의
술잔을 받아 가지고 내가 너를 보내는 바 그 모든 나라로 하여금 마시게 하라 [16] 그
들이 마시고 비틀거리며 미친 듯이 행동하리니 이는 내가 그들 중에 칼을 보냈기 때
문이니라 하시기로 [17] 내가 여호와의 손에서 그 잔을 받아서 여호와께서 나를 보내
신 바 그 모든 나라로 마시게 하되 [18] 예루살렘과 유다 성읍들과 그 왕들과 그 고관
들로 마시게 하였더니 그들이 멸망과 놀램과 비웃음과 저주를 당함이 오늘과 같으
니라 [19] 또 애굽의 왕 바로와 그의 신하들과 그의 고관들과 그의 모든 백성과 [20] 모
든 섞여 사는 민족들과 우스 땅의 모든 왕과 블레셋 사람의 땅 모든 왕과 아스글론
과 가사와 에그론과 아스돗의 나머지 사람들과 [21] 에돔과 모압과 암몬 자손과 [22] 두
로의 모든 왕과 시돈의 모든 왕과 바다 건너쪽 섬의 왕들과 [23] 드단과 데마와 부스
와 살쩍을 깎은 모든 자와 [24] 아라비아의 모든 왕과 광야에서 섞여 사는 민족들의
모든 왕과 [25] 시므리의 모든 왕과 엘람의 모든 왕과 메대의 모든 왕과 [26] 북쪽 원근
의 모든 왕과 지면에 있는 세상의 모든 나라로 마시게 하니라 세삭 왕은 그 후에 마
시리라 [27] 너는 그들에게 이르기를 만군의 여호와 이스라엘의 하나님의 말씀에 너
희는 내가 너희 가운데 보내는 칼 앞에서 마시며 취하여 토하고 엎드러져 다시는
일어나지 말아라 하셨느니라 [28] 그들이 만일 네 손에서 잔을 받아 마시기를 거절하
거든 너는 그들에게 이르기를 만군의 여호와께서 말씀하시기를 너희가 반드시 마
셔야 하리라 [29] 보라 내가 내 이름으로 일컬음을 받는 성에서부터 재앙 내리기를
시작하였은즉 너희가 어찌 능히 형벌을 면할 수 있느냐 면하지 못하리니 이는 내
가 칼을 불러 세상의 모든 주민을 칠 것임이라 하셨다 하라 만군의 여호와의 말씀
이니라

유다를 포함한 가나안 국가들과 바빌론을 심판할 것을 선포하신 하나

님이 이제는 온 세상을 심판하리라고 말씀하신다. 여호와께서 예레미야에게 '분노의 술잔'(כּוֹס הַיַּיִן הַחֵמָה)을 가져다 모든 나라들이 마시고 취하게 하라고 하신다(15절; cf. 시 11:6; 75:8; 사 51:17). 이 술잔에서 마시면 마시자마자 비틀거리며(געשׁ) 미친 듯이(הלל) 행동한다(16절). 매우 강력한 경련을 일으키며(Brown), 마구 토한다는 뜻이다(HALOT). 하나님이 그들에게 술잔만 준 것이 아니라 전쟁도 주셨기 때문이다(16절; cf. 새번역). 물론 여기에 묘사된 일은 실제적인 것이 아니며 환상이거나(Rudolph, Fretheim), 행동적인 예언(Huey)으로 보아야 할 것이다.

제일 먼저 예루살렘과 유다의 리더들이 하나님의 분노의 술잔에서 마신다(18절). 유다와 예루살렘이 제일 먼저 언급되는 것은 하나님의 심판이 주님의 집에서부터 시작된다는 원리를 확인하고 있다(암 3:2; 말 3:1-5; 벧전 4:17; cf. 29절). 하나님은 많은 것을 준 사람들에게 많은 것을 요구하시는 분이기 때문이다(cf. 눅 12:48). 그다음 바로와 이집트의 리더들이 잔을 마신다. 그동안 이집트는 유다의 정치에 깊이 관여해 왔으며 많은 압력과 권력을 행사했다. 여호아하스를 폐위하고 여호야김을 꼭두각시 왕으로 세웠다. 그러므로 그들이 유다 다음으로 잔을 마시는 것은 당연한 일이다. 예레미야는 이집트를 특별히 싫어했던 선지자였다.

그다음 진노의 잔을 마시는 우스는 에돔 지역의 옛 호칭이다(cf. 창 22:21; 욥 1:1). 다음으로 블레셋의 5대 도시 중 네 도시가 마신다. 유일하게 언급되지 않는 블레셋의 주요 도시는 가드다. 에돔, 모압, 암몬은 유다의 동쪽에, 두로 시돈은 서쪽에 위치한 나라들이었다. 선지자는 유다의 남, 동, 서쪽에 위치한 도시들을 언급한 다음 데단, 데마, 부스 등을 언급한다. 이 지역들의 위치는 잘 알려지지 않았다. 아마도 유다의 북쪽 내지는 북동쪽에 위치했을 것이다. 엘람과 메데는 바빌론의 동쪽에 위치했던 먼 나라들이다. 선지자는 온 세상이 하나님의 진노의 잔을 마시게 될 거라고 선언하고 있다. 예레미야가 이처럼 여러 나라들을 이곳에서 언급하는 것은 25장이 책 전반부의 결론임을 암시한다(Miller).

이 '죽음의 잔 마시기'의 클라이맥스는 26절에 있다: "마지막으로는 세삭 왕(מֶלֶךְ שֵׁשַׁךְ)에게 주어 마시게 하였다"(공동). '세삭'(שֵׁשַׁךְ)은 어느 나라일까? 히브리어 알파벳을 뒤에서부터 시작해 이 글자들을 대체하면 바빌론의 히브리어 이름 '바벨'(בָּבֶל)이 된다. 즉 바빌론에 대한 일종의 암호명이다. 그렇다면 왜 예레미야가 바빌론을 암호명으로 표현했을까? 많은 학자들은 한때 예레미야가 생명에 위협을 느꼈기 때문이라 주장한다. 그러나 바빌론이라는 이름은 예레미야서 안에서 자주 등장하기 때문에 이런 추측은 별 설득력이 없다. 또한 당시 근동 사람들 사이에는 이러한 암호화 방식이 유행했기 때문에 바빌론 사람들이 알아차리지 못할 리 없다. 최근 들어 세삭은 바빌론의 다른 이름이라는 주장이 제기되기도 했다(Nicholson). 그러나 아직까지 그다지 설득력이 있는 해석이 나오지 않았다. 당분간은 이 바빌론의 다른 이름 '세삭'이 의미하는 바는 미스터리로 남아야 한다.

세상의 그 어느 나라도 예외가 될 수 없으며, 모든 나라는 하나님의 진노의 잔을 마셔야 한다(28-29절). 심지어 당시 가장 강력한 나라였던 바빌론도 하나님의 심판의 잔을 피할 수 없다. 세상의 모든 것을 창조하신 하나님의 주권의 통치를 받지 않는 곳은 이 세상에 존재하지 않는다. 하나님은 모든 나라에게 진노의 잔을 마실 것을 요구하신다. 온 세상을 심판하실 때가 임했기 때문이다. 하나님의 심판이 임하면 이 세상의 그 누구도 피할 수 없다. 하나님이 가장 아끼고 사랑하는 유다 백성을 심판하셨는데, 열방이 무엇이기에 하나님의 심판을 피해갈 수 있다는 말인가?

VI. 비난과 심판(21:1–25:38)
E. 하나님의 분노(25:1–38)

4. 온 세상에 임할 심판(25:30–38)

30 그러므로 너는 그들에게 이 모든 말로 예언하여 이르기를
여호와께서 높은 데서 포효하시고
그의 거룩한 처소에서 소리를 내시며
그의 초장을 향하여 크게 부르시고
세상 모든 주민에 대해 포도 밟는 자같이 흥겹게 노래하시리라
31 요란한 소리가 땅 끝까지 이름은
여호와께서 뭇 민족과 다투시며
모든 육체를 심판하시며 악인을 칼에 내어주셨음이라
여호와의 말씀이니라
32 만군의 여호와께서 이와 같이 말씀하시니라
보라 재앙이 나서 나라에서 나라에 미칠 것이며
큰 바람이 땅 끝에서 일어날 것이라
33 그날에 여호와에게 죽임을 당한 자가 땅 이 끝에서 땅 저 끝에 미칠 것이나 그들
을 위해 애곡하는 자도 없고 시신을 거두어주는 자도 없고 매장하여주는 자도 없
으리니 그들은 지면에서 분토가 되리로다
34 너희 목자들아 외쳐 애곡하라
너희 양 떼의 인도자들아 잿더미에서 뒹굴라
이는 너희가 도살당할 날과 흩음을 당할 기한이 찼음인즉
너희가 귀한 그릇이 떨어짐같이 될 것이라
35 목자들은 도망할 수 없겠고
양 떼의 인도자들은 도주할 수 없으리로다
36 목자들이 부르짖는 소리와
양 떼의 인도자들이 애곡하는 소리여

여호와가 그들의 초장을 황폐하게 함이로다
37 평화로운 목장들이 여호와의 진노하시는 열기 앞에서 적막하게 되리라
38 그가 젊은 사자같이 그 굴에서 나오셨으니
그 호통치시는 분의 분노와 그의 극렬한 진노로 말미암아
그들의 땅이 폐허가 되리로다 하시니라

온 세상에 임할 하나님의 심판에 대해 경고한 예레미야가 지금까지 선포한 메시지를 재정리해 책의 전반부를 마무리한다(cf. Miller). 본문은 마치 세상의 종말을 연상시킨다(cf. Brown). 선지자는 30-33절에서 심판하시는 하나님의 모습을 여러 이미지로 묘사한다: 물어뜯는 사자; 즙을 채취하기 위해 포도를 밟는 자; 법정에서 피고에게 형벌을 선언하는 재판관; 적군을 죽이는 전사; 진로에 놓인 모든 것을 파괴하는 무서운 광풍. 흥겹게 포도를 밟는 농부의 이미지(30절)는 1년 추수가 끝나갈 무렵의 모습이다. 심판의 때(viz., 수확할 때)가 임박했다는 것을 암시한다. 농부들은 흥에 겨워 포도를 밟아 포도주를 만들었는데, 이 포도주 이미지는 앞 섹션이 중심 주제로 삼은 하나님의 '진노의 술잔'과도 잘 어울린다. 농부가 포도 밟기를 1년 동안 학수고대한 것처럼, 하나님이 온 세상을 심판하실 날(viz., 수확하실 날)이 꼭 올 것이라는 의미다. 그 누구도 분노하신 하나님의 심판을 막거나 피할 수 없다. 하나님의 심판이 휩쓸고 간 자리는 무질서와 혼란이 채운다. 심판을 받아 죽은 수많은 시체가 온 세상에 나뒹군다. 시체가 너무 많다 보니 오물/변처럼 취급된다. 처참한 종말을 고하고 있다.

더 안타까운 것은 이 모든 심판이 '그의 초장'에서 시작된다는 사실이다(30절). 아모스 선지자도 하나님을, 초장을 향해 포효하는 사자로 묘사했다(암 1:2). 여호와의 초장(נָוֶה)은 유다와 예루살렘을 의미하거나(Brown), 주의 백성의 일상적인 삶의 터전을 뜻한다(Keil). 이스라엘에서 시작된 하나님의 심판이 땅 끝까지 진행된다(31절). 온 세상이 하나님의 심판을 받을 것이다. 하나님은 이 일을 땅 끝에서 일어날 '큰 바람'을 통해 이루실 것이다. '큰 바람/광풍'(סַעַר גָּדוֹל)은 바빌론과 느부갓네살을 두고 하는 말씀이다(McKane, Holladay). 그날 죽는 사람들은 모두 "여호와에게 죽임을 당한 자들"(חַלְלֵי יְהוָה)이다(33절). 이 표현은 이곳과 이사야 66:16[17]에서밖에 사용되지 않는데, 이사야서는 종말에 있을 일을 묘사하면서 이 문구를 사용한다. 그래서 학자들은 본문을 묵시적으로 보기도 한다(Brown, cf. Lundbom).

세상 모든 사람이 하나님의 진노의 대상이다. 그중에서도 특별히 하나님의 진노를 사는 사람들은 다름 아닌 '목자들'(רֹעִים)이다(34-37절). 리더들이 하나님의 격렬한 분노를 사고 있다. 민족이나 나라가 하나님의 심판을 피할 수 없게 되었을 때, 그 책임은 온 백성에게 있지만, 가장 큰 잘못은 리더들에게 있다. 이곳에서도 이러한 원리가 재차 확인되고 있다. 야고보 사도는 이 점을 잘 알고 있었기 때문에 함부로 선생이 되려 하지 말라고 경고했다. 오늘날 교회 상황에 비교하자면, 목사들과 장로들이 가장 혹독한 심판의 대상이다. 그러므로 심판을 받지 않으려면 두려움과 떨림으로 하나님과 성도들을 섬겨야 한다.

선지자는 하나님을 굴에서 나오는 사자로 묘사하고 있다(38절). 자기 성취감에 도취해 안일한 평안을 즐기고 있는 사람들을 하나님이 예고 없이 덮치실 거라고 경고한다. 하나님의 심판은 마치 먹이를 찾아 굴을 나선 사자가 맹수의 공격을 전혀 예상하지 못한 짐승을 덮치는 것처럼 신속하고 은밀할 것이다. 하나님이 사자처럼 공격하시면 피할 사람이 아무도 없다. 상황이 매우 절망적이다.